APPENDICE

DU TRAITÉ PRATIQUE

DU

CODE D'INSTRUCTION CRIMINELLE.

DICTIONNAIRE TEXTUEL DU CODE PÉNAL.

On trouve chez le même Libraire :

Traité pratique du Code d'instruction criminelle, avec formules, d'après le Bulletin des lois, n°. 214 *bis;* ouvrage principalement destiné à tous officiers de police judiciaire, aux greffiers des Cour. impériales, d'assises et spéciales, avoués, défenseurs, jurés, huissiers, concierges et gardiens des maisons d'arrêt, de justice et prisons, et autres; par A. G. DAUBANTON; 1 vol. in-8°. de plus de 600 pages. Prix : 7 fr. et 9 fr. franc de port.

Manuel des Officiers de police judiciaire, juges de paix, maires et adjoints, officiers de gendarmerie, commissaires de police, gardes champêtres et forestiers, et des juges de simple police, de leurs greffiers et huissiers, avec formules de tous les actes de leur ministère, d'après le Code d'instruction criminelle inséré au Bulletin des lois, n°. 214 *bis; par le même;* 1 vol. in-12. Prix : 3 fr. et 3 fr. 35 cent. franc de port, avec le *Supplément* audit *Manuel* extrait de l'*Appendice du Traité pratique du Code d'instruction criminelle.*

Nota. Le *Supplément* se vend séparément 50 cent. et 70 cent. franc de port.

Répertoire universel de législation commerciale intérieure et maritime de l'Empire, ou la législation du commerce développée, justifiée, expliquée à fond, et appliquée dans le plus grand détail à tous les droits, actions et intérêts journaliers des commerçans de toutes sortes, d'après *MM. Jousse, Valin, Emérigon, Savary,* et autres, etc., etc., avec formules de tous arbitrages juridiques entre associés et autres, des actes des faillites et banqueroutes, relatifs aux agens et syndics, et de tous autres habituels ou extraordinaires concernant le commerce et les commerçans; par A. G. DAUBANTON, auteur du Dictionnaire textuel, et du Formulaire juridique du Code de commerce, etc.; 2 gros vol. in-8°., d'environ 700 pages chacun, imprimé en beau caractère petit-romain, et tout le Code de commerce en petit texte non interligné. Prix : 15 fr. et 19 fr. 20 cent. franc de port.

— Le même, papier vélin, 30 francs.

Code des Mines, ou Recueil des lois et réglemens tant anciens que modernes, y compris la nouvelle loi du 21 avril 1810, suivi des motifs de cette loi, par M. le comte Régnaud de Saint Jean-d'Angély, sur la propriété, la déshérence, la concession et l'exploitation des mines, précédé d'une Instruction sur la recherche, la découverte et l'exploitation des mines, selon les procédés nouveaux, et qui ont le plus de succès, avec figures; par C. L. MATHIEU; 1 fort vol. in-12. Prix : 4 fr. 25 c. et 5 fr. 15 c. franc de port.

Le même Libraire se charge aussi de toutes les commissions de Librairie française et étrangère, Cartes géographiques, Estampes, Musique, Papiers et abonnement aux journaux etc., pour la France et l'étranger. Il remplira avec la plus grande exactitude et célérité toutes les demandes qu'on voudra bien lui adresser.

Les Lettres et l'Argent doivent être affranchis.

DE L'IMPRIMERIE DE J. GRATIOT.

APPENDICE

DU TRAITÉ PRATIQUE

DU

CODE D'INSTRUCTION CRIMINELLE

AVEC FORMULES,

OU

LE CODE PÉNAL,

Rangé textuellement par ordre alphabétique et sommaire des matières, *développé* et *expliqué* par les motifs qui ont servi de base aux diverses dispositions de ce Code;

Par A. G. DAUBANTON, auteur du Traité ci-dessus indiqué.

~~~~~~

PARIS,

CHEZ S. C. L'HUILLIER, LIBRAIRE, RUE DES MATHURINS SAINT-JACQUES, N°. 3 *bis.*

1810.
~~~~~~

AVERTISSEMENT.

J'ai successivement donné les Dictionnaires particuliers de tous les Codes, du *Code civil* (Napoléon), du *Code de procédure*, du *Code de commerce*, du *Code d'instruction criminelle* et même celui du *Tarif des frais de procédures*. J'ai cru que je ne pouvais me dispenser de donner aussi celui du *Code pénal*.

Le débit très-actif des Dictionnaires qui ont précédé celui-ci garantit suffisamment leur utilité, j'espère pour lui la même faveur.

On y trouvera les motifs de toutes les dispositions qui y sont portées; j'y ai intercalé ces motifs parce qu'ils m'ont paru être parfois nécessaires pour l'intelligence, l'application ou l'observation exactes de beaucoup d'articles du Code d'instruction criminelle.

Puisse ce nouveau fruit de mes travaux être aussi agréable à tous ceux qui croiront devoir en faire usage qu'il a été difficultueux et pénible pour moi.

APPENDICE

DU TRAITÉ PRATIQUE

D U

CODE D'INSTRUCTION CRIMINELLE.

DICTIONNAIRE TEXTUEL DU CODE PÉNAL.

A.

ABATTU d'arbres. *V.* **ARBRES.**

ABUS D'AUTORITÉ.

Le législateur a divisé en deux classes les abus dont il s'agit, savoir, *contre les particuliers et contre la chose publique.*

Les fonctionnaires abusent de leur autorité *contre les particuliers,* quand ils s'introduisent illégalement dans leurs domiciles, quand ils dénient de leur rendre justice après une réquisition des parties et un avertissement de leurs supérieurs; enfin quand ils portent atteinte au secret de la correspondance.

Dans ces cas divers, le fonctionnaire sera puni d'une simple amende. On a, dans cette matière, cherché plutôt une peine efficace, qu'une peine sévère.

L'espèce de délit dont il est ici question ne tire point sa source des passions viles et basses, comme les concussions et la corruption; un zèle faux ou malentendu peut produire assez souvent des abus d'autorité, et s'il importe de les réprimer, ils ne doivent l'être qu'avec considération, si l'on veut que ce soit avec succès.

Une amende d'ailleurs a sa gravité relative aux personnes qui en sont l'objet. Un fonctionnaire qui n'a point abdiqué tous les sentimens d'honneur, sera plus qu'un autre sensible à cette peine, et ne s'y exposera plus.

Toutefois l'abus d'autorité qui aura été poussé jusqu'aux violences envers les personnes, sera spécialement puni d'après la nature de ces violences; car il n'y aurait plus de sûreté pour les citoyens, s'il en était autrement.

Au reste, si le plus fréquent abus du pouvoir est, par la nature des choses, celui qu'on se permet envers les personnes subordonnées, l'abus d'autorité peut aussi être dirigé contre la chose publique.

C'est ce qui aurait lieu si des fonctionnaires publics se permettaient de requérir ou ordonner l'emploi de la force publique, pour empêcher l'exécution d'une loi, ou la perception d'une contribution légale, ou l'effet d'un ordre émané de l'autorité légitime.

Cet abus d'autorité est d'une nature très-différente de celui dont il a été précédemment question; c'est une espèce de révolte d'autant plus grave et susceptible de peines d'autant plus fortes, qu'elle aura eu plus de développemens et d'effets.

ABUS de confiance.

Le Code renferme plusieurs dispositions nouvelles sur les abus de confiance; l'une atteint ceux qui auront abusé des besoins, des faiblesses ou des passions d'un mineur, pour lui faire souscrire des actes préjudiciables à ses intérêts.

Depuis long-temps on gémissait de voir que cette espèce de corrupteur de la jeunesse, pouvait impunément ruiner les fils de famille. En vain le Code Napoléon déclare que la simple lésion donne lieu à la rescision en faveur du mineur émancipé contre toutes sortes de conventions : ces hommes sans pudeur, se font payer plus chers leurs avances, à raison des risques qu'ils courent; ils prennent toutes leurs précautions pour éluder l'application de la loi civile. La crainte d'une peine correctionnelle pourra les retenir, et les jeunes gens ne trouveront plus autant de facilité à se procurer des ressources désastreuses pour leur fortune, et quelquefois plus funestes encore sous le rapport des mœurs.

Une autre disposition, quoique applicable à un fait plus rare, était également sollicitée par l'expérience; elle contient deux décisions à la fois. En voici l'exemple.

Un blanc-seing est destiné à être rempli d'un mandat si le besoin l'exige : il se trouve entre les mains d'un tiers; celui-ci le remplit d'une obligation. Le signataire réclame; il prouve la fraude. Comment le délit sera-t-il qualifié? Ce sera, répond le Code, un abus de confiance, si le blanc-seing a été confié au tiers par le signataire qui l'a chargé d'écrire au-dessus de la signature, non pas une obligation, mais un mandat. Dans ce cas l'écriture est celle qui devait se trouver sur l'acte; seulement le tiers a fait ce qu'il ne lui était pas permis de faire. Cette fraude est une véritable escroquerie. Mais c'est un faux si le tiers n'a pas été chargé de remplir le blanc. Il n'y a point abus de confiance puisque rien n'a été confié. Il y a faux parce que la main qui a tracé l'écriture n'est point celle par qui le blanc devait être rempli, et qu'ainsi le blanc contient un corps d'écriture qu'il ne devait pas contenir.

ABUS de confiance au préjudice des mineurs. Quiconque aura abusé des besoins, des faiblesses, ou des passions d'un mineur, pour lui faire souscrire, à son préjudice, des obligations, quittances ou décharges, pour prêt d'argent ou de choses mobilières, ou d'effets de commerce, ou de tous autres effets obligatoires, sous quelques formes que cette négociation ait été faite ou déguisée, sera puni d'un *emprisonnement* de deux mois au moins, de deux ans au plus, et d'une amende qui ne pourra excéder le quart des restitutions des dommages-intérêts qui seront dus aux parties lésées, ni être moindre de vingt-cinq francs.

Le coupable pourra, en outre, à compter du jour où il aura subi sa peine, être interdit pendant cinq ans au moins

(3)

et dix ans au plus, des droits mentionnés en l'article 42, le tout sauf les peines plus graves s'il y a crime de faux. *Code pénal*, art. 406.

A l'égard de l'article 42, *V*. TRIBUNAUX jugeant correctionnellement.

ABUS de blanc-seing. Quiconque abusant d'un blanc-seing qui lui aura été confié, aura frauduleusement écrit au-dessus une obligation ou décharge, ou tout autre acte pouvant compromettre la personne ou la fortune du signataire, sera puni d'un *emprisonnement* d'un an au moins et de cinq ans au plus, et d'une *amende* de cinquante francs au moins, et de trois mille francs au plus.

Le coupable pourra être, en outre, à compter du jour où il aura subi sa peine, interdit, pendant cinq ans au moins et dix ans au plus, des droits mentionnés en l'art. 42.

Dans le cas où le blanc-seing ne lui aurait pas été confié, il sera poursuivi comme faussaire et puni comme tel. *Code pénal*, art. 407.

A l'égard de l'article 42, *V*. TRIBUNAUX jugeant correctionnellement.

ABUS de dépôt. Quiconque aura détourné ou dissipé au préjudice du propriétaire, possesseur ou détenteur, des effets, deniers, marchandises, billets, quittances, ou tous autres écrits contenant ou opérant obligation ou décharge qui ne lui aurait été remis qu'à titre de dépôt, ou pour un travail salarié, à la charge de les rendre ou représenter, ou d'en faire un usage ou emploi déterminé, sera puni d'un *emprisonnement* de deux mois au moins, ou de deux ans au plus, et d'une *amende* qui ne pourra excéder le quart des restitutions et des dommages-intérêts qui seront dus aux parties lésées, ni être moindre de vingt-cinq francs. Le tout sans préjudice de ce qui est dit aux articles 254, 255 et 256, relativement aux soustractions et enlèvemens de deniers, effets ou pièces commis dans les dépôts publics. *V*., quant à ces articles, ENLÈVEMENT.

Le coupable pourra, en outre, à compter du jour où il aura subi sa peine, être interdit pendant cinq ans au moins, et dix ans au plus, des droits mentionnés en l'article 42; le tout sauf les peines plus graves, s'il y a crime de faux. *Code pénal*, art. 408.

Quant à l'article 42, *V*. TRIBUNAUX jugeant correctionnellement.

ACCIDENS, tumultes, naufrages, inondation, incendie

1 *

ou autres calamités; refus ou négligence de porter les secours nécessaires. *V.* NÉGLIGENCE.

ACCUSÉ ayant moins de seize ans. S'il est décidé qu'il a agi *sans discernement*, il sera acquitté; mais il sera, selon les circonstances, remis à ses parens, ou conduit dans une maison de correction, pour y être élevé et détenu pendant tel nombre d'années que le jugement déterminera, et qui ne pourra toutefois excéder l'époque où il aura accompli sa vingtième année. *Code pénal*, art. 66.

S'il est décidé qu'il a agi *avec discernement*, les peines seront prononcées ainsi qu'il suit :

S'il a encouru la peine de mort, des travaux forcés à perpétuité, ou de la déportation, il sera condamné à la peine d'*emprisonnement* dans une maison de correction.

S'il a encouru la peine des travaux forcés à 15 ans, ou de la réclusion, il sera condamné à être renfermé dans une maison de réclusion pour un temps égal, au tiers au moins, et à la moitié au plus de celui auquel il aurait pu être condamné à l'une de ces peines.

Dans tous les cas il pourra être mis, par l'arrêt ou le jugement, sous la surveillance de la haute police pendant cinq ans au moins et deux ans au plus.

S'il a encouru la peine du carcan ou du bannissement, il sera condamné à être enfermé d'un an à cinq dans une maison de correction. *Art. 67 idem.*

Dans aucun des cas prévus dans l'article précédent, le condamné ne subira l'exposition. *Art.* 68 *idem.*

Si le coupable n'a encouru qu'une peine correctionnelle, il pourra être condamné à telle peine correctionnelle qui sera jugé convenable, pourvu qu'elle soit au-dessous de la moitié de celle qu'il aurait subie s'il avait eu seize ans. *Art. 69 idem.*

L'article 340 du Code d'instruction criminelle décide qu'à l'égard de l'accusé de moins de seize ans, la question de savoir s'il a commis l'action avec discernement, sera examinée (1). Les dispositions actuelles de la loi règlent ce qui doit être ordonné d'après le résultat de cet examen.

Si la décision est négative, l'accusé doit être nécessairement acquitté; car il serait contradictoire de le déclarer coupable d'un crime, et de convenir en même temps que, ce dont il est accusé, a été fait par lui,

---

(1) Art. 340, *Code d'inst. crim.*

« Si l'accusé a moins de seize ans, le président posera cette question :

« L'accusé a-t-il agi avec discernement ? »

sans discernement. Les juges prononceront donc qu'il est acquitté; mais ils ne pourront pas le faire rentrer dans la société, sans pourvoir à ce que quelqu'un ait les regards fixés sur sa conduite. Ils auront l'option de le rendre à ses parens, s'ils ont en eux assez de confiance, ou de le retenir renfermé dans un espace de tems qu'ils détermineront.

Cette détention ne sera point une peine, mais un moyen de suppléer à la correction domestique, lorsque les circonstances ne permettront pas de le confier à sa famille.

La plus longue durée n'excédera jamais l'époque où la personne sera parvenue à l'âge de vingt ans accomplis.

Ces limites laissent un intervalle suffisant pour que les juges puissent proportionner la précaution au besoin; mais si la décision porte que l'action a été commise avec discernement, il ne s'agit plus de correction, c'est une peine qui doit être prononcée.

Seulement ce ne sera ni une peine infamante, ni une peine afflictive.

La loi suppose que le coupable, quoique sachant bien qu'il faisait mal, n'était pas encore en état de sentir toute l'étendue de la faute qu'il commettait, ni de concevoir toute la rigueur de la peine qu'il allait encourir.

Elle ne veut point le flétrir, dans l'espoir qu'il pourra devenir un citoyen utile; elle commue en sa faveur, les peines afflictives en peines de police correctionnelle; elle ne le soumet point à l'exposition aux regards du peuple.

Enfin, elle consent, par égard pour son âge, à le traiter avec indulgence, et ose se confier à ses remords.

Lorsqu'un accusé de moins de seize ans aura été renvoyé au tribunal de police correctionnelle, les juges devront donc d'abord, dans l'esprit de l'intention du législateur, prononcer sur la question générale et préliminaire, de savoir si cet accusé a agi, ou non, avec discernement, et exécuter les dispositions de la loi, selon qu'elles sont applicables à l'une ou l'autre décision qu'ils auront portée sur l'une ou l'autre de ces questions.

ACCUSÉ déclaré coupable, âgé de soixante-dix ans accomplis lors de son jugement, les peines des travaux forcés à perpétuité, de la déportation et des travaux forcés à tems, ne seront pas prononcés contre lui. *Code pénal*, art. 70.

Ces peines seront remplacées à son égard par celles de la réclusion, soit à perpétuité, soit à tems, et selon la durée de la peine qu'elle remplacera. *Art. 71 idem.*

Tout condamné à la peine des travaux forcés à perpétuité ou à tems, dès qu'il aura atteint l'âge de soixante-dix ans accomplis, en sera relevé, et sera renfermé dans la maison de force pour tout le tems à expirer de sa peine, comme s'il n'eût été condamné qu'à la réclusion. *Art. 72 idem. V.* PEINES (les), des travaux forcés, etc.

ACCUSÉS prisonniers, prévenus ou condamnés qui se seront réunis avec ou sans armes, et auront usé de violences ou de menaces contre l'autorité administrative, les officiers et les agens de la police ou contre la force publique, comment punis. *V.* Rébellion.

ACHETEUR et vendeur qui se seront servis, dans leurs marchés, d'autres poids ou d'autres mesures que ceux qui ont été établis par les lois de l'état. Cet acheteur sera privé de toute action contre le vendeur qui l'aura trompé par l'usage de poids ou de mesures prohibés, sans préjudice de l'action publique pour la punition, tant de cette fraude que de l'emploi même des poids et mesures prohibés.

La peine, en cas de fraude, sera un *emprisonnement* de trois mois au moins, un an au plus, et d'une *amende* qui ne pourra excéder le quart des restitutions et dommages-intérêts, ni être au-dessous de cinquante francs : les objets du délit ou leur valeur, s'ils appartiennent encore au vendeur, seront confisqués ; les poids et mesures seront aussi confisqués, et de plus seront brisés.

La peine pour l'emploi des mesures et poids prohibés sera une *amende* de onze à quinze francs. *Code pénal,* art. 424 et 479.

ACTES non approuvés par le gouvernement, qui auront exposé des Français à éprouver des représailles ; quiconque se les sera permis, sera puni du *bannissement. Code pénal,* art. 85.

ACTES, minutes ou registres originaux de l'autorité publique, titres, billets, lettres de change, effets de commerce ou de banque, contenant ou opérant obligation ou décharge, volontairement brûlés ou détruits d'une manière quelconque, le coupable sera puni ainsi qu'il suit :

Si les pièces détruites sont des actes de l'autorité publique, ou des effets de commerce ou de banque, la peine sera la *réclusion.*

S'il s'agit de toute autre pièce, le coupable sera puni d'un *emprisonnement* de deux ans à cinq ans, et d'une *amende* de cent francs à trois cents francs. *Code pénal,* art. 459.

ACTE arbitraire, attentatoire, soit à la liberté individuelle, soit aux droits civiques d'un ou de plusieurs citoyens, soit aux constitutions de l'Empire, commis par un fonctionnaire, agent ou préposé du gouvernement ; sa peine. *V.* Fonctionnaire public.

ACTES de l'état civil, écrits sur feuilles volantes ; peines de ce délit. *V.* Officiers de l'état civil.

ACTES, pièces ou procédures criminelles, papiers, registres et effets, contenus dans des archives, greffes ou dépôts publics, ou remis à un dépositaire public en cette qualité, qui en auront été enlevés ; peines des greffiers, archivistes, notaires ou autres dépositaires négligens, et de toutes personnes coupables desdits enlèvemens. *V.* Enlèvement.

ACTIONS hostiles non approuvées par le gouvernement qui aura exposé l'état à une déclaration de guerre ; quiconque se les sera permises sera puni du *bannissement*, et si la guerre s'en est suivi de la *déportation. Code pénal,* art. 84.

ADMINISTRATEURS, préfets, sous-préfets et maires qui se seront immiscés dans l'exercice du pouvoir législatif, soit par des règlemens contenant des dispositions législatives, soit en arrêtant ou en suspendant l'exécution d'une ou de plusieurs lois, soit en délibérant sur le point de savoir si les lois seront publiées ou exécutées, ou qui se seront ingérés à prendre des arrêtés généraux, tendant à intimer des ordres ou des défenses quelconques à des cours ou tribunaux, seront punis de la *dégradation civique. Code pénal,* art. 130.
Lorsque ces administrateurs entreprendront sur les fonctions judiciaires, en s'ingérant à connaître des droits et intérêts privés du ressort des tribunaux, et qu'après la réclamation des parties ou de l'une d'elles, ils auront néanmoins décidé l'affaire avant que l'autorité supérieure ait prononcé, ils seront punis d'une *amende* de 16 francs au moins, et de 150 francs au plus. *Art.* 131 *idem.*

ADMINISTRATEUR (tout), juge, fonctionnaire ou officier public qui aura détruit, supprimé, soustrait ou détourné les actes et titres dont il était dépositaire en cette qualité, ou qui lui auront été remis ou communiqués à raison de ses fonctions, sera puni des *travaux forcés à temps. Code pénal,* art. 173.

ADMINISTRATEUR (tout) ou juge qui se sera décidé par faveur, pour une partie, ou par inimitié contre elle, sera puni de *dégradation civique. Code pénal,* art. 183.

ADMINISTRATEUR (tout), tout juge, tout procureur général ou impérial, tout substitut, ou tout autre officier de justice ou de police qui se sera introduit dans le domicile d'un citoyen hors les cas prévus par la loi, et sous les formalités qu'elle a prescrites, sera puni d'une *amende* de 16 francs au moins, et de 200 francs au plus. *Code pénal*, art. 184.

ADMINISTRATEUR (tout), ou autorité administrative, tout juge ou tribunal qui, sous quelque prétexte que ce soit, même du silence ou de l'obscurité de la loi, aura dénié de rendre la justice qu'il doit aux parties, après en avoir été requis, et qui aura persévéré dans son déni, après avertissement ou injonction de ses supérieurs, pourra être poursuivi, et sera puni d'une *amende* de deux cents francs au moins, et de cinq cents francs au plus, et de l'*interdiction* de l'exercice des fonctions publiques, depuis cinq ans jusqu'à vingt. *Code pénal*, art. 185.

ADMINISTRATEUR, fonctionnaire ou officier public, agent ou préposé du gouvernement ou de la police, exécuteur des mandats de justice ou jugemens, commandant en chef ou en sous-ordre de la force publique qui aura, sans motif légitime, usé ou fait user de violence envers les personnes, dans l'exercice ou à l'occasion de l'exercice de ses fonctions, sera puni selon la nature et la gravité de ses violences, et en élevant la peine suivant la règle posée par l'article 198 ci-après. *Code pénal*, art. 186.

V. Dispositions particulières aux fonctionnaires et officiers publics qui auraient participé à des crimes ou délits qu'ils auraient été chargés de surveiller ou de réprimer.

ADMINISTRATEURS, directeurs ou chefs de toute association de plus de vingt personnes, dont le but sera de se réunir tous les jours ou à certains jours marqués, qui se sera formée sans autorisation du gouvernement, ou qui, après l'avoir obtenue, aura enfreint les conditions à elle imposées, seront punis d'une *amende* de seize francs à deux cents francs. *Code pénal*, art. 292.

Si par discours, exhortations, invocations ou prières en quelque langue que ce soit, ou par lecture, affiche, publication, distribution d'écrits quelconques, il a été fait dans ces assemblées quelques provocations à des crimes ou à des délits, la peine sera de cent francs à trois cents francs, et de trois mois à deux ans d'*emprisonnement*, contre les chefs, directeurs et administrateurs de ces associations, sans préjudice de peines plus fortes qui seraient portées par la loi contre les individus personnellement coupables de la provocation, lesquels, en aucun cas, ne pourront être punis d'une peine moindre que celle infligée aux chefs, directeurs et administrateurs de l'association. *Art.* 293 *idem.*

ADMINISTRATEURS de maisons de jeu de hasard ou de loteries. *V.* Maisons de jeu; Loteries.

ADULTÈRE (l') de la femme ne pourra être dénoncé que par le mari ; cette faculté même cessera, s'il est dans le cas prévu par l'art. 339. *Code pénal,* art. 336. *V.* Mari qui aura entretenu.

AFFICHES, avis, bulletins, journaux, feuilles périodiques et autres imprimés sans nom d'auteur ou d'imprimeur. *V.* Publication.

AFFICHEUR d'écrits imprimés, dessins ou gravures, même munis des noms d'auteurs, imprimeurs, dessinateurs ou graveurs, qui exercera ce métier sans y avoir été autorisé par la police, sera puni d'un *emprisonnement* de six jours à deux mois. *Code pénal,* art. 290.

AFFICHEURS, crieurs, vendeurs et distributeurs d'ouvrages, écrits, avis, bulletins, affiches, journaux, feuilles périodiques et autres imprimés sans nom d'auteur ou imprimeur. *V.* Publication.

AGÉ de soixante-dix ans accomplis, accusé, déclaré coupable, quelles peines pourront être prononcées contre lui, au lieu de celles des travaux forcés à perpétuité, de la déportation et des travaux forcés à temps. *V.* Accusé; Peines (les) des travaux forcés, etc.

AGENT (tout), fonctionnaire public ou toute autre personne qui, chargée ou instruite officiellement ou à raison de son état, du secret d'une négociation ou d'une expédition, l'aura livré aux agens d'une puissance étrangère ou de l'ennemi, sera puni de *mort* et *ses biens confisqués. Code pénal,* art. 80 et 81.

AGENT (tout), fonctionnaire public, tout préposé du gouvernement chargé, à raison de ses fonctions, du dépôt des plans des fortifications, arsenaux, ports ou rades, qui aura livré ces plans à l'ennemi ou aux agens de l'ennemi, sera puni de *mort* et *ses biens seront confisqués.*

Il sera puni du *bannissement* s'il a livré ces plans, ou

l'un de ces plans, aux agens d'une puissance étrangère, neutre ou alliée. *Code pénal*, art. 81.

AGENT, préposé du gouvernement, ou fonctionnaire public, qui aura ordonné ou fait quelque acte arbitraire et attentatoire, soit à la liberté individuelle, soit aux droits civiques, d'un ou de plusieurs citoyens, soit aux constitutions de l'Empire, sera condamné à la peine de la *dégradation civique*.

Si néanmoins il justifie qu'il a agi par ordre de ses supérieurs pour les objets du ressort de ceux-ci, et sur lesquels il leur était dû obéissance hiérarchique, il sera exempt de la peine, laquelle sera, dans ce cas, appliquée seulement aux supérieurs qui auront donné l'ordre. *Code pénal*, art. 114. *V.* MINISTRE; DOMMAGES-INTÉRÊTS.

AGENS (tous), préposés ou commis, soit du gouvernement, soit des dépositaires publics qui auront détruit, supprimé, soustrait ou détourné les actes et titres dont ils étaient dépositaires en cette qualité, ou qui leur auraient été remis ou communiqués, à raison de leurs fonctions, seront punis des *travaux forcés à temps*. *Code pénal*, art. 173.

AGENT (tout) du gouvernement, tout fonctionnaire, tout officier public qui, soit ouvertement, soit par actes simulés, soit par interposition de personnes, aura pris ou reçu quelque intérêt que ce soit, dans les actes, adjudications, entreprises ou régies dont il a ou avait, au tems de l'acte, en tout ou en partie, l'administration ou la surveillance, sera puni d'un *emprisonnement* de six mois au moins et de deux ans au plus, et sera condamné à une *amende* qui ne pourra excéder le quart des restitutions et des indemnités, ni être au-dessous du douzième.

Il sera, de plus, déclaré *incapable d'exercer aucune fonction publique*.

La présente disposition est applicable à tout fonctionnaire ou agent du gouvernement qui aura pris un intérêt quelconque dans une affaire dont il était chargé d'ordonnancer le paiement, ou de faire la liquidation. *Code pénal*, art. 175.

AGENT (tout), ou préposé d'une administration, tout fonctionnaire de l'ordre administratif ou judiciaire qui aura agréé des offres ou promesses, ou reçu des dons ou présens pour faire un acte de sa fonction ou de son emploi, même juste, mais non sujet à salaire, sera puni du *carcan*, et condamné à une *amende* double de la valeur des promesses agréées ou des choses reçues, sans que ladite amende puisse être inférieure à deux cents francs.

La présente disposition est applicable à tout fonctionnaire, agent ou préposé de la qualité ci-dessus exprimée, qui, par offres ou promesses agréées, dons ou présens reçus, se sera abstenu de faire un acte qui entrait dans l'ordre de ses devoirs. *Code pénal*, art. 177.

Dans le cas où la corruption aurait pour objet un fait criminel emportant une peine plus forte que celle du carcan, cette peine plus forté sera appliquée au coupable. *Art.* 178, *idem.*

AGENT (tout) ou préposé du gouvernement ou de la police, fonctionnaire ou officier public, exécuteurs de mandats de justice ou de jugemens, commandant en chef ou en sous-ordre de la force publique, qui aura, sans motif légitime, usé ou fait user de violence envers les personnes, dans l'exercice de ses fonctions, sera puni selon la nature et la gravité de ses violences, et en élevant la peine suivant la règle posée par l'article 198 ci-après. *Code pénal*, art. 186.

V. DISPOSITIONS particulières aux fonctionnaires et officiers publics qui auraient participé à des crimes ou délits qu'ils auraient été chargés de surveiller ou de réprimer.

AGENT (tout) ou préposé du gouvernement, tout fonctionnaire public, de quelqu'état et grade qu'il soit, qui aura requis ou ordonné, fait requérir ou ordonner l'action ou l'emploi de la force publique contre l'exécution d'une loi, ou contre la perception d'une contribution légale, ou contre l'exécution, soit d'une ordonnance ou mandat de justice, soit de tout autre ordre émané de l'autorité légitime, sera puni de la *réclusion. Code pénal*, art. 188.

Si cette réquisition ou cet ordre ont été suivis de leur effet, la peine sera la *déportation. Art.* 189 *idem.*

Les peines énoncées aux articles 188 et 189 ne cesseront d'être applicables aux fonctionnaires ou préposés qui auraient agi par ordre de leurs supérieurs, qu'autant que cet ordre aura été donné par ceux-ci pour des objets de leur ressort, et sur lesquels il leur était dû obéissance hiérarchique; dans ce cas les peines portées ci-dessus ne serout appliquées qu'aux supérieurs qui les premiers auront donné cet ordre. *Art.* 190 *idem.*

Si, par suite desdits ordres ou réquisitions, il survient d'autres crimes punissables de peines plus fortes que celles exprimées aux articles 188 et 189, ces peines plus fortes seront appliquées aux fonctionnaires, agens ou préposés coupables d'avoir donné leurs ordres, ou fait lesdites réquisitions. *Art.* 191 *idem.*

AGENT de la force publique, officier ministériel ou citoyen chargé d'un ministère public, qui aura été frappé par un individu sans armes et sans qu'il en soit résulté de blessures, pendant qu'il exerçait son ministère ou à cette occasion, cet individu sera puni d'un *emprisonnement* d'un mois à six mois. *Code pénal*, art. 228 et 230.

Si les violences ont été la cause d'effusion de sang, blessures ou maladies, la peine sera la *réclusion ;* si la mort s'en est suivie dans les quarante jours, le coupable sera puni de *mort. Art.* 231 *idem.*

Dans le cas même où ces violences n'auraient pas causé d'effusion de sang, blessures ou maladies, les coups seront punis de la *réclusion*, s'ils ont été portés avec préméditation ou guet-apens. *Art.* 232 *idem.*

Si les blessures sont du nombre de celles qui portent le caractère de meurtre , le coupable sera puni de *mort. Art.* 233 *idem.*

AGENT de change ou courtiers qui auront fait faillite, seront punis de la peine des *travaux forcés à temps ;* s'ils sont convaincus de banqueroute frauduleuse, la peine sera celle des *travaux forcés à perpétuité. Code pénal*, art. 404.

AGENS de fournisseurs des armées de terre et de mer qui auront été cause de la cessation du service seront condamnés à la *réclusion* , et à une *amende* qui ne pourra excéder le quart des dommages-intérêts , ni être au-dessous de cinq cents francs, sans préjudice de plus fortes peines en cas d'intelligence avec l'ennemi. *Code pénal*, art. 431.

AGENS, préposés ou salariés du gouvernement, ou fonctionnaires publics qui auront aidé à faire manquer le service des fournisseurs des armées de terre et de mer, seront punis de la peine des *travaux forcés à temps* , sans préjudice

(13)

de plus forte peine en cas d'intelligence avec l'ennemi. *Code pénal*, art. 432.

AGENS ou officiers de police administrative ou judiciaire agissant pour l'exécution des lois, des ordres ou ordonnances de l'autorité publique, des mandats de justice ou jugemens, contre lesquels on se sera permis attaque ou résistance avec violence et voies de fait. *V*. Rébellion.

AGENS de maisons de jeux de hasard ou de loteries non autorisées par la loi. *V*. Maisons de jeu ; Loteries.

AGENT, dépositaire de la force publique, outragé dans l'exercice ou à l'occasion de l'exercice de ses fonctions. *V*. Outrage.

ALLIÉS aux degrés d'ascendant, de descendant ou de frère ou sœur de la personne prévenue de réticence à l'égard de complots formés ou de crimes projetés contre la sûreté intérieure ou extérieure de l'état dont ils auraient eu connaissance, ne seront pas sujets aux peines portées contre tous autres qui n'en auraient pas fait la révélation au gouvernement, ou aux autorités administratives ou de police judiciaire ; mais ils pourront être mis, par arrêt ou jugement, sous la surveillance de la haute police, pendant un tems qui ne pourra pas excéder dix ans. *Code pénal*, art. 107.

ALLIÉS aux degrés d'ascendant et descendant, de frère et sœur tenant fabrique ou dépôt de monnaies d'or, d'argent, billon ou cuivre ayant cours légal en France, contrefaites ou altérées, qui ne les auraient pas révélés aux autorités administratives ou de police judiciaire, sont exceptés de la disposition qui prononce contre tous autres une peine pour cette non-révélation. *Code pénal*, art. 137.

ALTÉRATION en fabrication de passe-port, sa peine. *V*. Quiconque.

ALTÉRATION de monnaie. *V*. Quiconque aura contrefait.

AMENDE à laquelle sera condamné tout greffier, archiviste, notaire ou autre dépositaire négligent qui se sera laissé enlever des pièces, procédures, papiers, registres, actes ou effets commis à sa garde. *V*. Enlèvement.

AMENDE à laquelle seront condamnés tous crieurs, vendeurs, distributeurs de chansons, pamphlets, figures ou images contre les bonnes mœurs et autres. *V*. Exposition.

AMENDE qui sera prononcée contre les chefs, directeurs et administrateurs de toute association, même permise par le gouvernement, pour infraction aux lois. *V.* Association.

AMENDE à laquelle pourront être condamnés les coupables de rébellion dont la peine ne sera que l'emprisonne-ment. *V.* Rébellion.

AMENDES qui seront prononcées contre tous fonctionnaires publics qui seront entrés en exercice sans avoir prêté serment, ou qui ayant été révoqués, destitués, etc., auront continué leurs fonctions. *V.* Fonctionnaire public.

AMENDE qui sera prononcée contre les officiers de l'état civil délinquans dans leurs fonctions. *V.* Officiers de l'état civil.

AMENDE qui sera prononcée contre tout juge ou juré prononçant en matière criminelle qui se sera laissé corrompre. *V.* Juge prononçant.

AMENDE qui sera prononcée contre quiconque aura contraint ou tenté de contraindre, par voies de fait ou menaces, corrompu ou tenté de corrompre par promesses, dons ou présens, un fonctionnaire, agent ou préposé d'administration. *V.* Quiconque aura contraint.

AMENDE qui sera prononcée contre tout fonctionnaire public de l'ordre administratif ou judiciaire, de tout agent ou préposé d'une administration qui se sera laissé corrompre. *V.* Fonctionnaire public.

AMENDE dont seront punis tout commandant des divisions militaires des départemens ou places et villes, tout préfet ou sous-préfet qui auront, dans l'étendue des lieux où ils ont droit d'exercer leur autorité, fait ouvertement, ou par des actes simulés, ou par interposition des personnes, le commerce de grains, grenailles, etc. *V.* Commandant.

AMENDE qui sera prononcée contre tout fonctionnaire, tout officier public ou tout agent du gouvernement qui, soit ouvertement, soit par actes simulés, soit par interposition de personnes, aura pris ou reçu quelque intérêt que ce soit, dans les actes, adjudications, entreprises ou régies dont il avait l'administration ou la surveillance. *V.* Fonctionnaire.

AMENDE qui sera prononcée contre tous fonctionnaires, tous officiers publics, leurs commis ou préposés, tous percepteurs des droits, taxes, contributions, deniers ou revenus publics ou communaux, leurs commis ou préposés qui se seront rendus coupables de concussion. *V.* Fonctionnaires.

AMENDE qui sera prononcée contre tout percepteur, commis à une perception, dépositaire ou comptable public condamné pour avoir détourné ou soustrait des deniers publics ou privés, etc. *V.* Percepteurs.

AMENDE qui sera prononcée contre les faussaires. *V.* Dispositions communes aux faux.

AMENDE est une peine correctionnelle. *Code pénal,* art. 9. *V.* Condamnation; Renvoi.

AMENDE (l'), la confiscation spéciale, soit du corps du délit, quand la propriété en appartient au condamné, soit des choses produites par le délit, soit de celles qui ont servi ou qui ont été destinées à le commettre, et le renvoi sous la surveillance spéciale de la haute police, sont des peines communes aux matières criminelles et correctionnelles. *Code pénal,* art. 11.

AMENDE prononcée contre un coupable; son recouvrement pourra être poursuivi par la voie de la contrainte par corps. *Code pénal,* art. 52.

Tous les individus condamnés pour un même crime ou pour un même délit, sont tenus solidairement des amendes des restitutions des dommages-intérêts et des frais. *Art.* 55.

AMENDES (les) pour contraventions pourront être prononcées depuis un franc jusqu'à quinze francs, selon les distinctions et classes spécifiées, et seront appliquées au profit de la commune où la contravention aura été commise. *Code pénal,* art. 466.

AMENDE qui sera prononcée contre quiconque aura déplacé ou supprimé des bornes, pieds corniers ou tous autres arbres plantés ou reconnus pour établir les limites entre différens héritages. *V.* Déplacement.

AMENDE qui sera prononcée contre le coupable, d'avoir arraché ou coupé des haies vives ou sèches. *V.* Haies.

AMENDE qui sera prononcée contre tout coupable de destruction de clôtures. *V.* Clôtures.

AMENDE qui sera prononcée contre quiconque aura comblé des fossés en tout ou en partie. *V.* Comblement.

AMENDE qui sera prononcée contre le coupable de rupture ou destruction d'instrumens d'agriculture, de parcs de bestiaux, de cabanes de gardiens. *V*. Rupture.

AMENDE qui sera prononcée contre le coupable d'empoisonnement de chevaux ou autres bêtes de voitures, de monture ou de charge, bestiaux à cornes, moutons, chèvres ou porcs. *V*. Empoisonnement.

AMENDE qui sera prononcée contre tout coupable d'avoir tué sans nécessité des chevaux ou autres bêtes de voitures, de monture ou de charge, bestiaux à cornes, moutons, chèvres ou porcs. *V*. Chevaux.

AMENDE qui sera prononcée pour grains ou fourrages coupés. *V*. Grains.

AMENDE qui sera prononcée pour arbres abattus, mutilés ou écorcés, et pour greffes détruites. *V*. Arbres abattus.

AMENDE qui sera prononcée pour dévastation de récoltes sur pied, ou de plans venus naturellement ou faits de mains d'hommes. *V*. Dévastation.

AMENDE qui sera prononcée contre quiconque aura volontairement gâté, à l'aide de liqueur corrosive ou de toute autre manière, des marchandises ou matières servant à fabrication. *V*. Marchandise.

AMENDE qui sera prononcée contre quiconque sera coupable de pillage ou dégâts, de denrées, marchandises etc. *V*. Pillage.

AMENDE qui sera prononcée contre tout opposant par voies de force à confection de travaux autorisés par le gouvernement. *V*. Opposition.

AMENDE qui sera prononcée contre quiconque aura volontairement détruit, par quelque moyen que ce soit, des édifices, ponts, digues ou chaussées ou autres constructions. *V*. Ponts.

AMENDES qui seront prononcées pour vente à faux poids ou fausses mesures prohibées. *V*. Usage.

AMENDE qui sera prononcé pour paris sur la hausse ou la baisse des effets publics. *V*. Paris.

AMENDES qui seront prononcées contre tous ceux qui, par des manœuvres quelconques, auront opéré la hausse ou la baisse des prix des denrées et marchandises. *V*. Hausse.

AMENDE qui sera prononcée contre tout directeur, commis ou ouvrier qui aura révélé le secret d'une fabrique. *V*. Secret.

AMENDE qui sera prononcée contre tout embaucheur de directeur, commis ou ouvrier d'un établissement français pour l'étranger. *V*. Débauche.

AMENDE qui sera prononcée contre ceux qui auront entravé des enchères. *V*. Entraves.

AMENDE qui sera prononcée contre ceux qui auront établi ou tenu des maisons de prêt sur gage ou nantissement sans autorisation, ou qui y étant autorisés n'auront pas tenu un registre conforme aux règlemens. *V*. Maisons de prêt.

AMENDE qui sera prononcée contre tous banquiers, administrateurs, préposés ou agens des maisons de jeu de hasard, de loteries non autorisées par la loi. *V*. Maisons de jeu; Loteries.

AMENDE qui sera prononcée pour abus de dépôt. *V*. Abus.

AMENDE qui sera prononcée pour abus de blanc seing. *V*. Abus.

AMENDE qui sera prononcée pour abus de confiance. *V*. Abus.

AMENDE qui sera prononcée pour escroquerie. *V*. Escrocs.

AMENDE à laquelle pourront être condamnés les coupables de vols non-spécifiés au Code, de larcins ou filouterie et de tentative de ces délits. *V*. Vols non-spécifiés.

AMENDE qui sera prononcée contre les voituriers, bateliers ou leurs préposés qui auront altéré des vins, ou autres liquides ou marchandises à eux confiés pour transport. *V*. Voituriers.

AMENDE à laquelle seront condamnés tous dépositaires, par état ou profession, des secrets qu'on leur confie, qui, hors le cas où la loi les oblige à se porter dénonciateurs, auront révélé ces secrets. *V*. Révélation.

AMENDE qui sera prononcée pour violation de tombeaux ou sépulture. *V*. Violation.

AMENDE qui sera prononcée pour recélé de cadavre de personne homicidée. *V*. Recélé.

AMENDES qui seront prononcées contre ceux qui auront exposé un enfant. *V*. Exposition.

AMENDE qui sera prononcée contre quiconque aura indûment déposé un enfant de moins de sept ans accomplis dans
un hospice. *V*. Dépôt d'enfant.

AMENDE qui sera prononcée contre toute personne qui,
ayant trouvé un enfant nouveau né, ne l'aura pas remis à
l'officier de l'état civil. *V*. Enfant trouvé.

AMENDE qui sera prononcée pour défaut de déclaration
de naissance, dans le délai prescrit. *V*. Déclaration de
naissance non faite.

AMENDE qui sera prononcée contre tout coupable d'outrage public aux mœurs. *V*. Outrage.

AMENDES qui seront prononcées pour homicide, blessures ou coups involontaires. *V*. Homicide involontaire.

AMENDE à laquelle sera condamné tout coupable de menaces faites par écrit. *V*. Menaces.

AMENDE qui sera prononcée contre tout vendeur ou
débitant de boissons falsifiées. *Voyez* Boissons.

ANIMAL domestique tué sans nécessité dans un lieu
dont celui à qui il appartient est propriétaire, locataire,
colon ou fermier; le coupable sera puni d'un *emprisonne-
mert* de six jours au moins et de six mois au plus.

S'il y a eu violation de clôture, le *maximum* de la peine
sera prononcée. *Code pénal*, art. 454.

Il sera, de plus, prononcé contre le coupable une amende
qui ne pourra excéder le quart des restitutions et dommages-intérêts, ni être au-dessous de seize francs. *Art.* 455
idem.

ANIMAUX ou bestiaux soupçonnés d'être infectés de
maladie contagieuse. *V*. Détenteur.

ANIMAUX malfaisans ou féroces qu'on aura laissé déva-
guer; leurs gardiens seront punis d'une *amende* de six francs
jusqu'à dix francs inclusivement. *Code pénal*, art. 475.

La peine de l'emprisonnement pendant cinq jours au plus,
sera toujours prononcée en cas de récidive. *Art.* 478 *idem*.

Il y a récidive lorsqu'il a été rendu contre les contrevenans, dans les douze mois précédens, un jugement pour
contravention de police, commise dans le ressort du même
tribunal. *Art.* 483 *idem*.

ANIMAUX de trait, de charge ou de monture, bestiaux qu'on aura fait ou laissé passer sur le terrain d'autrui ensemencé ou chargé d'une récolte, en quelque saison que ce soit, ou dans un bois taillis appartenant à autrui ; ceux qui les y auront fait ou laissé passer seront punis d'une *amende* de six francs jusqu'à dix francs. *Code pénal,* art. 475.

La peine de l'*emprisonnement* pendant cinq jours au plus, sera prononcée en cas de récidive. *Art.* 478 *idem.*

Il y a récidive lorsqu'il a été rendu contre le contrevenant, dans les douze mois précédens, un premier jugement pour contravention de police, commise dans le ressort du même tribunal. *Art.* 483 *idem.*

ANIMAUX ou bestiaux tués ou blessés, etc. *V.* Mort.

APPRENTI ou compagnon qui aura volé dans la maison, l'atelier ou le magasin de ses maîtres, ou individu travaillant habituellement dans l'habitation où il aura volé, sera puni de la peine de la *réclusion. Code pénal,* art. 386.

ARBRES abattus, mutilés ou écorcés, greffes détruites. Quiconque aura abattu un ou plusieurs arbres, qu'il savait appartenir à autrui, sera puni d'un *emprisonnement* qui ne sera pas au-dessous de six jours, ni au-dessus de six mois, à raison de chaque arbre, sans que la totalité puisse excéder cinq ans. *Code pénal,* art. 445.

Les peines seront les mêmes, à raison de chaque arbre mutilé ou écorcé de manière à le faire périr. *Art.* 446 *idem.*

S'il y a eu destruction d'une ou plusieurs greffes, l'*emprisonnement* sera de six jours à deux mois par chaque greffe, sans que la totalité puisse excéder deux ans. *Art.* 447 *idem.*

Le *minimum* de la peine sera de vingt jours dans les cas prévus par les articles 445 et 446, et de dix jours dans le cas prévu par l'article 447, si les arbres étaient plantés sur des places, routes, chemins, rues ou voies publiques, ou vicinales ou de traverses. *Art.* 448 *idem.*

Dans les cas prévus par les articles ci-dessus, si le fait a été commis en haine d'un fonctionnaire public, et à raison de ses fonctions, le coupable sera puni du *maximum* de la peine établie par l'article auquel le cas se référera.

Il en sera de même, quoique cette circonstance n'existe point, si le fait a été commis pendant la nuit. *Art.* 450 *idem.*

Dans les cas prévus par les articles ci-dessus, il sera pro-

noncé une amende qui ne pourra excéder le quart des restitutions et dommages-intérêts, ni être au-dessous de seize
francs. *Art.* 455 *idem.*

ARBRES plantés ou reconnus pour établir les limites
entre différens héritages, déplacés ou supprimés. *V.* Dé-
PLACEMENT.

ARCHIVISTES auxquels on aura enlevé des pièces,
actes ou autres effets étant dans leurs archives; leurs peines. *V.* ENLÈVEMENT.

ARMES prohibées par la loi ou par des règlemens d'administration publique; tout individu qui en aura fabriqué
ou débité sera puni d'un *emprisonnement* de six jours à
six mois.
Celui qui sera porteur desdites armes, sera puni d'une
amende de seize francs à deux cents francs.
Dans l'un et l'autre cas, les armes seront confisquées.
Le tout sans préjudice de peine plus forte, s'il y échet,
en cas de complicité de crime. *Code pénal*, art. 314.
Outre les peines ci-dessus, les tribunaux pourront prononcer le renvoi sous la surveillance de la haute police,
depuis deux ans, jusqu'à dix ans. *Art.* 315 *idem.*

ARMES, instrumens, coutres de charrue, barres, barreaux, pinces ou autres machines dont puissent abuser les
voleurs ou autres malfaiteurs, laissés dans les rues, chemins, places, lieux publics ou dans les champs; ceux qui
les y auront laissés seront punis d'une *amende* d'un franc à
cinq francs inclusivement. *Code pénal*, art. 471.
Les coutres, les instrumens et armes mentionnés ci-dessus, seront en outre confisqués. *Art.* 472 *idem.*
La peine d'*emprisonnement* contre toutes les personnes
mentionnées en l'article 471 ci-dessus, aura toujours lieu
en cas de récidive, pendant trois jours au plus. *Art.* 374
idem.

Il y a récidive lorsqu'il a été rendu contre le contrevenant, dans les douze mois précédens, un premier jugement pour contravention de police commise dans le ressort
du même tribunal. *Art.* 485 *idem.*

ARMES, munitions, instrument de crime, logement,
retraite ou lieu de réunion fournis aux bandes d'association
de malfaiteurs; ceux qui leur auront fait sciemment et vo-

lontairement ces fournitures , seront punis de la *réclusion*. *Code pénal* , art. 268.

ARRACHÉ de haies vives et sèches. *V*. Haies.

ARRÊTS (tous) qui porteront la peine de mort , des travaux forcés , à perpétuité ou à temps, la déportation , la réclusion , le carcan, la peine du bannissement et la dégradation civique , seront imprimés par extrait.

Ils seront affichés dans la ville centrale du département , dans celle où l'arrêt aura été rendu , dans la commune du lieu où le délit aura été commis et dans celle du domicile du condamné. *Code pénal*, art. 36.

ARRESTATIONS illégales et séquestration de personnes. Il ne s'agit pas d'une arrestation commise par des fonctionnaires publics. Les dispositions de la loi relatives aux arrestations et séquestrations dont il est ici question, n'ont trait qu'aux attentats à la liberté commis par des particuliers.

On peut être arrêté par toute personne, lorsqu'on est surpris commettant un crime; on peut aussi être arrêté par celui qu'une loi autorise à cet effet, ou qui est porteur d'ordre de l'autorité compétente. Hors ces cas, celui qui se permet de faire une arrestation est coupable de crime; prêter un lieu pour séquestrer la personne arrêtée, est un acte de complicité, ce qui appel un châtiment rigoureux. Ces arrestations et séquestrations sont une atteinte à l'une des jouissances les plus précieuses que la société garantit à l'un de ses membres. La loi prononce la peine des travaux forcés à temps contre l'auteur de ce crime et son complice; elle se relâche cependant de sa rigueur envers le coupable, et consent à ce qu'il ne soit condamné qu'à des peines de police correctionnelle, si, avant le dixième jour accompli, il a rendu libre celui qu'il avait arrêté ; alors la loi commue la peine en faveur de son repentir, et veut bien supposer que sa faute a été plutôt le résultat de l'irréflexion du moment, que d'une préméditation tenant à des combinaisons criminelles; mais passé le dixième jour , elle ne doute plus de la perversité de l'intention, et devient inflexible. Si même la détention ou séquestration a duré plus d'un mois, elle ne voit plus dans le coupable qu'un méchant tellement obstiné, tellement endurci, qu'il serait un fléau pour la société, s'il pouvait jamais rentrer dans son sein ; elle l'en exclut pour toujours en le condamnant aux travaux forcés à perpétuité.

Enfin , il est des circonstances particulières qui peuvent accompagner l'arrestation illégale, et qui lui donne un tel caractère de gravité., que la loi considère alors le coupable comme atteint de brigandage et d'assassinat , et qu'elle prononce contre lui la peine de mort.

Ces circonstances dont la définition ne doit point dépendre de l'arbitraire du juge, sont spécifiées dans la loi. Les coupables seront punis de mort , dit-elle, si l'arrestation a été exécutée avec le faux costume , sous un faux nom, ou sous un faux ordre de l'autorité publique; si l'individu arrêté, détenu ou séquestré, a été menacé de la mort, s'il a été soumis à des tortures corporelles.

Des attentats qui blessent l'ordre public à un tel degré, ne peuvent être trop sévèrement réprimés; ils doivent être mis au même rang que les plus grands crimes contre la paix publique.

ARRESTATIONS illégales. Seront punis de la peine des *travaux forcés à temps*, ceux qui, sans ordre des autorités constituées, et hors les cas où la loi ordonne de saisir les prévenus, auront arrêté, détenu ou séquestré des personnes quelconques.

Quiconque aura prêté un lieu pour exécuter la détention ou séquestration, subira la même peine. *Code pénal*, art. 341.

Si la détention ou séquestration a duré plus d'un mois, la peine sera celle des *travaux forcés à perpétuité*. *Art.* 342 *idem*.

La peine sera réduite à l'*emprisonnement* de deux à cinq ans, si les coupables des *délits* mentionnés en l'art. 341 ci-dessus, non encore poursuivis de fait, ont rendu la liberté à la personne arrêtée, séquestrée ou détenue, avant le dixième jour accompli depuis celui de l'arrestation, détention ou séquestration. Ils pourront néanmoins être renvoyés sous la surveillance de la haute police depuis cinq ans jusqu'à dix ans. *Art.* 343 *idem*.

Dans chacun des trois cas suivans, 1°. si l'arrestation a été exécutée avec le faux costume, sous un faux nom, ou sur un faux ordre de l'autorité publique;

2°. Si l'individu arrêté, détenu ou séquestré, a été menacé de la mort;

3°. S'il a été soumis à des tortures corporelles, les coupables seront punis de mort. *Art.* 344 *idem*.

ARTIFICE, allumé ou tiré par négligence ou imprudence, et dont il sera résulté un incendie; celui qui en sera coupable sera puni d'une *amende* de cinquante francs au moins et de cinq cents francs au plus. *Code pénal*, art. 458.

ARTIFICE tiré dans certains lieux où cela est défendu; ceux qui l'auront tirée seront punis d'une *amende* de un franc à cinq francs inclusivement. *Code pénal*, art. 471.

Seront en outre confisquées les pièces d'artifice saisies. *Art.* 472 *idem*.

La peine d'*emprisonnement* pendant trois jours au plus, pourra de plus être prononcée, selon les circonstances, contre ceux qui auront tiré des pièces d'artifice. *Art.* 473 *idem*.

La peine d'*emprisonnement* contre toutes personnes mentionnées en l'article 171 ci-dessus, aura toujours lieu en cas de récidive, pendant trois jours au plus. *Art. 474 idem.*

Il y a récidive lorsqu'il a été rendu, contre le contrevenant, dans les douze mois précédens, un premier jugement pour contravention de police commise dans le ressort du même tribunal. *Art. 485 idem.*

ASCENDANT de la personne prévenue de réticence à l'égard de complots formés ou de crimes projetés contre la sûreté extérieure ou intérieure de l'état dont il aurait connaissance ne sera point sujet aux peines portées contre tous autres qui n'en auraient point fait la révélation au gouvernement ou aux autorités administratives, ou de police judiciaire ; mais il pourra, par arrêt ou jugement, être mis sous la *surveillance* spéciale de la haute police, pendant un temps qui n'excédera point dix ans. *Code pénal*, art. 107.

ASCENDANS, descendans, frères, sœurs, époux et alliés aux mêmes degrés, tenant fabrique ou dépôt de monnoies d'or, d'argent, billon ou cuivre contrefaites ou altérées, ayant cours légal en France, qui ne les auraient pas révélés aux autorités administratives ou de police judiciaire, seront exceptés de la disposition qui prononce contre tous autres une peine pour cette non révélation. *Code pénal*, art. 137.

ASSASSINAT est le meurtre commis avec préméditation, ou de guet-apens. *Code pénal*, art. 296.

La préméditation consiste dans le dessein formé, avant l'action, d'attenter à la personne d'un individu déterminé, ou même de celui qui sera trouvé ou rencontré, quand même ce dessein serait dépendant de quelque circonstance ou de quelque condition. *Art. 297 idem.*

Le guet-apens consiste à attendre plus ou moins de temps, dans un ou divers lieux, un individu, soit pour lui donner la mort, soit pour exercer sur lui des actes de violence. *Art. 298 idem.*

ASSOCIATION de malfaiteurs, vagabondage et mendicité.

Les associations de malfaiteurs, les vagabonds et les mendians sont trois classes d'individus dont le nom seul est un sujet d'alarme pour la société.

Les malfaiteurs dont il s'agit ici, ne sont pas ceux qui agissent isolément, ou même de concert avec d'autres pour la simple exécution d'un crime. Ce que la loi considère plus particulièrement ici, ce sont les bandes ou associations de ces êtres pervers qui, faisant un métier du vol et du pillage, sont convenus de mettre en commun le produit de leurs méfaits.

Cette association est en soi-même un crime qui, lorsqu'il n'aurait été accompagné, ni suivi d'aucun autre, entraîne la peine des travaux forcés à temps contre les chefs, et celle de la réclusion contre tous les autres individus de la bande.

Ces bandes ne sont ordinairement recrutées que par les vagabonds; et tout ce qui touche au vagabondage trouve ici sa place. La loi définit le vagabondage, elle l'érige en délit et lui inflige une peine correctionnelle. Toutefois elle ne s'arrête point là; que serait-ce, en effet, qu'un emprisonnement de quelques mois, si le vagabond était ensuite purement et simplement replacé dans la société à laquelle il n'offrirait aucune garantie.

Celui qui n'a ni domicile, ni moyens de subsistance, ni profession ou métier, n'est point en effet membre de la cité; elle peut le rejeter et le laisser à la disposition du gouvernement qui pourra, dans sa prudence, ou l'admettre à caution, si un citoyen honnête et solvable veut bien en répondre, ou le placer dans une maison de travail jusqu'à ce qu'il ait appris à subvenir à ses besoins, ou enfin le détenir comme un être nuisible ou dangereux, s'il n'y a nul amendement à en espérer.

Les mendians ne sont pas dignes de beaucoup plus de faveur, aujourd'hui surtout que la bienfaisante activité du gouvernement réalise le vœu philantropique de tant d'écrivains distingués, et ouvre, sous le nom de Dépôts de mendicité, des asiles où les pauvres infirmes sont nourris aux frais de l'état qui ne leur demandera d'ailleurs, que le travail dont ils seront capables.

Quand de tels établissemens existeront partout, il ne restera plus de prétexte ni d'excuse à la mendicité; mais, jusque-là, la crainte de frapper le malheur et l'indigence exigera quelques ménagemens en faveur des mendians invalides.

D'après ces idées, la loi assujettit, sans distinction, à des peines correctionnelles, toutes personnes qui mendient dans les lieux pour lesquels il y a des dépôts de mendicité.

Dans les autres lieux on distinguera, et la mendicité, toujours punissable, ne deviendra un délit, à l'égard des autres, qu'autant qu'ils feindraient des plaies, qu'ils mendieraient en réunion, ou qu'ils seraient entrés dans une maison, sans permission des personnes qui y demeurent.

Dans sa prévoyance, la loi a posé aussi quelques règles communes aux vagabonds et aux mendians.

Tout individu de cette qualité appelle une répression plus spéciale, s'il a été saisi travesti ou muni d'armes, de limes ou de crochets; s'il a été trouvé porteur d'effets d'une certaine valeur, ou s'il a exercé des violences, quelques légères qu'elles soient.

De la part de ces hommes, il n'est aucun des signes indiqués qui ne soit propre à porter l'alarme et n'atteste un délit consommé ou prêt à l'être.

L'ordre public doit s'armer plus fortement contre ceux qui le menacent davantage; et c'est dans cette vue que la marque sera infligée à tout vagabond ou mendiant qui aura encouru la peine des travaux forcés à temps, et qu'après toute espèce de condamnation à des peines afflictives, ou même simplement correctionnelles, les vagabonds et mendians seront mis à la disposition de la haute police.

ASSOCIATION (toute) de malfaiteurs envers les personnes ou les propriétés, est un crime contre la paix publique. *Code pénal,* art. 265.

Ce crime existe par le seul fait d'organisation de bandes ou de correspondance entre elles et leurs chefs ou commandans, ou de convention tendant à rendre compte ou à faire distribution ou partage du produit des méfaits. *Art.* 266 *idem.*

Quand ce crime n'aurait été accompagné ni suivi d'aucun autre, les auteurs, directeurs de l'association et les commandans en chef ou en sous-ordre de ces bandes, seront punis des *travaux forcés à temps. Art.* 267 *idem.*

Seront punis de la *réclusion* tous autres individus chargés d'un service quelconque dans les bandes, et ceux qui auront sciemment et volontairement fourni aux bandes ou à leurs divisions, des armes, munitions, instrumens de crime, logement, retraite ou lieu de réunion. *Art.* 268 *idem.*

ASSOCIATION (nulle) de plus de vingt personnes, dont le but sera de se réunir tous les jours ou à certains jours marqués pour s'occuper d'objets religieux, littéraires, politiques ou autres, ne pourra se former qu'avec l'agrément du gouvernement, et sous les conditions qu'il plaira à l'autorité publique d'imposer à la société.

Dans le nombre des personnes indiquées par le présent article, ne sont pas comprises celles domiciliées dans la maison où l'association se réunit. *Code pénal,* art. 291.

Toute association de la nature de celle ci-dessus exprimée qui se sera formée sans autorisation, ou qui, après l'avoir obtenue, aura enfreint les conditions à elle imposées, sera dissoute.

Les chefs, directeurs ou administrateurs de l'association seront en outre punis d'une *amende* de seize francs à deux cent francs. *Art.* 292 *idem.*

Si par discours, exhortations, invocations ou prières, en quelque langue que ce soit, ou par lecture, affiche, publication ou distribution d'écrits quelconques, il a été fait dans ces assemblées, quelques provocations à des crimes ou à des délits, la peine sera de cent francs à deux cents francs d'*amende* et de trois mois à deux ans d'*emprisonnement,* contre les chefs, directeurs et administrateurs de ces associations, sans préjudice des peines plus fortes qui seraient portées par la loi contre les individus personnellement coupables de la provocation, lesquels, en aucun cas, ne pourront être punis d'une peine moindre que celle infligée aux chefs, directeurs ou administrateurs de l'association. *Art.* 293 *idem.*

Tout individu qui, sans la permission de l'autorité municipale, aura accordé ou consenti l'usage de sa maison ou de son appartement, en tout ou en partie, pour la réunion des membres d'une association même autorisée, ou pour l'exercice d'un culte, sera puni d'une *amende* de seize francs à deux cent francs. *Art.* 294 *idem.*

ASSOCIATION ou réunion illicites.

L'importance qu'on eut pu mettre il y a quelques années aux sociétés ou réunions ayant pour but de s'occuper journellement ou périodiquement d'objets religieux, politiques ou littéraires, n'est plus de saison. Tout ce qui fut dit et écrit alors dérivait des principes qui ne peuvent plus recevoir d'application sous la forme du gouvernement qui a été depuis adoptée en France.

Le droit absolu et indéfini qu'aurait la multitude de se réunir pour traiter d'affaires politiques, religieuses ou autres de cette nature, serait incompatible avec notre état politique actuel.

Si le gouvernement monarchique doit être assez fort pour repousser ce qui pourrait lui nuire, il est aussi de son essence de n'admettre aucune rigueur inutile ; il n'interviendra donc point, hors les cas qui l'intéresseraient spécialement, dans ces petites réunions, que les rapports de famille, d'amitié ou de voisinage peuvent établir sur tous les points d'un si vaste Empire ; et lorsqu'il ne se passera, dans ces petites réunions, rien de contraire au bon ordre, l'autorité publique, qui ne saurait être tracassière, ne leur imposera aucune obligation spéciale, eussent-elles pour objet la lecture en commun des journaux ou autres ouvrages.

Cette obligation spéciale de se faire connaître de l'autorité et d'obtenir son assentiment, commencera là seulement où le nombre des sociétaires serait tel qu'il pût devenir un juste sujet de surveillance plus particulière.

C'est alors que de telles associations ne pourront exister qu'avec l'autorisation du gouvernement, et sous les conditions qui leur seront imposées ; c'est alors aussi qu'en cas d'infraction, ces associations pourront être dissoutes, et leurs chefs ou directeurs condamnés à des amendes, et même à l'emprisonnement.

ASSOCIATION d'artistes, entrepreneur ou directeur, qui aura fait représenter sur son théâtre des ouvrages dramatiques, au mépris des lois et règlemens, relatifs à la propriété des auteurs ; peine de ce délit, *V.* Contrefaçon.

ATTAQUE (toute), toute résistance avec violence et voies de fait envers les officiers ministériels, les gardes champêtres ou forestiers, la force publique, les préposés à la perception des taxes et des contributions, leurs porteurs de contraintes, les préposés des douanes, les officiers ou agens de la police administrative ou judiciaire, agissant pour l'exécution des lois, des ordres ou ordonnances de l'autorité publique, des mandats de justice ou de jugemens, est qualifiée, selon les circonstances, de crime ou délit de rébellion. *Code pénal,* art. 209.

Si elle a été commise par plus de vingt personnes armées, les coupables seront punis des *travaux forcée à temps,* et s'il n'y a pas eu port d'armes, il seront punis de la *réclusion. Art.* 210 *idem.*

Si la rébellion a été commise par une réunion armée de trois personnes ou plus jusqu'à vingt inclusivement, la peine sera la *réclusion;* s'il n'y a pas eu de port d'armes, la peine sera un *emprisonnement* de six mois au moins et deux ans au plus. *Art.* 211 *idem.* (*V.* l'article 218 ci-ensuite.)

Si la rébellion n'a été commise que par une ou deux personnes avec armes, elle sera punie d'un *emprisonnement* de six mois à deux ans; et si elle a eu lieu sans armes, d'un *emprisonnement* de six jours à six mois. *Art.* 212 *idem.* (*V.* l'art. 218 ci-ensuite.)

En cas de rébellion avec bande ou attroupement, l'article 100 du présent Code sera applicable aux rebelles sans fonctions ni emplois dans la bande, qui se seront retirés au premier avertissement de l'autorité publique, ou même depuis, s'ils n'ont été saisis que hors du lieu de la rébellion, et sans nouvelle résistance et sans armes. *Art.* 213 *idem. V.* ATTENTAT.

Les personnes qui se trouveraient munies d'armes cachées, et qui auraient fait partie d'une troupe ou réunion non réputée armée, seront individuellement punis comme si elles avaient fait partie d'une troupe ou réunion armée. *Art.* 215 *idem.*

Sera puni, comme coupable de rébellion, quiconque y aura provoqué, soit par des discours tenus dans des lieux ou réunions publics, soit par placards affichés, soit par écrits imprimés.

Dans le cas où la rébellion n'aurait pas eu lieu, le provocateur sera puni d'un *emprisonnement* de six jours au moins et d'un an au plus. *Art.* 217 *idem.*

Dans tous les cas où il sera prononcé pour fait de rébellion une simple peine d'un emprisonnement, les coupables pourront être condamnés en outre à une *amende* de seize à deux cents francs. *Art.* 218 *idem.*

Seront punis comme réunions de rebelles, celles qui auront été formées avec ou sans armes, et accompagnées de violences ou menaces contre l'autorité administrative, les officiers et les agens de la police, ou contre la force publique,

1°. Par les ouvriers ou journaliers dans les ateliers publics ou manufactures;

2°. Par les individus admis dans les hospices;

3°. Par les prisonniers, prévenus, accusés ou condamnés. *Art.* 219 *idem.*

La peine appliquée pour rébellion à des prisonniers, prévenus, accusés ou condamnés relativement à d'autres crimes ou délits, sera par eux subie, savoir;

Par ceux qui, à raison de crimes ou délits qui ont causé leur détention, sont ou seraient condamnés à une peine non capitale, ni perpétuelle, immédiatement après l'expiration de cette peine;

Et par les autres, immédiatement après l'arrêt ou jugement en dernier ressort qui les aura acquittés ou renvoyés absous du fait pour lequel ils étaient détenus. *Art.* 220 *idem.* *V.* Réunions; Auteurs; Chefs.

ATTENTAT ou complot contre la vie ou contre la personne de l'Empereur, est crime de lèse-majesté; ce crime est puni comme parricide, et emporte de plus la *confiscation des biens. Code pénal,* art. 86. *V.* Coupable condamné à mort pour parricide.

Il y a attentat dès qu'un acte est commis ou commencé pour parvenir à l'exécution de ce crime, quoiqu'il n'ait pas été consommé. *Art.* 88 *idem.*

Dans le cas où le crime mentionné en l'article 86 ci-dessus, aura été exécuté ou simplement tenté par une bande, la peine de *mort* avec confiscation de biens sera appliquée sans distinction de grade, à tous les individus faisant partie de la bande et qui auront été saisis sur le lieu de la réunion séditieuse.

Sera puni des mêmes peines, quoique non saisi sur le lieu, quiconque aura dirigé la sédition, ou aura exercé dans la bande un emploi ou commandement quelconque. *Art.* 97 *idem.*

Hors le cas où la réunion séditieuse aurait eu pour objet ou résultat le crime énoncé en l'article 86, les individus faisant partie des bandes dont il est parlé ci-dessus, sans y exercer aucun commandement ni emploi, et qui auront été saisis sur les lieux, seront punis de la *déportation. Art.* 98 *idem.*

Ceux qui connaissant le but et le caractère desdites bandes, leur auront, sans contrainte, fourni des logemens, lieux de retraite ou de réunion, seront condamnés à la peine des *travaux forcés à temps. Art.* 99 *idem.*

Il ne sera prononcé aucune peine, pour le fait de sédition, contre ceux qui ayant fait partie de ces bandes, sans y exercer aucun commandement et sans y remplir aucun emploi ni fonction, se seront retirés au premier avertissement des autorités civiles ou militaires, ou même depuis, lorsqu'ils n'auront été saisis que hors des lieux de la réunion séditieuse, sans opposer de résistance et sans armes.

Ils ne seront punis, dans ces cas, que des crimes particuliers qu'ils auraient personnellement commis; et néanmoins ils pourront être renvoyés, pour cinq ans ou au plus jusqu'à dix, sous la surveillance spéciale de la haute police. *Art.* 100 *idem.*

Sont compris dans le mot *armes*, toutes machines, tous instrumens ou ustensiles tranchans, perçans ou contondans.

Les couteaux et ciseaux de poche, les cannes simples ne seront réputés armes, qu'autant qu'il en aura été fait usage pour tuer, blesser ou frapper. *Art.* 101 *idem.*

Seront punis comme coupables des crimes ci-dessus mentionnés, tous ceux qui, soit par discours tenus dans des lieux ou réunions publics, soit par placards affichés, soit par des écrits imprimés, auront excité directement les citoyens ou habitans à les commettre.

Néanmoins, dans le cas où lesdites provocations n'auraient été suivies d'aucun effet, leurs auteurs seront simplement punis du bannissement. *Art.* 102 *idem.*

Au premier rang des crimes contre la sûreté intérieure de l'état, est celui de *lèse majesté.* L'on a long-temps abusé de ce mot; plusieurs lois des Empereurs romains déclaraient sacrilèges ou coupables de lèse majesté ceux qui avaient osé douter du mérite des personnes appelées par le prince à quelqu'emploi, ceux qui attentaient contre les ministres ou officiers du prince, et même les fabricateurs de fausse monnaie.

L'on admit aussi le crime de lèse majesté divine, et l'on distingua le crime de lèse majesté, proprement dit, en plusieurs espèces; il fut, selon les circonstances, qualifié au premier et au second chef. Cette législation diminuait, par de fausses applications, l'horreur que doit inspirer le crime de lèse majesté.

Ce crime est, par la loi, réduit à des termes simples; celui-là seul en est coupable, qui a eu part à un *attentat ou complot dirigé contre*

la personne ou la vie de l'Empereur ; et comme ce crime, ainsi qualifié, est le plus énorme de tous, il sera puni de la peine réservée aux
parricides, c'est-à-dire, de la seule qui soumette le coupable à quelques mutilations avant qu'il reçoive la mort.

Si l'attentat ou le complot est dirigé, non contre la personne ou la
vie du prince, mais contre l'autorité impériale ou contre les membres
de la famille régnante, un tel crime, quelle que soit sa gravité, ne sera
point assimilé au parricide, mais il n'en entrainera pas moins la peine
capitale, bien due sans doute à un forfait qui répand une si grande
alarme dans la société.

Les mots *attentats* et *complots* n'ont pas un sens assez déterminé
pour qu'il ne soit pas utile de les définir. Si les définitions ne con-
viennent point aux faits dont le caractère est vulgairement fixé, et
si alors elles sont plus dangereuses qu'utiles, il n'en est pas ainsi
quand il s'agit d'imprimer un caractère spécial de crimes à des projets
qui, s'ils s'appliquaient à des délits ordinaires, seraient toujours
odieux, mais ne seraient point alors considérés comme le délit même.

Deux hommes ont-ils le dessein de voler leur voisin ; cette horrible
et funeste pensée ne sera pourtant pas réprimée comme vol, si elle
n'a été suivie d'un commencement d'exécution ; mais dans les crimes
d'état, le complot formé est assimilé à l'attentat et au crime même.

Ainsi, dans cette matière, le crime commence et existe déjà dans
la seule résolution d'agir, arrêtée entre plusieurs coopérateurs : le suprême intérêt de l'état ne permet pas d'attendre et de ne considérer
comme criminels que ceux qui ont déjà agi.

La simple proposition non agréée de former un complot, est punissable elle-même, mais à un moindre degré ; car, bien qu'il n'ait
manqué à celui qui a fait la proposition que de trouver des gens qui vou-
lussent s'associer à ses desseins criminels, cependant le danger et l'alarme
n'ont pas été portés au même point que si le complot eût réellement
existé.

ATTENTATS et complots dirigés contre l'Empereur et
sa famille. *V.* ATTENTAT ou complot contre la vie et contre la personne de l'Empereur, ou contre la vie ou la personne des membres de la famille impériale.

ATTENTAT ou complot dont le but sera,

Soit de détruire ou de changer le gouvernement ou
l'ordre de succession au trône,

Soit d'exciter les citoyens ou les habitans à s'armer
contre l'autorité impériale,

Seront punis de la peine de *mort* et *de la confiscation
des biens Code pénal,* art. 87.

Il y a attentat dès qu'un acte est commis ou commencé
pour parvenir à l'exécution de ces crimes, quoiqu'ils n'aient
pas été consommés. *Art.* 88 *idem.*

Dans le cas où l'un ou plusieurs crimes mentionnés
en l'article 87 auront été exécutés ou simplement tentés par une bande, la peine de *mort* avec confiscation des
biens sera appliquée, sans distinction de grades, à tous

les individus faisant partie de la bande et qui auront été saisi sur le lieu de la réunion séditieuse.

Sera puni des mêmes peines , quoique non saisi sur le lieu , quiconque aura dirigé la sédition , ou aura exercé dans la bande un emploi ou commandement quelconque. *Art.* 97 *idem.*

Hors le cas où la réunion séditieuse aurait eu pour objet ou résultat l'un ou plusieurs des crimes énoncés en l'article 87 ci-dessus , les individus faisant partie des bandes sans y exercer aucun commandement ni emploi , et qui auront été saisis sur les lieux , seront punis de la *déportation*. *Art.* 98 *idem.*

Ceux qui , connaissant le but et le caractère desdites bandes , leur auront, sans contrainte, fourni des logemens , lieux de retraite ou de réunion , seront condamnés à la peine des *travaux forcés à temps*. *Art.* 99 *idem.*

Il ne sera prononcé aucune peine pour le fait de sédition contre ceux qui ayant fait partie de ces bandes sans y exercer aucun commandement et sans y remplir aucun emploi ni fonctions, se seront retirés au premier avertissement des autorités civiles ou militaires ou même depuis , lorsqu'ils n'auront été saisis que hors des lieux de la réunion séditieuse , sans opposer de résistance et sans crimes.

Ils ne seront punis, dans ces cas, que des crimes particuliers qu'ils auront personnellement commis , et néanmoins ils pourront être renvoyés , pour cinq ans ou au plus jusqu'à dix , sous la surveillance spéciale de la haute police. *Art.* 100 *idem.*

Sont compris dans le mot *armes* , toutes machines , tous instrumens ou ustensiles tranchans , perçans ou contondans.

Les couteaux et ciseaux de poche , les cannes simples ne seront reputés armes , qu'autant qu'il en aura été fait usage pour tuer , blesser ou frapper. *Art.* 101 *idem.*

Seront punis comme coupables des crimes ci-dessus mentionnés , tous ceux qui par des discours tenus dans des lieux ou réunions publics, soit par placards affichés , soit par des écrits imprimés , auront excité directement les citoyens ou habitans à les commettre ; néanmoins, dans le cas où lesdites provocations n'auraient été suivies d'aucun effet , leurs auteurs seront simplement punis du bannissement. *Art.* 102 *idem.*

ATTENTAT (l') ou le complot dont le but sera, soit d'exciter la guerre civile, en armant ou en portant les citoyens ou habitans à s'armer les uns contre les autres, soit de porter la dévastation, le massacre et le pillage dans une ou plusieurs communes, seront punis de la peine de *mort*, et les biens des coupables confisqués. *Code pénal*, art. 91. *V*. Ceux qui auront tiré.

Dans le cas où l'un ou plusieurs des crimes mentionnés en l'article 91 auront été exécutés ou simplement tentés par une bande, la peine de *mort*, avec confiscation des biens, sera appliquée, sans distinction de grades, à tous les individus faisant partie de la bande, et qui auront été saisis sur le lieu de la réunion séditieuse.

Sera puni des mêmes peines, quoique non saisi sur le lieu, quiconque aura dirigé la sédition, ou aura exercé dans la bande un emploi ou commandement quelconque. *Art.* 97 *idem*.

Hors le cas où la réunion séditieuse aurait eu pour objet ou résultat l'un ou plusieurs des crimes énoncés en l'article 91, les individus faisant partie des bandes dont il est parlé ci-dessus, sans y exercer aucun commandement ni emploi, et qui auront été saisis sur les lieux, seront punis de la *déportation*. *Art.* 98 *idem*.

Ceux qui, connaissant le but et le caractère des bandes, leur auront, sans contrainte, fourni des logemens, lieux de retraite ou de réunion, seront condamnés à la peine des *travaux forcés à temps*. *Art.* 99 *idem*.

Il ne sera prononcé aucune peine, pour le fait de sédition, contre ceux qui, ayant fait partie de ces bandes sans y exercer aucun commandement, et sans y remplir aucun emploi ni fonction, se seront retirés au premier avertissement des autorités civiles ou militaires, ou même depuis, lorsqu'ils n'auront été saisis que hors des lieux de la réunion séditieuse, sans opposer de résistance et sans armes.

Ils ne seront punis, dans ces cas, que des crimes particuliers qu'ils auraient personnellement commis ; et néanmoins ils pourront être renvoyés pour cinq ans ou au plus jusqu'à dix sous la surveillance générale de la haute police. *Art.* 100 *idem*.

Sont compris dans le mot *armes* toutes machines, tous instrumens ou ustensiles tranchans, perçans ou contondans.

Les couteaux et ciseaux de poche, les cannes simples ne seront réputées armes qu'autant qu'il en aura été fait usage pour tuer, blesser ou frapper. *Art.* 101 *idem*.

Seront punis comme coupables des crimes et complots ci-dessus mentionnés, tous ceux qui, soit par discours tenus dans des lieux ou réunions publics, soit par placards affichés, soit par des écrits imprimés, auront excité directement les citoyens ou habitans à les commettre.

Néanmoins, dans le cas où lesdites provocations n'auraient été suivies d'aucun effet, leurs auteurs seront simplement punis du *bannissement. Art.* 102 *idem.*

ATTENTAT ou complot contre la vie ou la personne des membres de la famille impériale, seront punis de *mort* et de la *confiscation des biens. Code pénal,* art. 87.

Il y a attentat dès qu'un acte est commis ou commencé pour parvenir à l'exécution de ce crime, quoiqu'il n'ait pas été consommé. *Art.* 88 *idem.*

Dans le cas où l'un ou plusieurs crimes mentionnés en l'article 87 ci-dessus, auront été exécutés ou tentés par une bande, la peine de *mort,* avec *confiscation de biens,* sera appliquée, sans distinction de grades, à tous les individus faisant partie de la bande et qui auront été saisis sur le lieu de la réunion séditieuse.

Sera puni des mêmes peines, quoique non saisi sur le lieu, quiconque aura dirigé la sédition ou aura exercé dans la bande un emploi ou commandement quelconque. *Art.* 97 *idem.*

Hors le cas où la réunion séditieuse aurait eu pour objet ou résultat l'un ou plusieurs des crimes énoncés en l'article 87, les individus faisant partie des bandes dont il est parlé ci-dessus, sans y exercer aucun commandement ni emploi, et qui auront été saisis sur les lieux, seront punis de la *déportation. Art.* 98 *idem.*

Ceux qui, connaissant le but et le caractère desdites bandes, leur auront sans contrainte fourni des logemens, lieux de retraite ou de réunion, seront condamnés à la peine des *travaux forcés à temps. Art.* 99 *idem.*

Il ne sera prononcé aucune peine, pour le fait de sédition, contre ceux qui, ayant fait partie de ces bandes sans y exercer aucun commandement et sans y remplir aucun emploi ni fonction, se seront retirés au premier avertissement des autorités civiles ou militaires, ou même depuis, lorsqu'ils n'auront été saisis que hors des lieux de la réunion séditieuse, sans opposer de résistance et sans armes.

Ils ne seront punis, dans ces cas, que des crimes parti-

culiers qu'ils auraient personnellement commis ; et néanmoins ils pourront être renvoyés, pour cinq ans, ou au plus
jusqu'à dix, sous la surveillance spéciale de la haute police.
Art. 100 *idem.*

Sont compris dans le mot *armes* toutes machines, tous
instrumens ou ustensiles tranchans, perçans ou contondans.
Idem.

Les couteaux et ciseaux de poche, les cannes simples ne
seront réputés armes qu'autant qu'il en aura été fait usage
pour tuer, blesser ou frapper. *Art.* 101 *idem.*

Seront punis comme coupables des crimes et complots ci-
dessus, tous ceux qui, par discours tenus dans les lieux ou
réunion publics, soit par placards affichés, soit par des
écrits imprimés, auront excité directement les citoyens ou
habitans à les commettre.

Néanmoins, dans le cas où lesdites provocations n'auraient été suivies d'aucun effet, leurs auteurs seront simplement punis du bannissement. *Art.* 102 *idem.*

ATTENTATS aux mœurs.

« Les peines qui sont de la juridiction correctionnelle, dit l'auteur
» de *l'Esprit des Lois*, suffisent pour réprimer ces sortes de délits. En
» effet, ils sont moins fondés sur la méchanceté que sur l'oubli ou le
» mépris de soi-même. Il n'est ici question, ajoute-t-il, que des cri-
» mes qui intéressent uniquement les mœurs, non de ceux qui cho-
» quent aussi la sûreté publique, tel que l'enlèvement et le viol. »

Le viol sera puni de la *réclusion* : il en sera de même de tout autre
attentat à la pudeur, consommé ou tenté avec violence contre des personnes de l'un ou de l'autre sexe. La loi de 1791 n'a parlé que du viol ;
elle s'est tue sur d'autres crimes qui n'offensent pas moins les mœurs ;
il convenait de remplir cette lacune : celui qui aura commis l'un de
ces attentats contre une personne âgée de moins de quinze ans accomplis, encourra la peine des *travaux forcés à temps.* Il est même des
circonstances qui, réunies au crime, attireront sur le coupable la peine
des *travaux forcés à perpétuité* ; ces circonstances, spécifiées par la loi,
résulteront soit de la qualité du coupable, soit des moyens qu'il aura
employés.

La loi prononce aussi des peines de police correctionnelle contre les
personnes convaincues d'avoir débauché ou corrompu la jeunesse : elle
est, en ce point, conforme à l'ancienne loi ; mais, de plus, le coupable
sera interdit de toute tutelle et de toute participation au conseil de famille, pendant un temps déterminé : si c'est le père ou la mère, il
sera, indépendamment des autres peines, privé de tous les droits et
avantages qu'il aurait pu réclamer en vertu du Code Napoléon, sur la
personne et les biens de l'enfant. Cette dernière disposition vengera
les mœurs outragés par ceux qui devaient en être les plus fidèles gardiens.

Parmi les attentats aux mœurs, est compris la violation de la foi conjugale, soit que le délit ait été commis par la femme, soit qu'il l'ait été par le mari. L'adultère de la femme est un délit plus grand, parce qu'il entraîne des conséquences plus graves, et qu'il peut faire entrer dans la famille légitime un enfant qui n'appartient point à celui que la loi regarde comme le père. Le Code pénal, en énonçant la peine qui doit être prononcée contre la femme, n'a fait que se conformer à l'article 298 du Code Napoléon, où l'on remarque partout le respect le plus religieux pour les mœurs.

La loi rappelle l'article 309 de ce Code, qui laisse le mari maître d'arrêter l'effet de cette condamnation, en consentant à reprendre sa femme. En effet, la femme n'est coupable qu'envers son mari ; il doit donc avoir le droit de lui pardonner.

Puisque la femme n'est coupable qu'envers le mari, lui seul est en droit de se plaindre ; l'action doit être interdite à tout autre, parce que tout autre est sans qualité et sans intérêt.

Bien plus, le mari serait privé de cette action s'il avait été condamné lui-même pour cause d'adultère. Alors la justice le repousserait, comme indigne de sa confiance : n'ayant pu être convaincu d'adultère que sur la plainte de sa femme, il serait trop à craindre qu'il n'agît par récrimination.

A l'égard de la poursuite contre le mari, elle ne peut avoir lieu que sur la plainte de la femme, parce qu'elle seule est intéressée à réclamer contre l'infidélité de son époux ; et cette femme ne peut intenter cette plainte que lorsqu'il a entretenu sa concubine dans la maison conjugale. Dans tout autre cas, les recherches dégénéreraient souvent en inquisition ; mais dans celui prévu par la loi, le délit est notoire. C'est d'après le même esprit que le Code Napoléon n'admet la femme à demander le divorce pour cause d'adultère de son mari, qu'en rapportant la preuve à l'égard de la concubine.

La loi de 1791 avait gardé le silence sur la violation de la foi conjugale de la part de l'époux ou de l'épouse. Les dispositions de la nouvelle loi rempliront cette lacune.

La loi actuelle prévoit, comme celle de 1791, le crime commis par la personne qui a contracté un nouveau mariage avant la dissolution du premier. Le crime est très-grave, il renferme tout à la fois l'adultère et le faux ; car le coupable a déclaré faussement devant l'officier de l'état civil, et même attesté par sa signature, qu'il n'était point engagé dans les liens du mariage.

ATTENTATS contre l'état civil d'une personne.

Le Code pénal de 1791 ne contenait qu'une seule disposition sur cette matière. Il prononçait douze ans de fers contre celui qui aurait détruit la preuve de l'état civil d'une personne.

L'expérience a fait reconnaître que cette disposition unique était trop vague, et qu'il convenait de spécifier les différens cas, tel que le recélé et la suppression d'un enfant, la substitution d'un enfant à un autre, et la supposition d'un enfant à une femme qui n'est point accouchée.

Il n'est point question, dans la loi actuelle, des édits et déclarations qui furent rendus sous la dernière dynastie, relativement aux recélés de grossesse : l'humanité a eu trop long-temps à gémir de lois si atroces.

L'assemblée constituante fit disparaître cette législation, si contraire aux mœurs d'un peuple policé ; mais, pour éviter les autres détails auxquels s'étaient livré les anciennes lois, elle tomba dans un excès opposé, et ne détermina point du tout ce qui, en matière pénale, ne peut l'être avec trop de soin. Les expressions de la loi nouvelle ne laisseront point de doute que ceux là seront condamnés à la peine de la *réclusion*, qui, par de fausses déclarations, donneront à un enfant une famille à laquelle il n'appartient point, et le priveront de celle à laquelle il appartient, ou qui, par un moyen quelconque, lui feront perdre l'état que la loi lui garantissait, ou enfin qui, étant chargés d'un enfant, ne le représenteront pas aux personnes qui ont droit de le réclamer.

Le Code Napoléon, pour assurer cet état aux enfans, exige que les naissances soient déclarées à l'officier de l'état civil, et désigne les personnes qu'il charge de faire ces déclarations. Depuis ce Code, on a remarqué que, faute d'une loi pénale, quelques personnes s'en étaient abstenues. Cette conduite est d'autant plus blâmable, qu'elles contreviennent à une loi sage dont le but est de veiller à l'intérêt d'êtres qui ne peuvent pas y veiller eux-mêmes ; que la tendresse des parens eût dû être le garant de l'exécution de la loi ; qu'enfin, s'il était possible de croire que le motif de ce délit fût l'espoir de soustraire un jour ces mêmes enfans aux lois sur la conscription, ils peuvent être assurés qu'ils les exposent, au contraire, à être appelés plus souvent qu'ils ne le seraient, s'ils étaient en état de représenter leur acte de naissance. La loi actuelle punit de ce délit.

En parcourant tous les détails de cette loi, on verra combien on a pris de précaution pour empêcher que l'intérêt personnel ou la négligence ne prive un enfant des moyens de reconnaître un jour la famille dont il est membre, et de réclamer les droits qui lui appartiennent comme membre de cette famille.

Parmi les délits que la loi a prévu, on citera l'*exposition d'enfant.*

Les peines de police correctionnelle, auxquelles ce délit donnera lieu, sont plus ou moins fortes, selon le danger qu'on aura fait courir à l'enfant, et ce danger aura été plus ou moins grand, selon que le lieu de l'exposition est ou n'est pas solitaire. Il était impossible que la loi donnât une explication précise à cet égard ; elle s'en rapporte aux juges, car le lieu le plus fréquenté peut quelquefois être solitaire, et le lieu le plus solitaire être très-fréquenté. Cela dépend des circonstances.

Si l'enfant, exposé dans un lieu solitaire, a été mutilé ou estropié, ou si la mort est résultée de l'exposition, le coupable est puni comme s'il l'avait lui-même mutilé ou estropié, ou comme s'il lui avait lui-même donné la mort. Il ne pouvait se dissimuler que la privation absolue où il laissait l'enfant de toute espèce de secours, l'exposait à cet évènement ; il ne tenait qu'à lui de l'en préserver ; dès qu'il ne l'a pas fait, la loi déclare qu'il en est la cause volontaire, et le soumet aux peines établies contre les auteurs de blessures ou homicides volontaires.

Il est à remarquer que, d'après la loi, l'exposition d'un enfant n'est un délit que lorsque cet enfant a moins de sept ans. Passé cet âge, la loi présume que l'enfant peut faire connaître les personnes entre les mains desquelles il se trouvait, et le lieu de leur demeure ; qu'il peut, en un mot, fournir les renseignemens nécessaires pour qu'il soit possible de retrouver la trace qu'on a voulu faire perdre.

C'est par les mêmes motifs que la loi , en prononçant des peines de police correctionnelle contre ceux qui porteraient à l'hospice un enfant dont ils se sont chargés gratuitement , ou pour lequel ils reçoivent une pension qui leur a été payée avec exactitude , ne parle que de l'enfant dont l'âge est au-dessous de sept ans accomplis. Le législateur a craint que , tant qu'il n'aurait pas cet âge, il ne pût s'expliquer assez pour indiquer la maison où il a vécu jusqu'alors, et pour éclairer la justice de manière qu'elle puisse empêcher que son état civil ne soit perdu.

ATTENTATS contre l'honneur. *V.* Calomnies ; Injures; Violation de secrets.

AUBERGISTES (les) ou logeurs qui sciemment inscriraient sur leurs registres, sous des noms faux ou supposés, les personnes logées chez eux , seront punis d'un *emprisonnement* de six jours au moins, et d'un mois au plus. *Code pénal,* art. 154. *V.* Dispositions communes aux faux.

AUBERGISTE qui aura volé ceux qu'il aura logé, sera puni de la peine de la *réclusion. Code pénal,* art. 386.

AUBERGISTES , hôteliers, logeurs ou loueurs de maisons garnies, qui auront négligé d'inscrire de suite et sans aucun blanc, sur un registre tenu régulièrement, les noms, qualités, demicile habituel, date d'entrée et de sortie de toute personne qui aurait couché ou passé une nuit dans leurs maisons , ceux d'entre eux qui auraient manqué à représenter ce registre aux époques déterminées par les règlemens, ou lorsqu'ils en auront été requis, aux maires , adjoints , officiers ou commissaires de police, ou aux citoyens commis à cet effet, seront punis d'une *amende* de six francs jusqu'à dix francs inclusivement, le tout sans préjudice des cas de responsabilité mentionnés en l'article 73 , relativement aux crimes ou délits de ceux qui, ayant logé ou séjourné chez eux, n'auraient pas été régulièrement inscrits. *Code pénal,* art. 475.

La peine de l'*emprisonnement*, pendant cinq jours au plus, sera toujours prononcée, en cas de récidive. *Art.* 478 *idem.*

Il y a récidive, lorsqu'il a été rendu contre le contrevenant, dans les douze mois précédens, un premier jugement pour contravention de police, commise dans le ressort du même tribunal. *Art.* 483 *idem.*

AUBERGISTES et autres qui , obligés à l'éclairage, l'auront négligé , seront punis d'une *amende* d'un franc à cinq francs inclusivement. *Code pénal,* art. 471.

La peine d'*emprisonnement* pour délit ci-dessus, aura toujours lieu, en cas de récidive, pendant trois jours au plus. *Art.* 474 *idem.*

Il y a récidive lorsqu'il a été rendu contre le contrevenant, dans les douze mois précédens, un premier jugement pour contravention de police commise dans le ressort du même tribunal. *Art.* 485 *idem.*

AUBERGISTES (les) et hôteliers convaincus d'avoir logé, plus de vingt-quatre heures, quelqu'un qui, pendant son séjour, aurait commis un crime ou un délit, seront civilement responsables des restitutions, des indemnités et des frais adjugés à ceux à qui ce crime ou ce délit aurait causé quelque dommage, faute par eux d'avoir inscrit sur leur registre le nom, la profession et le domicile du coupable, sans préjudice de la responsabilité dans le cas des articles 1952 et 1953 du Code Napoléon. *Code pénal*, art. 73 (1).

Dans les autres cas de responsabilité civile qui pourront se présenter dans les affaires criminelles, correctionnelles ou de police, les cours et tribunaux devant qui ces affaires seront portées., se conformeront aux dispositions du Code Napoléon, liv. 3, tit. 4, chap. 2. *Art.* 74 *idem* (2).

---

(1) Art. 1952, *Code Napoléon.*

Les aubergistes ou hôteliers sont responsables, comme dépositaires des effets apportés par le voyageur qui loge chez eux; le dépôt de ces sortes d'effets doit être regardé comme un dépôt nécessaire.

Art. 1953 *idem.*

Ils sont responsables du vol ou du dommage des effets du voyageur, soit que le vol ait été fait, ou que le dommage ait été causé par les domestiques et préposés de l'hôtellerie, ou par des étrangers allant et venant dans l'hôtellerie.

(2) Art. du chap. 2, *des délits et quasi-délits*, tit. 4, liv. 3, *Code Napoléon.*

1382. Tout fait quelconque de l'homme, qui cause à autrui un dommage, oblige celui par la faute duquel il est arrivé, à le réparer.

1383. Chacun est responsable du dommage qu'il a causé non-seulement par son fait, mais encore par sa négligence ou par son imprudence.

1384. On est responsable non seulement du dommage que l'on cause par son propre fait, mais encore de celui qui est causé par le fait des personnes dont on doit répondre, ou des choses que l'on a sous sa garde.

Le père, et la mère après le décès du mari, sont responsables du dommage causé par leurs enfans mineurs habitant avec eux;

Il appartenait au Code pénal de consacrer dans ses dispositions la responsabilité des aubergistes et des hôteliers qui n'auraient pas inscrit sur leurs registres le nom , la profession et le domicile des personnes qu'ils ont logées.

Si ces personnes ont , pendant leur séjour, commis un crime ou délit, ils seront responsables de tout dommage qui en sera résulté.

Ils devront s'imputer d'avoir négligé de prendre les précautions salutaires qu'une sage police a prescrit dans tous les temps.

On ne doit pas perdre de vue qu'ils ne seront soumis à cette responsabilité , que lorsque le coupable qu'ils auront reçu dans leur maison y aura passé plus de vingt-quatre heures.

Il eût été trop rigoureux et même injuste de leur appliquer la peine, quelque courte qu'ait été la durée de son séjour.

Lorsqu'un voyageur ne s'arrête que pendant quelques heures dans une hôtellerie, et disparaît pour faire place à d'autres qui n'y restent pas plus long-temps, il serait le plus souvent impossible de remplir, à l'égard du premier comme à l'égard de ceux qui lui succèdent , toutes les formalités exigées par la loi.

L'hôtelier ne doit répondre que de celui qu'il a été à portée de voir ; mais il est inexcusable de ne s'être pas mis en règle lorsque la personne qu'il a logée n'a quitté sa maison qu'après les vingt-quatre heures.

Cette responsabilité est ajoutée aux différentes espèces prévues par le Code Napoléon. Les articles 1384 et autres, ci-devant rapportés des autres parts, serviront d'appendice à cette partie du Code pénal.

AUTEURS de propositions tendantes à complot contre la vie ou la personne des membres de la famille impériale , ou à détruire ou changer le gouvernement, ou l'ordre de successibilité au trône , ou d'exciter les citoyens ou les habitans à s'armer contre l'autorité impériale, non agréées , seront punis du *bannissement. Code pénal*, art. 90. *V.* ATTENTAT ou COMPLOT, dont le but sera , etc.

AUTEURS des crimes et délits commis pendant le cours

Les maîtres et les commettans , du dommage causé par leurs domestiques et préposés dans les fonctions auxquelles ils les ont employés ;

Les instituteurs et les artisans , du dommage causé par leurs élèves et apprentis pendant le temps qu'ils sont sous leur surveillance.

La responsabilité ci-dessus a lieu, à moins que les père et mère, instituteurs et artisans , ne prouvent qu'ils n'ont pu empêcher le fait qui donne lieu à cette responsabilité.

1385. Le propriétaire d'un animal, ou celui qui s'en sert, pendant qu'il est à son usage, est responsable du dommage que l'animal a causé, soit que l'animal fût sous sa garde, soit qu'il fût égaré ou échappé.

1386. Le propriétaire d'un bâtiment est responsable du dommage causé par sa ruine, lorsqu'elle est arrivée par une suite du défaut d'entretien ou par le vice de sa construction.

et à l'occasion d'une rébellion, seront punis des peines prononcées contre chacun de ses crimes, si elles sont plus fortes
que celle de la rébellion. *Code pénal*, art. 216. *V.* RÉBEL-
LION.

AUTEURS, directeurs, commandans en chefs ou en sous-
ordre de bandes et associations de malfaiteurs, seront punis
des *travaux forcés à temps*, quand même depuis leur forma-
tion, il n'aurait été par eux commis aucun crime. *Code
pénal*, art. 267.

AUTEURS ou complices de bruits ou tapages injurieux ou
nocturnes, troublant la tranquillité des habitans, seront punis
d'une *amende* de onze à quinze francs. *Code pénal*,
art. 479.

Pourra, selon les circonstances, être prononcé la peine
d'*emprisonnement* pendant cinq jours au plus contre les
auteurs ou complices de bruits ou tapages injurieux ou
nocturnes. *Art.* 480 *idem.*

La peine d'*emprisonnement* pendant cinq jours aura toujours lieu pour récidive. *Art.* 482 *idem.*

Il y a récidive lorsqu'il a été rendu contre le contrevenant, dans les douze mois précédens, un premier jugement pour contravention de police, commise dans le ressort du même tribunal. *Art.* 483 *idem.*

AUTEURS, crieurs, vendeurs, distributeurs, imprimeurs
et graveurs de chansons, pamphlets, figures ou images
contraires aux bonnes mœurs. *V.* EXPOSITION.

AUTORITÉ (toute) administrative, tout administrateur,
juge ou tribunal, qui, sous quelque prétexte que ce soit,
même du silence ou de l'obscurité de la loi, aura dénié
de rendre la justice qu'il doit aux parties, après en avoir été
requis, et qui aura persévéré dans son déni, après avertissement ou injonction des supérieurs, pourra être poursuivi, et sera puni d'une *amende* de deux cents francs au
moins, et de cinq cents francs au plus, et de l'*interdiction
de l'exercice des fonctions publiques* depuis cinq ans jusqu'à vingt. *Code pénal*, art. 185.

AVIS, bulletins, affiches, journaux, feuilles périodiques ou autres imprimés sans nom d'auteur ou d'imprimeur.
V. PUBLICATION.

AVORTEMENT. Quiconque par alimens, breuvages,

médicamens, violence, ou par tout autre moyen , aura procuré l'avortement d'une femme enceinte , soit qu'elle y
ait consenti ou non , sera puni de la *réclusion.*

La même peine sera prononcée contre la femme qui se
sera procuré l'avortement à elle-même, ou qui aura consenti à faire usage des moyens à elle indiqués ou administrés à cet effet, si l'avortement s'en est ensuivi.

Les médecins, chirurgiens et autres officiers de santé,
ainsi que les pharmaciens qui auront indiqués ou administré ces moyens., seront condamnés à la peine des *travaux
forcés à temps*, dans le cas où l'avortement aura eu lieu.
Code pénal , art. 317.

La nécessité de punir le crime d'avortement n'a pas besoin d'être
démontrée ; la loi de 1791 ne l'avait pas oublié, mais elle punissait de
la même peine toute personne coupable de ce crime. Cette confusion
n'existe pas dans la loi nouvelle. La femme sera punie ; mais une
peine plus rigoureuse a lieu contre les médecins, chirurgiens et autres
officiers de santé qui auront procuré à la femme les moyens de la
faire avorter. Ils sont en effet plus coupables que la femme, lorsqu'il
font usage pour détruire, d'un art qu'ils ne doivent employer qu'à
conserver.

Le chancelier d'Aguesseau rapporte, à ce sujet, qu'Hyppocrate, dans
le serment qu'on trouve à la tête de ses ouvrages, promet solennelle-
ment de ne jamais donner à une femme grosse aucun médicament qui
puisse la faire avorter. « Son serment, dit-il, est suivi d'imprécations
qui prouvent que ce crime était considéré comme un des plus grands
qu'un médecin puisse commettre. » En effet, si la femme ne trouvait
pas de facilité à se procurer les moyens de l'avortement, la crainte
d'exposer sa propre vie en faisant usage de médicamens qu'elle ne
connaîtrait pas, l'obligerait souvent de différer son crime, et elle
pourrait ensuite être arrêtée par ses remords. La disposition relative
aux médecins manquait dans la loi de 1791.

B.

BAISSE ou hausse des denrées et marchandises , etc. *V.*
Hausse.

BANS de vendanges ou autres bans autorisés par les règlemens ; ceux qui y auront contrevenu seront punis d'une
amende depuis six francs jusqu'à dix francs inclusivement.
Code pénal, art. 475.

La peine de l'*emprisonnement* pendant cinq jours au
plus, sera toujours prononcée, en cas de récidive. *Art.*
478 *idem.*

Il y a récidive lorsqu'il a été rendu contre le contre-

venant, dans les douze mois précédens, un premier jugement pour contravention de police, commise dans le ressort du même tribunal. *Art.* 483 *idem.*

BANNI qui pendant le temps de son bannissement ren-
trera sur le territoire de l'empire, sera, sur la seule preuve
de son identité, condamné à la peine de la *déportation.*
Code pénal, art. 33.

BANNISSEMENT (le) prononcé par jugement criminel
est une peine infamante. *Code pénal,* art. 8. *V.* CON-
DAMNATION; RENVOI; CONDAMNÉS.

BANQUEROUTE.

Le Code de commerce distingue deux espèces de banqueroute; la
banqueroute simple et la banqueroute frauduleuse.

Les articles 586 et 587 de ce Code déterminent les divers cas qui
constituent la banqueroute simple; ils consistent tous dans des impru-
dences ou négligences graves.

L'article 593 détermine ceux qui constituent la banqueroute frauduleuse. Le mot *frauduleux* indique assez en quoi ils consistent.

Le nouveau Code pénal prononce, comme la loi de 1791, la peine
des travaux forcés à temps contre les banqueroutiers frauduleux. Il était
nécessaire d'établir une peine rigoureuse contre un crime destructif
de toute confiance qui est l'ame du commerce; crime dont le contre-
coup se fait ordinairement ressentir sur tant de familles réduites à
leur tour à l'impossibilité de remplir leur engagement.

Le nouveau Code porte contre le banqueroutier simple un emprisonnement d'un mois au moins et de deux ans au plus; il s'est con-
formé littéralement à la disposition de l'article 592 du Code du commerce.

Une autre disposition relative à la faillite des agens de change ou
courtiers, est une conséquence nécessaire des dispositions du Code de
commerce. Il est expressément établi par les articles 85 et 86 de ce
Code, qu'un agent de change ou courtier ne peut, dans aucun cas, ni
sous aucun prétexte, faire des opérations de banque ou de commerce pour son compte; qu'il ne peut s'intéresser directement ni
indirectement, sous son nom, ni sous un nom interposé dans aucune entreprise commerciale; qu'il ne peut recevoir ni payer pour
le compte de ses commettans; qu'enfin il ne peut se rendre garant
de l'exécution des marchés où il s'entremet.

Puisqu'il est défendu à l'agent de change ou courtier de faire le
commerce, il ne peut faire faillite sans prévariquer.

L'article 89 du Code de commerce porte encore : « Qu'en cas de
» faillite, tout agent de change ou courtier est poursuivi comme
» banqueroutier. » La loi n'avait pas besoin d'ajouter le mot *frauduleux*, car la disposition relative à la banqueroute simple, ne peut
évidemment s'appliquer à aucun cas de prévarication dans l'exercice
de fonctions si importantes et si délicates, à un cas de prévarication dont les effets peuvent être si désastreux pour les maisons de
commerce. Il résulte de là que l'agent de change ou courtier, s'il
est en état de faillite, doit être puni comme le banqueroutier frau-

duleux ; et que s'il est en état de banqueroute frauduleuse, il doit être puni d'une peine plus forte que celle établie pour les cas ordinaires.

Ainsi, d'après le nouveau Code, la simple faillite de la part de l'agent de change ou courtier, emportera la peine des travaux forcés à temps, et la banqueroute frauduleuse emportera celle des travaux forcés à perpétuité.

BANQUEROUTIERS simples ou frauduleux. Ceux qui dans les cas prévus par le Code de commerce, seront déclarés coupables de banqueroute, seront punis ainsi qu'il suit :

Les banqueroutiers frauduleux seront punis de la peiné des *travaux forcés à temps*.

Les banqueroutiers simples seront punis d'un emprisonnement d'un mois au moins et d'un an au plus. *Code pénal*, art. 402.

BANQUIERS de maisons de jeu de hasard ou de loteriés. *V.* Maisons de jeu; Loteries.

BARRES, barreaux, pinces, coutres de charrue ou autres machines, ou instrumens ou armes, dont puissent abuser les voleurs ou autres malfaiteurs, laissés dans les rues, chemins, places, lieux publics, ou dans les champs ; ceux qui les y auront laissés seront punis d'une *amende* de un franc à cinq francs inclusivement. *Code pénal*, art. 471.

Les coutres, les instrumens et les armes mentionnés ci-dessus, seront en outre confisqués. *Art.* 474 *idem.*

La peine d'*emprisonnement* contre toutes les personnes, mentionnées en l'article 471 ci-dessus aura toujours lieu en cas de récidive, pendant trois jours au plus. *Art.* 474 *idem.*

Il y a récidive lorsqu'il a été rendu contre le contrevenant, dans les douze mois précédens, un premier jugement pour contravention de police commise dans le ressort du même tribunal. *Art.* 485 *idem.*

BATEAUX, navires, édifices, magasins, chantiers, forêts, bois taillis ou récoltes, soit sur pied, soit abattus, soit aussi que les bois soient en tas ou en cordes, et les récoltes en tas ou en meules, auxquels on aura volontairement mis le feu ; celui qui l'y aura mis ou à des matières combustibles placées de manière à mettre le feu à ces choses, ou à l'une d'elles, sera puni de la peine de *mort. Code pénal*, art. 434.

BATEAUX, navires ou édifices, qui auront été détruits

par l'effet d'une mine ; les coupables de ce fait seront punis de la peine de *mort*. *Code pénal*, art. 135.

BATELIERS, voituriers ou l'un de leurs préposés qui auron· volé tout ou partie des choses qui leur étaient confiées seront punis de la peine de *réclusion*. *Code pénal*, art. 386.

BATELIERS, voituriers ou leurs préposés qui auront altéré des vins, ou toute autre espèce de liquide ou de marchandises dont le transport leur avait été confié, et qui auront commis cette altération par le mélange de substances malfaisantes, seront punis de la peine de la *réclusion*.

S'il n'y a pas eu mélange de substances malfaisantes, la peine sera un *emprisonnement* d'un mois à un an, et une *amende* de seize francs à cent francs. *Code pénal*, art. 387.

BÊTES de charge, de voiture ou de monture, volées dans les champs ; le coupable sera puni de la *réclusion*. *Code pénal*, art. 388.

BÊTES de monture, de voiture ou de charge empoisonnées. *V.* EMPOISONNEMENT.

BÊTES de voiture, de monture ou de charge, tuées sans nécessité. *V.* CHEVAUX.

BÊTES de trait, de charge ou de monture et chevaux qu'on aurait fait ou laissé courir dans un lieu habité. *V.* CONDUCTEURS.

BESTIAUX gros et menus volés dans les champs ; les coupables seront punis de la *réclusion*. *Code pénal*, art. 388.

BESTIAUX à cornes empoisonnés. *V.* EMPOISONNEMENT.

BESTIAUX à cornes tués sans nécessité. *V.* CHEVAUX.

BESTIAUX ou animaux soupçonnés d'être infectés de maladie contagieuse. *V.* DÉTENTEUR.

BESTIAUX ou animaux tués ou blessés. *V.* MORT.

BESTIAUX ou animaux de trait, de charge ou de monture qu'on aura fait ou laissé passer sur le terrain d'autrui, ensemencé ou chargé d'une récolte, en quelque saison que ce soit, ou dans un bois taillis appartenant à autrui ; ceux qui seront coupables de ce fait, seront punis d'une *amende* de six francs jusqu'à dix francs inclusivement. *Art.* 475 *idem*.

La peine de l'*emprisonnement* pendant cinq jours au plus, sera toujours prononcée, en cas de récidive. *Art. 478 idem.*

Il y a récidive lorsqu'il a été rendu contre le contrevenant, dans les douze mois précédens, un premier jugement pour contravention de police, commise dans le ressort du même tribunal. *Art.* 483 *idem.*

BIENS du condamné à la peine des travaux forcés à temps ou de la réclusion étant en interdiction légale seront gérés et administrés par un curateur qui lui sera nommé dans les formes prescrites pour la nomination des curateurs aux interdits.

Pendant la durée de la peine, il ne pourra être remis au condamné aucune somme, aucune provision, aucune portion de ses revenus.

Ses biens lui seront remis après qu'il aura subi sa peine. Le curateur lui rendra compte de son administration. *Code pénal*, art. 29, 30 et 31.

Puisque ce curateur ne sera donné qu'à cause de l'interdiction, ses fonctions seront les mêmes que celles de celui de l'interdit. Il sera chargé du soin de la famille du condamné.

Il devra surtout bien se garder d'enfreindre la défense, de rien remettre à l'interdit, car en sa qualité de curateur il sera autant le conservateur du bien du condamné que l'exécuteur nécessaire de ce que lui prescrit la loi.

D'ailleurs, il pourrait s'exposer en la transgressant, à en être la dupe, au moins dans le cas où l'interdit viendrait à décéder avant d'avoir subi sa peine entière, et où conséquemment il serait exposé à rendre son compte à tout autre qu'à lui.

BLESSURES faites ou coups portés en réunion séditieuse, avec rébellion ou pillage, sont imputables aux chefs, auteurs, instigateurs et provocateurs de ces réunions, rébellions ou pillages, qui seront punis comme coupables de ces crimes ou de ces délits, et condamnés aux mêmes peines que ceux qui les auront personnellement commis. *Code pénal*, art. 312. *V.* les articles BLESSURES qui suivent.

BLESSURES et coups volontaires non qualifiés meurtres.

Sera puni de la peine de la *réclusion* tout individu qui aura fait des blessures ou porté des coups, s'il est résulté de ces actes de violence une maladie ou incapacité de travail personnel pendant plus de vingt jours. *Code pénal*, art. 309.

Si le crime mentionné au présent article a été commis avec préméditation ou guet-apens, la peine sera celle des *travaux forcés à temps. Art.* 310 *idem.*

Lorsque les blessures ou les coups n'auront occasionné aucune maladie ou incapacité de travail personnel de l'espèce mentionnée en l'article 309, le coupable sera puni d'un *emprisonnement* d'un mois à deux ans, et d'une *amende* de seize francs à deux cents francs. S'il y a eu préméditation ou guet-apens, l'*emprisonnement* sera de deux ans à cinq ans, et l'*amende* de cinquante francs à cinq cents francs. *Art.* 311 *idem.*

Les crimes et délits ci-dessus commis en réunion séditieuse, avec rébellion et pillage, sont imputables aux chefs, auteurs, instigateurs et provocateurs de ces réunions, rébellions ou pillages qui seront punis comme coupables de ces crimes ou de ces délits, et condamnés aux mêmes peines que ceux qui les auront personnellement commis. *Art* 313 *idem.*

Outre les peines correctionnelles mentionnées ci-dessus, les tribunaux pourront prononcer le renvoi sous la surveillance de la haute police, depuis deux ans jusqu'à dix ans. *Art.* 315 *idem.*

Il est des attentats qui ne portent point le caractère de meurtre, et qui cependant sont des actes de violence que la loi doit sévèrement réprimer. Ces actes sont, les blessures faites, ou les coups donnés volontairement. Comme les juges en appliquant la loi, auront une latitude de cinq à dix ans pour la réclusion, et de cinq ans jusqu'à vingt pour les travaux forcés à temps, il leur sera facile de proportionner la peine à la gravité du fait. C'est pour cette raison qu'il n'a pas été jugé nécessaire de faire entrer dans la loi nouvelle, les distinctions qui se trouvent dans la loi de 1791, sur les différentes espèces de mutilations.

Il en sera de même à l'égard des blessures ou des coups qui ne devront être punis que de peines correctionnelles; la durée de l'emprisonnement et la quotité de l'amende dépendront des circonstances dont la preuve aura été acquise. Il suffira que les juges se renferment dans les limites tracées par la loi, à l'égard de cette espèce de délit.

On doit observer que lorsque les blessures ou les coups seront susceptibles d'être qualifiés tentatives d'assassinat, les dispositions qui viennent d'être analysées, ne seront plus applicables, il faudra se reporter alors à l'article de la loi relatif aux tentatives de crime.

Si le cas d'attaque à dessein de tuer a été l'objet d'une disposition spéciale dans la loi de 1791, c'est parce que cette loi ne contenait aucune disposition générale sur les tentatives.

BLESSURES ou coups volontaires envers ses père ou mère légitime, naturels ou adoptifs ou autres ascendans légitimes.

Si le crime d'avoir blessé ou frappé de telle sorte qu'il en résulte une maladie ou incapacité de travail pendant plus de vingt jours, a été commis avec préméditation ou guet-apens, la peine sera celle des *travaux forcés à perpétuité.*

Si le crime a été commis avec préméditation, la peine sera celle des *travaux forcés à temps.*

Lorsque les blessures ou les coups n'auront occasionné aucune maladie ou incapacité de travail, le coupable subira la peine de la *réclusion. Code pénal*, art. 312.

Les crimes et délits ci-dessus, commis en réunion séditieuse avec rébellion ou pillage, sont imputables aux chefs, auteurs, instigateurs ou provocateurs de ces réunions, rébellions ou pillages, qui seront punis comme coupables de ces crimes ou délits, et condamnés aux mêmes peines que ceux qui les auront personnellement commis. *Art.* 313 *idem.*

Outre les peines correctionnelles ci-dessus, les tribunaux pourront prononcer le renvoi sous la surveillance de la haute police depuis deux ans jusqu'à dix ans. *Art.* 315 *idem.*

Quelque ait été la nature de ces crimes ou délits, la loi veut que la peine soit plus forte si la personne maltraitée est le père ou la mère légitime ou adoptif, ou tout autre ascendant légitime du coupable. Cette différence dérive du même principe que la disposition relative au parricide. La peine est élevée dans une juste proportion, comparativement à celle que le coupable aurait subie, si le crime ou délit eût été commis envers tout autre.

On doit observer que lorsque les blessures ou les coups seront susceptibles d'être qualifiés tentatives d'assassinat, les dispositions qui viennent d'être analysées, ne seront plus applicables, il faudra se reporter alors à l'article de la loi, relatif aux tentatives de crime. Si les cas d'attaque à dessein de tuer a été l'objet d'une disposition spéciale dans la loi de 1791, c'est parce que cette loi ne contenait aucune disposition générale sur les tentatives.

BLESSURES, homicide et coups ordonnés par la loi et commandés par l'autorité légitime, ne constituent ni crimes ni délits. *Code pénal*, art. 327.

Il n'y a ni crime ni délit, lorsque l'homicide, les blessures et les coups étaient commandés par la nécessité actuelle de la légitime défense de soi-même ou d'autrui. *Art.* 328 *idem.*

Sont compris dans les cas de nécessité actuelle de défense; les deux cas suivans :

1°. Si l'homicide a été commis, si les blessures ont été faites, si les coups ont été portés en repoussant pendant la nuit l'escalade ou l'effraction des clôtures, murs ou entrée d'une maison ou d'un appartement habité ou de leurs dépendances;

2°. Si le fait a eu lieu en se défendant contre les auteurs de vols ou de pillages exécutés avec violence. *Art.* 329 *idem*.

BLESSURES et coups non qualifiés crimes ni délits. *V.* Homicide.

BLESSURES ou coups résultans de maladresse, imprudence, inattention, négligence ou inobservation des réglemens, seront punis d'un *emprisonnement* de six jours à deux mois, et d'une amende de seize francs à cent francs. *Code pénal*, art. 320.

BLESSURES ou homicide occasionnés par la destruction ou le renversement volontaire effectué par quelque moyen que ce soit, des édifices, ponts, digues, chaussées ou autres constructions quelconques; le coupable sera puni, pour blessures, de la peine des *travaux forcés à temps*, et pour homicide, de celle de la *mort. Code pénal*, art. 437.

BLESSURES d'animaux. *V.* Mort.

BILLETS, lettres de change, titres, effets de commerce ou de banque, contenant ou opérant obligation, disposition ou décharge, registres, minutes ou actes originaux de l'autorité publique, volontairement brûlés ou détruits d'une manière quelconque; le coupable sera puni ainsi qu'il suit :

Si les pièces détruites sont des actes de l'autorité publique ou des effets de commerce et de banque, la peine sera la *réclusion*.

S'il s'agit de toute autre pièce, le coupable sera puni d'un *emprisonnement* de deux ans à cinq ans, et d'une *amende* de cent francs à trois cents francs. *Code pénal*, art. 439.

BORNES déplacées ou supprimées. *V.* Déplacement.

BOIS TAILLIS, forêts ou récoltes, édifices, navires,

bateaux, magasins ou chantiers, soit que les bois ou récoltes soient sur pied ou abattus, soit aussi que les bois soient en tas ou en cordes, et les récoltes en tas ou en meules, auxquels on aura volontairement mis le feu, celui qui l'y aura mis, ou à des matières combustibles, placées de manière à communiquer le feu à ces choses ou à l'une d'elles, sera puni de la peine de *mort*. *Code pénal*, art. 434.

BOIS volé dans les ventes ; le coupable sera puni de la *réclusion*. *Code pénal*, art. 388.

BOISSONS falsifiées. Quiconque aura vendu ou débité des boissons falsifiées, contenant des mixtions nuisibles à la santé sera puni d'un *emprisonnement* de six jours à deux ans, et d'une *amende* de seize francs à cinq cents francs.

Seront saisies et confisquées les boissons falsifiées trouvées appartenir au vendeur ou débitant. *Code pénal*, art. 318.

BOISSONS falsifiées ; ceux qui en auront vendu ou débité seront punis d'une *amende* de six francs jusqu'à dix francs inclusivement, sans préjudice des peines plus sévères qui seront prononcées par les tribunaux de police correctionnelle, dans les cas où elles contiendraient des mixtions nuisibles à la santé. *Code pénal*, art. 475.

Pourra, suivant les circonstances, être prononcé, outre l'amende portée en l'article précédent, l'*emprisonnement* pendant trois jours au plus, contre les vendeurs et débiteurs de boissons falsifiées. *Art.* 476 *idem*.

Les boissons falsifiées, trouvées appartenir au vendeur et débitant seront répandues. *Art.* 477 *idem*.

La peine de l'*emprisonnement*, pendant cinq jours au plus, sera toujours prononcée en cas de récidive. *Art.* 478 *idem*.

Il y a récidive, lorsqu'il a été rendu contre le contrevenant, dans les douze mois précédens, un premier jugement pour contravention de police, commise dans le ressort du même tribunal. *Art.* 483 *idem*.

BRIGANDAGES, pillages, flagrant délit ; clameur publique ou exécution judiciaire, refus ou négligence de secours nécessaires. *V.* Refus.

BRIS de scellés.

Lorsque des scellés apposés, soit par ordre du gouvernement, soit par suite d'une ordonnance de justice rendue en quelque matière que ce soit, auront été brisés, les gardiens seront punis, pour simple négligence, de six jours à six mois d'*emprisonnement. Code pénal*, art. 249.

Si le bris de scellés s'applique à des papiers et effets d'un individu révenu ou accusé d'un crime emportant la peine de mort ou des travaux forcés à perpétuité, ou de la déportation, ou qui soit condamné à l'une de ces peines, le gardien négligent sera puni de six mois à deux ans d'*emprisonnement. Art.* 250 *idem.*

Quiconque aura, à dessein, brisé des scellés apposés sur des papiers ou effets de la qualité énoncée en l'article 250, ou participé au bris de scellés, sera puni de la *réclusion;* et si c'est le gardien lui-même, il sera puni des *travaux forcés à temps. Art.* 251 *idem.*

A l'égard de tous autres bris de scellés, les coupables seront punis de six mois à deux ans d'*emprisonnement;* et si c'est le gardien lui-même, de deux à cinq ans de la même peine. *Art.* 252 *idem.* *V.* DESTRUCTION.

BRIS de prison. *V.* ÉVASION.

BULLETINS, avis, affiches, journaux, feuilles périodiques ou autres imprimés sans nom d'auteur ou d'imprimeur. *V.* PUBLICATION.

C.

CABANES de gardiens, de bestiaux, parcs, instrumens d'agriculture rompus ou détruits; quiconque en sera coupable, sera puni d'un *emprisonnement* d'un mois au moins et d'un an au plus. *Code pénal,* art. 451.

Dans le cas prévu par l'article ci-dessus, il sera prononcé contre le coupable une *amende* qui ne pourra excéder le quart des restitutions et dommages intérêts, ni être au-dessous de seize francs. *Art.* 455 *idem.*

CADAVRES de personnes homicidées, recélés ou cachés. *V.* RECÉLÉ.

CALOMNIE.

Les anciennes lois ne prononçaient contre la calomnie que des peines arbitraires.

Les lois rendues depuis 1789 n'en ont point parlé; il est résulté de là que la calomnie n'a pas été assez réprimée, et que l'envie ou la haine n'ont pas craint d'attaquer la réputation des hommes les plus recommandables. Depuis long-temps on désirait que le législateur mît un frein à de tels excès ; car ou le fait qu'on s'est permis d'imputer à quelqu'un est défendu par la loi, ou il ne l'est pas ; s'il est défendu, c'est aux juges qu'il appartient de vérifier le fait et d'appliquer la peine : tout bon citoyen est tenu de le dénoncer ; et si au lieu de le dénoncer à la justice, il le répand dans le public, soit par ses propos, soit pas ses écrits, il est évident que cette conduite est dirigée par la méchanceté, plutôt que par l'amour du bien. La malignité qui saisit avidement ce qu'on lui présente comme ridicule ou odieux, couvertit bientôt les allégations en preuves, et bientôt le poison de la calomnie a fait des ravages qui souvent ne s'arrêtent pas à la personne calomniée, mais portent la désolation dans toute sa famille ; c'est surtout chez un peuple pour qui l'honneur est le plus grand des biens, que la calomnie doit être sévèrement réprimée.

On conçoit que les dispositions portées au nouveau Code contre la calomnie, ne peuvent s'appliquer aux fonctionnaires, ou autres qui, en donnant de la publicité à certains faits, ne font que remplir l'obligation où ils sont de les révéler ou de les réprimer.

A l'égard de ceux qui ne sont point dans l'exception, ils peuvent être poursuivis comme calomniateurs. En vain prétendraient-ils que les faits sont notoires : en vain demanderaient-ils qu'on les admette à la preuve, ils ne seraient point écoutés ; de pareils débats ne serviraient qu'à donner plus d'éclat à la publicité même qui constitue le délit.

Si cependant l'auteur de l'imputation dénonce les faits, les juges doivent surseoir au jugement du délit de calomnie, jusqu'à ce qu'il soit décidé si la personne à qui ces faits sont imputés, est réellement coupable ; car si elle était condamnée, on ne pourrait raisonnablement condamner le dénonciateur.

S'il est décidé que la personne dont l'honneur a été attaqué n'est pas coupable, soit parce que les faits ne sont point prouvés, soit parce qu'ils ne sont point défendus par la loi, l'auteur de l'imputation doit être déclaré convaincu du délit de calomnie, et puni des peines portées par la loi contre les calomniateurs.

La loi prononce une peine moindre contre celui qui, sans avoir donné auparavant de la publicité aux faits, s'est contenté de les dénoncer, et a depuis été reconnu les avoir dénoncés faussement. Le mal n'étant pas aussi considérable que dans le premier cas, la peine ne peut être aussi forte : elle ne doit pas cependant être trop faible, parce que c'est toujours un acte de méchanceté très-répréhensible.

Il est à remarquer cependant qu'il y a des faits qu'on peut répandre quoique très-graves, sans être déclaré calomniateur ; ce sont ceux dont on est en état de rapporter la preuve légale. Cette preuve résulte d'un jugement. Alors c'est au jugement, c'est à l'acte authentique que les faits doivent leur première publicité. Ils ne pourraient plus ensuite qu'être rappelés : or, la loi ne peut imputer à délit ce qui, par sa nature, doit être connu.

Quelle que soit la quotité de l'amende qui sera prononcée, comme peine de la calomnie, elle ne nuira jamais au paiement des dommages-intérêts que la partie offensée aura pu obtenir. Aux termes de l'article 54 du Code qui s'applique à tous les crimes et délits, lorsque les biens des condamnés seront insuffisans pour acquitter la totalité des condamnations, les restitutions et dommages-intérêts seront préférés à l'amende et à la confiscation.

4 *

CALOMNIES mises au jour par la voie de papiers étrangers, pourront être poursuivies contre ceux qui auront envoyé les articles ou donné l'ordre de les insérer, ou contribué à l'introduction ou à la distribution de ces papiers en France. *Code pénal*, art. 369.

CALOMNIE. Sera coupable du délit de calomnie, celui qui, soit dans des lieux ou réunions publics, soit dans un acte authentique et public, soit dans un écrit imprimé ou non qui aura été affiché, vendu ou distribué, aura imputé à un individu quelconque des faits qui, s'ils existaient, exposeraient celui contre lequel ils sont articulés, à des poursuites criminelles ou correctionnelles, ou même l'exposeraient seulement au mépris ou à la haine des citoyens.

La présente disposition n'est point applicable aux faits dont la loi autorise la publicité, ni à ceux que l'auteur de l'imputation était, par la nature de ses fonctions ou de ses devoirs, obligé de révéler ou de réprimer. *Code pénal*, art. 367.

Est réputée fausse toute imputation à l'appui de laquelle la preuve légale n'est point rapportée; en conséquence l'auteur de l'imputation ne sera pas admis pour sa défense, à demander que la preuve en soit faite : il ne pourra pas non plus alléguer comme moyen de défense que les pièces ou les faits sont notoires, ou que les imputations qui donnent lieu à la poursuite sont copiées ou extraites des papiers étrangers, ou d'autres écrits imprimés. *Art.* 368 *idem.*

Lorsque le fait imputé sera légalement prouvé vrai, l'auteur de l'imputation sera à l'abri de toute peine.

Ne sera considérée comme preuve légale, que celle qui résultera d'un jugement, ou de tout autre acte authentique. *Art.* 370 *idem.*

Lorsque la preuve légale ne sera pas rapportée, le calomniateur sera puni des peines suivantes :

Si le fait imputé est de nature à mériter la peine de mort, les travaux forcés à perpétuité, ou la déportation, le coupable sera puni d'un *emprisonnement* de deux à cinq ans et d'une *amende* de deux cents francs à cinq cents francs.

Dans tous les autres cas, l'*emprisonnement* sera d'un mois à six, et l'*amende* de cinquante francs à deux cents francs. *Art.* 371 *idem.*

Lorsque les faits imputés sont punissables suivant la loi et que l'auteur de l'imputation les aura dénoncés, il sera, durant l'instruction sur ces faits, sursis à la poursuite et au jugement du délit de calomnie. *Art.* 372 *idem.*

Dans tous les cas le calomniateur sera, à compter du jour où il aura subi sa peine, interdit pendant cinq ans au moins et dix ans au plus des droits mentionnés en l'article 42 du présent Code. *Art.* 374 *idem.*

Quant à l'article 42 ci-dessus relaté, *V*. Tribunaux jugeant correctionnellement.

CALOMNIATEUR. *V*. Calomnie.

CARCAN (le) prononcé par jugement criminel est une peine infamante. *Code pénal,* art. 8.

Quiconque aura été condamné à l'une des peines des travaux forcés à perpétuité; des travaux forcés à temps, ou de la réclusion, sera, avant de subir sa peine, attaché au carcan sur la place publique; il y demeurera exposé aux regards du peuple durant une heure : au-dessus de sa tête sera placé un écriteau portant, en caractères gros et lisibles, ses noms, sa profession, son domicile, sa peine et la cause de sa condamnation. *Art.* 22.

La condamnation à la peine du carcan sera exécutée de la manière prescrite par l'article 24. *Art.* 84.

CASTRATION. *V*. Personne; Crime.

CAS de responsabilité civile qui pourront se présenter dans les affaires criminelles, correctionnelles ou de police : les cours et tribunaux devant qui ces affaires seront portées, se conformeront aux dispositions du Code Napoléon, liv. 3, tit. 4, chap. 2. *Code pénal,* art. 74. *V*. Aubergiste.

CENSURE ou critique du gouvernement, d'une loi, d'un décret impérial ou de tout autre acte de l'autorité publique contenue dans un discours prononcé en assemblée publique par les ministres des cultes dans l'excercice de leur ministère, le ministre sera puni d'un *emprisonnement* de trois mois à deux ans. *Code pénal,* art. 201.

Si le discours contient une provocation directe à la désobéissance aux lois ou autres actes de l'autorité publique, ou s'il tend à soulever ou à armer une partie des citoyens contre les autres, le ministre du culte qui l'aura prononcé sera puni d'un *emprisonnement* de deux à cinq ans, si la provocation n'a été suivie d'aucun effet, et du *bannissement*, si elle a donné lieu à désobéissance, autre toutefois que celle qui aurait dégénéré en sédition ou révolte. Art. 202 *idem*.

Lorsque la provocation aura été suivie d'une sédition ou révolte dont la nature donnera lieu contre l'un ou plusieurs coupables à une peine plus forte que celle du bannissement, cette peine quelle qu'elle soit sera appliquée au ministre coupable de la provocation. Art. 203 *idem*. *V*. Ecrit.

CAUTION solvable de bonne conduite jusqu'à une somme déterminée par arrêt, devra être fournie au gouvernement ainsi qu'à la partie intéressée, s'ils l'exigent, par tout individu renvoyé sous la surveillance de la haute police par suite de jugement criminel ou correctionnel.

Ses père et mère, tuteur ou curateur, s'il est en âge de minorité, pourront être sa caution.

Faute de fournir cette caution, le condamné demeurera à la disposition du gouvernement, qui aura le droit d'ordonner, soit l'éloignement de l'individu d'un certain lieu, soit sa résidence continue dans un lieu déterminé de l'un des départemens de l'empire. *Code pénal*, art. 44. *V*. Personne, Effet.

CERTIFICAT de bonne conduite, d'indigence ou autres circonstances, propres à appeler la bienveillance du gouvernement ou des particuliers sur la personne y désignée, et à lui procurer places, crédit ou secours, fabriqué par qui que ce soit, sous le nom d'un fonctionnaire ou officier public, sera puni d'un *emprisonnement* de six mois à deux ans.

La même peine sera appliquée, 1°. à celui qui falsifiera un certificat de cette espèce originairement véritable, pour l'approprier à une personne autre que celle à laquelle il a été primitivement délivré ; 2°. à tout individu qui se sera servi du certificat ainsi fabriqué ou falsifié. *Code pénal*, art. 161.

Les faux certificats de tout autre nature, et dont il pourrait résulter soit lésion envers des tiers, soit préjudice envers le trésor public, seront punis, selon qu'il y aura lieu d'après les dispositions des paragraphes 3 et 4 de la présente section. *V.* Fonctionnaire ou Officier public qui dans l'exercice de ses fonctions aura commis un faux ; Personne qui aura commis un faux; Individu qui aura commis un faux. *V.* Dispositions communes aux faux.

CERTIFICAT de maladie ou d'infirmité, fabriqué, sous le nom d'un médecin, chirurgien ou autre officier de santé, par toute personne pour se rédimer elle-même, ou affranchir un autre d'un service public quelconque, sera puni d'un *emprisonnement* de deux à cinq ans. *Code pénal*, art. 159. *V.* Dispositions communes aux faux.

CESSATION du service des fournisseurs des armées de terre et de mer qui proviendra de leurs agens ; ceux-ci seront condamnés à la *réclusion* et à une *amende* qui ne pourra excéder le quart des dommages-intérêts, ni être au-dessous de cinq cents francs, sans préjudice des peine plus fortes en cas d'intelligence avec l'ennemi. *Code pénal*, art 431.

CEUX qui auront levé, ou fait lever des troupes armées, engagé ou enrôlé, fait enrôler ou engager des soldats, ou leur auront fourni ou procuré des armes ou munitions, sans ordre ou autorisation du pouvoir légitime;

Ceux qui, sans droit ou motif légitime, auront pris le commandement d'un corps d'armée, d'une troupe, d'une flotte, d'une escadre, d'un bâtiment de guerre, d'un poste, d'un port, d'une ville;

Ceux qui auront retenu, contre l'ordre du gouvernement, un commandement militaire quelconque,

Seront punis de la peine de *mort* et *leurs biens confisqués*. *Code pénal*, art. 92 et 93.

CEUX qui auront levé ou fait lever des troupes armées, engagé ou enrôlé, fait engager ou enrôler des soldats, ou leur auront fourni ou procuré des armes ou munitions sans ordre ou autorisation du pouvoir légitime, seront punis de *mort* et de la *confiscation de leurs biens*. *Code pénal*, art. 92.

CEUX qui auront contrefait le sceau de l'état ou fait usage du sceau contrefait, seront punis de *mort* et *leurs biens confisqués*. *Code pénal*, art. 139.

Les dispositions des articles 136, 137 et 138 sont applicables au crime dont il est ici question. *Art.* 144 *idem*.

Ces dispositions sont relatives à la révélation qui doit être faite de toute fabrique ou dépôt de fausse monnaie, sous peine d'emprisonnement, et à ceux qui sont exceptés de cette peine. *V*. Ceux qui auront eu connaissance; Coupables d'avoir contrefait. *V*. Dispositions communes au faux.

Ici la confiscation ne peut pas être plus odieuse que pour le crime de fausse monnaie, elle n'a pour but unique que de ne pas gratifier des dépouilles d'autrui, certaines familles. La justice et l'intérêt de l'état réclament également cette disposition.

Il était également juste et convenable que les mêmes règles et les mêmes peines fussent applicables aux effets émis par le trésor public avec son timbre, et aux billets de banque qui ont tant d'affinité avec la monnaie même dont ils sont en quelque sorte le supplément, et dont ils remplissent l'office.

Si la peine capitale convient à de tels crimes, des peines inférieures devront être infligées à la contrefaction des autres sceaux, timbres, poinçons et marques, en graduant les peines selon l'importance de la destination qu'avait l'instrument contrefait.

CEUX qui auront contrefait ou falsifié, soit des effets émis par le trésor public avec son timbre, soit des billets de banque, autorisées par la loi, ou qui auront fait usage de ces effets ou billets contrefaits ou falsifiés, ou qui les auront introduits dans l'enceinte du territoire français, seront punis de *mort* et *leurs biens confisqués*. *Code pénal*, art. 139.

Les dispositions des art. 136, 137 et 138 sont applicables au crime dont il est ici question. *Art*. 144 *idem*.

Ces dispositions sont relatives à la révélation qui doit être faite de toute fabrique ou dépôt de fausse monnaie, sous peine d'emprisonnement, et à ceux qui sont exemptés de cette peine. *V*. Ceux qui auront eu connaissance ; Coupables d'avoir contrefait. *V*. Dispositions communes aux faux.

CEUX qui auront contrefait le sceau, le timbre ou marque d'une autorité quelconque, ou d'un établissement particulier de banque ou de commerce, ou qui auront fait usage des sceaux, timbres ou marques contrefaits, seront punis de la *réclusion*. *Code pénal*, art. 142. *V*. Quiconque s'étant indûment procuré les vrais sceaux. *V*. Dispositions communes aux faux.

CEUX qui auront contrefait les marques destinées à être apposées, au nom du gouvernement, sur les diverses espè-

(57)

ces de denrées ou de marchandises, ou qui auront fait usage
de ces fausses marques, seront punis de *réclusion*. *Code
pénal*, art. 142. *V*. Dispositions communes aux faux.

CEUX qui auront contrefait ou falsifié, soit des effets émis
par le trésor public avec son timbre, soit un ou plusieurs
timbres nationaux, soit les marteaux de l'état servant aux
marques forestières, soit le poinçon ou les poinçons servant
à marquer les matières d'or et d'argent, ou qui auront fait
usage des papiers, effets, timbres, marteaux ou poinçons
contrefaits ou falsifiés, seront punis des *travaux forcés*, dont
le *maximum* sera toujours appliqué dans ce cas. *Code pénal*,
art. 140. *V*. Dispositions communes aux faux.

CEUX qui auront eu connaissance d'une fabrique ou
dépôt de monnaie d'or et d'argent, billon ou cuivre ayant
cours légal en France, contrefaits ou altérés, et qui n'auront pas, dans les vingt-quatre heures, révélé ce qu'ils
savent aux autorités administratives ou de police judiciaire,
seront, pour le seul fait de non révélation, et lors même
qu'ils seraient reconnus exempts de toute complicité, punis
d'un *emprisonnement* d'un mois à deux ans. *Code pénal*,
art. 136.

Sont néanmoins exceptés de la disposition précédente les
ascendans et descendans, les époux même divorcés et les
frères et sœurs des coupables, ou les alliés de ceux-ci aux
mêmes degrés. *Art*. 137 *idem*.

CHANSONS, pamphlets contraires aux bonnes mœurs,
exposés ou distribués. *V*. Exposition.

CHANTIERS, édifices, magasins, navires, bateaux,
forêts, bois taillis ou récoltes, soit sur pied, soit abattus,
soit aussi que les bois soient en tas ou en corde, et les
récoltes en tas ou en meules, auxquels on aura volontairement mis le feu ; celui qui l'y aura mis ou à des matières combustibles placées de manière à mettre le feu à ces
choses ou à l'une d'elles, sera puni de la peine de *mort*.
Code pénal, art. 434.

CHARGEMENT fait sur voiture, en contravention aux
règlemens. *V*. Conducteurs.

CHARRETIERS, rouliers, conducteurs de voitures quelconques ou de bêtes de charge, qui auraient contrevenu

aux règlemens, par lesquels ils sont obligés de se tenir constamment à portéę de leurs chevaux, bêtes de trait ou de charge, et de leurs voitures, et en état de les guider ou conduire, d'occuper un seul côté des rues, chemins ou voies publiques; de se détourner ou ranger devant toutes autres voitures, et, à leur approche de leur laisser libre au moins la moitié des rues, chaussées, routes et chemins; ceux qui auront fait ou laissé courir les chevaux, bêtes de trait, de charge ou de monture, dans l'intérieur d'un lieu habité, ou violé les règlemens contre le chargement, la rapidité ou la mauvaise direction des voitures, seront punis d'une *amende* de six francs jusqu'à dix francs inclusivement. *Code pénal*, art. 475.

Pourra, suivant les circonstances, être prononcé, outre l'amende portée en l'article précédent, l'*emprisonnement* pendant trois jours au plus contre les rouliers, charretiers, voituriers et conducteurs en contravention, et contre tous ceux qui auront contrevenu à la loi par la rapidité, la mauvaise direction ou le chargement des voitures et des animaux. *Art.* 476 *idem.*

La peine de l'*emprisonnement* pendant cinq jours au plus sera toujours prononcé en cas de récidive. *Art.* 478 *idem.*

Il y a récidive lorsqu'il a été rendu contre le contrevenant, dans les douze mois précédens, un premier jugement pour contravention de police, commise dans le ressort du même tribunal. *Art.* 483 *idem.*

CHAUSSÉES ou digues, édifices, ponts ou autres constructions qu'on savait appartenir à autrui, volontairement détruit ou renversé en tout ou en partie, par quelque moyen que ce soit; le coupable sera puni de la *réclusion* et d'une *amende* qui ne pourra excéder le quart des restitutions et indemnités, ni être au‑dessus de cent francs.

S'il y a eu homicide ou blessures, le coupable sera, dans le premier cas, puni de la peine de *mort*, et, dans le second, de la peine des *travaux forcés à temps. Code pénal,* art. 437.

CHEFS ou moteurs de coalition de la part des ouvriers contre les maîtres, pour faire cesser en même temps de travailler, interdire le travail dans un atelier, empêcher de s'y rendre et d'y rester avant ou après de certaines heures, et en général pour suspendre, empêcher, enchérir les travaux, s'il y a tentative ou commencement d'exécution, seront punis d'un *emprisonnement* de deux à cinq ans. *Code pénal*, art. 415. *V*. au surplus COALITION.

CHÉFS (les) d'une rébellion, et ceux qui l'auront provoquée, pourront être condamnés à rester, après l'expiration de leur peine, sous la surveillance spécial de la haute police pendant cinq ans au moins et dix ans au plus. *Code pénal*, art. 221.

CHEFS, directeurs ou administrateurs de toute association de plus de vingt personnes, dont le but sera de se réunir tous les jours ou à certains jours marqués, qui se sera formé sans autorisation du gouvernement, ou qui, après l'avoir obtenu, aura enfreint les conditions à elles imposées, seront punis d'une *amende* de seize francs à deux cents francs. *Code pénal*, art. 292.

Si par discours, exhortations, invocations ou prières, en quelque langue que ce soit, ou par lecture, affiche, publication ou distribution d'écrits quelconques, il a été fait dans ces assemblées quelques provocations à des crimes ou à des délits, la peine sera de cent francs à trois cents francs, et de trois mois à deux ans d'*emprisonnement*, contre les chefs, directeurs et administrateurs de ces associations, sans préjudice de peines plus fortes qui seraient portées par la loi contre les individus personnellement coupables de la provocation, lesquels, en aucun cas, ne pourront être punis d'une peine moindre que celle infligée aux chefs, directeurs et administrateurs de l'association. *Art.* 293 *idem*.

CHEMINÉES, fours ou usines où l'on fait du feu, dont l'entretien, les réparations ou le nettoyage auront été négligés; ceux qui seront coupables de cette négligence, seront punis d'une *amende* depuis un franc jusqu'à cinq francs inclusivement. *Code pénal*, art. 471.

La peine d'*emprisonnement* contre toutes personnes mentionnées en l'article ci-dessus, aura toujours lieu en cas de récidive pendant trois jours au plus. *Art.* 474 *idem*.

Il y a récidive lorsqu'il a été rendu contre le contrevenant dans les douze mois précédens, un premier jugement pour contravention de police, commise dans le ressort du même tribunal. *Art.* 485 *idem*.

CHEVAUX volés dans les champs, le coupable de ce vol sera puni de la *réclusion*. *Code pénal*, art 388.

CHEVAUX ou autres bêtes de voiture, de monture ou de charge, bestiaux à cornes, moutons, chèvres ou porcs tués sans nécessité; ceux qui seront coupables de ce fait, seront punis ainsi qu'il suit:

Si le délit a été commis dans les bâtimens, enclos et dépendances, ou sur les terres dont le maître de l'animal tué était propriétaire, locataire, colon ou fermier, la peine sera un *emprisonnement* de deux à six mois.

S'il a été commis dans les lieux, dont le coupable était propriétaire, locataire, colon ou fermier, l'*emprisonnement* sera de dix jours à un mois.

S'il a été commis dans tout autre lieu, l'*emprisonnement* sera de quinze jours à six semaines.

Le *maximum* de la peine sera toujours prononcé en cas de violation de clôture. *Code pénal*, art. 453.

Dans le cas prévu par l'article ci-dessus, il sera prononcé contre le coupable une *amende* qui ne pourra excéder le quart des restitutions et dommages-intérêts, ni être au-dessous de seize francs. *Art.* 455 *idem*.

CHEVEAUX empoisonnés. *V*. EMPOISONNEMENT.

CHEVAUX, bêtes de trait, de charge ou de monture qu'on aurait laissé ou fait courir dans un lieu habité. *V*. CONDUCTEURS.

CHÈVRES tuées sans nécessité. *V*. CHEVAUX.

CHÈVRES empoisonnées. *V*. EMPOISONNEMENT.

CHIENS excités ou non retenus lorsqu'ils attaquent ou poursuivent les passans, quand même il n'en serait résulté aucun mal ni dommage; ceux qui les auraient excités ou ne les auraient pas retenus, seront punis d'une *amende* de six francs jusqu'à dix francs inclusivement. *Code pénal*, art. 475.

La peine de l'*emprisonnement* pendant cinq jours au plus, sera toujours prononcée en cas de récidive. *Art.* 478 *idem*.

Il y a récidive lorsqu'il a été rendu contre le contrevenant, dans les douze mois précédens, un premier jugement pour contravention de police, commise dans le ressort du même tribunal. *Art.* 483 *idem*.

CHIRURGIENS, médecins et autres officiers de santé, ainsi que les pharmaciens qui auront indiqué ou administré à une femme enceinte les moyens de se faire avorter, seront condamnés à la peine des *travaux forcés à temps*, dans le cas où l'avortement aurait eu lieu. *Code pénal*, art. 317.

CHIRURGIENS, (les) médecins ou autres officiers de santé, ainsi que les pharmaciens, les sages-femmes et toutes personnes dépositaires par état ou profession des secrets qu'on leur confie, qui, hors le cas où la loi les oblige à se porter dénonciateurs, auront révélé ces secrets, seront punis d'un *emprisonnement* d'un mois à six mois et d'une *amende* de cent francs à cinq cents francs. *Code pénal,* art. 378.

CHIRURGIEN, (tout) médecin ou autre officier de santé qui, pour favoriser quelqu'un, certifiera faussement des maladies ou infirmités propres à dispenser d'un service public, sera puni d'un *emprisonnement* de deux à cinq ans.

S'il a été mu par dons ou promesses, il sera puni du *bannissement :* les corrupteurs seront, en ce cas, punis de la même peine. *Code pénal,* art. 160. *V.* Dispositions communes aux faux.

CHOSES de nature à nuire par leur chute, ou par des exhalaisons insalubres, jetées ou exposées au-devant des édifices; ceux qui se seront permis ces faits seront punis d'une *amende* de un franc à cinq francs inclusivement. *Code pénal,* 471.

La peine d'*emprisonnement* contre toutes personnes mentionnées en l'article ci-dessus, aura toujours lieu en cas de récidive, pendant trois jours au plus. *Art.* 474 *idem.*

Il y a récidive lorsqu'il a été rendu contre le contrevenant, dans les douze mois précédens, un premier jugement pour contravention de police commise dans le ressort du même tribunal. *Art.* 485 *idem.*

CHOSES délivrées par corrupteur ou leur valeur, au profit de qui seront confisquées. *V.* Quiconque aura contraint.

CITOYEN chargé d'un ministère de service public, officier ministériel ou agent de la force publique, qui aura été frappé par un individu sans armes et sans qu'il en soit résulté de blessures, pendant qu'il exerçait ce ministère ou à cette occasion, cet individu sera puni d'un *emprisonnement* d'un à six mois. *Code pénal,* art. 228 et 230.

Si les violences ont été la cause d'effusion de sang, blessures ou maladie, la peine sera la *réclusion ;* si la mort s'en est suivie dans les quarante jours, le coupable sera puni de *mort. Art.* 231 *idem.*

Dans le cas même où ces violences n'auraient pas causé d'effusion de sang, blessures ou maladie, les coups seront punis de la *réclusion*, s'ils ont été portés avec préméditation ou guet-apens. *Art.* 232 *idem.*

Si les blessures sont du nombre de celles qui portent le caractère du meurtre, le coupable sera puni de *mort*. *Art.* 233 *idem.*

CITOYEN (tout) qui aura, dans les élections, acheté ou vendu un suffrage à un prix quelconque, sera privé des *droits de citoyen et de toute fonction* pendant cinq ans au moins et dix ans au plus.

Seront en outre le vendeur et l'acheteur du suffrage, condamné chacun à une *amende* double de la valeur des choses reçues ou promises. *Code pénal*, art. 113.

La loi, en s'occupant des délits commis dans l'exercice des droits civiques, ne pouvait rester muette sur la turpitude de ceux qui achètent ou vendent des suffrages.

Laissons aux Anglais le scandaleux privilège de briguer les suffrages de leurs concitoyens à prix d'argent et à force de dépenses, l'honneur français repousse un tel moyen, et la peine qu'encourront chez nous ceux qui auront acheté ou vendu des suffrages, sera tracée par la nature même de leur délit; ils auront méconnu la dignité de leur caractère, ils auront profané l'un de leurs plus beaux droits; l'exercice de ces droits leur sera retiré pendant un temps suffisant pour l'expiation d'un pacte honteux, et il leur sera infligé une amende comme supplément de peines dues à l'esprit de corruption et de vénalité qui les aura conduit.

CITOYEN (tout) qui étant chargé dans un scrutin du dépouillement des billets contenant les suffrages des citoyens, sera surpris falsifiant ces billets ou en soustrayant de la masse, ou en y ajoutant, ou inscrivant sur les billets des votans non lettrés, des noms autres que ceux qui lui auraient été déclarés, sera puni de la peine du *carcan*, *Code pénal*, art. 111.

Toutes autres personnes, coupables des faits énoncés dans l'article précédent, seront punis d'un *emprisonnement* de six mois au moins et de deux ans au plus, et de *l'interdiction du droit de voter et d'être éligible* pendant cinq ans au moins et dix ans au plus. *Art.* 112 *idem.*

La loi devait prévoir les délits plus communs peut-être que tous autres qui pourraient avoir lieu dans l'exercice des droits politiques des citoyens, et principalement dans les scrutins. Il y aura délit toutes les fois que le vœu des citoyens aura été dénaturé par des falsifications, soustractions ou additions de billets; mais ces coupables manœuvres acquerront un nouveau degré de gravité, lorsqu'elles seront l'ouvrage des scrutateurs eux-mêmes, car il y aura, dans ce cas, violation de dépôt et abus de confiance ; mais, malgré tout ce qu'a d'odieux une telle infraction, l'on a dû craindre d'ouvrir une issue trop facile à de tardives et téméraires recherches pour des faits qui ne laissent plus de traces quand le scrutin est détruit, et qu'on a terminé les opérations qui s'y rapportent.

Combien dans cette matière surtout, les espérances trompées, les prétentions évanouies, et l'amour-propre blessé ne feraient-ils pas naître d'accusations hasardées, s'il était permis de les recevoir après coup, et hors le cas où le coupable aurait été surpris, pour ainsi dire, en flagrant délit.

CLAMEUR publique, exécution judiciaire, brigandages, pillages, flagrant délit, refus ou négligence de prêter les secours ou services nécessaires. *V.* REFUS.

CLEFS contrefaites ou altérées ; quiconque aura contrefait ou altéré des clefs, sera condamné à un *emprisonnement* de trois mois à deux ans, et à une *amende* de vingt-cinq francs à cent cinquante francs.

Si le coupable est un serrurier de profession, il sera puni de la *réclusion ;*

Le tout sans préjudice de plus fortes peines, s'il y échet, en cas de complicité. *Code pénal,* art. 399.

CLOTURES détruites, en tout ou en partie, de quelques matériaux qu'elles soient faites ; quiconque sera coupable de ce fait, sera puni d'un *emprisonnement* qui ne pourra être au-dessous d'un mois, ni excéder une année, et d'une *amende* égale au quart des restitutions et des dommages-intérêts, et qui, dans aucun cas, ne pourra être au-dessous de cinquante francs. *Code pénal,* art. 456.

COALITION des maîtres contre les ouvriers, et des ouvriers contre les maîtres.

Le nouveau Code pénal défend, comme l'a fait la loi de 1791, les coalitions entre les maîtres contre les ouvriers, et entre les ouvriers contre les maîtres. Les maîtres se coalisent pour faire baisser le salaire des ouvriers, et les ouvriers pour faire augmenter leur paye.

Si le salaire des ouvriers est trop modique et qu'ils ne puissent subsister en France, ils iront chercher leurs moyens de subsistance en pays étranger. Si les maîtres sont obligés de donner aux ouvriers une paye trop forte, ils seront réduits à la triste nécessité ou de se ruiner, s'ils veulent soutenir la concurrence avec les autres établissemens du même genre à qui les ouvriers ne font pas la loi, ou de fermer leurs ateliers au grand préjudice des ouvriers eux-mêmes.

Tel est l'effet que produisent aussi ces sortes de défenses ou d'interdictions que les ouvriers prononcent contre les directeurs d'ateliers ou entrepreneurs d'ouvrages, et qu'ils prononcent même quelquefois les uns contre les autres : ils croient par là servir leurs intérêts aux dépens de leurs maîtres, et ils ne font que lui nuire.

Le Code prononce, contre tous ces abus, des peines de police correctionnelle, graduées suivant la nature du délit.

COALITION des maîtres contre les ouvriers. Toute condition entre ceux qui font travailler des ouvriers, tendant à forcer injustement et abusivement l'abaissement des salaires, suivie d'une tentative ou d'un commencement d'exécution, sera punie d'un *emprisonnement* de six jours à un mois, et d'une *amende* de deux cents francs à trois mille francs. *Code pénal*, art. 414.

COALITION (toute) de la part des ouvriers contre les maîtres pour faire cesser en même temps de travailler, interdire le travail dans un atelier, empêcher de s'y rendre et d'y rester avant ou après de certaines heures, et en général pour suspendre, empêcher, enchérir les travaux, s'il y a eu tentative ou commencement d'exécution, sera punie d'un *emprisonnement* d'un mois au moins et de trois mois au plus.

Les chefs ou moteurs seront punis d'un *emprisonnement* de deux à cinq ans. *Code pénal*, art. 415.

Seront punis de la peine portée par l'article précédent et d'après les mêmes distinctions, les ouvriers qui auront prononcé des amendes, des défenses, des interdictions et toutes proscriptions sous le nom de *damnations*, et sous quelque qualification que ce puisse être, soit contre les directeurs d'ateliers et entrepreneurs d'ouvrages, soit les uns contre les autres.

Dans le cas du présent article, et dans celui du précédent, les chefs ou moteurs du délit, pourront, après l'expiration de leur peine, être mis sous la surveillance de la haute police pendant deux ans au moins et cinq ans au plus. *Art.* 416 *idem.*

COMBLEMENT de fossés. Quiconque aura, en tout ou en partie, comblé des fossés, sera puni d'un *emprisonnement* qui ne pourra être au-dessous d'un mois, ni excéder une année, et d'une *amende* égale au quart des restitutions et des dommages-intérêts, qui, dans aucun cas, ne pourra être au-dessous de cinquante francs. *Code pénal*, art. 456.

COMMANDANT (tout) des divisions militaires des départemens, ou des places et villes, tout préfet ou sous-préfet qui aura, dans l'étendue des lieux où il a droit d'exercer son autorité, fait ouvertement, ou par des actes simulés, ou par interposition de personnes, le commerce des grains, grenailles, farines, substances farineuses, vins ou boissons, autres que ceux provenant de ses propriétés, sera puni d'une *amende* de cinq cents francs au moins, de dix mille francs au plus, et de la *confiscation* des denrées appartenant à ce commerce. *Code pénal*, art. 176.

COMMANDANT en chef ou en sous-ordre de la force publique, fonctionnaire ou officier public, administrateur, agent ou préposé du gouvernement ou de la police, exécuteur des mandats de justice ou jugemens, qui aura, sans motif légitime, usé ou fait user de violence envers les personnes, dans l'exercice ou à l'occasion de l'exercice de ses fonctions, sera puni selon la nature et la gravité de ses violences, en élevant la peine suivant les règles posées par l'article 198 ci-après. *Code pénal*, art. 186. *V.* DISPOSITIONS particulières aux fonctionnaires et officiers publics qui auraient participé à des crimes ou délits qu'ils auraient été chargés de surveiller ou de réprimer.

COMMANDANT (tout), officier ou sous-officier de la force publique qui, après en avoir été légalement requis par l'autorité civile, aura refusé de faire agir la force à ses ordres, sera puni d'un *emprisonnement* d'un mois à trois mois, sans préjudice des réparations civiles qui pourraient être dus aux termes de l'article 10 du présent Code. *Code pénal*, art. 234. *V.* CONDAMNATIONS aux peines.

COMMANDANS (les) qui auront tenu leur armée en troupe rassemblée, après que le licenciement ou la séparation en aura été ordonnés, seront punis de la peine de *mort* et leurs biens seront confisqués. *Code pénal*, art. 93.

COMMANDANS en chef ou en sous-ordre, soit de la gendarmerie, soit de la force armée, huissiers, concierges, gardiens, geôliers et tous autres préposés à la conduite, au transport et à la garde des détenus, qui les auront laissé s'évader, comment punis. *V.* EVASION.

COMMANDANS en chef ou en sous-ordre, auteurs et directeurs d'association de malfaiteurs, seront punis des *travaux forcés à temps*, quand même il n'aurait encore été par eux commis aucun crime. *Code pénal*, art. 267.

COMMANDANT de la force publique outragé. *V.* OUTRAGE.

COMMIS, directeur ou ouvrier de fabrique, qui aura communiqué à des étrangers, des secrets de la fabrique où il est employé, sera puni de la *réclusion* et d'une *amende* de cinq cents francs à vingt mille francs.

Si ces secrets ont été communiqués à des Français résidant en France, la peine sera d'un *emprisonnement* de trois mois à deux ans, et d'une *amende* de seize francs à deux cents francs. *Code pénal*, art. 418.

COMMIS de maisons de commerce ou ouvriers de fabrique qui à l'aide d'une liqueur corrosive, ou par tout autre moyen, aura volontairement gâté des matières ou marchandises servant à fabrication, sera puni d'un *emprisonnement* de deux à cinq ans, et d'une *amende* qui ne pourra excéder le quart des dommages-intérêts, ni être moindre de seize francs. *Code pénal*, art. 443.

COMMIS (tout) à une perception, percepteur, dépositaire ou comptable public, qui aura détourné ou soustrait des deniers publics ou privés, ou effets actifs en tenant lieu. ou des pièces, titres, actes, effets mobiliers qui étaient entre ses mains en vertu de ses fonctions, sera puni des *travaux forcés à temps*, si les choses détournées ou soustraites sont d'une valeur au-dessus de trois mille francs. *Code pénal*, art. 169.

La peine des travaux forcés à temps aura lieu, également, quelle que soit la valeur des deniers ou effets détournés ou soustraits, si cette valeur égale ou excède, soit le tiers de la recette ou du dépôt, s'il s'agit de deniers ou effets une fois reçus ou déposés, soit le cautionnement, s'il s'agit d'une recette ou d'un dépôt attaché à une place sujette à cautionnement, soit enfin le tiers du produit commun de la recette pendant un mois, s'il s'agit d'une recette composée de rentrées successives et non sujette à cautionnement. *Art.* 170 *idem.*

· Si les valeurs détournées ou soustraites sont au-dessous de trois mille francs, et en outre inférieures aux mesures exprimées en l'article précédent, la peine sera un *emprisonnement* de deux ans au moins et de cinq ans au plus, et le condamné sera de plus déclaré à jamais incapable d'exercer aucune fonction publique. *Art.* 171 *idem.*

Dans les cas exprimés aux trois articles précédens, il sera toujours prononcé contre le condamné une *amende* dont le *maximum* sera le quart des restitutions et indemnités, et le *minimum* le douzième. *Art.* 172 *idem.*

COMMIS ou préposés de fonctionnaires ou officiers publics, tous percepteurs des droits, taxes, contributions, deniers, revenus publics ou communaux, et leurs commis ou préposés, qui se seront rendus coupables de concussion, en ordonnant de percevoir, ou en exigeant ou recevant ce qu'ils savaient n'être pas dû, ou excéder ce qui était dû pour droit, taxes, contributions, deniers ou revenus, ou pour salaires ou traitemens, seront punis, savoir, les fonctionnaires ou les officiers publics, de la *réclusion*, et leurs commis d'un emprisonnement de deux ans au moins et de cinq ans au plus.

Les coupables seront de plus condamnés à une *amende* dont le *maximum* sera le quart des restitutions et dommages-intérêts, et le *minimum* le douzième. *Code pénal*, art. 174.

COMMIS (tous) préposés ou agens, soit du gouvernement, soit des dépositaires publics, qui auront détruit, supprimé, soustrait ou détourné les actes et titres dont ils étaient dépositaires en cette qualité, ou qui leur auraient été remis ou communiqués à raison de leurs fonctions, seront punis des *travaux forcés à temps*. *Code pénal*, art. 173.

COMPAGNON, ou apprenti qui aura volé, dans la maison, l'atelier ou le magasin de son maître, ou individu travaillant habituellement dans l'habitation où il aura volé, sera puni de la peine de la *réclusion*. *Code pénal*, art. 386.

COMPLICE (le) de la femme adultère sera puni de l'*emprisonnement* pendant trois mois et deux ans au plus, et en outre d'une *amende* de cent francs à deux mille francs.

Les seules preuves qui pourront être admises contre le prévenu de complicité, seront outre le flagrant délit, celles résultant de lettres ou autres pièces écrites par le prévenu. *Code pénal*, art. 338.

COMPLICES de banqueroutiers frauduleux. Ceux qui, conformément au Code de commerce, seront déclarés complices de banqueroute frauduleuse, seront punis de la même peine que les banqueroutiers frauduleux. *Code pénal*, art. 403.

COMPLICES. *V.* Personnes punissables ou excusables.

COMPLICES ou auteurs de bruits, tapages injurieux ou

nocturnes, troublant la tranquillité des habitans, seront punis d'une *amende* de onze francs à quinze francs. *Code pénal*, art. 479. *V.* Auteurs, etc.

COMPLICES (les) d'un crime ou d'un délit seront punis de la même peine que les auteurs mêmes de ce crime ou de ce délit, sauf les cas où la loi en aurait disposé autrement. *Code pénal*, art. 9.

La complicité de crime ou délit s'applique à toute personne convaincue d'avoir préparé ou facilité l'action par des moyens qu'elle savait devoir y servir.

Provocations faites, instructions données, armes fournies; peu importe le moyen, l'un ou l'autre constitue ce qu'on appelle complicité.

Comme le nouveau Code ne s'occupe pas seulement de la répression des crimes, et que celle des délits est également l'objet de sa prévoyance, ses dispositions sur les complices s'appliquent aux uns et aux autres. Les expressions des mêmes du Code ne permettent pas d'élever le plus léger doute sur ce point.

COMPLICES de crimes ou de délits, et devant être punis comme tels, sont tous ceux qui sciemment auront recélé, en tout ou en partie, des choses enlevées, détournées ou obtenues à l'aide d'un crime ou d'un délit. *Code pénal*, art. 62.

Néanmoins, à l'égard des recéleurs désignés dans l'article précédent, la peine de mort, des travaux forcés à perpétuité ou de la déportation, lorsqu'il y aura lieu, ne leur sera appliqué qu'autant qu'ils seront convaincus d'avoir eu, au temps du recélé, connaissance des circonstances auxquelles la loi attache les peines de ce genre; sinon ils ne subiront que la peine des travaux forcés à temps. *Art. 63.*

Cette distinction établie par le nouveau Code, à l'égard du recéleur, était réclamée depuis long-temps par l'expérience. Lorsque le vol ne donne lieu qu'à des peines temporaires, il faut quelque rigoureuses qu'elles soient, que le recéleur subisse la même peine; il s'est soumis à ce risque dès qu'il a bien voulu recevoir une chose qu'il savait provenir d'un vol; mais lorsque le crime a été accompagné de circonstances si graves qu'elles entraînent la peine de mort, ou toute autre peine perpétuelle, on peut croire que si au temps du recélé, ces circonstances eussent été connues du recéleur, il eût mieux aimé ne pas recevoir l'objet volé avec un si grand risque. Il convient, dans un pareil cas, pour condamner le recéleur à la même peine que l'auteur du crime, qu'il y ait certitude qu'en recevant la chose, il connaissait toute la gravité du crime dont elle était le fruit. A défaut de cette certitude, la sévérité de la loi doit se borner à prononcer contre lui la peine la plus forte parmi les peines temporaires.

L'absence de cette distinction a souvent été cause que des recéleurs sont restés impunis. On a déclaré des recéleurs non convaincus de complicité, pour ne pas leur faire subir une peine dont l'excessive rigueur paraissait injuste.

COMPLICES de crimes et délits, devant être punis comme tels, sont aussi ceux qui, connaissant la conduite criminelle des malfaiteurs, exerçant des brigandages ou des violences contre la sûreté de l'état, la paix publique, les personnes ou les propriétés, leur fournissent habituellement logement, lieu de retraite ou de réunion. *Code pénal,* art. 61.

Dès que ceux qui logent habituellement chez eux des hommes dont ils connaissent la conduite criminelle, ou souffrent qu'ils s'y réunissent habituellement, ils ne peuvent ignorer que ces hommes ne vivent que de crimes ; ils ne peuvent donc aussi se dissimuler que la retraite qu'ils leur donnent, est un moyen de faciliter l'exécution de leurs desseins criminels.

La même observation s'applique aux recéleurs d'objets volés.

COMPLICES d'une action qualifiée crime ou délit, et devant être punis comme tels, sont ceux qui, par dons, promesses, menaces, abus d'autorité ou de pouvoir, machinations ou artifices coupables, auront provoqué à cette action, ou donné des instructions pour la commettre ;

Ceux qui auront procuré des armes, des instrumens ou tout autre moyen qui aura servi à l'action, sachant qu'ils devaient y servir ;

Ceux qui auront, avec connaissance, aidé ou assisté l'auteur ou les auteurs de l'action, dans les faits qui l'auront préparée ou facilitée, ou dans ceux qui l'auront consommée, sans préjudice des peines qui sont spécialement portées par le présent Code, contre les auteurs de complots ou de provocations attentatoires à la sûreté intérieure ou extérieure de l'état, même dans le cas où le crime qui aurait été l'objet des conspirateurs ou des provocateurs, n'aurait pas été commis. *Code pénal,* art. 60.

COMPLICITÉ. *V.* Personnes punissables ou excusables.

COMPLOT ou attentat contre la vie ou contre la personne de l'Empereur, est crime de lèse majesté ; ce crime est puni comme *parricide,* et emporte de plus la *confiscation* des biens. *Code pénal,* art. 86. *V.* Coupable condamné à mort pour parricide.

Il y a complot dès que la résolution d'agir est concertée et arrêtée entre deux conspirateurs ou en plus grand nombre, quoiqu'il n'y ait pas eu d'attentat. *Art.* 89 *idem.*

S'il n'y a pas eu de complot, mais une proposition faite et non agréée d'en former pour arriver au crime mentionné en l'article 86 ci-dessus, celui qui aura fait une telle proposition sera puni de la *réclusion. Art.* 90 *idem.*

Dans les cas où l'attentat dont il est ci-dessus question, art. 86, aura été exécuté ou simplement tenté par une bande, la peine de *mort* avec *confiscation de biens* sera appliquée, sans distinction de grades, à tous les individus faisant partie de la bande, et qui auront été saisis sur le lieu de la réunion séditieuse.

Sera puni des mêmes peines, quoique non saisi sur le lieu, quiconque aura dirigé la sédition, ou aura exercé dans la bande un emploi ou commandement quelconque. *Art.* 97 *idem.*

Hors le cas où la réunion séditieuse aurait eu pour objet ou résultat le crime énoncé dans l'article 86, les individus faisant partie des bandes dont il est parlé ci-dessus, sans y exercer aucun commandement ni emploi, et qui auront été saisis sur les lieux, seront punis de la *déportation. Art.* 98 *idem.*

Ceux qui, connaissant le but et le caractère des bandes, leur auront, sans contrainte, fourni des logemens, lieux de retraite ou de réunion, seront condamnés à la peine des *travaux forcés à temps. Art.* 99 *idem.*

Il ne sera prononcé aucune peine, pour le fait de sédition, contre ceux qui ayant fait partie de ces bandes sans y exercer aucun commandement, et sans y remplir aucun emploi ni fonction, se seront retirés au premier avertissement des autorités civiles ou militaires, ou même depuis, lorsqu'ils n'auront été saisis que hors des lieux de la réunion séditieuse, sans opposer de résistance et sans armes.

Ils ne seront punis, dans ces cas, que des crimes particuliers qu'ils auraient personnellement commis; et néanmoins ils pourront être renvoyés, pour cinq ans ou au plus jusqu'à dix, sous la surveillance spéciale de la haute police. *Art.* 100 *idem.*

Sont compris dans le mot *armes*, toutes machines, tous instrumens ou ustensiles tranchans, perçans ou contondans.

Les couteaux et ciseaux de poche, les cannes simples ne seront réputés armes qu'autant qu'il en aura été fait usage pour tuer, blesser ou frapper. *Art.* 101 *idem.*

Seront punis comme coupables des crimes et complots mentionnés ci-dessus, tous ceux qui, soit par discours tenus dans des lieux ou réunion publics, soit par placards affichés, soit par des écrits imprimés, auront excité directement les citoyens ou habitans à les commettre.

Néanmoins, dans le cas où lesdites provocations n'auraient été suivies d'aucun effet, leurs auteurs seront simplement punis du *bannissement. Art.* 102 *idem. V.* Attentat.

COMPLOT ou attentat contre la vie ou la personne des membres de la famille impériale, seront punis de *mort* et de la *confiscation des biens. Code pénal,* art. 87.

Il y a complot dès que la résolution d'agir est concertée et arrêtée entre deux conspirateurs ou un plus grand nombre, quoiqu'il n'y ait pas eu d'attentat. *Art.* 89 *idem.*

L'auteur de toute proposition non agréée tendante à ce crime, sera puni du *bannissement. Art.* 90 *idem.*

Dans le cas où l'un ou plusieurs des crimes mentionnés en l'article 87 ci-dessus, auront été exécutés ou simplement tentés par une bande, la peine de *mort*, avec *confiscation des biens*, sera appliquée, sans distinction de grades, à tous les individus faisant partie de la bande, et qui auront été saisis sur le lieu de la réunion séditieuse.

Sera puni des mêmes peines, quoique non saisi sur le lieu, quiconque aura dirigé la sédition ou aura exercé dans la bande un emploi ou commandement quelconque. *Art.* 97 *idem.*

Hors le cas où la réunion séditieuse aurait eu pour objet ou résultat l'un ou plusieurs des crimes énoncés en l'article 87 ci-dessus, les individus faisant partie des bandes dont il est parlé ci-dessus, sans y exercer aucun commandement ni emploi, et qui auront été saisis sur les lieux, seront punis de la *déportation. Art.* 98 *idem.*

Ceux qui, connaissant le but et le caractère desdites bandes, leur auront, sans contrainte, fourni des logemens, lieux de retraite ou de réunion, seront condamnés à la peine des *travaux forcés à temps. Art.* 99 *idem.*

Il ne sera prononcé aucune peine, pour le fait de sédition, contre ceux qui, ayant fait partie de ces bandes sans y exercer aucun commandement, et sans y remplir aucun emploi ni fonction, se seront retirés au premier avertissement des autorités civiles ou militaires, ou même depuis, lorsqu'ils n'auront été saisis que hors des lieux de la réunion séditieuse, sans opposer de résistance et sans armes.

Ils ne seront punis, dans ces cas, que des crimes particuliers, qu'ils auraient personnellement commis, et néanmoins ils pourront être renvoyés, pour cinq ans ou au plus jusqu'à dix, sous la surveillance spéciale de la haute police. *Art.* 100 *idem.*

Sont compris dans le mot *armes*, toutes machines, tous instrumens ou ustensiles tranchans, perçans ou contondans.

Les couteaux et ciseaux de poche, les cannes simples ne seront réputés armes, qu'autant qu'il en aura été fait usage pour tuer, blesser ou frapper. *Art.* 101 *idem.*

Seront punis comme coupables des crimes et complots mentionnés ci-dessus tous ceux qui, par discours tenus dans des lieux ou réunion publics, soit par placards affichés, soit par des écrits imprimés, auront excité directement les citoyens ou habitans à les commettre.

Néanmoins, dans le cas où lesdites provocations n'auraient été suivies d'aucun effet, leurs auteurs seront simplement punis du *bannissement. Art.* 102 *idem.*

COMPLOT ou attentat dont le but sera,

Soit de détruire ou de changer le gouvernement, ou l'ordre de successibilité au trône,

Soit d'exciter les citoyens ou les habitans à s'armer contre l'autorité impériale,

Seront punis de la peine de *mort* et de la *confiscation. Code pénal*, art. 87.

Il y a complot dès que la résolution d'agir est concertée et arrêtée entre deux conspirateurs ou un plus grand nombre, quoiqu'il n'y ait pas eu d'attentat. *Art.* 89 *idem.*

L'auteur de toute proposition non agréée, tendante à l'un de ces crimes, sera puni du *bannissement. Art.* 90 *idem.*

Dans le cas où l'un ou plusieurs des crimes mentionnés ci-dessus auront été exécutés ou simplement tentés par une bande, la peine de *mort* avec *confiscation* de biens, sera appliquée, sans distinction de grade, à tous les individus faisant partie de la bande, et qui auront été saisis sur le lieu de la réunion séditieuse.

Sera puni des mêmes peines, quoique non saisi sur le lieu, quiconque aura dirigé une sédition ou aura exercé dans la bande un emploi ou commandement quelconque. *Art.* 97 *idem.*

Hors le cas où la réunion séditieuse aurait eu pour objet ou résultat l'un ou plusieurs des crimes énoncés en l'article 87 ci-dessus, les individus faisant partie des bandes, sans y exercer aucun commandement ni emploi, et qui auront été saisis sur les lieux, seront punis de la *déportation. Art.* 98 *idem.*

Ceux qui, connaissant le but et le caractère desdites bandes, leur auront, sans contrainte, fourni des logemens, lieux de retraite ou de réunion, seront condamnés à la peine des *travaux forcés à temps. Art.* 99 *idem.*

Il ne sera prononcé aucune peine, pour le fait de sédition contre ceux qui, ayant fait partie de ces bandes sans y exercer aucun commandement, et sans y remplir aucun emploi ni fonction, se seront retirés au premier avertissement de l'autorité civile ou militaire, ou même depuis, lorsqu'ils n'auront été saisis que hors des lieux de la réunion séditieuse, sans opposer de résistance et sans armes.

Ils ne seront punis, dans ce cas, que des crimes particuliers qu'ils auraient personnellement commis; et, néanmoins, ils pourront être renvoyés, pour cinq ans ou au plus jusqu'à dix, sous la surveillance spéciale de la haute police. *Art.* 100 *idem.*

Sont compris dans le mot *armes*, toutes machines, tous instrumens ou ustensiles tranchans, perçans ou contondans.

Les couteaux et ciseaux de poche, les cannes simples ne seront réputés armes qu'autant qu'il en aura été fait usage pour tuer, blesser ou frapper. *Art.* 101 *idem.*

Seront punis comme coupables des crimes et complots ci-dessus mentionnés, tous ceux qui, soit par discours tenus dans des lieux ou réunions publics, soit par placards affichés, soit par des écrits imprimés, auront excité directement les citoyens ou habitans à les commettre.

Néanmoins, dans le cas où lesdites provocations n'auraient été suivies d'aucun effet, leurs auteurs seront simplement punis du *bannissement. Art.* 102 *idem.*

COMPOSITION musicale imprimée ou gravée en entier ou en partie, au mépris des lois et réglemens relatifs à la propriété des auteurs, est une contrefaçon, et toute contrefaçon est un délit; sa peine. *V.* CONTREFAÇON.

(74)

COMPTABLE (tout), percepteur, commis à une perception ou dépositaire public, qui aura détourné ou soustrait
des deniers publics ou privés, ou effets actifs en tenant lieu,
ou des pièces, titres, actes, effets mobiliers qui étaient entre
ses mains, en vertu de ses fonctions, sera puni des *travaux
forcés à temps*, si les choses détournées ou soustraites sont
d'une valeur au-dessus de trois mille francs. *Code pénal*,
art. 169.

La peine des *travaux forcés à temps* aura lieu également,
quelle que soit la valeur des deniers ou des effets détournés ou
soustraits, si cette valeur égale ou excède, soit le tiers de la
recette ou du dépôt, s'il s'agit de deniers ou de dépôt, une
fois reçus ou déposés, soit le cautionnement, s'il s'agit d'une
recette ou d'un dépôt attaché à une place sujette à cautionnement, soit enfin le tiers du produit commun de la recette
pendant un mois, s'il s'agit d'une recette composée de ren-
trée successive et non sujette à cautionnement. *Art.* 170
idem.

Si les valeurs détournées ou soustraites sont au-dessous de
trois mille francs, et en outre inférieures aux mesures exprimées en l'article précédent, la peine sera un *emprisonnement* de deux ans au moins et de cinq ans au plus, et le
condamné sera de plus déclaré à jamais incapable d'exercer
aucune fonction publique. *Art.* 171 *idem.*

Dans les cas exprimés aux trois articles précédens, il sera
toujours prononcé contre le condamné une *amende* dont le
maximum sera le quart des restitutions et indemnités, et le
minimum le douzième. *Art.* 172 *idem.*

CONCERT (tout) de mesures contraires aux lois, pratiqué soit par la réunion d'individus ou de corps dépositaires
de quelque partie de l'autorité publique, soit par députation
ou correspondance entre eux, la peine sera d'un *emprisonnement* de deux mois au moins et de six mois au plus, contre
chaque coupable, qui pourra de plus être condamné à l'*interdiction* des droits civiques et de tout emploi public, pendant dix ans au plus. *Code pénal,* art. 123.

Si, par l'un des moyens exprimés ci-dessus, il a été concerté des mesures contre l'exécution des lois ou contre les
ordres du gouvernement, la peine sera le *bannissement.*

Si ce concert a eu lieu entre les autorités civiles et les corps
militaires ou leurs chefs, ceux qui en seront les auteurs ou

provocateurs seront punis de la *déportation*; les autres coupables seront *bannis*. *Art.* 124 *idem.*

Dans le cas où ce concert aurait eu pour objet ou résultat un complot attentatoire à la sûreté intérieure de l'état, les coupables seront punis de *mort* et *leurs biens confisqués*. *Art.* 125 *idem.*

Les coalitions ci-dessus indiquées, inquiétantes de leur nature, pourraient souvent devenir funestes; elles sont toujours un mal, mais elles peuvent varier d'intensité, selon l'objet qu'elles ont.

Si donc une peine de police correctionnelle a semblé suffisante pour réprimer un simple concert de mesures contraires aux lois, quand nulle circonstance plus grave n'y est jointe, une peine d'un ordre plus élevé a paru nécessaire, quand ce concert est dirigé contre l'exécution même des lois, ou contre les ordres du gouvernement.

Ce crime acquiert un nouveau degré d'intensité, quand la coalition a lieu entre des autorités civiles et des corps militaires. Il devient énorme quand il dégénère en complot contre la sûreté de l'état.

CONCIERGES, gardiens, geôliers, huissiers, commandans en chef ou en sous-ordre, soit de la gendarmerie, soit de la force armée et tous autres préposés à la conduite, au transport et à la garde des détenus qui les aura laissé évader, comment punis. *V.* ÉVASION.

CONCIERGES (les) et gardiens des maisons de dépôt, d'arrêt, de justice ou de peine qui auront reçu un prisonnier sans mandat ou jugement, ou sans ordre provisoire du gouvernement; ceux qui l'auront retenu ou auront refusé de le représenter à l'officier de police ou au porteur de ses ordres, sans justifier de la défense du procureur impérial ou du juge; ceux qui auront refusé d'exhiber leurs registres à l'officier de police, seront, comme coupables de détention arbitraire, punis de six mois à deux ans d'*emprisonnement*, et d'une *amende* de seize à deux cents francs. *Code pénal*, art. 120.

CONCURRENCE (en cas de) de l'amende ou de la confiscation avec des restitutions et des dommages-intérêts, sur les biens insuffisans du condamné, ces dernières condamnations obtiendront la préférence. *Code pénal*, art. 54.

CONCUSSION commise par des fonctionnaires publics. *V.* FONCTIONNAIRES.

CONDAMNATION (la) à la peine du *carcan* sera exécutée de la manière prescrite par l'article 22. *Code pénal*, art. 24. *V.* CARCAN.

CONDAMNATION d'un individu de l'un ou de l'autre

sexe, à la peine de la *réclusion*, n'aura lieu que pour cinq ans au moins et dix ans au plus. *Code pénal*, art. 21.

CONDAMNATION à l'amende, aux restitutions, aux dommages-intérêts et aux frais, leur exécution pourra être poursuivie par la voie de la contrainte par corps. *Code pénal*, art. 52.

Lorsque des amendes et des frais seront prononcés au profit de l'état, si, après l'expiration de la peine afflictive ou infamante, l'emprisonnement du condamné pour l'acquit de ces condamnations pécuniaires, a duré une année complète, il pourra, sur la preuve acquise par les voies de droit, de son absolue insolvabilité, obtenir sa liberté provisoire.

La durée de l'emprisonnement sera réduite à six mois s'il s'agit d'un délit, sauf, dans tous les cas, à reprendre la contrainte par corps, s'il survient au condamné quelques moyens de solvabilité. *Art.* 53. *V.* CONCURRENCE ; INDIVIDUS.

CONDAMNATIONS (les) aux travaux forcés à perpétuité et la déportation, emporteront mort civile. *Code pénal*, art. 18.

CONDAMNATION (la) à la peine des travaux forcés à temps sera prononcée pour cinq ans au moins et vingt ans au plus. *Code pénal*, art. 19.

CONDAMNATION (la) aux peines établies par la loi, est toujours prononcée sans préjudice des restitutions et dommages-intérêts qui pourront être dus aux parties. *Code pénal*, art. 10.

CONDAMNÉ à l'une des peines des travaux forcés à temps, du bannissement, de la réclusion ou du carcan, ne pourra jamais être juré, ni expert, ni être employé comme témoin dans les actes, ni déposer en justice, autrement que pour y donner de simples renseignemens.

Il sera incapable de tutelle et de curatelle, si ce n'est de ses enfans, et sur l'avis seulement de la famille.

Il sera déchu du droit de port d'armes et de celui de servir dans les armées. *Code pénal*, art. 28.

Quiconque aura été condamné à la peine des travaux forcés à temps ou de la réclusion, sera, de plus, pendant la durée de sa peine, en état d'interdiction légale; il lui sera nommé un curateur pour gérer et administrer ses biens, dans les formes prescrites pour la nomination des curateurs aux interdits. *Art.* 29.

Pendant la durée de la peine, il ne pourra lui être remis aucune somme, aucune provision, aucune portion de ses revenus. *Art.* 31. *V.* Biens ; Curateurs.

Ceux qui ont été condamnés à la peine des travaux forcés à temps ou à la réclusion, sont déclarés être dans une interdiction légale ; il est défendu de leur remettre aucune somme, aucune provision, aucune portion de leurs revenus, parce qu'il ne faut pas, comme il est souvent arrivé, que des profusions scandaleuses fassent d'un séjour d'humiliation et de deuil, un théâtre de joie et de débauche.

Ces privations ordonnées par le législateur, faisant partie de la peine ou plutôt en faisant le complément, d'après ses motifs, tout concierge ou gardien de prisons ou maisons de force seront responsables de l'exécution de cette disposition.

CONDAMNÉS aux travaux forcés, seront employés aux travaux les plus pénibles ; ils traîneront à leurs pieds un boulet, ou seront attachés deux à deux avec une chaîne, lorsque la nature du travail auquel ils seront employés le permettra. *Code pénal,* art. 15.

Quiconque aura été condamné à la peine des travaux forcés à perpétuité, sera flétri sur la place publique, par l'application d'une empreinte avec un fer brûlant, sur l'épaule droite. Cette empreinte sera des lettres T. P. pour les coupables condamnés aux travaux forcés à perpétuité, de la lettre T pour ceux condamnés aux travaux à temps, lorsqu'ils devront être flétris. La lettre F. sera ajoutée dans l'empreinte si le coupable est un faussaire.

Les condamnés à d'autres peines ne subiront la flétrissure que dans le cas où la loi l'aurait attachée à la peine qui leur est infligée. *Art.* 20.

CONDAMNÉ pour crime, qui en aura commis un second emportant la dégradation civique, sera condamné à la peine du *carcan.*

Si le second crime emporte la peine du carcan ou le bannissement, il sera condamné à la peine de la *réclusion.*

Si le second crime entraîne la peine de la réclusion, il sera condamné à la peine des *travaux forcés à temps* et à la *marque.*

Si le second crime entraîne la peine des travaux forcés à temps, ou la déportation, il sera condamné à la peine des *travaux forcés à perpétuité.*

Si le second crime emporte la peine des travaux forcés à perpétuité, il sera condamné à la peine de *mort. Code pénal,* art. 56.

Quiconque ayant été condamné pour un crime, aura commis un délit de nature à être puni correctionnellement, sera condamné au *maximum* de la peine portée par la loi, et cette peine pourra être élevée jusqu'au double. *Art.* 57. *V.* Coupables condamnés.

Un premier crime ne suppose pas toujours nécessairement l'entière dépravation de celui qui s'en est rendu coupable; mais la récidive annonce des habitudes vicieuses et un fond de perversité, ou au moins de faiblesse non moins dangereuse pour le corps social que la perversité.

Un second crime doit donc être réprimé avec plus de sévérité que le premier. C'est pour cela que le législateur veut, que la peine de toute récidive, soit immédiatement supérieure à celle prononcée contre un coupable d'un premier crime seulement.

CONDAMNÉ au bannissement, sera transporté par ordre du gouvernement hors du territoire de l'empire. *Code pénal,* art. 32.

Dès que le banni sera transporté hors du territoire de l'empire par ordre du gouvernement, transport qui ne sera que l'exécution du jugement rendu, il s'ensuit, que ce jugement ne pourra avoir d'autre exécution, quant au pouvoir judiciaire, que d'être transmis par le ministère public au grand juge ministre de la justice, qui provoquera l'ordre nécessaire, et surveillera ses suites.

CONDAMNÉS, prisonniers, prévenus ou accusés qui se seront réunis avec ou sans armes et auront usé de violence ou menaces contre l'autorité administrative, les officiers et les agens de la police, ou contre la force publique, comment punis. *V.* Rébellion.

CONDAMNÉS à la déportation, seront transportés pour y demeurer à perpétuité dans un lieu déterminé par le gouvernement, hors du territoire continental de l'empire.

Si le déporté rentre sur le territoire de l'empire, il sera, sur la seule preuve de son indentité, condamné aux *travaux forcés à perpétuité.*

Le déporté qui ne sera pas rentré sur le territoire de l'empire, mais qui sera saisi dans les pays occupés par les armées françaises, sera reconduit dans le lieu de sa déportation. *Code pénal*, art. 17.

La condamnation à la déportation emportera mort civile.

Néanmoins le gouvernement pourra accorder dans le lieu de la déportation, l'exercice des droits civils, ou de quelques-uns de ces droits. *Art.* 18.

CONDAMNÉ (tout) à mort, aura la tête tranchée. *Code pénal*. art. 12.

CONDAMNÉS aux travaux forcés, n'y seront employés que dans l'intérieur d'une maison de force. *Code pénal*, art. 16.

CONDAMNÉS ne seront, hors les cas déterminés par les articles 47, 48 et 49, placés sous la surveillance de la haute police de l'état, que dans le cas où une disposition particulière de la loi l'aura permis. *Code pénal*, art. 50. *V.* COUPABLES.

CONDAMNÉS pour crimes ou délits qui intéressent la sûreté intérieure ou extérieure de l'état devront (toujours) être renvoyés sous la surveillance de la haute police. *Code pénal*, art. 49.

CONDAMNÉ à la peine d'emprisonnement, sera enfermé dans une maison de correction ; il y sera employé à l'un des travaux établis dans cette maison à son choix. *Code pénal*, art. 40.

CONDAMNÉ à la peine des travaux forcés à perpétuité ou à temps, dès qu'il aura atteint l'âge de soixante-dix ans, en sera relevé, et sera renfermé dans la maison de force pour tout le temps à expirer de sa peine, comme s'il n'eût été condamné qu'à la réclusion. *Code pénal*, art. 72.

CONDITION (toute) entre ceux qui font travailler des ouvriers, tendant à forcer injustement et abusivement l'abaissement des salaires, suivie d'une tentative ou d'un commencement d'exécution, sera punie d'un *emprisonnement* de six jours à un mois et d'une *amende* de deux cents francs à trois mille francs. *Code pénal*, art. 414.

CONDUCTEURS de voitures quelconques ou de bêtes de charge, rouliers, charretiers, qui auraient contrevenu aux règlemens par lesquels ils sont obligés de se tenir constamment à portée de leurs chevaux, bêtes de trait ou de

charge et de leurs voitures, et en état de les guider et conduire, d'occuper un seul côté des rues, chemins ou voies
publiques, de se détourner ou ranger devant toutes autres
voitures, et, à leur approche, de leur laisser libre au
moins la moitié des rues, chaussées, routes ou chemins ;
ceux qui auront fait ou laissé courir les chevaux, bêtes
de trait, de charge ou de monture, dans l'intérieur d'un
lieu habité, ou violé les règlemens contre le chargement,
la rapidité ou la mauvaise direction des voitures, seront
punis d'une *amende* de six francs jusqu'à dix francs exclusivement. *Code pénal*, art. 475.

Pourra suivant les circonstances être prononcé, outre l'a-
mende portée en l'article précédent, l'emprisonnement pendant trois jours au plus contre les rouliers, charretiers, voituriers et conducteurs en contravention, et contre ceux qui
auront contrevenu à la loi par la rapidité, la mauvaise
direction ou le chargement des voitures et des animaux.
Art. 476 *idem.*

La peine de l'*emprisonnement* pendant cinq jours au
plus sera toujours prononcée en cas de récidive *Art.* 478
idem.

Il y a récidive lorsqu'il a été rendu contre le contrevenant, dans les douze mois précédens, un premier jugement
pour contravention de police, commise dans le ressort du
même tribunal. *Art.* 483 *idem.*

CONFISCATION. *V.* Ceux qui auront contrefait ou
altéré les monnaies, les sceaux de l'état, des billets de
banque, des effets publics, et des poinçons, timbres et
marques.

CONFISCATION en matière de police ; quand pourra
être prononcée ? *V.* Tribunaux de police.

CONFISCATION (la) générale est l'attribution des biens
d'un condamné au domaine de l'état.

Elle ne sera la suite nécessaire d'aucune condamnation ;
elle n'aura lieu que dans les cas où la loi la prononce
expressément. *Code pénal*, art. 37.

La confiscation générale demeure grevée de toutes les
dettes légitimes, jusqu'à concurrence de la valeur des biens
confisqués, de l'obligation de fournir aux enfans, ou autres
descendans, une moitié de la portion dont le père n'aurait
pu les priver.

coups sont excusables , s'ils ont été provoqués par des coups ou violences graves envers les personnes.

322. Les crimes et délits mentionnés au précédent article sont également excusables, s'ils ont été commis en repoussant pendant le jour l'escalade ou l'effraction des clôtures , murs ou entrée d'une maison ou d'un appartement habité ou de leurs dépendances.

Si le fait est arrivé pendant la nuit, ce cas est réglé par l'article 329.

323. Le parricide n'est jamais excusable.

324. Le meurtre commis par l'époux sur l'épouse, ou par celle-ci sur son époux, n'est pas excusable, si la vie de l'époux ou de l'épouse qui a commis le meurtre n'a pas été mise en péril dans le moment même où le meurtre a eu lieu.

Néanmoins, dans le cas d'adultère, prévu par l'article 336, le meurtre commis par l'époux sur son épouse, ainsi que sur le complice, à l'instant où il les surprend en flagrant délit dans la maison conjugale, est excusable.

325. Le crime de castration, s'il a été immédiatement provoqué par un outrage violent à la pudeur, sera considéré comme meurtre ou blessures excusables.

326. Lorsque le fait d'excuse sera prouvé ,

S'il s'agit d'un crime emportant la peine de mort, ou celle des travaux forcés à perpétuité, ou celle de la déportation, la peine sera réduite à un emprisonnement d'un an à cinq ans;

S'il s'agit de tout autre crime , elle sera réduite à un emprisonnement de six mois à deux ans;

Dans ces deux premiers cas , les coupables pourront de plus être mis par l'arrêt ou le jugement sous la surveillance de la haute police pendant cinq ans au moins et dix ans au plus.

S'il s'agit d'un délit, la peine sera reduite à un emprisonnement de six jours à six mois.

§. III.

Homicide, Blessures ou Coups non qualifiés crimes ni délits.

327. Il n'y a ni crime ni délit, lorsque l'homicide, les blessures et les coups étaient ordonnés par la loi et commandés par l'autorité légitime.

328. Il n'y a ni crime ni délit, lorsque l'homicide, les blessures et les coups étaient commandés par la nécessité actuelle de la légitime défense de soi-même ou d'autrui.

329. Sont compris dans les cas de nécessité actuelle, les deux cas suivans :

1°. Si l'homicide a été commis, si les blessures ont été faites, ou si les coups ont été portés en repoussant pendant la nuit l'escalade ou l'effraction des clôtures, murs ou entrée d'une maison ou d'un appartement habité ou de leurs dépendances ;

2°. Si le fait a eu lieu en se défendant contre les auteurs de vols ou de pillages exécutés avec violence.

SECTION IV.

Attentats aux Mœurs.

330. Toute personne qui aura commis un outrage public à la pudeur, sera punie d'un emprisonnement de trois mois à un an, et d'une amende de seize fr. à deux cents francs.

331. Quiconque aura commis le crime de viol, ou sera coupable de tout autre attentat à la pudeur, consommé ou tenté avec violence contre des individus de l'un et de l'autre sexe, sera puni de la reclusion.

332. Si le crime a été commis sur la personne d'un enfant au-dessous de l'âge de quinze ans accomplis, le coupable subira la peine des travaux forcés à temps.

333. La peine sera celle des travaux forcés à perpétuité, si les coupables sont de la classe de ceux qui ont autorité sur la personne envers laquelle ils ont commis l'attentat, s'ils sont ses instituteurs ou ses serviteurs à gages, ou s'ils sont fonctionnaires publics, où ministres d'un culte, ou si le coupable, quel qu'il soit, a été aidé dans son crime par une ou plusieurs personnes.

334. Quiconque aura attenté aux mœurs, en excitant, favorisant ou facilitant habituellement la débauche ou la corruption de la jeunesse de l'un ou de l'autre sexe au-dessous de l'âge de vingt-un ans, sera puni d'un emprisonnement de six mois à deux ans, et d'une amende de cinquante francs à cinq cents francs.

Si la prostitution ou la corruption a été excitée, favorisée ou facilitée par leurs pères, mères, tuteurs ou autres personnes chargées de leur surveillance, la peine sera de deux ans à cinq ans d'emprisonnement, et de trois cents francs à mille francs d'amende.

335. Les coupables du délit mentionné au précédent article, seront interdits de toute tutelle et curatelle, et de toute participation aux conseils de famille ; savoir, les individus auxquels s'applique le premier paragraphe de cet article, pendant deux ans au moins et cinq ans au plus, et ceux dont il est parlé au second paragraphe, pendant dix ans au moins et vingt ans au plus.

Si le délit a été commis par le père ou la mère, le coupable sera de plus privé des droits et avantages à lui accordés sur la personne et les biens de l'enfant par le Code Napoléon, livre Ier., titre IX *de la Puissance paternelle.*

Dans tous les cas, les coupables pourront de plus être mis, par l'arrêt ou le jugement, sous la surveillance de la haute police, en observant, pour la durée de la surveillance, ce qui vient d'être établi pour la durée de l'interdiction mentionnée au présent article.

336. L'adultère de la femme ne pourra être dénoncé que par le mari : cette faculté même cessera, s'il est dans le cas prévu par l'article 339.

337. La femme convaincue d'adultère subira la peine de l'emprisonnement pendant trois mois au moins et deux ans au plus.

Le mari restera le maître d'arrêter l'effet de cette condamnation, en consentant à reprendre sa femme.

338. Le complice de la femme adultère sera puni de l'emprisonnement pendant le même espace de temps, et, en outre, d'une amende de cent francs à deux mille francs.

Les seules preuves qui pourront être admises contre le prévenu de complicité, seront, outre le flagrant délit, celles résultant de lettres ou autres pièces écrites par le prévenu.

339. Le mari qui aura entretenu une concubine dans la maison conjugale, et qui aura été convaincu sur la plainte de la femme, sera puni d'une amende de cent francs à deux mille francs.

340. Quiconque étant engagé dans les liens du mariage en aura contracté un autre avant la dissolution du précédent, sera puni de la peine des travaux forcés à temps.

L'officier public qui aura prêté son ministère à ce mariage, connaissant l'existence du précédent, sera condamné à la même peine.

SECTION V.

*Arrestations illégales et Séquestrations de per-
sonnes.*

341. Seront punis de la peine des travaux forcés à temps, ceux qui, sans ordre des autorités
constituées et hors les cas où la loi ordonne de
saisir des prévenus, auront arrêté, détenu ou séquestré des personnes quelconques.

Quiconque aura prêté un lieu pour exécuter la
détention ou séquestration, subira la même peine.

342. Si la détention ou séquestration a duré plus
d'un mois, la peine sera celle des travaux forcés
à perpétuité.

343. La peine sera réduite à l'emprisonnement
de deux ans à cinq ans, si les coupables des délits mentionnés en l'article 341, non encore poursuivis de fait, ont rendu la liberté à la personne
arrêtée, séquestrée ou détenue, avant le dixième
jour accompli depuis celui de l'arrestation, détention ou séquestration. Ils pourront néanmoins
être renvoyés sous la surveillance de la haute police, depuis cinq ans jusqu'à dix ans.

344. Dans chacun des trois cas suivans,

1°. Si l'arrestation a été exécutée avec le faux
costume, sous un faux nom, ou sur un faux ordre
de l'autorité publique;

2°. Si l'individu arrêté, détenu ou séquestré,
a été menacé de la mort;

3°. S'il a été soumis à des tortures corporelles,
Les coupables seront punis de mort.

SECTION VI.

Crimes et Délits tendant à empêcher ou détruire la preuve de l'état civil d'un Enfant, ou à compromettre son existence ; Enlèvement de Mineurs ; Infraction aux lois sur les Inhumations.

§. Ier.

Crimes et Délits envers l'Enfant.

345. Les coupables d'enlèvement, de recélé ou de suppression d'un enfant, de substitution d'un enfant à un autre, ou de supposition d'un enfant à une femme qui ne sera pas accouchée, seront punis de la reclusion.

La même peine aura lieu contre ceux qui, étant chargés d'un enfant, ne le représenteront point aux personnes qui ont le droit de le réclamer.

346. Toute personne qui, ayant assisté à un accouchement, n'aura pas fait la déclaration à elle prescrite par l'article 56 du Code Napoléon, et dans le délai fixé par l'article 55 du même Code, sera punie d'un emprisonnement de six jours à six mois, et d'une amende de seize francs à trois cents francs.

347. Toute personne qui, ayant trouvé un enfant nouveau né, ne l'aura pas remis à l'officier de l'état civil, ainsi qu'il est prescrit par l'article 58 du Code Napoléon, sera punie des peines portées au précédent article.

La présente disposition n'est point applicable à celui qui aurait consenti à se charger de l'enfant, et qui aurait fait sa déclaration à cet égard devant la municipalité du lieu où l'enfant a été trouvé.

348. Ceux qui auront porté à un hospice un en-

fant au-dessous de l'âge de sept ans accomplis, qui leur-aurait été confié afin qu'ils en prissent soin ou pour toute autre cause, seront punis d'un emprisonnement de six semaines à six mois, et d'une amende de seize francs à cinquante francs.

Toutefois aucune peine ne sera prononcée, s'ils n'étaient pas tenus ou ne s'étaient pas obligés de pourvoir gratuitement à la nourriture et à l'entretien de l'enfant, et si personne n'y avait pourvu.

349. Ceux qui auront exposé et délaissé en un lieu solitaire un enfant au-dessous de l'âge de sept ans accomplis ; ceux qui auront donné l'ordre de l'exposer ainsi, si cet ordre a été exécuté, seront, pour ce seul fait, condamnés à un emprisonnement de six mois à deux ans , et à une amende de seize francs à deux cents francs.

350. La peine portée au précédent article sera de deux ans à cinq ans, et l'amende de cinquante francs à quatre cents francs, contre les tuteurs ou tutrices, instituteurs ou institutrices de l'enfant exposé et delaissé par eux ou par leur ordre.

351. Si, par suite de l'exposition et du délaissement prévus par les articles 349 et 350, l'enfant est demeuré mutilé ou estropié, l'action sera considérée comme blessures volontaires à lui faites par la personne qui l'a exposé et délaissé ; et si la mort s'en est ensuivie, l'action sera considérée comme meurtre : au premier cas, les coupables subiront la peine applicable aux blessures volontaires ; et, au second cas, celle du meurtre.

352. Ceux qui auront exposé et délaissé en un lieu non solitaire un enfant au-dessous de l'âge de sept ans accomplis, seront punis d'un emprisonnement de trois mois à un an, et d'une amende de seize francs à cent francs.

353. Le délit prévu par le précédent article sera

puni d'un emprisonnement de six mois à deux ans, et d'une amende de vingt-cinq francs à deux cents francs, s'il a été commis par les tuteurs ou tutrices, instituteurs ou institutrices de l'enfant.

§. II.

Enlèvement de Mineurs.

554. Quiconque aura, par fraude ou violence, enlevé ou fait enlever des mineurs, ou les aura entraînés, détournés ou déplacés, ou les aura fait entraîner, détourner ou déplacer des lieux où ils étaient mis par ceux à l'autorité ou à la direction desquels ils étaient soumis ou confiés, subira la peine de la reclusion.

355. Si la personne ainsi enlevée ou détournée est une fille au-dessous de seize ans accomplis, la peine sera celle des travaux forcés à temps.

356. Quand la fille au-dessous de seize ans aurait consenti à son enlèvement ou suivi volontairement le ravisseur, si celui-ci était majeur de vingt-un ans ou au-dessus, il sera condamné aux travaux forcés à temps.

Si le ravisseur n'avait pas encore vingt-un ans, il sera puni d'un emprisonnement de deux à cinq ans.

357. Dans le cas où le ravisseur aurait épousé la fille qu'il a enlevée, il ne pourra être poursuivi que sur la plainte des personnes qui, d'après le Code Napoléon, ont le droit de demander la nullité du mariage, ni condamné qu'après que la nullité du mariage aura été prononcée.

§. III.

Infraction aux lois sur les Inhumations.

358. Ceux qui, sans l'autorisation préalable de

l'officier public, dans le cas où elle est prescrite, auront fait inhumer un individu décédé, seront punis de six jours à deux mois d'emprisonnement, et d'une amende de seize francs à cinquante francs; sans préjudice de la poursuite des crimes dont les auteurs de ce délit pourraient être prévenus dans cette circonstance.

La même peine aura lieu contre ceux qui auront contrevenu, de quelque manière que ce soit, à la loi et aux réglemens relatifs aux inhumations précitées.

359. Quiconque aura recélé ou caché le cadavre d'une personne homicidée ou morte des suites de coups ou blessures, sera puni d'un emprisonnement de six mois à deux ans, et d'une amende de cinquante francs à quatre cents francs; sans préjudice de peines plus graves, s'il a participé au crime.

360. Sera puni d'un emprisonnement de trois mois à un an, et de seize francs à deux cents francs d'amende, quiconque se sera rendu coupable de violation de tombeaux ou de sépultures; sans préjudice des peines contre les crimes ou les délits qui seraient joints à celui-ci.

SECTION VII.

Faux témoignage; Calomnie, Injures, Révélation de secrets.

----

§. Ier.

Faux témoignage.

361. Quiconque sera coupable de faux témoignage en matière criminelle, soit contre l'accusé, soit en sa faveur, sera puni de la peine des travaux forcés à temps.

Si néanmoins l'accusé a été condamné à une peine plus forte que celle des travaux forcés à temps, le faux témoin qui a déposé contre lui, subira la même peine.

362. Quiconque sera coupable de faux témoignage en matière correctionnelle ou de police, soit contre le prévenu, soit en sa faveur, sera puni de la reclusion.

363. Le coupable de faux témoignage en matière civile, sera puni de la peine portée au précédent article.

364. Le faux témoin en matière correctionnelle, de police ou civile, qui aura reçu de l'argent, une récompense quelconque ou des promesses, sera puni des travaux forcés à temps.

Dans tous les cas, ce que le faux témoin aura reçu sera confisqué.

365. Le coupable de subornation de témoins sera condamné à la peine des travaux forcés à temps, si le faux témoignage qui en a été l'objet emporte la peine de la reclusion ; aux travaux forcés à perpétuité, lorsque le faux témoignage emportera la peine des travaux forcés à temps, ou celle de la déportation ; et à la peine de mort, lorsqu'il emportera celle des travaux forcés à perpétuité ou la peine capitale.

366. Celui à qui le serment aura été déféré ou référé en matière civile, et qui aura fait un faux serment, sera puni de la dégradation civique.

§. II.

Calomnies, Injures, Révélation de secrets.

367. Sera coupable du délit de calomnie, celui qui, soit dans des lieux ou réunions publics, soit dans un acte authentique et public, soit dans un

écrit imprimé ou non qui aura été affiché, vendu ou distribué, aura imputé à un individu quelconque des faits qui, s'ils existaient, exposeraient celui contre lequel ils sont articulés à des poursuites criminelles ou correctionnelles, ou même l'exposeraient seulement au mépris ou à la haine des citoyens.

La présente disposition n'est point applicable aux faits dont la loi autorise la publicité, ni à ceux que l'auteur de l'imputation était, par la nature de ses fonctions ou de ses devoirs, obligé de révéler ou de réprimer.

368. Est réputée fausse, toute imputation à l'appui de laquelle la preuve légale n'est point rapportée. En conséquence, l'auteur de l'imputation ne sera pas admis, pour sa défense, à demander que la preuve en soit faite : il ne pourra pas non plus alléguer comme moyen d'excuse que les pièces ou les faits sont notoires, ou que les imputations qui donnent lieu à la poursuite sont copiées ou extraites de papiers étrangers, ou d'autres écrits imprimés.

369. Les calomnies mises au jour par la voie de papiers étrangers, pourront être poursuivies contre ceux qui auront envoyé les articles ou donné l'ordre de les insérer, ou contribué à l'introduction ou à la distribution de ces papiers en France.

370. Lorsque le fait imputé sera légalement prouvé vrai, l'auteur de l'imputation sera à l'abri de toute peine.

Ne sera considérée comme preuve légale, que celle qui résultera d'un jugement, ou de tout autre acte authentique.

371. Lorsque la preuve légale ne sera pas rapportée, le calomniateur sera puni des peines suivantes :

Si le fait imputé est de nature à mériter la peine

de mort, les travaux forcés à perpétuité ou la déportation, le coupable sera puni d'un emprisonnement de deux à cinq ans, et d'une amende de deux
cents francs à cinq mille francs.

Dans tous les autres cas, l'emprisonnement sera
d'un mois à six mois, et l'amende de cinquante fr.
à deux mille francs.

372. Lorsque les faits imputés seront punissables
suivant la loi, et que l'auteur de l'imputation les aura
dénoncés, il sera, durant l'instruction sur ces faits,
sursis à la poursuite et au jugement du délit de calomnie.

373. Quiconque aura fait par écrit une dénonciation calomnieuse contre un ou plusieurs individus,
aux officiers de justice ou de police administrative
ou judiciaire, sera puni d'un emprisonnement d'un
mois à un an, et d'une amende de cent francs à trois
mille francs.

374. Dans tous les cas, le calomniateur sera, à
compter du jour où il aura subi sa peine, interdit
pendant cinq ans au moins et dix ans au plus des
droits mentionnés en l'article 42 du présent Code.

375. Quant aux injures ou aux expressions outrageantes qui ne renfermeraient l'imputation d'aucun fait précis, mais celle d'un vice déterminé, si
elles ont été proférées dans des lieux ou réunions publics, ou insérées dans des écrits imprimés ou non,
qui auraient été répandus et distribués, la peine sera
une amende de seize francs à cinq cents francs.

376. Toutes autres injures ou expressions outrageantes qui n'auront pas eu ce double caractère de
gravité et de publicité, ne donneront lieu qu'à des
peines de simple police.

377. A l'égard des imputations et des injures qui
seraient contenues dans les écrits relatifs à la défense
des parties, ou dans les plaidoyers, les juges saisis

de la contestation pourront , en jugeant la cause, ou prononcer la suppression des injures ou des écrits injurieux, ou faire des injonctions aux auteurs du délit , ou les suspendre de leurs fonctions , et statuer sur les dommages-intérêts.

La durée de cette suspension ne pourra excéder six mois : en cas de récidive , elle sera d'un an au moins et de cinq ans au plus.

Si les injures ou écrits injurieux portent le caractère de calomnie grave, et que les juges saisis de la contestation ne puissent connaître du délit, ils ne pourront prononcer contre les prévenus qu'une suspension provisoire de leurs fonctions , et les renverront, pour le jugement du délit , devant les juges compétens.

378. Les médecins, chirurgiens et autres officiers de santé, ainsi que les pharmaciens, les sages-femmes, et toutes autres personnes dépositaires , par état ou profession, des secrets qu'on leur confie, qui, hors le cas où la loi les oblige à se porter dénonciateurs, auront révélé ces secrets, seront punis d'un emprisonnement d'un mois à six mois, et d'une amende de cent francs à cinq cents francs.

Collationné à l'original, par nous président et secrétaires du Corps législatif. Paris, le 17 février 1810. *Signé* le Comte DE MONTESQUIOU, *président;* CHIAVARINA, B. DAUZAT, EMMERY, CLAUSEL-COUSSERGUES, *secrétaires.*

MANDONS et ordonnons que les présentes, revêtues des sceaux de l'État, insérées au Bulletin des lois, soient adressées aux Cours, aux Tribunaux et aux autorités administratives, pour qu'ils les inscrivent dans leurs registres, les observent et les fassent observer ; et notre Grand-Juge Ministre de la justice est chargé d'en surveiller la publication.

Donné en notre palais des Tuileries, le 27 février de l'an 1810.

Signé **NAPOLÉON.**

Vu par nous Archichancelier de l'Empire,

Signé **CAMBACÉRÉS.**

Le Grand-Juge Ministre de la justice,	Par l'Empereur : *Le Ministre Secrétaire d'état,*
Signé Duc de Massa.	Signé H. B. Duc de Bassano.

(N°. 6.) *Loi contenant le deuxième Chapitre du Titre II du Livre III du Code pénal.*

Du 19 février 1810.

NAPOLÉON, par la grâce de Dieu et les constitutions, Empereur des Français, Roi d'Italie, Protecteur de la Confédération du Rhin, etc., etc., etc., à tous présens et à venir, SALUT.

Le Corps législatif a rendu, le 19 février 1810, le décret suivant, conformément à la proposition faite au nom de l'Empereur et Roi, et après avoir entendu les orateurs du Conseil d'état et le prési lent de la commission de législation civile et criminelle.

DÉCRET.

LIVRE III.

DES CRIMES, DES DÉLITS ET DE LEUR PUNITION.

———

TITRE II.

CRIMES ET DÉLITS CONTRE LES PARTICULIERS.

CHAPITRE II.

CRIMES ET DÉLITS CONTRE LES PROPRIÉTÉS.

SECTION Ire.

Vols.

ART. 379. Quiconque a soustrait frauduleusement une chose qui ne lui appartient pas, est coupable de vol.

580. Les soustractions commises par des maris au préjudice de leurs femmes, par des femmes au préjudice de leurs maris, par un veuf ou une veuve quant aux choses qui avaient appartenu à l'époux décédé, par des enfans ou autres descendans au préjudice de leurs pères ou mères ou autres ascendans, par des pères et mères ou autres ascendans au préjudice de leurs enfans ou autres descendans, ou par des alliés aux mêmes degrés, ne pourront donner lieu qu'à des réparations civiles.

A l'égard de tous autres individus qui auraient recélé ou appliqué à leur profit tout ou partie des objets volés, ils seront punis comme coupables de vol.

581. Seront punis de la peine de mort, les individus coupables de vols commis avec la réunion des cinq circonstances suivantes :

1°. Si le vol a été commis la nuit ;

2°. S'il a été commis par deux ou plusieurs personnes ;

3°. Si les coupables ou l'un d'eux étaient porteurs d'armes apparentes ou cachées ;

4°. S'ils ont commis, le crime soit à l'aide d'effraction extérieure ou d'escalade ou de fausses clefs, dans une maison, appartement, chambre ou logement habités ou servant à l'habitation, ou leurs dépendances, soit en prenant le titre d'un fonctionnaire public ou d'un officier civil ou militaire, ou après s'être revêtus de l'uniforme ou du costume du fonctionnaire ou de l'officier, ou en alléguant un faux ordre de l'autorité civile ou militaire ;

5°. S'ils ont commis le crime avec violence ou menace de faire usage de leurs armes.

582. Sera puni de la peine des travaux forcés à perpétuité, tout individu coupable de vol commis à l'aide de violence, et, de plus, avec deux des quatre

CRIME de castration, s'il a été immédiatement provoqué par un outrage violent à la pudeur, sera considéré comme meurtre ou blessures excusables. *Code pénal*, art. 325.

CRIME (nul) ou délit ne peut être excusé, ni la peine mitigée, que dans le cas et dans les circonstances où la loi déclare le fait excusable, ou permet de lui appliquer une peine moins rigoureuse. *Code pénal*, art. 65.

Le principe ci-dessus établi, a été consacré par l'art. 339 du Code d'instruction criminelle.

Art. 339 du Code d'instruction criminelle.

» Lorsque l'accusé aura proposé pour excuse un fait admis comme » tel par la loi, la question sera ainsi posée :

» Tel fait est-il constant ? »

Le Code pénal veut que nulle peine ne puisse être mitigée, excepté dans les cas où la loi l'autorise formellement.

Les deux dispositions ont pour but de prévenir l'arbitraire, qui substitue les passions toujours mobiles et souvent aveugles de l'homme à la volonté ferme et constante de la loi. *V.* ACCUSÉ de moins de seize ans.

CRIME. Il n'en existe pas, lorsque le prévenu était en état de démence au moment de l'action, ou lorsqu'il a été contraint par une force à laquelle il n'a pu résister. Il en est de même quant à tout délit. *Code pénal*, art. 64.

Tout crime ou délit se compose de l'intention, or dans les deux cas dont il est ci-dessus question. Aucune intention criminelle ne peut avoir existé de la part des prévenus, puisque l'un ne jouissait pas de ses qualités morales, et qu'à l'égard de l'autre, la contrainte seule a dirigé l'emploi de ses forces physiques.

CRIMES, délits et contraventions militaires, les dispositions du Code pénal ne s'y appliquent pas. *Code pénal*, art. 5.

CRIME (nul), contravention ou délit ne peuvent être punis de peines qui n'étaient pas prononcées par la loi, lorsqu'ils furent commis. *Code pénal*, art. 4. *V.* quant aux motifs de cette disposition, CONTRAVENTION.

CRIME est toute contravention aux lois qu'elles punissent d'une peine afflictive ou infamante. *Code pénal*, art. 1er.

CRIMES tendant à troubler l'état par la guerre civile, l'illégal emploi de la force armée, la dévastation et le pillage publics. *V.* ATTENTAT ou COMPLOT dont le but sera ; CEUX qui auront levé ; COMMANDANS ; PERSONNE qui pouvant disposer ; INDIVIDU qui aura incendié ; QUICONQUE soit pour envahir.

CRIMES et délits des fonctionnaires publics dans l'exercice de leurs fonctions. *V.* FORFAITURE.

CRIME d'association de malfaiteurs, existe par le seul fait d'organisation de bandes ou de correspondance entre elle et leur chef ou commandans, ou de convention tendant à rendre compte, ou à faire distribution ou partage du produit des méfaits. *Code pénal*, art. 266.

CRIMES et délits des ministres des cultes.

Les crimes et délits des ministres des cultes a qui nulle autorité temporelle n'est départie, ne sauraient être étrangers à la paix publique.

La loi s'occupe donc dans un chapitre particulier des troubles qui seraient apportés à l'ordre public par ces ministres, dans l'exercice de leur ministère.

Autant la société doit de reconnaissance et d'égards à ces pasteurs vénérables dont les discours et l'exemple sont un constant hommage à la religion, aux mœurs et aux lois, autant elle doit s'armer contre ces hommes fanatiques ou séditieux qui, au nom du ciel, voudraient troubler la terre, et n'invoqueraient la puissance spirituelle que pour avilir ou entraver l'autorité des lois et du gouvernement.

Les crimes et délits des ministres des cultes dans l'exercice de leur ministère, sont divisés en plusieurs classes.

1°. Les ministres qui procèdent aux cérémonies religieuses d'un mariage, sans qu'il leur ait été justifié de l'acte de mariage, reçu par les officiers de l'état civil, compromettent évidemment l'état civil des gens simples d'autant plus disposés à confondre la bénédiction nuptiale avec l'acte constitutif du mariage, que le droit d'imprimer au mariage le sceau de la loi, était naguère dans les mains de ces ministres.

Il importe qu'un si funeste mépris ne se perpétue point, et ce motif est assez puissant pour punir d'une amende les ministres des cultes qui procèdent aux cérémonies religieuses d'un mariage sans justification préalable de l'acte qui le constitue réellement.

Cette peine légère d'abord, s'aggravera en cas de récidive, et entraînera à la seconde récidive, ou autrement à la troisième infraction, la peine de déportation, parce que celui qui a désobéi trois fois, se place évidemment dans un état de désobéissance permanente et de révolte contre la loi.

2°. Les critiques, censures ou provocations dirigées par ces ministres contre l'autorité publique, sont d'une importance qui ne permettait point le silence et appelait des mesures répressives.

L'on a distingué la critique ou censure simple, d'avec la provocation directe à la désobéissance; dans ce dernier cas, la culpabilité plus forte entraîne une plus forte peine.

L'on a distingué aussi les censures et provocations faites dans un discours public, d'avec celles consignées dans un écrit pastoral, et ces dernières sont punies davantage, comme étant le produit plus réfléchi de vues perverses, et comme susceptibles d'une circulation plus dangereuse.

3°. Enfin la loi proclame comme infraction de l'ordre public, toute correspondance que des ministres de cultes entretiendraient sur des questions ou matières religieuses avec une cour ou puissance étrangère, sans l'autorisation du ministre de l'Empereur, chargé de la surveillance des cultes.

Cette disposition d'une haute importance ne saurait alarmer que les artisans de troubles, et les hommes, s'il en est encore, assez insensés pour croire, ou assez audacieux pour dire que *l'état est dans l'église, et non l'église dans l'état.*

Cette maxime ultramontaine, qui put prévaloir lorsqu'un pontife étranger disposait des empires et déposait les rois, a été depuis long-temps reléguée dans la classe des erreurs qu'enfantaient les siècles d'ignorance.

Il ne s'agit pas, au reste, de rompre les rapports légitimes d'aucun culte avec des chefs même étrangers ; il n'est question que de les connaître, et ce droit du gouvernement, fondé sur le besoin de maintenir la tranquillité publique, impose aux ministres des cultes des devoirs que rempliront avec empressement tous ceux dont les cœurs sont purs et les vues honnêtes. Si cette obligation gêne les autres, son utilité n'en est que mieux prouvée.

CRIME (tout) commis par un fonctionnaire public dans l'exercice de ses fonctions, est une forfaiture. *Code pénal,* art. 166. *V.* Délits.

CRIMES et délits, quand excusables.

La loi n'admet point d'excuses sans une provocation violente, et d'une violence telle que le coupable n'ait pas eu, au moment même de l'action qui lui est reprochée, toute la liberté d'esprit nécessaire pour agir avec une mûre réflexion ; ayant commis une action blâmable, une action que la loi ne peut se dispenser de punir ; il ne peut être tout-à-fait, à ses yeux, aussi coupable que si la provocation qui l'a entraîné n'eût pas existé.

Cette provocation, on ne peut trop le redire, doit être de nature à faire la plus vive impression sur l'esprit le plus fort.

La loi contient plusieurs dispositions sur les faits qui sont susceptibles d'être déclarés excusables : on se contentera d'en citer un seul.

« Dans le cas d'adultère, le meurtre commis par l'époux sur son » épouse, ainsi que sur le complice, à l'instant où il les surprend » en flagrant délit dans la maison conjugale, est excusable. » Cet outrage fait au mari est une de ces provocations violentes qui appellent l'indulgence de la loi. Il faut remarquer que la loi n'excuse ce meurtre que sous deux conditions : 1º. si l'époux l'a commis au même instant où il a surpris l'adultère ; plus tard il a eu le temps de réfléchir, et il a dû penser qu'il n'est permis à personne de se faire justice lui-même ; 2º. s'il a surpris l'adultère dans sa propre maison. Cette restriction a paru nécessaire : on a craint que si ce meurtre commis dans tout autre lieu était également excusable, la tranquillité des familles ne fût troublée par des époux méfians et injustes qu'aveugleraient le désir de se venger des prétendus égaremens de leurs épouses.

Il est de certains meurtres à l'égard desquels la loi n'admet point d'excuse, quoiqu'il y ait eu provocation violente.

Par exemple aucune provocation, quelque violente qu'elle soit, ne peut excuser le parricide. Le respect religieux qu'on doit à l'auteur de ses jours, ou à celui que la loi place au même rang, impose le devoir de tout souffrir plutôt que de porter sur eux une main sacrilège.

À l'égard du meurtre commis par l'époux envers son épouse, dans tout autre cas que celui de l'adultère, ou du meurtre commis par l'épouse envers son époux, le crime n'est excusable que lorsqu'au moment même où il a été commis, la vie de l'auteur du meurtre a été mise en péril par l'époux ou l'épouse homicidée. C'est en effet la seule excuse qui puisse être admise à l'égard de personnes obligées par état de vivre ensemble et de n'épargner aucuns sacrifices pour maintenir entre eux une parfaite union.

Lorsque la loi déclare un fait excusable, et que le fait est prouvé, les juges ne peuvent prononcer des peines infamantes; il y aurait de la contradiction à déclarer infâme, en vertu de la loi, celui qu'elle reconnait digne d'excuses. Les peines de police correctionnelle sont donc les seules qui doivent être prononcées. La loi établit sur ce point une échelle de proportion relative à la peine que le coupable eût dû subir, si l'excuse n'avait pas existé.

CRITIQUE ou censure du gouvernement, d'une loi, d'un décret impérial ou de tout autre acte de l'autorité publique, contenue dans un discours prononcé en assemblée publique, par les ministres des cultes dans l'exercice de leur ministère, le ministre sera puni d'un *emprisonnement* de trois mois à deux ans. *Code pénal*, art. 201.

Si le discours contient une provocation directe à la désobéissance aux lois ou autres actes de l'autorité publique, ou s'il tend à soulever ou à armer une partie des citoyens contre les autres, le ministre du culte qui l'aura prononcé sera puni d'un *emprisonnement* de deux à cinq ans, si la provocation n'a été suivie d'aucun effet; et du *bannissement* si elle a donné lieu à désobéissance, autre toutefois que celle qui aurait dégénéré en sédition ou révolte. *Art.* 202 *idem*.

Lorsque la provocation aura été suivie d'une sédition ou révolte dont la nature donnera lieu contre l'un ou plusieurs coupables à une peine plus forte que celle du *bannissement*, cette peine, quelle qu'elle soit, sera appliquée au ministre coupable de la provocation. *Art.* 203 *idem*. *V.* Ecrit.

CUEILLETTE de fruits appartenant à autrui. Ceux qui, sans autre circonstance prévue par la loi, auront cueilli ou mangé sur le lieu même des fruits appartenant à autrui, seront punis d'une *amende* de un franc à cinq francs inclusivement. *Code pénal*, art. 471.

La peine d'*emprisonnement*, contre toutes personnes mentionnées en l'article ci-dessus, aura toujours lieu en cas de récidive, pendant trois jours au plus. *Art.* 474 *idem*.

Il y a récidive lorsqu'il a été rendu contre le contrevenant, dans les douze mois précédens, un premier jugement pour contravention de police, commise dans le ressort du même tribunal. *Art.* 485 *idem*.

D.

DÉBAUCHE de directeurs, commis ou ouvriers pour l'étranger. Quiconque, dans la vue de nuire à l'industrie française, aura fait passer en pays étranger des directeurs, des commis ou ouvriers d'un établissement, sera puni d'un *emprisonnement* de six mois à deux ans, et d'une *amende* de cinquante francs à trois cents francs. *Code pénal*, art. 417.

DÉBAUCHE de directeurs, d'ouvriers ou commis d'établissemens français, pour l'étranger, dans la vue de nuire à l'industrie nationale.

La loi regarde comme coupable de délit celui qui, dans l'intention de nuire à l'industrie française, fait passer en pays étranger des directeurs, ouvriers ou commis d'un établissement. Si chacun doit être libre de faire valoir son industrie et ses talens partout où il croit pouvoir en retirer le plus d'avantage, il convient de punir celui qui débauche des hommes nécessaires à un établissement, non pour procurer à ces hommes un plus grand bien souvent incertain, mais pour causer la ruine de l'établissement même. Ces actes de méchanceté sont punis de peines de police correctionnelle.

DÉBIT ou fabrication de stilets, tromblons, ou de quelque espèce d'armes prohibées par la loi ou par des réglemens d'administration, seront punis de six jours à six mois d'*emprisonnement*.

Celui qui sera porteur desdites armes, sera puni d'une *amende* de seize francs à deux cents francs.

Dans l'un et l'autre cas, les armes seront confisquées.

Le tout sans préjudice de plus forte peine, s'il y échet, en cas de complicité. *Code pénal*, art. 314.

Outre les peines portées ci-dessus les tribunaux pourront prononcer le renvoi sous la surveillance de la haute police, depuis deux ans jusqu'à dix ans. *Art.* 315 *idem.*

DÉBIT d'ouvrages contrefaits est un délit de contrefaçon; sa peine, *V.* Contrefaçon.

DÉBITANS ou fabricans de stilets, tromblons ou de quelque espèce d'armes prohibées par la loi ou par des réglemens d'administration, seront punis d'un *emprisonnement* de six jours à six mois.

Celui qui sera porteur desdites armes sera puni d'une *amende* de seize francs à deux cents francs.

Dans l'un et l'autre cas, les armes seront confisquées.

Le tout sans préjudice de plus forte peine, s'il y échet, en cas de complicité de crime. *Code pénal*, art. 314.

Outre les peines ci-dessus, les tribunaux pourront prononcer le renvoi sous la surveillance de la haute police, depuis deux ans jusqu'à dix ans. *Art.* 315 *idem.*

DÉBITANS ou vendeurs de boissons falsifiées. *V.* Boissons.

DÉCLARATION de naissance non faite par celui qui a assisté à un accouchement, aux termes de l'article 56 du Code Napoléon, et dans le délai fixé par l'article 55, sera puni d'un *emprisonnement* de six jours à six mois, et d'une *amende* de seize francs à trois cents francs. *Code pénal,* art. 346.

Article 55 du Code Napoléon.

« Les déclarations de naissance seront faites dans les » trois jours de l'accouchement, à l'officier de l'état civil » du lieu; l'enfant lui sera représenté. »

Article 56. « La naissance de l'enfant sera déclarée par le » père, ou à défaut du père par les docteurs en médecine » ou en chirurgie, sages-femmes, officiers de santé ou autres » personnes qui auront assisté à l'accouchement; et lors » que la mere sera accouchée hors de son domicile, par » la personne chez qui elle sera accouchée.

« L'acte de naissance sera rédigé de suite, en présence » de deux témoins. »

DÉFAUT, soit de réparations, soit de nettoyage des fours, cheminées, forges, maisons ou usines prochaines, l'incendie des propriétés d'autrui en étant résulté, sera puni d'une *amende* de cinquante francs au moins et de cinq cents francs au plus. *Code pénal,* art. 458.

DÉFAUT de déclaration de naissance d'enfant par personne qui aura assisté à accouchement. *V.* DÉCLARATION de naissance non faite.

DÉFENSE de tirer, en certains lieux, des pièces d'artifice, violée; ceux qui en seront coupables, seront punis d'une *amende* de un franc à cinq francs inclusivement. *Code pénal,* art. 471.

Seront en outre confisquées les pièces d'artifice saisies. *Art.* 472 *idem.*

La peine d'*emprisonnement*, pendant trois jours au plus, pourra de plus être prononcée, selon les circonstances, contre ceux qui auront tiré des pièces d'artifice. *Art.* 473 *idem.*

La peine d'*emprisonnement* contre toutes personnes mentionnées en l'article 471 ci-dessus aura toujours lieu en cas de récidive pendant trois jours au plus. *Art.* 474 *idem.*

Il y a récidive lorsqu'il a été rendu contre le contreve-

nant, dans les douze mois précédens, un premier jugement pour contravention de police commise dans le ressort
du même tribunal. *Art.* 485 *idem.*

DÉFAUT d'entretien , réparation ou nettoyage des
fours , etc.

Ceux qui auront négligé d'entretenir, réparer ou nettoyer
les fours, cheminées ou usines où l'on fait du feu , seront
puni d'une *amende* depuis un franc jusqu'à cinq francs inclusivement. *Code pénal,* art. 471.

La peine d'*emprisonnement* contre toutes personnes mentionnées en l'article ci-dessus, aura toujours lieu en cas de
récidive, pendant trois jours au plus. *Art.* 474 *idem.*

Il y a récidive lorsqu'il a été rendu contre le contrevenant , dans les douze mois précédens, un premier jugement
pour contravention de police commise dans le ressort du
même tribunal. *Art.* 485 *idem.*

DÉFAUT de réparation ou d'entretien des maisons ou
édifice dont il sera résulté quelque dommage. *V.* Dommages ;
Mort d'animaux.

DÉGAT (tout) ou pillage de denrées, marchandises,
effets, propriété mobilière, commis en réunion ou en bande
et à force ouverte, sera puni des *travaux forcés à temps ,*
chacun des coupables sera de plus condamné à une *amende*
de deux cents francs à cinq mille francs. *Code pénal,* art.
440.

Néanmoins ceux qui prouveront avoir été entraînés par
des provocations ou sollicitations à prendre part à ces violences, pourront n'être punis que de la peine de la *réclusion. Art.* 441 *idem.*

Si les denrées pillées ou détruites, sont des grains, grenailles ou farine, substances farineuses , pain, vin ou autre
boisson, la peine que subiront les chefs, instigateurs ou
provocateurs seulement, sera le *maximum* des *travaux
forcés à temps ,* et celui de l'*amende* prononcée par l'article 440 ci-dessus. *Art.* 442 *idem.*

DÉGRADATIONS.

Lorsqu'il s'agit de propriétés qu'on n'a pas détruites , mais pillées ou
dévastées , ce qui , relativement au propriétaire, produit souvent le même
effet, il faut distinguer si le pillage ou le dégât a été commis à force ouverte. Ce cas présente deux crimes à la fois : l'action de piller et de dévaster; une sorte de rébellion qui a été employée pour en faciliter l'exécution. Cette complication demande une peine plus rigoureuse, et en conséquence, le Code prononce la peine des travaux forcés à temps. La loi se
relâche un peu de sa sévérité en faveur de ceux qui prouveront avoir été

entraînés par des provocations ou sollicitations à prendre part à ces sortes de pillages ; elle autorise les juges à ne condamner les coupables qu'à la peine de la réclusion. On dit qu'elle *autorise*, car elle ne leur en impose pas la nécessité ; ils se détermineront suivant les circonstances qui varient à l'infini. Enfin, si les choses pillées sont des objets de première nécessité, les coupables seront condamnés à une peine perpétuelle, et cette peine est la déportation.

Ces crimes peuvent en effet avoir les suites les plus désastreuses, ils peuvent amener la guerre civile, et il convient d'exclure à jamais de la société, les hommes qui, par leurs excès, commettent le double crime de porter atteinte à la propriété individuelle, et d'exposer l'état aux plus grands dangers.

A l'égard du délit qui se commet en inondant les propriétés d'autrui, faute d'avoir observé les règlemens de l'autorité compétente, sur la hauteur à laquelle on peut élever le déversoir, la loi n'avait jusqu'alors parlé que des moulins et usines. La loi nouvelle parle aussi des étangs ; la raison est la même, et de nombreuses réclamations se sont élevées pour leur rendre communes les dispositions de la loi.

Quant aux droits de l'administration à cet égard, le Code pénal n'a pas dû s'en occuper, parce que des lois et des décrets particuliers en déterminent l'étendue et les limites.

La loi du 6 octobre 1791, ne distingue point lorsque l'inondation a causé des dégradations, ou lorsqu'elle n'en a point occasionné. Ces deux cas sont trop différens pour que la peine doive être la même : le nouveau Code établi la distinction. Si aucune dégradation n'a eu lieu, si, par exemple, il n'est résulté de l'inondation d'autre mal que d'avoir interrompu pendant quelque temps la communication par un chemin ou passage une amende seule sera prononcée, ainsi que le veut la loi du 6 octobre.

Mais s'il y a eu des dégradations, le mal étant plus considérable, la désobéissance à l'autorité doit être plus sévèrement punie. La loi porte un emprisonnement outre l'amende. Cet emprisonnement, quoique de courte durée, suffira pour l'efficacité de l'exemple.

DÉGRADATIONS, destructions, dommages commis ou causés par des gardes champêtres ou forestiers, ou par des officiers de police, à quelque titre que ce soit, seront punis de la peine d'un *emprisonnement* d'un mois au moins et d'un tiers au plus en sus de la peine plus forte qui serait appliquée à un autre coupable du même délit. *Code pénal*, art. 462.

DÉGRADATIONS de monumens. Quiconque aura détruit, abattu, mutilé ou dégradé des monumens, statues et autres objets destinés à l'utilité ou à la décoration publique, et élevés par l'autorité publique ou avec son autorisation, sera puni d'un *emprisonnement* d'un mois à deux ans, et d'une *amende* de 100 francs à 500 francs. *Code pénal*, art. 257.

DÉGRADATION civique (la) prononcée par jugement criminel, est une peine *infamante*. *Code pénal*, art. 8. *V.* Condamnation ; Renvoi.

DÉGRADATION des maisons ou édifices, ayant causée des dommages. *V.* Dommages; Mort d'animaux.

DÉGRADATION civique, consiste dans la destitution et l'exclusion du condamné de toutes fonctions ou emplois publics, et dans la privation de tous les droits énoncés en l'art. 28. *Code pénal,* art. 34.

Quant à l'art. 28 auquel l'art. 34 ci-dessus se réfère. *V.* Condamné.

DÉLIT est toute contravention aux lois qu'elles ne punissent que de peines correctionnelles. *Code pénal,* art. 1.

DÉLIT (nul) ou crime ne peut être excusé, ni la peine mitigée, que dans les cas et dans les circonstances où la loi déclare le fait excusable, ou permet de lui appliquer une peine moins rigoureuse. *Code pénal,* art. 65. *V.* Crime (nul); Délit; Accusé de moins de seize ans.

DÉLITS commis par voie d'écrits, images ou gravures distribués sans nom d'auteur, imprimeur ou graveur. *V.* Distribution; Publication; Exposition.

DÉLITS de police correctionnelle de destruction, dégradation ou dommages commis par des gardes champêtres ou forestiers, ou par des officiers de police, seront punis d'un *emprisonnement* d'un mois au moins, et d'un tiers au plus en sus de la peine la plus forte qui serait appliquée à un autre coupable du même délit. *Code pénal,* art. 462.

DÉLITS relatifs à la tenue des actes de l'état civil.

Des officiers de l'état civil inscrivent-ils leurs actes sur des feuilles volantes, ou procèdent-ils à des mariages, s'en s'être assurés des consentemens nécessaires pour leur validité, ou admettent-ils une femme qui a déjà été mariée, à un nouveau mariage, avant le terme indiqué par le Code Napoléon.

Dans ces cas divers, ils compromettent l'état civil des personnes; ils se rendent coupables au moins de négligence; le besoin de régulariser une partie aussi importante, justifie aisément les peines de police correctionnelle qui leur sont infligée.

DÉLITS et crimes des fonctionnaires publics dans l'exercice de leurs fonctions. *V.* Forfaiture.

DÉLITS (les) simples ne constituent pas les fonctionnaires publics en forfaiture. *Code pénal,* art. 168.

DÉLITS, crimes et contraventions militaires, les dispositions du Code pénal ne s'y appliquent pas. *Code pénal,* art. 5.

DÉLITS et crimes des ministres des cultes. *V.* Crimes et délits.

DÉLIT, (nul) contravention ou crime ne peuvent être punis de peines qui n'étaient pas prononcées par la loi avant qu'ils fussent commis. *Code pénal*, art. 4. *V.* quant aux motifs de cette disposition, Contravention.

DÉLITS des fonctionnaires qui se seront ingérés dans des affaires ou commerces incompatibles avec leur qualité.

La position spéciale des fonctionnaires publics peut et doit même, en plusieurs circonstances, leur faire interdire ce qui est licite à d'autres personnes.

Un fonctionnaire devient coupable lorsqu'il prend directement ou indirectement intérêt dans les adjudications, entreprises ou régies, dont sa place lui donne l'administration ou la surveillance. Que deviendrait en effet cette surveillance quand elle se trouverait en point de contact avec l'intérêt personnel du surveillant, et comment parviendrait-on, sans blesser l'honneur et la morale, à concilier ce double rôle de l'homme public et de l'homme privé.

Tout fonctionnaire qui se sera souillé d'une telle turpitude, sera donc justement puni d'*emprisonnement*, et déclaré indigne d'exercer désormais des fonctions, dans lesquelles il se serait avili.

La loi a pu et dû aussi embrasser dans ses dispositions, des défenses aux commandans militaires et aux chefs d'administrations civiles, de s'immiscer dans le commerce des principaux commestibles, sous certaines peines.

Si l'ordre public s'oppose à ce que de tels fonctionnaires publics puissent à la faveur de leur caractère, exercer, pour leur avantage particulier, une influence dangereuse sur le prix des principaux commestibles, l'interdiction d'un tel commerce est juste et convenable, même envers les administrateurs qui n'auraient pas la criminelle pensée d'en abuser.

En effet il faut écarter tout ce qui pourrait inspirer aux citoyens de justes sujets d'inquiétudes ou d'alarmes; il serait fâcheux que la masse des citoyens craignît l'abus, et encore plus qu'elle y crût. La considération qui environne les fonctionnaires publics naît principalement de la confiance qu'ils inspirent, et tout ce qui peut altérer cette confiance ou dégrader leur caractère doit leur être interdit.

DÉLITS, quand excusables. *V.* Crimes.

DÉLITS des fournisseurs. *V.* Fournisseurs.

DÉMISSIONS données par des fonctionnaires publics, d'après arrêté sur délibération, et dont l'objet ou l'effet serait d'empêcher ou de suspendre, soit l'administration de la justice, soit l'accomplissement d'un service quelconque; les fonctionnaires qui les auront données seront coupables de forfaiture et punis de la *dégradation civique. Code pénal,* art. 126.

DÉMOLITION ou réparation des édifices menaçant ruine. Ceux qui auront refusé ou négligé d'obéir à la sommation émanée de l'autorité, de réparer ou démolir ces édifices,

seront punis d'une *amende* d'un franc à cinq francs inclusivement. *Code pénal*, art. 471.

La peine d'*emprisonnement* contre toutes personnes
mentionnées en l'article ci-dessus, aura toujours lieu en
cas de récidive, pendant trois jours au plus. *Art.* 474
idem.

Il y a récidive, lorsqu'il a été rendu contre le contrevenant dans les douze mois précédens, un premier jugement pour contravention de police, commise dans le ressort du même tribunal. *Art.* 485 *idem*.

DÉNI de justice. *V.* JUGE ou TRIBUNAL.

DÉNONCIATION calomnieuse. Quiconque aura fait par
écrit une dénonciation calomnieuse contre un ou plusieurs
individus, aux officiers de justice, ou de police administrative ou judiciaire, sera puni d'un *emprisonnement* d'un mois
à un an, et d'une *amende* de cent francs à trois mille francs.
Code pénal, art. 373. *V.* CALOMNIE.

DÉPLACEMENT ou suppression de bornes, pieds corniers, ou autres arbres plantés ou reconnus pour établir les
limites entre différens héritages, sera puni d'un *emprisonnement* qui ne pourra être au-dessous d'un mois ni excéder
une année, et d'une *amende* égale au quart des restitutions
et des dommages-intérêts, et qui, dans aucun cas, ne pourra
être au-dessous de cinquante francs. *Code pénal*, art. 456.

DÉPLACEMENT ou enlèvement de bornes servant de
séparation aux propriétés, pour commettre un vol dans les
champs, sera puni de la *réclusion*. *Code pénal*, art. 389.

DÉPORTÉS. *V.* DÉPORTATION.

DÉPORTATION (la) prononcée par jugement criminel,
est une peine afflictive et infamante en même temps. *Code
pénal*, art. 7. *V.* CONDAMNATION ; RENVOI.

La peine de la *déportation* consistera à être transporté et
à demeurer à perpétuité dans un lieu déterminé par le gouvernement, hors du territoire continental de l'empire.

Si le déporté rentre sur le territoire de l'empire, il sera,
sur la seule preuve de son identité, condamné aux *travaux
forcés à perpétuité*.

Le déporté qui ne sera pas rentré sur le territoire de l'empire, mais qui sera saisi dans les pays occupés par les armées
françaises, sera conduit dans le lieu de sa déportation.
Art. 17.

La condamnation à la *déportation* emportera mort civile.

Néanmoins, le gouvernement pourra accorder au déporté, dans le lieu de la déportation, l'exercice des droits civils, ou de quelques-uns de ces droits. *Art.* 18.

DÉPOT ou fabrique de monnaies d'or, d'argent, billon ou cuivre ayant cours légal en France, contrefaites ou altérées, connu ; ceux qui ne les auront pas révélés dans les vingt-quatre heures, aux autorités administratives ou de police judiciaire, seront, pour le fait seul de non révélation, et lors même qu'ils seraient reconnus exempts de toute complicité, punis d'un *emprisonnement* d'un mois à deux ans. *Code pénal*, art. 136.

Sont néanmoins exceptés de la disposition précédente les ascendans et descendans, les époux même divorcés, et les frères et sœurs des coupables, ou les alliés de ceux-ci aux mêmes degrés. *Art.* 137 *idem.*

DÉPOT d'enfant dans un hospice. Ceux qui auront porté à un hospice un enfant au-dessous de sept ans accomplis, qui leur aurait été confié afin qu'ils en prissent soin, ou pour toute autre cause, seront punis d'un *emprisonnement* de six semaines à six mois, et d'une *amende* de seize francs à cinquante francs.

Toutefois, aucune peine ne sera prononcée, s'ils n'étaient pas tenus ou ne s'étaient pas obligés de pourvoir gratuitement à la nourriture et à l'entretien de l'enfant, et si personne n'y avait pourvu. *Code pénal*, art. 348.

DEPOSITAIRE (tout) percepteur, tout commis à une perception, ou comptable public qui aura détourné ou soustrait des deniers publics ou privés, ou effets actifs en tenant lieu, ou des pièces, titres, actes, effets mobiliers qui étaient entre ses mains en vertu de ses fonctions, sera puni des *travaux forcés à temps*, si les choses détournées ou soustraites sont d'une valeur au-dessus de trois mille francs. *Code pénal*, art. 169.

La peine des *travaux forcés à temps* aura lieu également, quelle que soit la valeur des deniers ou des effets détournés ou soustraits, si cette valeur égale ou excède le tiers de la recette ou du dépôt, s'il s'agit de deniers ou effets une fois reçus ou déposés ; soit le cautionnement, s'il s'agit d'une recette ou d'un dépôt attaché à une place sujette à un cautionnement ; soit enfin, le tiers du produit commun de la recette pendant un mois, s'il s'agit d'une recette composée de rentrées successives et non sujettes à cautionnement. *Art.* 170 *idem.*

Si les valeurs détournées ou soustraites sont au-dessous de trois mille francs, et en outre inférieures aux mesures exprimées en l'article précédent, la peine sera un *emprisonnement* de deux ans au moins et de cinq ans au plus, et le condamné sera de plus déclaré à jamais *incapable d'exercer aucune fonction publique*. *Art.* 171 *idem*.

Dans les cas exprimés aux trois articles précédens, il sera toujours prononcé contre le condamné une *amende* dont le *maximum* sera le quart des restitutions et indemnités, et le *minimum* le douzième. *Art.* 172 *idem*.

DÉPOSITAIRES, par état ou profession, de secrets qu'on leur confie, qui, hors le cas où la loi les oblige à se porter dénonciateurs, auront révélé ces secrets, seront punis d'un *emprisonnement* d'un mois à six mois, et d'une *amende* de cent francs à cinq cents francs. *Code pénal,* art. 378.

DÉPOSITAIRES de pièces, actes ou effets, négligens, auxquels on les aura enlevés ; leurs peines. *V.* ENLÈVEMENT.

DÉPOUILLEMENT de scrutin falsifié par celui qui en est chargé. *V.* CITOYEN qui était chargé.

DESCENDANT de la personne prévenue de réticence à l'égard de complots formés, ou de crimes projetés contre la sûreté intérieure ou extérieure de l'Etat, dont il aurait connaissance, ne sera point sujet aux peines portées contre tous autres qui n'en auraient pas fait la révélation au gouvernement, ou aux autorités administratives ou de police judiciaires ; mais il pourra être mis, par arrêt ou jugement, sous la surveillance de la haute police, pendant un temps qui n'excédera point dix ans. *Code pénal*, art. 107.

DESCENDANS, ascendans, frères, sœurs, époux et alliés aux mêmes degrés de tenant fabrique ou dépôt de monnaies d'or, d'argent, billon ou cuivre ayant cours légal en France, contrefaites ou altérées, qui ne les auraient pas révélés aux autorités administratives ou de police judiciaire, sont exceptés de la disposition qui prononce contre tous autres une peine de non révélation. *Code pénal*, art. 137.

DESSIN imprimé ou gravé, en tout ou en partie, au mépris des lois et règlemens relatifs à la propriété des auteurs, est une contrefaçon, et toute contrefaçon est un délit ; sa peine. *V.* CONTREFAÇON.

DESTRUCTEUR par l'explosion d'une mine, des propriétés appartenant à l'Etat ; sa peine. *V.* Individu qui aura incendié.

DESTRUCTION , soustraction et enlèvement de pièces ou de procédures criminelles, ou d'autres papiers, registres, actes ou effets contenus dans des archives, greffes ou dépôts publics, ou remis à un dépositaire public en cette qualité ; les peines seront, contre les greffiers, archivistes, notaires ou autres dépositaires négligens, de trois mois à un an *d'emprisonnement* et d'une *amende* de cent francs à trois cents francs. *Code pénal*, art. 254.

Quiconque se sera rendu coupable des soustractions, enlèvemens ou destructions mentionnés en l'article précédent, sera puni de la *réclusion*.

Si le crime est l'ouvrage du dépositaire lui-même, il sera puni des *travaux forcés à temps*. *Art.* 255 *idem*.

Si le bris de scellés, les soustractions, enlèvement ou destruction de pièces ont été commis avec violence envers les personnes, la peine sera, contre toutes personnes, celle des *travaux forcés à temps*, sans préjudice de peines plus fortes , s'il y a lieu, d'après la nature des violences et des autres crimes qui y seraient joints. *Art.* 256 *idem*.

DESTRUCTIONS.

Il ne suffisait pas que la loi se fût occupé des attentats portés à la propriété qui ont pour objet de s'enrichir aux dépens d'autrui, soit par fraude , soit par violence , il fallait qu'elle s'occupât aussi de ceux qui n'ont pour but que de satisfaire la vengeance ou la haine, et qui, dès lors, dérivent uniquement de la méchanceté.

Dans cette dernière espèce de crimes ou de délits, le coupable ne prend point une chose qui appartient à autrui, afin d'en jouir lui-même, mais il détruit une chose pour qu'un autre n'en jouisse pas. Au premier rang de ces attentats est l'incendie : ce crime , comme celui de l'empoisonnement, est l'acte qui caractérise la plus atroce lâcheté. Il n'en est point de plus effrayant , soit par la facilité des moyens , soit enfin par l'impossibilité de se tenir continuellement en garde contre le monstre capable d'un si grand forfait. L'empoisonnement même , sous certains rapports, semble n'être pas tout-à-fait aussi grave, car il n'offense que la personne qui doit en être la victime, tandis que l'autre crime s'étend jusqu'aux propriétés de ceux à qui l'on n'a voulu faire aucun mal , et tend à envelopper plusieurs familles dans une ruine commune ; il expose même la vie des personnes qui se trouvent dans le lieu incendié, et qui peuvent n'avoir pas le temps d'échapper aux flammes, ou se sont des récoltes qu'il incendie, le feu peut se communiquer d'un champ à l'autre, et plonger un canton entier dans un état de détresse absolu : un crime aussi exécrable mérite la mort.

Si le crime d'incendie peut à juste titre être mis au même rang que l'assassinat, les menaces d'incendie doivent, par le même motif, être punies des mêmes peines que celles d'assassinat.

On peut détruire des propriétés autrement que par le feu. Comme les conséquences que ce crime entraîne ne sont pas en général aussi désastreuses que celles qui résultent du crime d'incendie, il emporte seulement la peine de la réclusion. Si cependant il en est résulté un homicide ou des blessures, celui par le fait duquel cet homicide ou ces blessures ont eu lieu, est considéré par la loi, comme les ayant fait avec préméditation ; car en détruisant ou renversant un édifice, il savait que ces accidens pouvaient arriver, et l'acte de méchanceté dont il s'est rendu coupable, ayant en effet produit ces accidens, ils doivent lui être imputés, comme s'il les avait occasionnés à dessein.

La loi défend aussi, sous des peines de police correctionnelle, de s'opposer par des voies de faits à l'exécution d'ouvrages que le gouvernement a autorisés. Si le gouvernement a été induit en erreur, il faut recourir aux autorités compétentes. Les retards occasionnés par les voies de fait doivent d'autant moins rester impunis, qu'ils peuvent causer un grand préjudice à l'intérêt public.

Si les propriétés qui ont été détruites sont des actes ou titres, la loi punit plus sévèrement la destruction des actes authentiques ou des effets de commerce ou de banque, que de celle de toute autre pièce, parce que ces actes ou effets sont bien plus précieux, à raison des privilèges particuliers que la loi leur attache, et que, dès lors, leur perte produit un bien plus grand mal : aussi leur destruction est-elle punie d'une peine afflictive, tandis que celle des autres pièces ne donne lieu qu'à des peines de police correctionnelle.

Il est quelques dispositions qui ne prononcent que des peines de police correctionnelle contre ceux qui détruisent des productions de la terre nécessaires aux besoins de la vie, ou des instrumens utiles à l'agriculture, ou qui font périr des animaux, dont ils privent, sans aucune nécessité, le maître auquel ils appartiennent. La plupart de ces délits étaient prévus par les anciennes lois ; mais plusieurs n'étaient pas assez punis. Par exemple l'ordonnance de 1669 ne prononçait point l'emprisonnement, dans le cas d'arbres abattus ou mutilés, de manière à les faire périr : l'amende qu'elle prononçait était insuffisante ; de là tant et tant d'abus auxquels la loi nouvelle a remédié.

DÉTENUS qui se seront évadés ou qui auront tentés de s'évader par bris de prison ou par violence, comment punis. *V.* Evasion.

DÉTENTEUR (tout) ou gardien d'animaux ou bestiaux soupçonnés d'être infectés de maladie contagieuse, qui n'aura pas averti sur-le-champ le maire de la commune où ils se trouvent ; et qui, même avant que le maire ait répondu à l'avertissement, ne les aura pas tenus renfermés, sera puni d'un *emprisonnement* de six jours à deux mois, et d'une *amende* de seize francs à deux cents francs. *Code pénal*, art. 459.

Seront également punis d'un *emprisonnement* de deux mois à six mois, et d'une *amende* de cent francs à cinq cents francs, ceux qui, au mépris des défenses de l'administration, auront laissé leurs animaux ou bestiaux infectés, communiquer avec d'autres. *Art.* 460 *idem*.

Si de la communication mentionnée au précédent article, il est résulté une contagion parmi les animaux, ceux qui auront contrevenu aux défenses de l'autorité administrative seront punis d'un *emprisonnement* de deux ans à cinq ans, et d'une *amende* de cent francs à mille francs ; le tout sans préjudice de l'exécution des lois et règlemens relatifs aux maladies épizootiques, et de l'application des peines y portées. *Art.* 461 *idem.*

DÉVASTATION des récoltes sur pied ou des plans venus naturellement ou faits de main d'hommes ; quiconque en sera coupable, sera puni d'un *emprisonnement* de deux ans au moins, et de cinq ans au plus.

Les coupables pourront de plus être mis, par l'arrêt ou le jugement, sous la surveillance de la haute police pendant cinq ans au moins, et dix ans au plus. *Code pénal*, art. 444.

Dans le cas prévu par le présent article, si le fait a été commis en haine d'un fonctionnaire public et à raison de ses fonctions, le coupable sera puni du *maximum* de la peine.

Il en sera de même, quoique cette circonstance n'existe point, si le fait a été commis pendant la nuit. *Art.* 450 *idem.*

Dans le cas prévu par l'article 144 ci-dessus, il sera prononcé une *amende* qui ne pourra excéder le quart des restitutions et des dommages-intérêts, ni être au-dessous de seize francs. *Art.* 455 *idem.*

DÉVASTATION de propriété. *V.* DÉGRADATION.

DIGUES ou chaussées, édifices, ponts ou autres constructions qu'on savait appartenir à autrui, volontairement détruits ou renversés, en tout ou en partie, par quelque moyen que ce soit, le coupable sera puni de la *réclusion* et d'une *amende* qui ne pourra excéder le quart des restitutions et indemnités, ni être au-dessous de cent francs.

S'il y a eu homicide ou blessures, le coupable sera, dans le premier cas, puni de la peine de *mort*, et dans le second, de la peine des *travaux forcés à temps*. *Code pénal,* art. 437.

DIRECTEUR, commis ou ouvrier de fabrique qui aura communiqué à des étrangers ou à des Français résidant en pays étrangers des secrets de la fabrique où il est employé, sera puni de la *réclusion* et d'une *amende* de cinq cents francs à vingt mille francs.

Si ces secrets ont été communiqués à des Français résidant en France, la peine sera d'un *emprisonnement* de trois mois à deux ans, et d'une *amende* de seize francs à deux cents francs. *Code pénal*, art. 418.

DIRECTEUR (tout) ou entrepreneur de spectacle ; toute association d'artistes qui aura fait représenter sur son théâtre des ouvrages dramatiques, au mépris des lois et règlemens relatifs à la propriété des auteurs ; peine de ce délit. *V.* CON-TREFAÇON.

DIRECTEURS, auteurs, commandans en chef ou en sous-ordre d'associations de malfaiteurs, seront punis des *travaux forcés à temps*, quand même il n'aurait été encore commis par eux aucun crime. *Code pénal*, art. 267.

DIRECTEURS, chefs ou administateurs de toute association de plus de vingt personnes, dont le but sera de se réunir tous les jours ou à certains jours marqués, qui se sera formée sans autorisation du gouvernement, ou qui, après l'avoir obtenue, aura enfreint les conditions à elle imposées, seront punis d'une *amende* de seize francs à deux cents francs. *Code pénal*, art. 292.

Si par discours, exhortations, invocations ou prières en quelque langue que ce soit, ou par lecture, affiche, publication ou distribution d'écrits quelconques, il a été fait dans ces assemblées quelques provocations à des crimes ou à des délits, la peine sera de cent francs à trois cents francs, et de trois mois à deux ans d'*emprisonnement*, contre les chefs, directeurs ou administrateurs de ces associations, sans préjudice des peines plus fortes prononcées par la loi, contre les individus personnellement coupables de la provocation, lesquels, en aucun cas, ne pourront être punis d'une peine moindre que celle infligée aux chefs, directeurs ou administrateurs de l'association. *Art.* 293 *idem.*

DISCOURS des ministres des cultes prononcé dans l'exercice de leur ministère, en assemblée publique, contenant la critique ou censure du gouvernement, d'une loi, d'un décret impérial, ou de tout autre acte de l'autorité publique, le ministre sera puni d'un *emprisonnement* de trois mois à deux ans. *Code pénal*, art. 201.

Si le discours contient une provocation directe à la désobéissance aux lois, ou autres actes de l'autorité publique, ou s'il tend à soulever ou armer une partie des citoyens contre les autres, le ministre des cultes qui l'aura prononcé sera puni d'un *emprisonnement* de deux à cinq ans, si la provocation n'a été suivie d'aucun effet ; et du *bannissement* si elle a donné lieu à désobéissance , autre toutefois que celle qui aurait dégénéré en sédition ou révolte. *Art.* 202 *idem.*

Lorsque la provocation aura été suivie d'une sédition ou révolte, dont la nature donnera lieu contre l'un ou plusieurs des coupables à une peine plus forte que celle du *bannissement*, cette peine quelle qu'elle soit sera appliquée au ministre coupable de la provocation. *Art.* 203 *idem. V.* ÉCRIT.

DISPOSITIONS communes aux faux.

L'application des peines portées contre ceux qui ont fait usage des monnaies , billets, sceaux , timbres , marteaux, poinçons , marques et écrits faux , contrefaits, fabriqués ou falsifiés , cessera toutes les fois que le faux n'aura pas été connu de la personne qui aura fait usage de chose fausse. *Code pénal*, art. 163.

Dans tous les cas où la peine de faux n'est point accompagnée de la confiscation des biens, il sera prononcé contre les coupables une *amende* dont le *maximum* pourra être porté jusqu'au quart du bénéfice illégitime que le faux aura procuré , ou était destiné à procurer aux auteurs du crime , à leurs complices , ou à ceux qui ont fait usage de la pièce fausse. Le *minimum* de cette amende ne pourra être inférieur à cent francs. *Art.* 164 *idem.*

La marque sera infligée à tout faussaire condamné , soit aux *travaux forcé à temps*, soit même à la *réclusion*. *Art.* 165 *idem.*

L'usage d'une pièce fausse étant partout puni comme sa fabrication même , il convenait de dissiper toutes les inquiétudes en exprimant que ce terrible anathème ne regarde que ceux qui ont eu connaissance du faux.

La marque, rarement applicable à des peines temporaires, sera pourtant infligé à tout faussaire condamné aux travaux forcés à temps , ou à la réclusion ; c'est l'état actuel de la législation , et il était difficile de le changer pour un crime qui inspire à la société de si vives alarmes , et dont les auteurs ne sauraient être trop signalés.

Dans tous les cas où le faux n'entraînera ni la confiscation générale , ni la peine capitale, une amende sera joint à la peine prononcée , parce qu'il *est raisonnable, il est utile que les crimes qui ont eu pour principe une vile cupidité, soient réprimés par des condamnations qui attaquent et affligent cette passion même par laquelle ils ont été inspirés.*

DISPOSITION générale applicable à toutes les parties du Code.

Dans tous les cas où la peine d'*emprisonnement* est portée par la loi , si le préjudice causé n'excède pas vingt-cinq francs , et si les circonstances paraissent atténuantes, les tribunaux sont autorisés à réduire l'*emprisonnement* même , au-dessous de six jours, et l'*amende* même , au-dessous de seize francs ; ils pourront aussi prononcer séparément l'une ou l'autre de ces peines, sans qu'en aucun cas , elle puisse être au-dessous des peines de simple police. *Code pénal*, art. 463.

DISPOSITIONS particulières aux fonctionnaires et officiers publics , qui auraient participé à des crimes ou délits qu'ils auraient été chargés de surveiller ou réprimer.

Hors les cas où la loi règle spécialement les peines encourues pour crimes ou délits commis par les fonctionnaires ou officiers publics, ceux d'entre eux qui auront participé à d'autres crimes ou délits qu'ils étaient chargés de surveiller ou réprimer, seront punis comme il suit :

S'il s'agit d'un délit de police correctionnelle , ils subiront toujours le *maximum* de la peine attachée à l'espèce de délit.

Et s'il s'agit de crimes emportant peine afflictive, ils seront condamnés; savoir :

A la *réclusion*, si le crime emporte contre tout autre coupable la peine du bannissement ou du carcan ;

Aux *travaux forcés à temps*, si le crime emporte contre tout autre coupable la peine de la réclusion ;

Et aux *travaux forcés à perpétuité*, lorsque le crime emportera contre tout autre coupable la peine de la déportation ou celle des travaux forcés à temps.

Au-delà des cas qui viennent d'être exprimés, la peine commune sera appliquée sans aggravation. *Code pénal*, art. 198.

Toujours relatives aux fonctionnaires et à eux seuls, ces dispositions ne les considérant plus comme délinquans dans l'exercice ou à l'occasion de l'exercice de leurs fonctions, mais comme délinquans dans l'ordre commun, et se rendant eux-mêmes coupables de quelques-uns des crimes ou délits dont la surveillance ou la répression leur étaient confiées par la loi.

Dans cette fâcheuse hypothèse, il n'était pas possible de ne punir que des peines communes; il était difficile de ne pas considérer comme plus coupable celui qui, chargé par la loi de réprimer les crimes et délits, ose les commettre lui-même.

Les dispositions qui à son égard élèvent la peine, toutes morales ne peuvent qu'honorer la législation.

DISTRIBUTEURS , crieurs, vendeurs, auteurs, imprimeurs et graveurs de chansons, pamphlets, figures ou images contraires aux bonnes mœurs. *V.* EXPOSITION.

DISTRIBUTEURS, crieurs, afficheurs, vendeurs d'ouvrages, écrits, avis, bulletins, affiches, journaux, feuilles périodiques ou autres, imprimés sans nom d'auteur ou imprimeur. *V.* PUBLICATION.

DISTRIBUTEUR de fausse monnaie. *V.* QUICONQUE aura contrefait.

DISTRIBUTION d'écrits, images ou gravures, sans nom d'auteur, d'imprimeur ou graveur.

Parmi les innovations heureuses de la loi nouvelle, il faut compter les dispositions adoptées dans l'intérêt de la paix publique, contre les distributions d'écrits, images ou gravures que l'on ferait paraître sans noms, soit de l'auteur, soit de l'imprimeur ou du graveur.

Sans rien préjuger sur les mesures d'un autre ordre que l'on pourrait prendre contre certains ouvrages dont la circulation serait dangereuse, il a toujours été reconnu que l'émission d'un ouvrage entraîne une juste responsabilité, toutes les fois qu'il nuit, soit à l'ordre public, soit à des intérêts privés.

L'on n'a pas jusqu'à présent tiré de ce principe toutes les conséquences qui en dérivent naturellement. La première sans doute est que celui qui imprime ou fait imprimer, doit se faire connaître; car que deviendrait, sans cela, la responsabilité, dans tous les cas où il pourrait échoir de l'appliquer.

Dans tout système qui ne dégénérera point en licence, l'on ne saurait se plaindre d'une telle obligation : si l'ouvrage est bon, ce n'est point une gène sensible; s'il est dangereux ou nuisible, cette obligation devient un frein utile.

La société a donc de justes et grandes raisons pour connaître celui qui est responsable; si l'auteur timide ou modeste n'a pas voulu se nommer, le même motif n'existe pas pour l'imprimeur, l'alternative laissée sur ce point, répond à toutes les objections que l'on pourrait élever dans l'intérêt des lettres.

Ce qui importe, c'est qu'il y ait au moins une personne responsable, qu'elle soit connue, et que, par ce moyen, l'on puisse, le cas échéant, exercer toutes les actions ou poursuites que réclamerait l'ordre public.

Ainsi, puisqu'il est utile que tout ouvrage porte le nom de son auteur ou de l'imprimeur, la loi a pu l'ordonner; et par une juste et immédiate conséquence de cette première disposition, elle peut prohiber la distribution de tous ouvrages qui ne seraient point revêtus de ce caractère.

Si donc on colporte un ouvrage sans nom d'auteur ni d'imprimeur, le colporteur pourra être immédiatement saisi, et pour cette seule contravention, puni de peines correctionnelles réductibles toutefois à des peines de simple police, s'il révèle les personnes qui l'ont chargé de la distribution.

Par cette voie l'on remontera ordinairement jusqu'à l'imprimeur, et de celui-ci même jusqu'à l'auteur, sur lequel pèsera toujours la plus forte peine, s'il est découvert.

Cette peine variera selon la nature de l'ouvrage distribué en contravention aux lois; ordinairement correctionnelle, elle pourra devenir afflictive si l'anonyme contient provocation à des crimes.

Dans ce dernier cas, la peine de complicité restera irrévocablement applicable à l'imprimeur, considéré comme ayant connu les caractères pernicieux de l'ouvrage auquel sa criminelle complaisance aura donné cours , et l'atténuation de la peine pour cause de révélation se bornera aux simples distributeurs : ceux-ci , aveugles instrumens d'écrivains pervers , ont paru susceptibles de cette modération de peines, qui d'ailleurs profitera à l'ordre public, en intéressant les colporteurs à révéler ce qu'ils savent pour n'être pas traités comme complices.

Dans la combinaison de ces mesures il n'y a rien qui soit dirigé contre le sage emploi des lettres , mais seulement contre les productions clandestines. Tout auteur qui veut porter ses coups dans l'ombre , mérite bien qu'on le suive à la trace ; et si, comme on l'espère, la loi a atteint ce but, elle aura beaucoup fait pour le maintien du bon ordre.

DISTRIBUTION (toute) ou exposition de chansons , pamphlets, figures ou images contraires aux bonnes mœurs, sera punie d'une *amende* de seize francs à cinq cents francs , d'un *emprisonnement* d'un mois , et de la *confiscation* des planches et des exemplaires imprimés ou gravés de chansons, figures, ou autres objets du délit. *Code pénal*, art. 287.

La peine d'emprisonnement et l'amende prononcées par l'article précédent , seront réduites à des peines de simple police.

1°. A l'égard des crieurs, vendeurs ou distributeurs, qui auront fait connaître la personne qui leur a remis l'objet du délit ;

2°. A l'égard de quiconque aura fait connaître l'imprimeur ou le graveur ;

3°. A l'égard même de l'imprimeur ou du graveur qui auront fait connaître l'auteur ou la personne qui les aura chargés de l'impression ou de la gravure. *Art.* 288 *idem.*

Dans tous les cas ci-dessus exprimés, où l'auteur sera connu, il subira le *maximum* de la peine attachée à l'espèce du délit. *Art.* 289 *idem.*

Les écrits ou gravures contraires aux bonnes mœurs , seront mis sous le pilon. *Art.* 477 *idem.*

DISPOSITIONS du Code pénal ne s'appliquent pas aux contraventions , délits et crimes *militaires. Code pénal,* art. 5.

DISTRIBUTION ou publication d'ouvrages , écrits , avis, bulletins, affiches, journaux, feuilles périodiques ou autres imprimés, dans lesquels ne se trouvera pas l'indication vraie des noms , profession et demeure de l'auteur ou de l'imprimeur , sera, pour ce seul fait , punie d'un *emprisonnement* de six jours à six mois, contre toute personne qui aura sciemment contribué à la publication ou distribution. *Code pénal,* art. 283.

Cette disposition sera réduite à des peines de simple police,

1°. A l'égard des crieurs, afficheurs, vendeurs, distributeurs qui auront fait connaître la personne de laquelle ils tiennent l'écrit imprimé;

2°. A l'égard de quiconque aura fait connaître l'imprimeur;

3°. A l'égard même de l'imprimeur qui aura fait connaître l'auteur. *Art. 284 idem.*

Si l'écrit imprimé contient quelques provocations à des crimes ou délits, les crieurs, vendeurs, afficheurs et distributeurs seront punis comme complices des provocateurs, à moins qu'ils n'aient fait connaître ceux dont ils tiennent l'écrit contenant la provocation.

En cas de révélation, ils n'encourront qu'un emprisonnement de six jours à trois mois, et la peine de complicité ne restera applicable qu'à ceux qui n'auront point fait connaître les personnes dont ils auront reçu l'écrit imprimé, et à l'imprimeur, s'il est connu. *Art. 285 idem.*

Dans tous les cas ci-dessus, il y aura confiscation des exemplaires saisis. *Art. 286 idem.*

Si l'auteur est connu, il subira le *maximum* de la peine attachée à l'espèce du délit. *Art. 289.*

DOMMAGES.

Il est des délits qu'on ne peut attribuer à la méchanceté, mais qui ne sont que l'effet de l'imprudence ou du défaut de précaution. De tous les temps il a existé des ordonnances et des règlemens qui ont prescrit l'observation de différentes règles pour prévenir les incendies. Si l'une de ces règles avait été négligée, et qu'un incendie eût eu lieu, les contrevenans étaient condamnés à l'amende. Telle était entre autres l'ordonnance de police du 15 novembre 1781, concernant les incendies, règlement fait pour Paris. La loi du 6 octobre 1791, a depuis généralisé une partie de ces sages dispositions; elles se retrouvent dans le nouveau Code pénal.

Cette loi s'est aussi enfin occupée des précautions qui ont pour objet de prévenir les maladies épizootiques. Les lois et règlemens qui concernent ces maladies, sont une branche particulière de législation à laquelle le Code n'a point entendu porter atteinte. Il se borne à quelques censures générales, applicables à tous les temps et à tous les lieux. Une personne a-t-elle en sa possession des animaux infectés de maladie contagieuse, ou soupçonnés de l'être, elle doit en avertir sur-le-champ le maire de la commune où ils se trouvent, et sans attendre que le maire ait répondu, les tenir renfermés. Autrement dans l'intervalle qui s'écoulerait entre l'avertissement et la réponse, la communication libre qu'on leur laisserait, pourrait occasioner une contagion parmi les autres animaux. Première précaution ordonnée sous peine d'un emprisonnement et d'une amende.

Si l'administration trouve que ces animaux ne sont infectés d'aucune maladie contagieuse, et que dès lors nul danger ne s'oppose à ce qu'on les laisse communiquer avec d'autres, le possesseur peut, d'après la décision administrative, leur rendre la liberté.

Il doit au contraire se l'interdire strictement, lorsque la décision est prohibitive. Deuxième précaution dont on ne peut s'écarter sans encourir un emprisonnement plus long, et une amende plus forte que dans le premier cas.

Si même pour n'avoir pas respecté la prohibition, une contagion était survenue, la loi veut que l'emprisonnement soit de deux ans au moins et cinq ans au plus, et que l'amende puisse être prononcée dans une proportion qui ne pourra être moindre de cent francs, ni excéder mille francs.

Le Code ne pouvait s'étendre davantage en cette partie, sans se livrer à une multitude de détails fastidieux qui appartiennent à la classe des dispositions réglémentaires.

Il est beaucoup de délits emportant des peines de police correctionnelle qui seront prévenus si les gardes champêtres, les gardes forestiers et autres officiers de police exercent, avec une sévère exactitude, la surveillance qui leur est confiée. Ils seront donc plus coupables que les autres, lorsqu'eux-mêmes commettront ces délits. Aussi une disposition particulière rend plus forte, à leur égard, la peine de police correctionnelle. Cette disposition ne s'applique cependant qu'avec attentat contre la propriété.

DOMMAGES-INTÉRÊTS qui pourraient être prononcés à raison des attentats exprimés dans l'art. 114, (*V.* FONCTIONNAIRE public) seront demandés, soit sur la poursuite criminelle, soit par la voie civile, et seront réglés, eu égard aux personnes, aux circonstances et au préjudice souffert, sans qu'en aucun cas, et quel que soit l'individu lésé, lesdits dommages-intérêts puissent être au-dessous de 25 francs pour chaque jour de détention illégale et arbitraire, et pour chaque individu. *Code pénal*, art. 117.

DOMMAGES-INTÉRÊTS prononcés contre un coupable, leur paiement pourra être poursuivi par la voie de la contrainte par corps. *Code pénal*, art. 52.

Tous les individus condamnés pour un même crime ou pour un même délit, sont tenus solidairement des amendes, des restitutions, des dommages-intérêts et des frais. *Art.* 55.

DOMMAGES causés aux propriétés mobilières d'autrui, à raison desquels il n'est pas prononcé de plus fortes peines par les articles 434 et suivans, jusques et compris l'art. 462, seront punis d'une *amende* de onze à quinze francs. *Code pénal*, art. 479.

La peine d'*emprisonnement* pendant cinq jours, aura toujours lieu en cas de récidive. *Art.* 482 *idem.*

Il y a récidive lorsqu'il a été rendu contre le contrevenant, dans les douze mois précédens, un premier jugement pour contravention de police commise dans le ressort du même tribunal. *Art. 483 idem.*

DOMMAGES-INTÉRÊTS dus par détenus qui se seront évadés. Tous ceux qui auront connivé à leur évasion, y seront solidairement condamnés envers la partie civile. *V.* Evasion.

DOMMAGES causés aux propriétés d'autrui par l'emploi ou l'usage d'armes, sans précaution ou avec maladresse, ou par jet de pierres ou d'autres corps durs.

Ceux qui auront causé les mêmes accidens par la vétusté, la dégradation, le défaut de réparation ou d'entretien des maisons ou édifices, ou par l'encombrement ou excavation, ou telles autres œuvres, dans ou près les rues, chemins, places ou voies publiques, sans les précautions ou signaux ordonnés ou d'usage, seront punis d'une *amende* de onze à quinze francs exclusivement. *Code pénal,* art. 479.

La peine d'*emprisonnement* pendant cinq jours aura toujours lieu pour récidive. *Art.* 481 *idem.*

Il y a récidive lorsqu'il a été rendu contre le contrevenant, dans les douze mois précédens, un premier jugement pour contravention de police commise dans le ressort du même tribunal. *Art.* 483 *idem.*

DOMESTIQUE ou homme de service à gages, qui aura volé, même lorsqu'il aura commis le vol envers des personnes qu'il ne servait pas, mais qui se trouvaient, soit dans la maison de son maître, soit dans celle où il l'accompagnait, sera puni de la peine de la *réclusion. Code pénal,* art. 386.

DROIT de servir dans les armées de l'empire n'appartient plus aux condamnés aux travaux forcés à temps, au bannissement, à la réclusion ou au carcan. *Code pénal,* art. 28.

DURÉE de la peine d'emprisonnement sera au moins de six jours, et de cinq années au plus, sauf le cas de récidive ou autres pour lesquels la loi aura déterminé d'autres limites. *Code pénal,* art. 40.

DURÉE de la peine des travaux forcés à temps, ne pourra être moindre de cinq années et de dix au plus. *Code pénal,* art. 19.

Le durée de la peine des travaux forcés à temps, se comptera du jour de l'exposition. *Art.* 23.

DURÉE de la peine de la réclusion ne pourra être moindre de cinq années, et de dix ans au plus. *Code pénal,* art. 21.

La durée de la peine de la réclusion se comptera du jour de l'exposition. *Art.* 23.

DURÉE de la peine du bannissement sera au moins de cinq années, et de dix ans au plus. *Code pénal*, art. 32.

Elle se comptera du jour où l'arrêt sera devenu irrévocable. *Art.* 35.

DEVINS. *V.* GENS qui font le métier.

F.

ÉCRIT imprimé en entier ou en partie, au mépris des lois et règlemens relatifs à la propriété des auteurs, est une contrefaçon ; et toute contrefaçon est un délit ; sa peine. *V.* CONTREFAÇON.

ÉCRIT (tout) contenant des instructions pastorales, en quelque forme que ce soit, et dans lequel un ministre de culte se sera ingéré à critiquer ou censurer, soit le gouvernement, soit tout acte de l'autorité publique, emportera la peine du *bannissement* contre le ministre qui l'aura publié. *Code pénal*, art. 204.

Si l'écrit mentionné en l'article précédent contient une provocation directe à la désobéissance aux lois, ou autres actes de l'autorité publique, ou s'il tend à soulever ou armer une partie des citoyens contre les autres, le ministre qui l'aura publié sera puni de la *déportation. Art.* 205 *idem.*

Lorsque la provocation contenue dans l'écrit pastoral, aura été suivie d'une sédition ou révolte, dont la nature donnera lieu contre l'un ou plusieurs des coupables à une peine plus forte que celle de la déportation, cette peine quelle qu'elle soit, sera appliquée au ministre coupable de la provocation. *Art.* 206 *idem.*

ÉCRITS, images ou gravures distribués sans nom d'auteur, imprimeur ou graveur. *V.* DISTRIBUTION ; PUBLICATION ; EXPOSITION.

ÉCHENILLAGE ; ceux qui auront négligé d'écheniller dans les campagnes ou jardins, où ce soin est prescrit par la loi ou les règlemens, seront punis d'une *amende* de un franc à cinq francs inclusivement. *Code pénal*, art. 471.

La peine d'*emprisonnement* contre toutes personnes mentionnées en l'article ci-dessus, aura toujours lieu, en cas de récidive, pendant trois jours au plus. *Art.* 474 *idem.*

Il y a récidive, lorsqu'il a été rendu contre le contreve-

nant, dans les douze mois précédens, un premier jugement pour contravention de police commise dans le ressort du même tribunal. *Art.* 485 *idem.*

ÉCORCEMENT d'arbres. *V.* ARBRES abattus.

ÉDIFICES, poutres, digues, chaussées ou autres constructions qu'on savait appartenir à autrui, volontairement détruits ou renversés en tout ou en partie, par quelque moyen que ce soit; le coupable sera puni de la *réclusion*, et d'une *amende* qui ne pourra excéder le quart des indemnités et restitutions, ni être au-dessous de cent francs.

S'il y a eu homicide ou blessures, le coupable sera, dans le premier cas, puni de *mort*, et dans le second, puni de la peine des *travaux forcés à temps. Code pénal*, art. 437.

ÉDIFICES, navires, bâteaux, magasins, chantiers, forêts, bois taillis ou récoltes, soit sur pied, soit abattus, soit aussi que les bois soient en tas ou en cordes, et les récoltes en tas ou en meules, auxquels on aura volontairement mis le feu; celui qui l'y aura mis ou à des matières combustibles placées de manière à communiquer le feu à ces choses, ou à l'une d'elles, sera puni de la peine de *mort. Code pénal*, art. 434.

ÉDIFICES, navires ou bateaux qui auront été détruits par l'effet d'une mine; les coupables de ce fait seront punis de *mort. Code pénal*, art. 435.

EFFETS de commerce ou de banque, titres, billets, lettres de change contenant ou opérant obligation, disposition ou décharge, registres, minutes ou actes originaux de l'autorité publique, volontairement brûlés ou détruits d'une manière quelconque, le coupable sera puni ainsi qu'il suit :

Si les pièces détruites sont des actes de l'autorité publique, ou des effets de commerce ou de banque, la peine sera la *réclusion.*

S'il s'agit de toute autre pièce, le coupable sera puni d'un *emprisonnement* de deux ans à cinq ans, et d'une *amende* de cent francs à trois cents francs. *Code pénal*, art. 439.

EFFETS ou papiers nationaux contrefaits, et usage qui en aura été fait. *V.* CEUX qui auront contrefait.

EFFET (l') du renvoi sous la surveillance de la haute police de l'état, sera de donner au gouvernement, ainsi qu'à la partie intéressée, le droit d'exiger, soit de l'individu placé dans cet état, après qu'il aura subi sa peine, soit de ses père et mère, tuteur ou curateur, s'il est en âge de minorité, une caution solvable de bonne conduite, jusqu'à la somme qui sera fixée par l'arrêt ou jugement; toute personne pourra être admise à fournir cette caution.

Faute de fournir le cautionnement, le condamné demeure à la disposition du gouvernement, qui a le droit d'ordonner, soit l'éloignement de l'individu d'un certain lieu, soit sa résidence continue dans un lieu déterminé de l'un des départemens de l'empire. *Code pénal*, art. 44.

En cas de désobéissance à cet ordre, le gouvernement aura le droit de faire arrêter et détenir le condamné, durant un intervalle de temps qui pourra s'étendre jusqu'à l'expiration du temps fixé pour l'état de surveillance spéciale. *Art.* 45. *V.* Personne.

EFFETS, pièces ou procédures criminelles, papiers, registres et actes contenus dans des archives, greffes ou dépôts publics, ou remis à un dépositaire public en cette qualité qui en auront été enlevés; peines des greffiers, archivistes, notaires ou autres dépositaires négligens, et de toutes personnes qui se seront permis lesdits enlèvemens. *V.* Enlèvement.

EFFRACTION, est qualifié telle, tout forcement, rupture, dégradation, démolition, enlèvement de murs, toits, planchers, portes, fenêtres, serrures, cadenas, ou autres ustensiles ou instrumens servant à fermer ou à empêcher le passage de toute espèce, et de clôture, quelle qu'elle soit. *Code pénal*, art. 393.

Les effractions sont extérieures ou intérieures. *Art.* 394 *idem.*

Les effractions extérieures sont celles à l'aide desquelles on peut s'introduire dans les maisons, cours, basses-cours, enclos ou dépendances, ou dans les appartemens ou logemens particuliers. *Art.* 395 *idem.*

Les effractions intérieures sont celles qui, après l'introduction dans les lieux mentionnés en l'article précédent, sont faites aux portes ou clôtures de dedans, ainsi qu'aux armoires ou autres meubles fermés.

Est compris dans la classe des effractions extérieures, le simple enlèvement des caisses, boîtes, ballots sous toile et corde, et autres meubles fermés qui contiennent des effets quelconques, bien que l'effraction n'en ait pas été faite sur le lieu. *Art.* 396 *idem.*

EMBARRAS de la voie publique. Ceux qui auront embarrassé la voie publique, en y déposant ou en y laissant, sans nécessité, des matériaux ou des choses quelconques qui empêchent ou diminuent la liberté ou la sûreté du passage; ceux qui auront négligé d'éclairer les matériaux par eux entreposés, ou les excavations par eux faites dans les rues et places, seront punis d'une *amende* de un franc à cinq francs inclusivement. *Code pénal*, art. 471.

La peine d'*emprisonnement* pour ce délit aura toujours lieu en cas de récidive, pendant trois jours au plus. *Art. 474 idem.*

Il y a récidive, lorsqu'il a été rendu contre le contrevenant, dans les douze mois précédens, un premier jugement pour contravention de police commise dans le ressort du même tribunal. *Art. 485 idem.*

EMBAUCHEURS de directeurs, commis ou ouvriers d'un établissement français pour l'étranger. *V.* Débauche.

EMPÊCHEMENT apporté par attroupement, voies de fait, ou menaces, à ce qu'un ou plusieurs citoyens exercent leurs droits civiques, sera puni d'un *emprisonnement* de six mois au moins, et de deux ans au plus, et de l'*interdiction* du droit de voter et d'être éligible pendant cinq ans au moins, et dix ans au plus. *Code pénal;* art. 109.

Si ce crime a été commis par suite d'un plan concerté pour être exécuté, soit dans tout l'empire, soit dans un ou plusieurs départemens, soit dans un ou plusieurs arrondissemens communaux, la peine sera le *bannissement. Art.* 110 *idem.*

C'est par les constitutions que les citoyens jouissent de certains droits politiques dont l'exercice est une propriété sacrée. Toutes personnes qui troublent ou empêchent cet exercice, se rendent donc coupables, mais leur délit s'aggrave et peut même s'élever au rang des crimes, s'il est le résultat d'un plan concerté pour être en même temps exécuté dans divers lieux : dans ce dernier cas, l'ordre public, plus grièvement blessé, réclame aussi une plus sévère punition.

EMPLOI ou usage d'armes sans précaution ou avec maladresse. *V.* Dommages; Mort d'animaux.

EMPRISONNEMENT à temps dans un lieu de correction, est une peine correctionnelle. *Code pénal,* art. 9. *V.* Condamnation; Renvoi; Condamné.

ENFANT. *V.* Descendant.

ENFANT mutilé ou estropié par suite d'exposition. *V.* Exposition.

ENFANT dont on se sera chargé et qu'on ne représentera

pas aux personnes qui ont droit de le réclamer, les coupables de ce fait seront punis de la *réclusion. Code pénal,* art. 345. *V.* Enlèvement.

ENFANT déposé dans un hospice. *V.* Dépôt d'enfant.

ENFANT trouvé. Toute personne qui ayant trouvé un enfant nouveau né, ne l'aura pas remis à l'officier de l'état civil, ainsi qu'il est prescrit par l'article 58 du Code Napoléon, sera punie d'un *emprisonnement* de six jours à six mois, et d'une *amende* de seize francs à trois cents francs.

La présente disposition n'est point applicable à celui qui aurait consenti à se charger de l'enfant, et qui aurait fait sa déclaration à cet égard devant la municipalité du lieu où l'enfant a été trouvé. *Code pénal,* art. 347.

Art. 58 du Code Napoléon : « Toute personne qui aura
» trouvé un enfant nouveau né, sera tenu de le remet-
» tre à l'officier de l'état civil, ainsi que les vêtemens et
» autres effets trouvés avec l'enfant, et de déclarer toutes
» les circonstances du lieu et du temps où il aura été
» trouvé. »

ENLÈVEMENT, recélé ou suppression d'enfant, substitution d'enfant à un autre, supposition d'un enfant à une femme qui ne sera pas accouchée, les coupables de ces crimes seront punis de la *réclusion. Code pénal,* art. 345.

ENLÈVEMENT de mineurs.

Ce crime enfanté par la cupidité ou le dérèglement des mœurs, souvent par l'un et par l'autre à la fois, présente un des plus dange-reux attentats contre la faiblesse et l'inexpérience; car l'enlèvement ne peut être fait que par violence ou par fraude, et en dérobant le mi-neur aux personnes qui le surveillaient. La peine de ce crime est la réclusion; mais si la personne enlevée est une fille au-dessous de seize ans accomplis, le crime étant plus grave, la peine est plus forte; elle sera les travaux forcés à temps. Il est évident qu'un tel enlève-ment n'a pu avoir lieu que pour abuser de la personne, ou pour forcer les parens à consentir au mariage. L'homme ne sera pas moins cou-pable quand la fille l'aurait suivi volontairement, car c'est lui qui aura été le corrupteur; si cependant lorsqu'il a commis l'enlèvement il n'avait pas encore vingt-un ans, la loi se bornera à prononcer contre lui des peines de police correctionnelle; elle le punit comme ayant commis une action très-répréhensible, sans doute, et comme sachant très-bien que cette action était défendue par la loi; mais elle ne veut pas le punir aussi sévèrement que s'il était d'un âge qui ne permît pas de douter qu'il a senti toutes les conséquences de son crime.

Si enfin le ravisseur a épousé la personne qu'il avait enlevée, le sort du coupable dépendra du parti que prendront ceux qui ont droit de demander la nullité du mariage; s'ils ne la demandent point, la poursuite du crime ne pourra avoir lieu; autrement la peine qui serait prononcée contre le coupable rejaillirait sur la personne dont il aurait abusé. Victime innocente de la faute de son époux, elle serait réduite à partager sa honte. Il ne suffira pas même, pour que l'époux puisse être poursuivi criminellement, que la nullité du mariage ait été demandée, il faut encore que le mariage ait été en effet déclaré nul : car il serait possible qu'à l'époque où l'action en nullité serait intentée, il existât une fin de non-recevoir contre les parens, soit parce qu'ils auraient expressément ou tacitement approuvé le mariage, soit parce qu'il se serait écoulé une année sans réclamation de leur part, depuis qu'ils auraient eu connaissance du mariage.

Ces fins de non-recevoir sont établies par l'article 183 du Code Napoléon. En ce cas, dès que le mariage ne pourrait plus être attaqué, les considérations qu'on vient d'exposer ne permettraient pas que la conduite de l'époux fût recherchée. Si l'intérêt de la société est qu'aucun crime ne reste impuni, son plus grand intérêt, en cette occasion, est de se montrer indulgente, et de ne pas sacrifier à une vengeance tardive, le bonheur d'une famille entière.

ENLÈVEMENT de mineurs. Quiconque aura, par fraude ou violence, enlevé ou fait enlever des mineurs, ou les aura entraînés, détournés ou déplacés des lieux où ils étaient mis par ceux à l'autorité ou à la direction desquels ils étaient soumis ou confiés, subira la peine de la *réclusion. Code pénal*, art. 354.

Si la personne ainsi enlevée ou détournée est une fille au-dessous de seize ans accomplis, la peine sera celle des *travaux forcés à temps. Art.* 355 *idem.*

Quand la fille au-dessous de seize ans aurait consenti à son enlèvement ou suivi volontairement le ravisseur, si celui-ci était majeur de vingt-un ans ou au-dessus, il sera condamné aux *travaux forcés à temps.*

Si le ravisseur n'avait pas encore vingt-un ans, il sera puni d'un *emprisonnement* de deux à cinq ans. *Art.* 356 *idem.*

Dans le cas où le ravisseur aurait épousé la fille qu'il a enlevée, il ne pourra être poursuivi que sur la plainte des personnes qui, d'après le Code Napoléon, ont le droit de demander la nullité du mariage, ni condamné qu'après que la nullité du mariage aura été prononcée. *Art.* 357 *idem.*

ENLÈVEMENS, soustractions et destructions de pièces ou de procédures criminelles, ou d'autres papiers, registres, actes et effets contenus dans des archives, greffes ou dépôts publics, ou remis à un dépositaire public en cette qualité ; les peines seront contre les greffiers, archivistes, notaires ou autres dépositaires négligens, de trois mois à un an d'*emprisonnement*, et d'une *amende* de cent à trois cents francs. *Code pénal,* art. 254.

Quiconque se sera rendu coupable des soustractions, enlèvemens ou destructions mentionnés en l'article précédent, sera puni de la *réclusion*.

Si le crime est l'ouvrage du dépositaire lui-même, il sera puni des *travaux forcés à temps. Art.* 255 *idem.*

Si le bris de scellés, les soustractions, enlèvemens ou destructions de pièces ont été commis avec violence envers les personnes, la peine sera, contre toute personne, celle des *travaux forcés à temps*, sans préjudice de peines plus fortes, s'il y a lieu, d'après la nature des violences et des autres crimes qui y seraient joints. *Art.* 256 *idem.*

ENLÈVEMENT simple de caisses, boîtes, ballots sous toile et corde, et autres meubles fermés qui contiennent des effets quelconques, bien que l'effraction n'ait pas été faite sur le lieu, est compris dans la classe des effractions intérieures. *Code pénal*, art. 396.

ENLÈVEMENT ou déplacement de bornes, servant de séparation aux propriétés, pour commettre un vol dans les champs, sera puni de la peine de la *réclusion. Code pénal*, art. 389.

EMPOISONNEMENT, est qualifié tel tout attentat à la vie d'une personne, par l'effet de substance qui peuvent donner la mort plus ou moins promptement, de quelque manière que ces substances aient été employées ou administrées, et quelles qu'en aient été les suites. *Code pénal*, art. 301.

Tout coupable de ce crime sera puni de *mort. Art.* 302 *idem.*

La définition actuelle de l'empoisonnement est plus complète que celle adoptée par la loi 1791, en ce qu'elle comprend tout moyen dont on aurait fait usage pour commettre ce crime, et ne borne pas les tentatives au cas particulier où le poison aurait été présenté ou mêlé avec des alimens ou breuvages. Il est tant de moyens que la scélératesse peut inventer, et dont l'histoire offre l'exemple, qu'il était indispensable de recourir à des termes généraux.

D'un autre côté, il était inutile d'ajouter la disposition de cette même loi de 1791, qui porte que, si avant que l'empoisonnement ait été effectué, ou avant que l'empoisonnement des alimens et breuvages ait été découvert, l'empoisonneur arrêtait l'exécution du crime, soit en supprimant les alimens et breuvages, soit en empêchant qu'on n'en fasse usage, l'accusé sera acquitté.

Cette disposition était nécessaire lorsqu'elle fut adoptée, parce qu'alors il n'existait aucune loi contre les tentatives de crime ; mais l'article 2 de la nouvelle loi qui les prévoit et les définit, annonce assez qu'aucune de ces tentatives ne sera considérée comme le crime même lorsqu'elle aura été arrêtée par la volonté de l'auteur, et non par des circonstances fortuites et indépendantes de sa volonté.

EMPOISONNEUR. *V.* EMPOISONNEMENT.

EMPOISONNEMENT de chevaux ou autres bêtes de voitures, de monture ou de charge; de bestiaux à cornes, de moutons, chèvres ou porcs, ou de poissons dans des étangs, viviers ou réservoirs, sera puni d'un *emprisonnement* d'un an à cinq, et d'une *amende* de seize francs à trois cents francs.

Les coupables pourront être mis, par l'arrêt ou le jugement, sous la surveillance de la haute police, pendant deux ans au moins et cinq ans au plus. *Code pénal*, art. 452.

Dans le cas prévu par l'article ci-dessus, il sera prononcé, contre le coupable, une *amende* qui ne pourra excéder le quart des restitutions et dommages-intérêts, ni être au-dessous de seize francs. *Art. 455 idem.*

EMPRISONNEMENT (l') pour contravention de police ne pourra être moindre d'un jour, ni en excéder cinq, selon les classes, distinctions et cas spécifiés.

Les jours d'emprisonnement sont des jours complets de vingt-quatre heures. *Code pénal*, art. 465.

ENCLOS. *V.* PARC.

ENCOMBREMENT dans ou près les rues, chemins, places, ou voies publiques, qui auront occasionné quelques dommages. *V.* DOMMAGES; MORT d'animaux.

ENTRAVES au libre exercice des cultes.

Le libre exercice des cultes est l'une des propriétés les plus sacrées de l'homme en société, les atteintes qui y seraient portées ne sauraient que troubler la paix publique.

Nulle religion, nulle secte n'a donc le droit de prescrire à une autre le travail ou le repos, l'observance ou l'inobservance d'une fête religieuse, car nulle o'entre elles n'est dépositaire de l'autorité; et tout acte qui tend à faire ouvrir ou fermer des ateliers, s'il n'émane du magistrat, est une voie de fait punissable.

Les désordres causés dans l'intérieur d'un temple, ou dans des lieux servant actuellement aux exercices d'un culte, sont aussi un délit qu'il importe de réprimer. L'auteur du trouble est également coupable, soit qu'il appartienne au culte dont les cérémonies ont été troublées, soit qu'il lui soit étranger, car respect est dû à tous les cultes qui existent sous la protection de la loi.

Le perturbateur sera donc puni, et la peine s'aggravera si le trouble a dégénéré en outrages contre les objets du culte, et si ces outrages ont été commis *dans les lieux destinés ou servant actuellement à l'exercice ou au service d'un culte.*

Ces expressions elles-mêmes indiquent la limite dans laquelle le législateur a cru devoir se renfermer : la juste protection due aux différens cultes pourrait perdre cet imposant caractère et dégénérer même en vexation ou tyrannie, si de prétendus outrages faits à des signes placés hors de l'enceinte consacrée pouvaient devenir l'objet de recherches juridiques. La condamnation prononcée dans le siècle dernier contre le jeune et malheureux *Delabarre*, ne se renouvelera pas; le jet imprudent d'une pierre lancée au milieu des rues ou des champs, ne fournira jamais matière à une accusation de sacrilège.

Renfermée dans ses vraies limites, la loi n'en sera que plus respectée; elle prononce une peine sévère, et prise dans l'ordre des peines infamantes, contre qui oserait porter une main téméraire sur le ministre du culte en fonction; mais à moins qu'il n'y ait des circonstances aggravantes, elle ne punit les autres troubles que de peines correctionnelles graduées d'après le scandale qui en aura pu résulter. En matière de cette espèce, ce ne sont pas les peines les plus sévères qui sont les plus efficaces.

V. Particulier.

ENTRAVES apportées à la liberté des enchères; ceux qui, dans les adjudications de la propriété, de l'usufruit ou de la location des choses mobilières ou immobilières, d'une entreprise ou d'une fourniture, d'une exploitation ou d'un service quelconque, auront entravé ou troublé la liberté des enchères ou des soumissions, par voies de fait, violences ou menaces, soit avant, soit pendant les enchères ou les soumissions, seront punis d'un *emprisonnement* de quinze jours au moins, ou de trois mois au plus; et d'une *amende* de cent francs au moins, et de cinq mille francs au plus.

La même peine aura lieu contre ceux qui, par dons ou promesses, auront écarté les enchérisseurs. *Code pénal*, art. 412.

ENTRÉE dans les maisons, bâtimens, cours, édifices quelconques, jardins, parcs et enclos, exécutée par dessus les murs, portes, toitures ou autre clôture, est qualifiée escalade.

L'entrée par une ouverture souterraine, autre que celle qui a été établie pour servir d'entrée, est une circonstance de même gravité que l'escalade. *Code pénal*, art. 397.

ENTRÉE ou passage sur terrain préparé ou ensemencé.

Ceux qui n'étant ni propriétaires, ni usufruitiers, ni locataires, ni fermiers, ni jouissant d'un terrain ou d'un droit de passage, ou qui, n'étant agens, ni préposés d'aucune de ces personnes, seront entré et auront passé sur ce terrain ou sur partie de ce terrain, s'il est préparé ou ensemencé, seront punis d'une *amende* d'un franc à cinq francs inclusivement. *Code pénal*, art. 471.

La peine d'*emprisonnement* contre toutes personnes mentionnées en l'article ci-dessus aura toujours lieu, en cas de récidive, pendant trois jours au plus. *Art.* 474 *idem.*

Il y a récidive, lorsqu'il a été rendu contre le contrevenant, dans les douze mois précédens, un premier jugement
pour contravention de police, commise dans le ressort du
même tribunal. *Art 485 idem.*

ENTREPRENEUR, (tout) directeur, ou association
d'artistes, qui aura fait représenter sur son théâtre des ouvrages dramatiques, au mépris des lois et règlemens relatifs
à la propriété des auteurs ; peine de ce délit. *V.* CONTRE-
FACON.

ENTRETIEN, réparation ou nettoyage des fours, cheminées ou usines où l'on fait du feu, négligés ; ceux qui
en seront coupables seront punis d'une *amende* d'un franc
à cinq francs inclusivement. *Code pénal*, art. 471.

La peine d'*emprisonnement* pour le délit ci-dessus, aura
toujours lieu en cas de récidive, pendant trois jours au
plus. *Art.* 474 *idem.*

Il y a récidive, lorsqu'il a été rendu contre le contrevenant, dans les douze mois précédens, un premier jugement
pour contravention commise dans le ressort du même tribunal. *Art.* 485 *idem.*

ENTERREMENS faits sans déclaration de décès. *V.* IN-
HUMATION ; RECÉLÉ de cadavres.

EPOUX, même divorcé de la personne prévenue de réticence à l'égard d'un complot formé, ou de crimes projetés
contre la sûreté intérieure ou extérieure de l'État, dont
il aurait connaissance, ne sera point sujet aux peines portées contre tous autres qui n'en auraient point fait la révélation au gouvernement, ou aux autorités administratives
ou de police judiciaire, mais il pourra être mis, par arrêt
ou jugement, sous la surveillance spéciale de la haute police pendant un temps qui n'excédera pas dix ans. *Code
pénal*, art. 107.

ÉPOUX, même divorcés, ascendans, descendans, frères
et sœurs et alliés aux mêmes degrés, tenant fabrique ou dépôt
de monnaies d'or, d'argent, billon ou cuivre ayant cours
légal en France, contrefaites ou altérées, qui ne les auraient pas révélés aux autorités administratives ou de police
judiciaire, sont exceptés de la disposition qui prononce une
peine contre tous autres pour cette non révélation. *Code
pénal*, art. 137.

ESCALADE. Est qualifié *escalade* toute entrée dans
les maisons, bâtimens, cours, édifices quelconques, jardins, parcs et enclos, exécutée par dessus les murs, portes,
toitures ou toute autre clôture.

L'entrée par une ouverture souterraine, autre que celle qui a été établie pour servir d'entrée, est une circonstance de même gravité que l'escalade. *Code pénal*, art. 397.

ESCROCS. Quiconque, soit en faisant usage de faux noms ou de fausses qualités, soit en employant des manœuvres frauduleuses pour persuader l'existence de fausses entreprises, d'un pouvoir ou d'un crédit imaginaire, ou pour faire naître l'espérance ou la crainte d'un succès, d'un accident ou de tout autre évènement chimérique, se sera fait remettre ou délivrer des fonds, des meubles ou des obligations, dispositions, billets, promesses, quittances ou décharges, et aura, par un de ces moyens, escroqué ou tenté d'escroquer la totalité ou partie de la fortune d'autrui, sera puni d'un *emprisonnement* d'un an au moins et de cinq ans au plus, et d'une *amende* de cinquante francs au moins et de trois mille francs au plus.

Le coupable pourra être en outre privé, à compter du jour où il aura subi sa peine, pendant cinq ans au moins et dix ans au plus, des droits mentionnés en l'article 42, le tout sauf les peines plus graves s'il y a crime de faux. *Code pénal*, art. 405. *V.* quant à l'article 42, TRIBUNAUX jugeant correctionnellement.

ESCROQUERIE.

A l'égard de l'escroquerie, la loi a évité dans la nouvelle définition de ce qui constitue ce délit, les inconveniens qui étaient résultés de sa précédente rédaction.

Celle de la loi du 22 juillet 1791, était conçu de manière qu'on en a souvent abusé, tantot pour convertir les procès civils en procès correctionnels, et par là procurer à la partie poursuivante la preuve testimoniale et la contrainte par corps au mépris de la loi générale, tantôt pour éluder la poursuite de faux, en présentant l'affaire comme une simple escroquerie, et par là procurer au coupable une espèce d'impunité au grand préjudice de l'ordre public.

La loi du 2 frimaire an 2, ne remédia qu'à un seul de ces inconvéniens. Elle empêcha la confusion du faux avec l'escroquerie, mais elle n'empêcha pas que la loi générale fût encore éludée.

Cet abus cessera d'après la rédaction du nouveau Code. La suppression du mot *dol* qui se trouvait dans les deux premières rédactions, ôtera tout prétexte de supposer qu'un délit d'escroquerie existe par la seule intention de tromper. En approfondissant les termes de la rédaction, on verra que la loi ne veut pas que la poursuite en escroquerie puisse avoir lieu sans un concours de circonstances et d'actes antécédens qui excluent toute idée d'une affaire civile.

Les peines seront plus graves s'il y a crime de faux : les caractères auxquels ce crime peut être reconnu, sont indiqués dans le chapitre concernant le faux, de manière à faire disparaître jusqu'à la plus légère incertitude.

9 *

ESPIONS ou soldats ennemis envoyés à la découverte ; quiconque les aura recélés ou fait recéler, s'il les a reconnus pour tels, sera condamné à la peine de *mort*. *Code pénal*, art. 83.

ÉVASION de détenus. Toutes les fois qu'une évasion de détenus aura lieu, les huissiers, les commandans en chef ou en sous-ordre, soit de la gendarmerie, soit de la force armée, servant d'escorte ou garnissant les portes, les concierges, gardiens, géôliers et tous autres préposés à la conduite, au transport ou à la garde des détenus, seront punis ainsi qu'il suit. *Code pénal*, art. 237.

Si l'évadé était prévenu de délits de police, ou de crimes simplement infamans, ou s'il était prisonnier de guerre, les préposés à sa garde ou conduite seront punis, en cas de négligence, d'un *emprisonnement* de six jours à deux mois.

En cas de connivence, d'un *emprisonnement* de six mois à deux ans.

Ceux qui n'étant pas chargés de la garde ou de la conduite du détenu, auront procuré ou facilité son évasion, seront punis de six jours à trois mois d'*emprisonnement*. *Art*. 238 *idem*.

Si les détenus évadés, ou l'un d'eux, étaient prévenus ou accusés d'un crime de nature à entraîner une peine afflictive à temps, ou condamnés pour l'un de ces crimes, la peine sera, contre les préposés à la garde ou conduite, en cas de négligence, un *emprisonnement* de deux mois à six mois.

En cas de connivence, la *réclusion*.

Les individus non chargés de la garde des détenus, qui auront procuré ou facilité l'évasion, seront punis d'un *emprisonnement* de trois mois à deux ans. *Art*. 239 *idem*.

Si les évadés ou l'un d'eux sont prévenus ou accusés de crimes de nature à entraîner la peine de mort ou des peines perpétuelles, ou s'ils sont condamnés à l'une de ces peines, leurs conducteurs ou gardiens seront punis d'un an à deux ans d'*emprisonnement*, en cas de négligence, et des *travaux forcés à temps*, en cas de connivence.

Les individus non chargés de la conduite ou de la garde qui auront facilité ou procuré l'évasion, seront punis d'un *emprisonnement* d'un an au moins, et de cinq ans au plus. *Art*. 240 *idem*.

Si l'évasion a eu lieu ou a été tentée avec violence ou bris de prison, les peines contre ceux qui l'auront favorisée en fournissant les instrumens propres à l'opérer, seront, au

(133)

cas que l'évadé fût de la qualité exprimée en l'article 238 ci-dessus, de trois mois à deux ans d'*emprisonnement*.

Au cas de l'article 239, de deux ans à cinq ans d'*emprisonnement*; et au cas de l'article 240, de la *réclusion*. *Art.* 241 *idem*.

Dans tous les cas ci-dessus, lorsque les tiers qui auront procuré ou facilité l'évasion, y seront parvenus en corrompant les gardiens ou geôliers, ou de connivence avec eux, ils seront punis des mêmes peines que lesdits gardiens ou geôliers. *Art.* 242 *idem*.

Si l'évasion avec bris et violence a été favorisée par transmission d'armes, les gardiens et conducteurs qui y auront participé seront punis des *travaux forcés à perpétuité*; les autres personnes, des *travaux forcés à temps*. *Art.* 243 *idem*.

Tous ceux qui auront connivé à l'évasion d'un détenu, seront solidairement condamnés, à titre de dommages-intérêts, à tout ce que la partie civile du détenu aurait eu droit d'obtenir contre lui. *Art.* 244 *idem*.

A l'égard des détenus qui se seront évadés ou qui auront tenté de s'évader par bris de prison ou par violence, ils seront, pour ce seul fait, punis de six mois à un an d'*emprisonnement*, et subiront cette peine immédiatement après l'expiration de celle qu'ils auront encourue pour le crime ou délit, à raison duquel ils étaient détenus, ou immédiatement après l'arrêt ou jugement qui les aura acquittés ou absous dudit crime ou délit, le tout sans préjudice des plus fortes peines qu'ils auraient pu encourir pour d'autres crimes qu'ils auraient commis dans leurs violences. *Art.* 245 *idem*.

Quiconque sera condamné, pour avoir favorisé une évasion ou des tentatives d'évasion, à un *emprisonnement* de plus de six mois, pourra en outre être mis sous la surveillance spéciale de la haute police, pour un intervalle de cinq à dix ans. *Art.* 246 *idem*.

Les peines d'emprisonnement ci-dessus établies contre les conducteurs ou les gardiens, en cas de négligence seulement, cesseront lorsque les évadés seront repris ou représentés, pourvu que ce soit dans les quatre mois de l'évasion, et qu'ils ne soient pas arrêtés pour d'autres crimes ou délits commis postérieurement. *Art.* 247 *idem*.

ÉVASION de détenus, recéleurs de criminels.

Parmi les actes de désobéissance à l'autorité publique, on peut classer l'évasion des détenus et le recelement des criminels.

Le délit de recelement ne s'appliquera point aux proches parens, qui trouvent dans les affections naturels une excuse que la loi sait apprécier et admettre, mais nulles autres personnes ne pourront, sous prétexte d'humanité, soustraire le coupable à sa punition, ou le prévenu aux recherches de la justice.

L'évasion constitue un délit d'une autre espèce : considérée dans la personne des détenus eux-mêmes, elle ne saurait être traitée avec rigueur ; le désir de la liberté est si naturel à l'homme, que l'on ne saurait prononcer que celui là devient coupable, qui, trouvant la porte de sa prison ouverte, en franchit le seuil ; le délit ne commence, à son égard, que lorsqu'il a employé des moyens criminels, tels que le bris de prison ou la violence.

A l'égard de ceux que la loi a préposé à sa garde, la position est toute différente : la simple évasion du détenu constitue ses gardiens en délit.

Le délit sera plus ou moins grave selon qu'il résultera de connivence ou simplement de négligence.

La gravité sera aussi mesurée d'après celle du crime ou du délit pour lequel la détention avait eu lieu ; car si la peine doit être proportionnée au préjudice qu'en reçoit la société, il est certain que l'évasion d'un homme détenu pour une rixe, ne répand pas le même degré d'alarme que l'évasion d'un incendiaire ou d'un assassin.

EXCAVATIONS faites dans les rues et places par qui que ce soit ; ceux qui ne les auront pas éclairées seront punis d'une *amende* d'un franc à cinq francs inclusivement. *Code pénal*, art. 471.

La peine d'*emprisonnement* pour délit mentionné ci-dessus, aura toujours lieu en cas de récidive, pendant trois jours au plus. *Art.* 474 *idem.*

Il y a récidive, lorsqu'il a été rendu contre le contrevenant, dans les douze mois précédens, un premier jugement pour contravention de police commise dans le ressort du même tribunal. *Art.* 485 *idem.*

EXCAVATIONS ou telles autres œuvres, dans ou près les rues, chemins, places ou voies publiques ayant occasionné quelque dommage. *V.* DOMMAGES ; MORT d'animaux.

EXCUSES alléguées par témoins ou jurés, reconnues fausses, ils seront condamnés, outre les amendes prononcées pour la non comparution, à un *emprisonnement* de six jours à deux mois. *Code pénal*, art. 236.

EXCUSES de non révélation de complots formés ou de crimes projetés contre la sûreté extérieure ou intérieure de l'état, ne seront point admises. *V.* PERSONNES qui ayant eu connaissance.

EXCUSE de crime ou délit ; quand peut-être admise. *V.* CRIME (nul) ou DÉLIT.

EXCUSES de crimes ou délits, admises par la loi. *V.* Crimes et Délits.

EXÉCUTION (l') des condamnations à l'amende, aux restitutions, aux dommages-intérêts et aux frais, pourra être poursuivie par la voie de la contrainte par corps. *Code pénal,* art. 52.

EXÉCUTION judiciaire, clameur publique, brigandages, pillages, flagrant délit, refus de prêter les secours ou services nécessaires. *V.* Refus.

EXEMPLAIRES d'ouvrages, écrits, avis, bulletins, affiches, journaux, feuilles périodiques et autres imprimés; quand seront confisqués. *V.* Publication.

EXPLIQUEUR de songes. *V.* Gens qui font le métier.

EXPOSITION d'enfant. Ceux qui auront exposé et délaissé en un lieu solitaire un enfant au-dessous de l'âge de sept ans accomplis ; ceux qui auront donné l'ordre de l'exposer ainsi, si cet ordre a été exécuté, seront, pour ce seul fait, condamné à un *emprisonnement* de six mois à deux ans, et à une *amende* de seize à deux cents francs. *Code pénal,* art. 349.

La peine portée au précédent article sera de deux ans à cinq ans, et l'amende de cinquante à quatre cents francs, contre les tuteurs ou tutrices, instituteurs ou institutrices de l'enfant exposé et délaissé par eux ou par leur ordre. *Art.* 350 *idem.*

Si par suite de l'exposition et du délaissement prévus par les articles 349 et 350 ci-dessus, l'enfant est demeuré mutilé ou estropié, l'action sera considérée comme blessures volontaires à lui faites par la personne qui l'a exposé et délaissé, et si la mort s'en est ensuivie, l'action sera considérée comme meurtre : au premier cas, les coupables subiront la peine applicable aux blessures volontaires; et au second cas celle du meurtre. *Art.* 351 *idem.*

Ceux qui auront exposé et délaissé en un lieu non solitaire un enfant au-dessus de l'âge de sept ans accomplis, seront punis d'un *emprisonnement* de trois mois à un an, et d'une *amende* de seize francs à cent francs. *Art.* 352 *idem.*

Le délit prévu par le précédent article, sera puni d'un *emprisonnement* de six mois à deux ans, et d'une *amende* de vingt-cinq francs à deux cents francs, s'il a été commis par les tuteurs ou tutrices, instituteurs ou institutrices de l'enfant. *Art.* 353 *idem.*

EXPOSITION (toute) ou distribution de chansons, pamphlets, figures ou images contraires aux bonnes mœurs, sera punie d'une *amende* de seize francs à cinq cents francs, d'un *emprisonnement* d'un mois à un an, et de la *confiscation* des planches et des exemplaires imprimés ou gravés de chansons, figures ou autres objets du délit. *Code pénal*, art. 287.

La peine d'emprisonnement et l'amende prononcée par l'article précédent, seront réduites à des peines de simples police,

1°. A l'égard des crieurs, vendeurs et distributeurs qui auront fait connaître la personne qui leur a remis l'objet du délit ;

2°. A l'égard de quiconque aura fait connaître l'imprimeur ou le graveur ;

3°. A l'égard même de l'imprimeur ou du graveur qui auront fait connaître l'auteur, ou la personne qui les aura chargés de l'impression ou de la gravure. *Art.* 288 *idem.*

Dans tous les cas ci-dessus exprimés où l'auteur sera connu, il subira le *maximum* de la peine attachée à l'espèce du délit. *Art.* 289 *idem.*

EXPOSITION ou jet au-devant des édifices de choses de nature à nuire par leur chute ou par des exhalaisons nuisibles, sera puni d'une *amende* de un franc à cinq francs inclusivement. *Code pénal*, art. 471.

La peine d'*emprisonnement* contre toutes personnes mentionnées en l'article ci-dessus, aura toujours lieu pour récidive pendant trois jours au plus. *Art.* 474 *idem.*

Il y a récidive, lorsqu'il a été rendu contre le contrevenant, dans les douze mois précédens, un premier jugement pour contravention de police, commise dans le ressort du même tribunal. *Art.* 485 *idem.*

EXPRESSIONS outrageantes. *V.* Injures.

EXÉCUTEUR des mandats de justice ou jugemens, fonctionnaire ou officier public, administrateur, agent ou préposé du gouvernement ou de la police, commandant en chef ou en sous-ordre de la force publique, qui aura, sans motif légitime, usé ou fait user de violence envers les personnes, dans l'exercice ou à l'occasion de l'exercice de ses fonctions, il sera puni selon la nature et la gravité de ses violences, et en élevant la peine suivant la règle posée par l'article 198 ci-après. *Code pénal*, art. 186. *V.* Dispositions particulières aux fonctionnaires et officiers publics, qui auraient participé à des crimes ou délits qu'ils auraient été chargés de surveiller ou réprimer.

EXERCICE de l'autorité publique illégalement anticipé ou prolongé.

C'est pour régulariser l'exercice de l'autorité publique que l'on réprimera par des peines correctionnelles toutes personnes qui seraient entrées en fonction sans avoir prêté le serment requis, ou qui s'y seraient maintenues après révocation ou remplacement.

Ces deux délits ne seront cependant pas confondus ; le dernier est le plus grave et n'est jamais susceptible d'excuse : le premier peut être excusé par l'absence des fonctionnaires entre les mains desquels le serment devait être prêté, et par le besoin de pourvoir au service. Les poursuites, dans ce cas, dépendront donc des circonstances ; il eût été imprudent de poser à cet égard une règle inflexible.

F.

FABRICANS ou débitans de stilets, tromblons ou de quelque espèce d'armes que ce soit, prohibées par la loi ou par des règlemens d'administration publique, seront punis d'un *emprisonnement* de six jours à six mois.

Celui qui sera porteur desdites armes, sera puni d'une *amende* de seize francs à deux cents francs.

Dans l'un et l'autre cas les armes seront confisquées.

Le tout sans préjudice de peine plus forte, s'il y échet, en cas de complicité de crime. *Code pénal*, art. 314.

Outre les peines ci-dessus portées, les tribunaux pourront prononcer le renvoi sous la surveillance de la haute police depuis deux ans jusqu'à dix ans. *Art.* 315 *idem*.

FABRICATEUR de fausses clefs. *V.* Fausses clefs.

FABRICATION ou débit de stilets, tromblons ou de quelque espèce que ce soit d'armes prohibées par la loi ou par des règlemens d'administration publique, seront punis d'un *emprisonnement* de six jours à six mois.

Celui qui sera porteur desdites armes, sera puni d'une *amende* de seize francs à deux cents francs.

Dans l'un et l'autre cas, les armes seront confisquées.

Le tout sans préjudice de plus fortes peines, s'il y échet, en cas de complicité de crime. *Code pénal*, art. 314.

Outre les peines portées ci-dessus, les tribunaux pourront prononcer le renvoi sous la surveillance de la haute police, depuis deux ans jusqu'à dix ans. *Art.* 315 *idem*.

FABRICATION ou altération de passe-port; sa peine. *V.* Quiconque.

FABRICATION de fausse feuille de route; ses peines. *V.* Quiconque fabriquera.

FABRIQUE ou dépôt de monnaies d'or, d'argent, billon ou cuivre ayant cours légal en France, contrefaites ou altérées, connue; ceux qui ne l'auront pas dénoncée dans les vingt-quatre heures, aux autorités administratives ou de police judiciaire, seront, pour le seul fait de non révélation, et lors même qu'ils seraient reconnus exempts de toute complicité, punis d'un *emprisonnement* d'un mois à deux ans. *Code pénal*, art. 136.

Sont néanmoins exceptés de la disposition précédente les ascendans et descendans, époux même divorcés, et les frères et sœurs, ou les alliés de ceux-ci aux mêmes degrés. *Art.* 137 *idem.*

FAITS dont la loi autorise la publicité, publiés, ne sont pas réputés calomnie. *Code pénal*, art. 367.

Lorsque le fait imputé sera légalement prouvé vrai, l'auteur de l'imputation sera à l'abri de toute peine.

Ne sera considérée comme preuve légale, que celle qui résultera d'un jugement, ou de tout autre acte authentique. *Art.* 370 *idem.*

Lorsque la preuve légale ne sera pas rapportée, le calomniateur sera puni. *Art.* 371 *idem. V.* Calomnie quant à la peine.

FAIT d'excuse d'un crime ou délit prouvé.

S'il s'agit d'un crime emportant la peine de mort, ou celle des travaux forcés à perpétuité, ou celle de la déportation, la peine sera réduite à un *emprisonnement* d'un an à cinq ans.

S'il s'agit de tout autre crime, elle sera réduite à un *emprisonnement* de six mois à deux ans.

Dans ces deux premiers cas, les coupables pourront de plus être mis, par l'arrêt ou jugement, sous la surveillance de la haute police pendant cinq ans au moins, et dix ans au plus.

S'il s'agit d'un délit, elle sera réduite à un *emprisonnement* de six jours à six mois. *Code pénal*, art. 326.

FALSIFICATION soit des effets émis par le trésor public avec son timbre, soit des billets de banque autorisés par la loi. *V.* Ceux qui auront contrefait.

FALSIFICATION de feuille de route originairement véritable ; ses peines. *V.* Quiconque fabriquera.

FALSIFICATION de certificat de bonne conduite, indigence ou autres circonstances. *V.* Quiconque fabriquera sous le nom.

FAMILLES qui auront réclamé les corps des suppliciés, les obtiendront à la charge par elles de les faire inhumer sans aucun appareil. *Code pénal*, art. 14.

FAUSSES CLEFS, ce que la loi désigne par ces expressions. *V.* Vol commis dans une maison.

A l'égard des fausses clefs proprement dites, la loi condamne celui qui les fabrique à des peines de police correctionnelle ; elle veut même que si c'est un serrurier, il subisse la peine de la *réclusion*. La faute doit être punie plus rigoureusement à raison de la facilité qu'on a eu de la commettre, et la confiance nécessairement attachée à cet état exigeant d'autant plus de précautions.

FAUSSES clefs. Sont qualifiées de fausses clefs, tous crochets, rossignols, passe-partout, clefs imitées, contrefaites, altérées, ou qui n'ont pas été destinées par le propriétaire, locataire, aubergiste ou logeur, aux serrures, cadenas ou aux fermetures quelconques, auxquelles le coupable les aura employées. *Code pénal*, art. 398.

FAUSSE MONNAIE.

Si l'assemblée constituante réduisit aux fers la peine de ce crime jusque-là puni de mort, l'on sait que cet essai philantropique ne fut point heureux, et que peu après il fallut rétablir la peine capitale.

La loi nouvelle a maintenu cette peine et y a assujetti également ceux qui contrefont les matières d'or et d'argent ayant cours légal dans l'empire et ceux qui les distribuent, exposent ou introduisent en France.

Cette disposition avait d'abord alarmé quelques esprits qui auraient désiré qu'on établît une distinction entre le fabricateur et le distributeur ; mais toute inquiétude à ce sujet était vaine, car, d'une part, le distributeur qui ignore le vice de la chose ne commet ni crime ni délit, et, d'un autre côté, ceux qui ont remis en circulation des pièces qu'ils savaient être fausses, mais qu'ils avaient reçues pour bonnes, ne seront punis que d'une amende, attendu que la loi doit compatir à leur position, et ne voit en eux que des malheureux cherchant à rejeter sur la masse la perte dont ils étaient personnellement menacés.

Cela posé, qu'est-ce que peut être un distributeur ou introducteur qui connaît la fausseté des pièces et n'a pas pour lui l'excuse de les avoir reçues pour bonnes ? Qu'est-il ? sinon le facteur volontaire et conséquemment le complice du fabricateur ; il doit donc subir la même peine. Mais cette peine si grave, sera-t-elle appliquée à toute espèce de fausse monnaie, à celle de billon ou de cuivre, par exemple, et aux monnaies étrangères ? La valeur exigue des premières ne cause pas le même degré d'alarme, et la valeur purement commerciale des secondes, en rend aussi la circulation moins dangereuse pour la multitude, qui, le plus souvent ne connaitra point les signes monétaires, et qui d'ailleurs, ne sera pas tenue de les accepter ; la peine capitale ne sera donc point appliquée à ces deux classes de faux.

Le crime de fausse monnaie, sans être précisément de la catégorie de ceux qui sont dirigés contre la sûreté de l'état, a plusieurs points communs avec eux ; on ne sera donc point surpris de voir appliquer à ce crime, et la remise de la peine en cas de révélation, et la peine de réticence comme pour les crimes d'état ; le suprême intérêt qu'a la société d'écarter ou de faire cesser un tel fléau, rend cette application légitime et nécessaire.

On ne sera pas étonné non plus d'y trouver la confiscation unie à la peine capitale. *Les pertes de l'état,* a dit un orateur pour le cas que nous examinons, *peuvent être immenses ; elles sont vagues et inappréciables ; c'est alors qu'à titre de dommages-intérêts, il est juste et nécessaire qu'elles soient réparées par la confiscation générale des biens du condamné.*

C'est d'ailleurs notre législation actuelle, et une explication bien simple vient la justifier. Dans les crimes et délits ordinaires où il n'y a que peu de parties lésées, et où la mesure du dommage est connue ou susceptible de l'être, les réparations civiles suffisent à tout ce qui regarde l'intérêt privé ; mais peut-il en être ainsi quand le dommage est disséminé sur des milliers de personnes ; et si le fruit du crime devait, à défaut de parties civiles, passer certainement des mains du coupable à celles de ses enfans, ne serait-ce pas une espèce de prime accordée aux faux monnayeurs sur tous les autres criminels ?

En adoptant la confiscation pour ce cas, on apercevra aisément qu'elle n'a point l'objet odieux de dépouiller les familles, mais pour but unique de ne les point gratifier des dépouilles d'autrui ; la justice et l'intérêt de l'état réclamaient cette disposition.

On trouvera sans doute également juste et convenable que les mêmes règles et les mêmes peines soient applicables à la falsification des effets émis par le trésor public, avec son timbre, et aux billets de banque, qui ont tant d'affinité avec la monnaie même dont ils sont en quelque sorte le supplément et dont ils remplissent l'office.

Mais si la peine capitale convient à de tels crimes, et peut être appliquée aussi à la contrefaction du sceau de l'état, des peines inférieures devront être infligées à la contrefaction des autres sceaux, timbres, poinçons et marques, en graduant ces peines selon l'importance de la destination qu'avait l'instrument contrefait.

L'on a aussi distingué la fabrication d'un faux timbre d'avec le faux emploi d'un timbre vrai ; cette disposition manquait dans notre législation.

V. Quiconque aura contrefait.

FAUX certificats d'où il pourrait résulter soit lésion envers des tiers, soit préjudice envers le trésor public ; peines qui y sont applicables. *V.* Quiconque fabriquera sous le nom.

FAUX en écritures publiques ou authentiques, et de commerce ou de banque, et en écriture privée.

Le faux en écriture est matériel quand il s'est opéré par fausses signatures, par l'altération ou intercallation d'écritures, ou par supposition de personnes; mais il est une autre espèce de faux moins facile à caractériser, et qui a lieu quand un officier public écrit des conventions autres que celles qui lui ont été tracées ou dictées, et constate comme vrai des faits faux, ou comme avoués des faits qui ne l'étaient pas.

Toutefois il faut prendre garde de réputer crime, ce qui ne serait qu'un malentendu ou qu'une méprise : le rédacteur d'un acte peut mal saisir la volonté des parties, et pourtant n'être pas criminel : il ne le sera selon la loi que quand il aura *frauduleusement dénaturé la substance ou les circonstances de l'acte.* D'après ce caractère il ne reste rien qui puisse alarmer l'innocence.

Le faux en écritures privées sera puni de la réclusion, et le faux en écritures publiques, des travaux forcés; mais, dans cette dernière espèce de faux, si la peine n'est que temporaire à l'égard du simple particulier contrefacteur d'écritures authentiques, elle sera perpétuelle à l'égard de l'officier public qui commettrait ce crime. Celui-ci sera doublement coupable, il aura trahi la foi due à son caractère.

Les faux commis en écritures de commerce et de banque méritaient une attention spéciale sans laquelle ils eussent été confondus avec les faux en écritures privées : l'extrême faveur due au commerce a donné lieu d'assimiler ces faux à ceux commis en écritures publiques.

V. Fonctionnaires; Personnes; Individu. *V.* Dispositions communes aux faux.

FAUX commis dans les passe-ports, feuilles de route et certificats.

Dans le silence de la loi, cette espèce de faux a souvent embarrassé les tribunaux.

Sans doute, ce serait blesser la justice que d'assimiler la contrefaction d'un passe-port à celle d'une lettre de change, ou la fabrication d'un certificat de maladie à celle d'une obligation que l'on créerait à son profit sur un tiers.

Des peines de police correctionnelle suffiront ordinairement pour la répression des faux passe-ports, si ce n'est à l'égard des officiers publics qui auraient participé aux faux ; car ils sont plus criminels que de simples particuliers, quand ils abusent ainsi du pouvoir qui leur a été confié.

Les mêmes vues ont semblé applicables aux fausses feuilles de route ; mais en prenant de plus en considération la lésion que le trésor public aurait pu recevoir par le paiement de sommes non dues, il y aura vol joint au faux et lieu d'appliquer des peines plus fortes.

A l'égard des certificats de maladie ou d'infirmités, fabriqués dans la vue d'affranchir quelqu'un du service public, ou s'il s'agit de certificats d'indigence ou de bonne conduite, fabriqués pour procurer à celui qui y est désigné ou qui en est porteur des secours, du crédit ou des places, un tel délit n'a semblé appeler que des peines de police correctionnelle ; mais on a dû éviter de confondre avec des certificats de cette espèce, ceux qui auraient eu pour objet de se faire donner ou payer des sommes dues ou des effets appartenant à un tiers ; en ce cas ce sera la peine ordinaire du faux qui sera infligée.

Dans les actes que l'on vient de désigner, il convenait de classer non-seulement ceux qui étaient matériellement faux , mais encore ceux qui originairement véritable, auraient été altérés pour servir à d'autres personnes.

La loi prévoit et embrasse ces différentes espèces : il y a lieu d'espérer qu'elles seront plus efficacement réprimées par des dispositions mieux adaptées au caractère particulier de chacune d'elles.

FAUSSE signature de ministres sur actes arbitraires et attentatoires à la liberté individuelle, etc. ; peine de ce faux *V.* MINISTRE.

FAUX MONNOYEUR. *V.* FAUSSE MONNAIE; QUICONQUE aura contrefait.

FAUX poids ou fausses mesures, existant dans les magasins , boutiques, ateliers ou maisons de commerce, ou dans les halles, foires ou marchés; ceux qui les auront, seront punis d'une *amende* de onze à quinze francs, sans préjudice des peines qui seront prononcées par les tribunaux de police correctionnelle contre ceux qui auraient fait usage de ces faux poids ou fausses mesures. *Code pénal*, art. 479.

Ceux qui emploieront des poids ou des mesures différentes de ceux ou celles qui sont établis par les lois en vigueur, seront punis de la même peine. *Idem, idem.*

Pourra, selon les circonstances, être prononcée la peine d'*emprisonnement* pendant cinq jours au plus contre les possesseurs de faux poids et de fausses mesures, et contre ceux qui emploient des poids ou des mesures différens de ceux que la loi en vigueur a établis. *Art.* 480 *idem.*

Seront de plus saisis et confisqués les faux poids, les fausses mesures , ainsi que les poids et les mesures différens, que ceux que la loi a établis. *Art.* 481.

La peine d'*emprisonnement* pendant cinq jours aura toujours lieu pour récidive. *Art.* 482 *idem.*

Il y a récidive lorsqu'il a été rendu contre le contrevenant, dans les douze mois précédens, un premier jugement pour contravention de police , commise dans le ressort du même tribunal. *Art.* 483 *idem.*

FAUX TÉMOIGNAGE.

Le faux témoignage est un crime qui , dans tous les temps, a été puni des peines les plus sévères. L'édit de 1531 qui portait la peine de mort contre toute espèce de faux , comprenait en termes exprès le faux témoignage commis en justice. Cet édit fut modifié par celui de 1680, qui n'ordonna la peine de mort que pour les faux commis dans l'exercice d'une fonction publique, et autorisa les juges pour les autres cas où il s'agirait de faux, à prononcer telle peine qu'ils jugeraient convenable, même celle de mort suivant les circonstances. Les rédacteurs de la loi de 1791, ne voulurent pas abandonner à l'arbitraire la faculté de disposer ainsi de la vie des accusés.

Un des articles de cette loi, porte : que le faux témoin en matière criminelle, sera puni de la peine de vingt ans de fers, et qu'il sera puni de *mort* s'il est intervenu condamnation à mort contre l'accusé dans le procès duquel aura été entendu le faux témoin.

La loi nouvelle s'est conformée à cette sage disposition, et n'y a fait d'autre changement que celui nécessité par le nouvel ordre des peines ; elle ne distingue pas non plus si le faux témoin a été corrompu par argent.

C'est un crime extrêmement grave, quel qu'en ait été le motif, que de faire perdre à un innocent l'honneur et la liberté, quelquefois même la vie, ou de faire rentrer dans la société un coupable qui, enhardi par l'impunité même, commettra bientôt de nouveaux forfaits : ainsi, en matière criminelle, la loi n'a nul égard aux ressorts qui ont fait mouvoir le faux témoin.

Quant au faux témoignage dans toute autre matière, le nouveau Code prononce la réclusion ; mais il punit plus sévèrement le faux témoin qui s'est laissé corrompre par argent, par une récompense quelconque, ou par des promesses ; il prononce contre lui le *minimum* de la peine que doit subir le faux témoin en matière criminelle, c'est-à-dire, celle des travaux forcés à temps.

Quant à la subornation de témoins en quelque matière que ce soit, les coupables seront condamnés à une peine d'un degré supérieur à celle que subiront les faux témoins dans la même affaire : les uns et les autres ne seront condamnés à la même peine que lorsque les faux témoins devront être punis de mort. Cette subornation est une espèce de provocation si dangereuse, que le législateur a pensé que le coupable devoit être puni plus sévèrement que la personne provoquée.

Enfin, une disposition relative au faux serment et qui n'existait pas dans la loi de 1791, a été placée dans le nouveau Code. Ce crime sera puni de la *dégradation civile ;* nulle peine ne convenait mieux au crime de faux serment que celle qui consiste dans la destitution et l'exclusion du condamné de toutes fonctions ou emplois publics, et dans la privation de plusieurs droits civiques, tels, par exemple, que ceux d'être juré ou témoin ; le coupable de faux serment s'est en effet rendu indigne de jouir de ces avantages.

La poursuite de ce crime appartient surtout au ministère public. Quant à la partie, ou le serment a été déféré par elle, ou il l'a été d'office. Dans le premier cas, la partie est repoussée par l'article 1363 du Code Napoléon, qui porte que : « Lorsque le serment déféré ou référé » a été fait, l'adversaire n'est point recevable à en prouver la faus- » seté. » Cette disposition a pour but d'empêcher que la partie qui est condamnée par l'effet d'une déclaration à laquelle elle a consenti, ne cherche à recommencer le procès, sous prétexte que la déclaration est fausse, ce qui ne manquerait presque jamais d'arriver. Dans le second cas, qui est celui où le serment a été déféré d'office par le juge, la partie intéressée peut être admise à prouver la fausseté de la déclaration ; mais elle doit se conformer aux règles prescrites par le Code de procédure civile.

A l'égard du ministère public, la question de savoir si la partie est ou non recevable à prétendre que le serment est faux, lui est étrangère. L'intérêt de la société est que le crime de faux serment ne soit pas impuni, quoique la partie ne puisse agir pour son intérêt privé. La peine due au crime ne doit pas être moins provoquée par le ministère public.

FAUX TÉMOIN en matière criminelle. Quiconque sera coupable de faux témoignage en matière criminelle, soit contre l'accusé, soit en sa faveur, sera puni de la peine des *travaux forcés à temps*.

Si néanmoins l'accusé a été condamné à une peine plus forte que celle des travaux forcés à temps, le faux témoin qui a déposé contre lui, subira la même peine. *Code pénal*, art. 361.

FAUX TÉMOIN en matière correctionnelle ou de police. Quiconque sera coupable en matière correctionnelle ou de police, soit contre le prévenu, soit en sa faveur, sera puni de la *réclusion*. *Code pénal*, art. 362.

Le faux témoin qui aura reçu de l'argent, une récompense quelconque, ou des promesses, sera puni des *travaux forcés à temps*.

Dans tous les cas ce que le faux témoin aura reçu sera confisqué. *Art. 364 idem.*

FAUX TÉMOIN en matière civile ; le coupable de faux témoignage en matière civile, sera puni de la peine de la *réclusion*. *Code pénal*, art. 363.

Le faux témoin en matière civile qui aura reçu de l'argent, une récompense quelconque, ou des promesses, sera puni des *travaux forcés à temps*.

Dans tous les cas ce que le faux témoin aura reçu sera confisqué. *Art. 364 idem. V.* FAUX TÉMOIGNAGE.

FAUX SERMENT en matière civile. Celui à qui le serment a été déféré ou référé en matière civile, et qui aura fait un faux serment, sera puni de la *dégradation civique*. *Code pénal*, art. 366.

FAUX TITRE de matière d'or et d'argent. *V.* VENTE.

FEUILLES périodiques, avis, bulletins, affiches et autres imprimés, sans nom d'auteur ou imprimeur. *V.* PUBLICATION.

FEMME qui se sera procuré l'avortement à elle-même, ou qui aura consenti à faire usage des moyens à elle indiqués pour cet effet, sera punie de la *réclusion*, si l'avortement s'en est ensuivie. *Code pénal*, art. 317.

FEMMES (les) et les filles condamnées aux travaux forcés, n'y seront employées que dans l'intérieur d'une maison de force. *Code pénal*, art. 16.

FEMME (la) convaincue d'adultère subira la peine de

l'*emprisonnement* pendant trois mois au moins, et deux ans au plus.

Le mari restera le maître d'arrêter l'effet de cette condamnation, en consentant à reprendre sa femme. *Code pénal*, art. 337.

FERMIER ou propriétaire, ou toute autre personne jouissant de moulins, usines et étangs, qui, par l'élévation du déversoir de leurs eaux au-dessus de la hauteur déterminée par l'autorité compétente, auront inondé les chemins ou les propriétés d'autrui, seront punis d'une *amende* qui ne pourra excéder le quart des restitutions et des dommages-intérêts, ni être au-dessous de cinquante francs.

S'il est résulté du fait quelques dégradations, la peine sera, outre l'amende, un *emprisonnement* de six jours à un mois. *Code pénal*, art. 457.

FEU mis volontairement à des édifices, navires, bâteaux, magasins, chantiers, forêts, bois taillis ou récoltes, soit sur pied, soit abattus, soit aussi que les bois soient en tas ou en cordes, et les récoltes en tas ou en meules, ou à des matières combustibles placées de manière à communiquer le feu à ces choses ou à l'une d'elles, sera puni de la peine de *mort*. *Code pénal*, art. 434.

FEUX ou lumières portés ou laissés sans précaution suffisante, qui auront occasionné un incendie; celui qui sera coupable de cette négligence sera puni d'une *amende* de cinquante francs au moins et de cinq cent francs au plus. *Code pénal*, art. 458.

FEUX allumés à moins de cent mètres des maisons, édifices, forêts, bruyères, bois, vergers, plantations, meules, tas de grains, pailles, foins, fourrages, ou de tout autre dépôt de matières combustibles dont il sera résulté un incendie; celui qui l'aura allumé, sera puni d'une *amende* de cinquante francs au moins et de cinq cents francs au plus. *Code pénal*, art. 458.

FIGURES ou images contraires aux bonnes mœurs, exposées ou distribuées. *V.* EXPOSITION.

FILLES (les) et les femmes condamnées aux travaux forcés, n'y seront employées que dans l'intérieur d'une maison de force. *Code pénal*, art. 16.

FILOUTERIES, larcins ou vols non spécifiés au Code, ainsi que les tentatives de ces mêmes délits, seront punis d'un *emprisonnement* d'un an au moins et de cinq ans au plus, et pourront même l'être d'une *amende* qui sera de seize francs au moins et de cinq cents francs au plus.

Les coupables pourront être interdits des droits mentionnés en l'article 42, pendant cinq ans au moins et dix ans au plus, à compter du jour où ils auront subi leur peine.

Ils pourront aussi être mis, par l'arrêt ou le jugement, sous la surveillance de la haute police pendant le même nombre d'années. *Code pénal*, art. 401.

Quant à l'article 42, *V.* TRIBUNAUX jugeant correctionnellement.

FLAGRANT délit, pillages, brigandages, clameur publique, ou exécution judiciaire, refus ou négligence de prêter les secours ou services nécessaires. *V.* REFUS.

FONCTIONNAIRES publics qui se seront permis le viol ou tout autre attentat à la pudeur avec violence, seront punis de la peine des *travaux forcés à perpétuité*. *Code pénal*, art. 333.

FONCTIONNAIRES publics, ou agens, préposés ou salariés du gouvernement qui auront aidé à faire manquer le service des fournisseurs des armées de terre et de mer, seront punis de la peine des *travaux forcés à temps*, sans préjudice de peines plus fortes, en cas d'intelligence avec l'ennemi. *Code pénal*, art. 432.

FONCTIONNAIRE public, (tout) tout agent du gouvernement, ou toute autre personne qui, chargés ou instruits officiellement ou à raison de son état, du secret d'une négociation ou d'une expédition, l'aura livré aux agens d'une puissance étrangère ou de l'ennemi,

Tout fonctionnaire public, tout agent, tout préposé du gouvernement, chargé, à raison de ses fonctions, du dépôt des plans de fortifications, arsenaux, ports ou rades, qui aura livré ces plans ou l'un de ces plans à l'ennemi, ou aux agens de l'ennemi, sera puni de *mort* et *ses liens seront confisqués*.

Il sera puni du *bannissement* s'il a livré les plans aux agens d'une puissance étrangère neutre ou alliée. *Code pénal*, art. 80 et 81.

Toute autre personne qui, étant parvenue par corruption fraude ou violence à soustraire lesdits plans, les aura livrés ou à l'ennemi ou aux agens d'une puissance étrangère, sera puni comme le fonctionnaire ou agent mentionné dans l'article précédent et selon les distinctions qui y sont établies.

Si lesdites plans se trouvaient, sans le préalable emploi

de mauvaises voies, entre les mains de la personne qui les a livrés, la peine sera, au premier cas mentionné dans l'art. 81 ci-dessus, la *déportation*.

Et au second cas du même article, un *emprisonnement* de deux à cinq ans. *Art.* 82 *idem*.

FONCTIONNAIRES publics (les) chargés de la police administrative ou judiciaire, qui auront refusé ou négligé de déférer à une réclamation légale tendant à constater les détentions illégales et arbitraires, soit dans les maisons destinées à la garde des détenus, soit partout ailleurs, et qui ne justifieront pas les avoir dénoncées à l'autorité supérieure, seront punis de la *dégradation civique*, et tenus des dommages-intérêts, lesquels seront réglés comme il est dit dans l'article 117. *Code pénal*, art. 119. *V.* DOMMAGES-INTÉRÊTS.

FONCTIONNAIRE, (tout) officier public, qui, dans l'exercice de ses fonctions aura commis un faux,

Soit par fausses signatures,

Soit par altération des actes,

Soit par la supposition de personnes,

Soit par des écritures faites ou intercalées sur des registres ou d'autres actes publics depuis leur confection ou clôture,

Sera puni des *travaux forcés à perpétuité*. *Code pénal*, art. 145.

Sera aussi puni des *travaux forcés à perpétuité*, tout fonctionnaire ou officier public qui, en rédigeant des actes de son ministère, en aura frauduleusement dénaturé la substance ou les circonstances, soit en écrivant des conventions autres que celles qui auraient été tracées ou dictées par les parties, soit en constatant comme vrai des faits faux, ou comme avoués des faits qui ne l'étaient pas. *Art.* 146 *idem*.

Celui qui aura fait usage de ces actes faux, sera puni des *travaux forcés à temps*. *Art.* 148 *idem*. *V.* DISPOSITIONS communes aux faux.

FONCTIONNAIRE public (lorsqu'un) ou agent, ou un préposé du gouvernement, aura ordonné ou fait quelqu'acte arbitraire et attentatoire soit à la liberté individuelle, soit aux droits civiques d'un ou de plusieurs citoyens, soit aux constitutions de l'empire, il sera condamné à la peine de la *dégradation civique*.

Si néanmoins il justifie qu'il a agi par ordre de ses supérieurs, pour les objets du ressort de ceux-ci, et sur lesquels il leur était dû obéissance hiérarchique, il sera exempt de la peine, laquelle sera, dans ce cas, appliquée seulement aux supérieurs qui auront donné l'ordre. *Code pénal*, art. 114. *V.* Ministre ; Dommages-intérêts.

La loi qui pourvoit à ce que l'exercice des droits civiques ne soit ni entravé, ni souillé, ne pouvait omettre de s'expliquer sur la garantie due constitutionnellement à la liberté civile, sans laquelle tous les autres droits ne seraient eux-mêmes qu'un vain mot.

Protecteurs nés de cette liberté, les magistrats qui étant formellement requis de faire cesser ou de constater une détention illégale ou arbitraire, ne le font point, ne sont pas moins coupables que s'ils l'avaient ordonné eux-mêmes. L'ordre du fonctionnaire supérieur donné à des fonctionnaires subordonnés pour effectuer une détention illégale, ne deviendra même pour ceux-ci un légitime sujet d'excuse, qu'autant qu'il sera relatif à des objets pour lesquels il était dû obéissance hiérarchique, et, dans ce cas, la responsabilité pesera toute entière sur le supérieur qui aura donné l'ordre.

Mais si cet ordre émanait d'un ministre même, comment la réparation en sera-t-elle poursuivie ? Le sénatus-consulte du 28 floréal an 12 a prévu cette infraction, et il n'en a point indiqué la peine, c'est un soin qu'il a évidemment laissé à la loi organique.

Quelque grave que paraisse d'abord cet objet, à raison de l'élévation des personnes qu'il concerne, il ne peut résulter de la répression de tels actes aucun trouble pour la société ; car, d'une part, si la signature du ministre lui avait été surprise au milieu de ses nombreux travaux, il sera à l'abri de toute poursuite en faisant cesser l'acte arbitraire, et en dénonçant les auteurs de la surprise, et, d'un autre côté, quand cet acte serait réellement son ouvrage, le ministre ne sera pas immédiatement sujet aux poursuites des personnes qui se prétendraient lésées.

Le recours préalable à la commission sénatoriale, créée pour la protection de la liberté individuelle, et la nécessité d'en obtenir une décision, ne peuvent manquer d'obvier à tous les inconvéniens qui résulteraient d'une action brusque et rapide contre un si haut fonctionnaire public.

Si la réclamation est mal fondée, la commission sénatoriale n'y aura aucun égard, mais si elle l'accueille, le ministre devra réparer le grief, sinon il se rendra évidemment coupable.

Sans doute, grâce à l'harmonie qui règne entre les grands pouvoirs politiques, on ne sera pas témoins de pareils désastres ; mais s'ils doivent jamais éclater, il convenait de leur donner dès à présent des règles qui vaudront d'autant mieux, qu'elles auront été posées dans un temps plus calme.

Hors le cas de désobéissance qui vient d'être prévu et qui sera puni du bannissement, la peine de la dégradation civique est celle qui a paru généralement le plus convenable à la matière.

Ce sera donc celle qui sera infligée et aux officiers de police judiciaire qui, au mépris des prérogatives constitutionnelles de certains fonctionnaires, auraient concouru à les poursuivre sans les autorisations requises, et aux juges et officiers publics qui auraient retenu ou fait retenir un individu hors des lieux destinés à cet usage, car les lois ne veillent pas seulement pour la liberté des citoyens, elles ne permettent pas de vexer ceux qui ont mérité de la perdre.

FONCTIONNAIRES publics qui auront, par délibération, arrêté de donner des démissions dont l'objet ou l'effet serait d'empêcher ou de suspendre, soit l'administration de la justice, soit l'accomplissement d'un service quelconque, seront coupables de forfaiture, et punis de la *dégradation civique. Code pénal,* art. 126.

Il ne suffisait pas d'atteindre les coalitions dirigées vers des mesures actives contraires aux lois ; il est une espèce de coalition qui se présente au premier aspect comme passive dans ses moyens d'exécution, et dont les résultats troubleraient la société à un haut degré ; ce sont les démissions combinées, et dont l'objet ou l'effet serait d'empêcher ou de suspendre la justice, ou tout autre service public.

Des fonctionnaires qui répondraient si mal à la confiance du gouvernement et aux besoins de la cité, seront justement punis quand on leur enlèvera par la dégradation civique des droits qu'ils auront abdiqués de fait.

FONCTIONNAIRE (tout) ou officier public, juge ou administrateur qui aura détruit, supprimé, soustrait ou détourné les actes et titres dont il était dépositaire en cette qualité, ou qui lui auront été remis ou communiqué à raison de ses fonctions, sera puni des *travaux forcés à temps. Code pénal,* art. 173.

FONCTIONNAIRES, (tous) officiers publics, leurs commis ou préposés, tous percepteurs des droits, taxes, contributions, deniers, revenus publics ou communaux et leurs commis ou préposés qui se seront rendus coupables du crime de concussion, en ordonnant de percevoir ou en exigeant ou recevant ce qu'ils savaient n'être pas dû, ou excéder ce qui était dû pour droits, taxes, contributions, deniers ou revenus, ou pour salaires ou traitemens, seront punis, savoir, les fonctionnaires ou les officiers publics, de la peine de la *réclusion ;* et leurs commis ou préposés d'un *emprisonnement* de deux ans au moins et de cinq ans au plus.

Les coupables seront de plus condamnés à une *amende* dont le *maximum* sera le quart des restitutions et dommages-intérêts, et le *minimum* le douzième. *Code pénal,* art. 174.

FONCTIONNAIRE, (tout) tout officier public, tout agent du gouvernement, qui, soit ouvertement, soit par actes simulés, soit par interposition de personnes, aura pris ou reçu quelque intérêt que ce soit, dans les actes, adjudications, entreprises ou régies dont il a ou avait au temps de l'acte, en tout ou en partie l'administration ou la surveillance, sera puni d'un *emprisonnement* de six mois au moins et de deux ans au plus, et sera condamné à une *amende* qui ne pourra excéder le quart des restitutions et des indemnités, ni être au-dessous du douzième.

Il sera, de plus, déclaré incapable d'exercer aucune fonction publique.

La présente disposition est applicable à tout fonctionnaire ou agent qui aura pris un intérêt quelconque dans une affaire dont il était chargé d'ordonnancer le paiement ou de faire la liquidation. *Code pénal*, art. 175.

FONCTIONNAIRE (tout) de l'ordre administratif ou judiciaire, tout agent ou préposé d'un administration publique qui aura agréé des offres ou promesses, ou reçu des dons ou présens pour faire un acte de sa fonction ou de son emploi, même juste, mais non sujet à salaire, sera puni du *carcan*, et condamné à une *amende* double de la valeur des promesses agréées ou des choses reçues, sans que ladite amende puisse être inférieure à deux cents francs.

La présente disposition est applicable à tout fonctionnaire, agent ou préposé de la qualité ci-dessus exprimée, qui, par offres ou promesses agréées, dons ou présens reçus, se sera abstenu de faire un acte qui entrait dans l'ordre de ses devoirs. *Code pénal*, art. 177.

Dans le cas où la corruption aurait pour objet un fait criminel emportant une peine plus forte que celle du carcan, cette peine plus forte sera appliquée aux coupables. *Art.* 178 *idem.*

FONCTIONNAIRE ou officier public, administrateur, agent ou préposé du gouvernement ou de la police, exécuteur des mandats de justice ou jugemens, ou commandant en chef ou en sous-ordre de la force publique, qui aura, sans motif légitime, usé ou fait user de violence envers les personnes, dans l'exercice ou à l'occasion de l'exercice de ses fonctions, sera puni selon la nature et la gravité de ses violences, et en élevant la peine suivant la règle posée par l'article 198 ci-après. *Code pénal*, art. 186. *V.* DISPOSITIONS particulières aux fonctionnaires et officiers publics, qui auraient participé à des crimes ou délits qu'ils étaient chargés de surveiller ou réprimer.

FONCTIONNAIRE public, agent ou préposé du gouvernement, de quelque état et grade qu'il soit, qui aura requis ou ordonné, fait requérir ou ordonner l'action ou l'emploi de la force publique contre l'exécution d'une loi, ou contre la perception d'une contribution légale, ou contre l'exécution d'une ordonnance ou mandat de justice, soit de tout autre ordre émané de l'autorité légitime, sera puni de la *réclusion*. *Code pénal*, art. 188.

Si cette réquisition ou cet ordre ont été suivis de leur effet, la peine sera de la *déportation. Art.* 189 *idem.*

Les peines portées aux articles 188 et 189, ne cesseront d'être applicables aux fonctionnaires ou préposés qui auraient agi par ordre de leurs supérieurs, qu'autant que cet ordre aura été donné par ceux-ci pour des objets de leur ressort, et sur lesquels il leur était dû obéissance hiérarchique ; dans ce cas, les peines ci-dessus ne seront appliquées qu'aux supérieurs qui, les premiers, auront donné cet ordre. *Art.* 190 *idem.*

Si par suite desdits ordres ou réquisitions, il survient d'autres crimes punissables de peines plus fortes que celles, exprimées en l'article 188 et 189, ces peines plus fortes seront appliquées aux fonctionnaires, agens ou préposés coupables d'avoir donné lesdits ordres, ou fait lesdites réquisitions. *Art.* 191 *idem.*

FONCTIONNAIRE (tout) public qui sera entré en exercice de ses fonctions, sans avoir prêté serment, pourra être poursuivi et sera puni d'une *amende* de seize à cent cinquante francs. *Code pénal,* art. 196. *V.* Exercice de l'autorité publique.

FONCTIONNAIRE (tout) public révoqué, destitué, suspendu ou interdit légalement, qui, après en avoir eu la connaissance officielle, aura continué l'exercice de ses fonctions, ou qui, étant électif ou temporaire, les aura exercés après avoir été remplacé, sera puni d'un *emprisonnement* de six mois au moins et de deux ans au plus, et d'une *amende* de cent francs à cinq cents francs ; il sera interdit de l'exercice de toute fonction publique pour cinq ans au moins et dix ans au plus, à compter du jour où il aura subi sa peine ; le tout sans préjudice de plus fortes peines portées contre les officiers ou les commandans militaires, par l'article 93 du présent Code. *Code pénal,* art. 197. *V.* Commandans.

FONCTIONNAIRES ou officiers publics ayant participé à des crimes ou délits qu'ils étaient chargés de surveiller ou de réprimer ; comment en seront punis. *V.* Dispositions particulières.

FORCE PUBLIQUE agissant pour l'exécution des lois, des ordres ou ordonnances de l'autorité publique, des mandats de justice ou jugemens contre lesquels on se sera permis attaque ou résistance avec violence et voies de fait. *V.* Rébellion.

FORÊTS , bois taillis ou récoltes, édifices, navires, ba-teaux, magasins, chantiers, soit que les bois ou récoltes soient sur pied ou abattus, soit aussi que les bois soient en tas ou en cordes , et les récoltes en tas ou en meules, aux-quels on aura volontairement mis le feu; celui qui l'y aura mis ou à des matières combustibles placées de manière à communiquer le feu à ces choses ou à l'une d'elles, sera puni de la peine de *mort. Code pénal*, art. 434.

FORFAITURE , crimes et délits des fonctionnaires pu-blics dans l'exercice de leurs fonctions.

Parmi les crimes et délits qui compromettent le plus la paix publi-que, il était impossible de ne pas accorder un rang principal à ceux que commettent les fonctionnaires publics dans l'exercice de leurs fonctions; or, l'ordre est manifestement troublé quand ceux que la loi a préposés pour le maintenir, sont les premiers à l'enfreindre.

Tout crime commis par un fonctionnaire dans l'exercice de ses fonc-tions le constitue en forfaiture, et la dégradation civique est la moin-dre peine qui y soit attaché; mais la peine peut s'élever selon la nature et l'intensité du crime.

Ainsi, la peine des travaux forcés à temps est infligée au fonction-naire public qui détruit ou soustrait les acres ou titres dont il est dépo-sitaire, et il a paru convenable d'appliquer aussi cette peine aux sous-tractions de deniers publics, commises par les personnes chargées de leur perception.

Cependant on a cru devoir admettre une modification pour le cas où la somme soustraite serait si modique, qu'il deviendrait vraisem-blable que le percepteur avait le dessein de s'en servir pendant quelque temps, plutôt que celui d'en frustrer le trésor public.

Lors donc que le déficit sera moindre du tiers de la recette d'un mois, ou ne surpassera pas le montant du cautionnement fourni, et qu'en même temps il sera inférieur à trois mille francs, un empri-sonnement de deux à cinq ans a paru une peine suffisante envers d'imprudens percepteurs qui sont coupables, sans doute, mais pourtant beaucoup moins que ceux qui seraient partis avec le dépôt tout entier.

Rejeter toute distinction, dans cette conjoncture, selon quelques opinions sévères; et placer sur le même rang deux actes qui diffèrent dans leurs circonstances comme dans leurs résultats, ce n'eût pas été seulement blesser la justice, mais encore les vues saines d'une bonne administration.

Qu'arriverait-il en effet, si un léger *déficit* et une soustraction to-tale étaient frappés de la même peine? Ne serait-ce pas, dès que le dépôt serait entamé pour la plus légère partie, une invitation au per-cepteur de soustraire le tout, puisqu'il trouverait dans ce simple et funeste calcul de plus grands bénéfices, sans s'exposer à une plus grande peine ? Ces dispositions pénales aussi mal combinées seraient plus nui-sibles qu'utiles à la société.

Les concussions commises par les fonctionnaires publics, ne pouvaient manquer aussi d'appeler l'attention du législateur.

Ce crime existe toutes les fois qu'un fonctionnaire exige ou reçoit ce qu'il sait ne lui être pas dû, ou excéder ce qui lui est dû ; et l'on conçoit aisément que s'il importe de poser des barrières contre la cupidité , c'est surtout quand elle se trouve réunie au pouvoir.

La peine de réclusion, toute grave qu'elle est, sera donc infligée au fonctionnaire coupable de concussion, et les simples commis ou préposés seront, pour le même fait, punis de peines correctionnelles.

Il n'est pas besoin de justifier cette différence dans la peine, quoiqu'il s'agisse du même délit : investi d'un plus haut caractère, celui qui doit aux autres citoyens l'exemple d'une conduite pure et sans tâche, est bien plus répréhensible quand il tombe en faute; il doit donc être puni davantage : cette idée, ainsi que ses applications sont également justes.

FORFAITURE (toute) pour laquelle la loi ne prononce pas de peines plus graves, est punie de la *dégradation civique. Code pénal,* art. 167. *V.* Délits.

FORFAITURE; tout crime commis par un fonctionnaire public dans ses fonctions, est une forfaiture. *Code pénal,* art. 166.

FORFAITURE; quand aura lieu à l'égard de tout officier de police judiciaire, tous procureurs généraux ou impériaux, tous substituts et tous juges; sa peine. *V.* Officier de police judiciaire.

FORFAITURE. Les juges, les procureurs généraux ou impériaux, leurs substituts et les officiers de police judiciaire, qui auraient excédé leurs pouvoirs en s'immisçant dans les matières attribuées aux autorités administratives, soit en faisant des règlemens sur ces matières, soit en défendant d'exécuter les ordres émanés de l'administration ; ou qui, ayant permis ou ordonné de citer des administrateurs pour raison de l'exercice de leurs fonctions, auraient persisté dans l'exécution de leurs jugemens ou ordonnances, nonobstant l'annulation qui en aurait été prononcée ou le conflit qui leur aurait été notifié, en seront coupables, et seront punis de la *dégradation civique. Code pénal,* art. 127.

FORFAITURE. Les juges, les procureurs généraux ou impériaux et leurs substituts, ainsi que les officiers de police qui se seront immiscés dans l'exercice du pouvoir législatif, soit par des règlemens contenant des dispositions législatives, soit en arrêtant ou en suspendant l'exécution d'une ou de plusieurs lois, soit en délibérant sur le point de savoir si les lois seront publiées ou exécutées, en seront coupables et punis de la *dégradation civique. Code pénal,* art. 127.

FORFAITURE. Les fonctionnaires publics qui auront par délibération, arrêté de donner des démissions, dont l'objet ou l'effet serait d'empêcher ou de suspendre soit l'administration de la justice, soit l'accomplissement d'un service quelconque, en seront coupables et punis de la *dégradation civique. Code pénal,* art. 126.

FORFAITURE sera encourue par tout juge ou administrateur qui se sera décidé, par faveur pour une partie ou par inimitié contre elle; il sera puni de la *dégradation civique. Code pénal,* art. 183.

FOSSES comblés en tout ou en partie. *V.* COMBLEMENT.

FOURRAGES ou grains coupés. *V.* GRAINS.

FOURNISSEURS; de leurs délits.

Cette espèce de fraude, l'inexécution des engagemens contractés par les fournisseurs dont la poursuite est réservée au gouvernement, parce que l'intérêt de l'état est le seul qui en souffre, a été prévue par le nouveau Code. Si cette inexécution fait manquer le service, et qu'ils ne prouvent pas qu'elle est l'effet d'une force majeure, la loi les punit très-sévèrement, parce qu'il peut résulter les conséquences les plus fâcheuses de ce que le service n'a pas été fait au jour marqué.

Le succès d'une bataille dépend quelquefois de l'exactitude la plus scrupuleuse à cet égard. Un moment perdu est souvent irréparable, ou ne peut se réparer que par de grands sacrifices; en un mot, il est impossible de calculer les suites d'une faute de cette espèce: la peine que la loi porte contre les coupables est celle de la réclusion; elle y a ajouté une amende; cet accessoire tient à la nature du délit, vu que les retards proviennent presque toujours de l'espoir d'augmenter les profits. On a dit que les fournisseurs ne sont pas punis, lorsqu'il est évident qu'une force majeure a seule causé le retard; ils ne le sont pas non plus s'ils prouvent que la faute ne doit être imputée qu'à leurs agens. Alors ce sont ces derniers qui doivent subir la peine.

La peine est plus forte si le crime a été facilité par des fonctionnaires publics ou des agens du gouvernement. C'est un bien plus grand crime de participer au mal, lorsque par état on devait l'empêcher. La peine portée contre ces derniers est celle des travaux forcés à temps.

Il n'est pas besoin d'observer que ces dispositions relatives aux fournisseurs ne concernent que les fautes qu'ils peuvent avoir commises. S'ils avaient été d'intelligence avec l'ennemi, il faudrait se reporter aux dispositions qui concernent les crimes contre la sûreté de l'état.

FOURNISSEURS; leurs délits.

Tous individus chargés, comme membres de compagnie ou individuellement, de fournitures, d'entreprises ou régies pour le compte des armées de terre et de mer, qui, sans y avoir été contraint par une force majeure, auront fait manquer le service dont ils sont chargés, seront punis de la *réclusion* et d'une *amende* qui ne pourra excéder le quart des dommages-intérêts, ni être au-dessous de cinq cents francs; le tout sans préjudice d'une peine plus forte en cas d'intelligence avec l'ennemi. *Code pénal,* art. 430.

Lorsque la cessation du service proviendra du fait des agens des fournisseurs, les agens seront condamnés aux peines portées par le précédent article.

Les fournisseurs et leurs agens seront également condamnés, lorsque les uns et les autres auront participé au crime. *Art.* 431 *idem.*

Si des fonctionnaires publics ou des agens, préposés ou salariés du gouvernement, ont aidé les coupables à faire manquer le service, ils seront punis de la peine des *travaux forcés à temps*, sans préjudice de peines plus fortes en cas d'intelligence avec l'ennemi. *Art.* 432 *idem.*

Quoique le service n'ait pas manqué, si, par négligence, les livraisons et les travaux ont été retardés, ou s'il y a eu fraude sur la nature, la quantité ou la qualité des travaux, ou main d'œuvre ou des choses fournies, les coupables seront punis d'un *emprisonnement* de six mois au moins et de cinq ans au plus, et d'une *amende* qui ne pourra excéder le quart des dommages-intérêts, ni être moindre de cent francs.

Dans les divers cas ci-dessus prévus, la poursuite ne pourra être faite que sur la dénonciation du gouvernement. *Art.* 433 *idem.*

FOURS, cheminées ou usines où l'on fait du feu, dont l'entretien, les réparations ou le nettoyage auront été négligés; ceux qui auront commis ces négligences, seront punis d'*amende* depuis un franc jusqu'à cinq francs inclusivement. *Code pénal,* art. 471.

La peine d'*emprisonnement* contre toutes personnes mentionnées en l'article ci-dessus, aura toujours lieu en cas de récidive pendant trois jours au plus. *Art.* 474 *idem.*

Il y a récidive, lorsqu'il a été rendu contre le contrevenant, dans les douze mois précédens, un premier jugement pour contravention de police, commise dans le ressort du même tribunal. *Art.* 485 *idem.*

FOUX ou furieux, que leurs gardiens auraient laissé divaguer; ceux-ci seront punis d'une *amende* de six francs jusqu'à dix francs inclusivement. *Code pénal*, art. 475.

La peine de l'*emprisonnement* pendant cinq jours au plus, sera toujours prononcée en cas de récidive. *Art.* 478 *idem.*

Il y a récidive, lorsqu'il a été rendu contre le contreve-

nant , dans les douze mois précédens , un premier jugement pour contravention de police, commise dans le ressort
du même tribunal. *Art. 483 idem.*

FRAIS auxquels aura été condamné un coupable , leur
paiement pourra être poursuivi par la voie de la contrainte
par corps. *Code pénal,* art. 52.

Tous les individus condamnés pour un même crime ou
pour un même délit , sont tenus solidairement des amendes,
des restitutions, des dommages-intérêts et des frais. *Art.* 55.

FRAIS, restitutions et indemnités entraîneront la contrainte par corps, et le condamné , en matière de police,
gardera prison jusqu'à parfait paiement ; néanmoins , si
ces condamnations sont prononcées au profit de l'Etat , les
condamnés pourront jouir de la faculté accordée par l'article 467 , dans le cas d'insolvabilité prévu par cet article.
Code pénal , art. 469. *V.* Contrainte.

FRANÇAIS (tout) qui aura porté les armes contre la
France , sera punis de *mort* , et *ses biens seront confisqués.*
Code pénal , art. 75.

Quiconque aura pratiqué des machinations ou entretenu
des intelligences avec les puissances étrangères ou leurs
agens , pour les engager à commettre des hostilités ou entreprendre la guerre contre la France , ou pour leur en procurer les moyens , sera puni de *mort* et *ses biens confisqués.*

Cette disposition aura lieu dans le cas même ou lesdites
machinations ou intelligences n'auraient pas été suivies
d'hostilité. *Art.* 76 *idem.*

Sera également puni de *mort* et *de la confiscation de ses*
biens, quiconque aura pratiqué des manœuvres ou entretenu des intelligences avec les ennemis de l'Etat, à l'effet
de faciliter leur entrée sur le territoire et dépendances de
l'Empire français , ou de fournir aux ennemis des secours
en soldats , hommes , argent , vivres , armes ou munitions ;
ou de seconder les progrès de leurs armes sur les possessions ou contre les forces françaises de terre ou de mer,
soit en ébranlant la fidélité des officiers , soldats , matelots
ou autres envers l'Empereur et l'Etat, soit de toute autre
manière. *Art.* 77 *idem.*

Si la correspondance avec les sujets d'une puissance ennemie , sans avoir pour objet l'un des crimes énoncés en

l'article précédent, a néanmoins eu pour résultat de fournir aux ennemis des instructions nuisibles à la situation
militaire ou politique de la France ou de ses alliés; ceux
qui auront entretenu cette correspondance, seront punis
du *bannissement*, sans préjudice de plus fortes peines, dans
le cas où ces instructions auraient été les suites d'un concert constituant un fait d'espionnage. *Art.* 78 *idem.*

Les peines exprimées aux articles 76 et 77 seront les
mêmes, soit que les machinations ou manœuvres énoncées
en ces articles, aient été commises envers la France, soit
qu'elles l'aient été envers les alliés de la France, agissant
contre l'ennemi commun. *Art.* 79 *idem.*

FRAUDE,

Commise par les maris au préjudice de leurs femmes, par les femmes au préjudice de leurs maris, par un veuf ou une veuve quant aux
choses qui avaient appartenu à l'époux décédé; enfin, par les parens et
alliés en ligne directe, ascendante ou descendante, les uns envers les
autres.

A l'égard de ces fraudes, il est un principe qui consiste à rejeter l'action publique et à n'admettre que l'action privée, c'est-à-dire, l'action
en dommages-intérêts.

Les rapports entre ces personnes sont trop intimes, pour qu'il con-
vienne à l'occasion d'intérêts pécuniaires de charger le ministère public
de scruter des intérêts de famille qui, peut-être, ne devraient jamais
être dévoilés, pour qu'il ne soit pas extrèmement dangereux qu'une accusation puisse être poursuivie dans les affaires, où la ligne qui sépare
le point de délicatesse du véritable délit est souvent très-difficile à saisir;
enfin, pour que le ministère public puisse provoquer des peines dont
l'effet ne se bornerait pas à répandre la consternation parmi tous les
membres de la famille, mais qui pourraient encore être une source éter-
nelle de division et de haine.

Loin que le silence du ministère public préjudicie à la partie privée,
il ne pourra que lui être utile, puisque son action, en réparations civiles
lui est réservée, et qu'elle n'aura point à craindre, en la formant, que
ses répétitions soient absorbées par les frais privilégiés d'une procédure criminelle.

Ces considérations puissantes ont nécessité une disposition spéciale
à l'égard de la fraude dont il s'agit; mais comme une telle disposition
doit être renfermée dans le cercle auquel elle appartient, il en résulte
que toute autre personne qui aurait recélé ou appliqué à son profit des
objets provenant d'un vol dont le principal auteur serait compris dans
l'exception ci-dessus, subirait la même peine que si elle-même eût
commis le vol.

Souvent ces sortes de vols n'auraient pas lieu si quelques étrangers ne
les conseillaient ou ne les facilitaient.

La peine, au surplus, ne s'appliquera pas à ceux qui auraient reçu les objets volés, ou qui en auraient profité sans savoir qu'ils fussent volés.

V. Vols non spécifiés.

FRÈRES et sœurs, ascendans et descendans, époux, mêmes divorcés, et les alliés aux mêmes degrés, de tenant fabrique ou dépôt de monnaies d'or, d'argent, billon ou cuivre ayant cours légal en France, contrefaites ou altérées, qui ne les auraient pas révélés aux autorités administratives ou de police judiciaire, sont exceptés de la disposition qui prononce une peine contre tous autres, pour cette non révélation. *Code pénal*, art. 137.

FRÈRE ou sœur de la personne prévenue de réticence à l'égard de complots formés ou de crimes projetés contre la sûreté intérieure et extérieure de l'État dont ils auraient eu connaissance, ne seront pas sujets aux peines portées contre tous autres qui n'en auraient pas fait la révélation au gouvernement, ou aux autorités administratives ou de police judiciaire, mais ils pourront être mis, par arrêt ou jugement, sous la surveillance spéciale de la haute police, pendant un temps qui n'excédera pas dix ans. *Code pénal*, art. 107.

FRUITS appartenant à autrui, cueillis et mangés sur le lieu même, sans autres circonstances prévues par les lois; ceux qui auront commis cette contravention, seront punis d'une *amende* de un franc à cinq francs inclusivement. *Code pénal*, art. 471.

La peine d'*emprisonnement* contre toutes personnes mentionnées en l'article ci-dessus, aura toujours lieu en cas de récidive pendant trois jours au plus. *Art.* 474 *idem*.

Il y a récidive lorsqu'il a été rendu contre le contrevenant, dans les douze mois précédens, un premier jugement pour contravention de police, commise dans le ressort du même tribunal. *Art.* 485 *idem*.

FURIEUX ou foux que leurs gardiens auront laissé divaguer; ceux-ci seront punis d'une *amende* de six francs à dix francs inclusivement. *Code pénal*, art. 475.

La peine de l'*emprisonnement* pendant cinq jours au plus, sera toujours prononcée en cas de récidive. *Art.* 478 *idem*.

Il y a récidive lorsqu'il a été rendu contre le contrevenant, dans les douze mois précédens, un premier jugement pour contravention de police, commise dans le ressort du même tribunal. *Art.* 483 *idem*.

G.

GARDES champêtres ou forestiers qui se seront rendus coupables de délits de police correctionnelle, de destruction, de dégradation ou dommages, à quelque titre que ce soit, seront punis d'un *emprisonnement* d'un mois au moins, et d'un tiers au plus en sus de la peine la plus forte qui serait appliquée à un autre coupable du même délit. *Code pénal*, art. 462.

GARDES champêtres ou forestiers agissant pour l'exécution des lois, des ordres ou ordonnances de l'autorité publique, des mandats de justice ou jugemens, contre lesquels on se sera permis attaque ou résistance avec violence ou voies de fait. *V.* Rébellion.

GARDIENS des scellés, de quelles peines seront punis, lorsque ces scellés auront été brisés. *V.* Bris des scellés.

GARDIENS (les) et concierges des maisons de dépôt, d'arrêt, de justice ou de peine, qui auront reçu un prisonnier sans mandat ou jugement, ou sans ordres provisoires du gouvernement; ceux qui l'auront retenu ou auront refusé de le représenter à l'officier de police ou au porteur de ses ordres, sans justifier de la défense du procureur impérial ou du juge; ceux qui auront refusé d'exhiber leurs registres à l'officier de police, seront, comme coupables de détention arbitraire, punis de six mois à deux ans *d'emprisonnement* et d'une *amende* de seize à deux cents francs. *Code pénal*, art. 120.

GARDIENS, concierges, geôliers, huissiers, commandans en chef ou en sous-ordre, soit de la gendarmerie, soit de la force armée, et tous autres préposés à la conduite, au transport ou à la garde des détenus qui les auront laissé évader; comment punis. *V.* Evasion.

GENS sans aveu. *V.* Vagabond.

GENS qui font le métier de deviner, de pronostiquer et d'expliquer les songes, seront punis d'une *amende* de onze à quinze francs. *Code pénal*, art. 479.

Pourra, selon les circonstances, être prononcée, la peine *d'emprisonnement* pendant cinq jours au plus contre les intreprètes des songes.

Seront de plus saisis et confisqués les instrumens, usten-siles et costumes servant ou destinés à l'exercice du métier de devin, pronostiqueur ou, intrerprète de songes. *Art.* 481 *idem.*

La peine de l'*emprisonnement* pendant cinq jours aura toujours lieu, pour récidive. *Art.* 482 *idem.*

Il y a récidive, lorsqu'il a été rendu contre le contreve-nant, dans les douze mois précédens, un premier jugement pour contravention de police, commise dans le ressort du même tribunal. *Art.* 483 *idem.*

GEOLIERS, gardiens, concierges, huissiers, comman-dans en chef ou en sous-ordre, soit de la gendarmerie, soit de la force armée, et tous autres préposés à la conduite, au transport et à la garde des détenus, qui les auront laissé évader ; comment punis. *V.* EVASION.

GLANAGE, râtelage, grapillage dans les champs.

Ceux qui, sans autre circonstance, auront glané, râtelé ou grapillé dans les champs non encore dépouillés et vidés de leurs récoltes, ou avant le moment du lever ou après ce-lui du coucher du soleil, seront punis d'une *amende* d'un fr. à cinq francs inclusivement. *Code pénal*, art. 471.

La peine d'*emprisonnement* pendant trois jours au plus, pourra, de plus, être prononcée selon les circonstances con-tre ceux, qui auront glané, râtelé ou grapillé en contra-vention à l'article 471 ci-dessus. *Art.* 473 *idem.*

La peine d'*emprisonnement* contre toutes personnes men-tionnées en l'article 471 ci-dessus, aura toujours lieu en cas de récidive, pendant trois jours au plus. *Art.* 474 *idem.*

Il y a récidive lorsqu'il a été rendu contre le contreve-nant dans les douze mois précédens, un premier juge-ment pour contravention de police, commise dans le res-sort du même tribunal. *Art.* 485 *idem.*

GRAPILLAGE, râtelage, glanage dans les champs.

Ceux qui, sans autre circonstance, auront glané, râtelé ou grapillé dans les champs non encore entièrement dépouil-lés et vidés de leurs récoltes, ou avant le moment du lever, ou après celui du coucher du soleil, seront punis d'une *amende* de un à cinq francs inclusivement. *Code pénal*, art. 471.

La peine d'*emprisonnement* pendant trois jours au plus pourra, de plus, être prononcée, selon les circonstances, contre ceux qui auront glané, râtelé ou grapillé en contra-vention à l'article 471 ci-dessus. *Art.* 476 *idem.*

La peine d'*emprisonnement*, contre toutes personnes mentionnées en l'article 471 ci-dessus, aura toujours lieu en cas de récidive. *Art.* 474 *idem.*

Il y a récidive lorsqu'il a été rendu contre le contrevenant, dans les douze mois précédens, un premier jugement pour contravention de police, commise dans le ressort du même tribunal. *Art.* 485 *idem.*

GRAINS ou fourrages coupés. Quiconque aura coupé des grains ou des fourrages qu'il savait appartenir à autrui, sera puni d'un *emprisonnement* qui ne sera pas au-dessous de six jours, ni au-dessus de deux mois. *Code pénal,* art. 449.

L'*emprisonnement* sera de vingt jours au moins et de quatre mois au plus, s'il a été coupé du grain en vert.

Dans les cas prévus par le présent article, si le fait a été commis en haine d'un fonctionnaire public et à raison de ses fonctions, le coupable sera puni du *maximum* de la peine.

Il en sera de même, quoique cette circonstance n'existe point, si le fait a été commis pendant la nuit. *Art.* 450 *idem.*

Dans le cas prévu par les articles ci-dessus, il sera prononcé contre le coupable une *amende* qui ne pourra excéder le quart des restitutions et dommages-intérêts, ni être au-dessous de seize francs. *Art.* 455 *idem.*

GRAVEURS, imprimeurs, auteurs, crieurs, vendeurs et distributeurs de chansons, pamphlets, figures ou images contraires aux bonnes mœurs. *V.* Exposition.

GRAVURES, images ou écrits distribués sans nom d'auteur, imprimeur ou graveur. *V.* Distribution; Publication; Exposition.

GREFFES détruites. *V.* ARBRES abattus.

GREFFIERS négligens, auxquels on aura enlevé des pièces ou procédures criminelles, papiers, registres, actes ou autres effets étant dans leur greffe, de quelles peines seront punis. *V.* Enlèvement.

GUET-APENS (le) consiste à attendre plus ou moins de temps dans un ou divers lieux un individu, soit pour lui donner la mort, soit pour exercer sur lui des actes de violence. *Code pénal,* art. 298.

H.

HAIES vives ou sèches coupées ou arrachées, le coupable sera puni d'un *emprisonnement* qui ne pourra être au-dessus d'un mois, ni excéder une année, et d'une *amende* égale au quart des restitutions et des dommages-intérêts, et qui dans aucun cas ne pourra être au-dessous de cinquante francs. *Code pénal*, art. 456.

HAUSSE ou baisse du prix des denrées ou marchandises, ou des papiers ou effets publics par manœuvres.

Elles n'ont pas non plus échappé à la prévoyance du législateur, ces manœuvres coupables qu'emploient ces spéculateurs avides et de mauvaise foi pour opérer la hausse ou la baisse du prix des denrées ou des marchandises, ou des papiers et effets publics au-dessus ou au-dessous du prix qu'aurait déterminé la concurrence naturelle et libre du commerce.

La loi cite pour exemples de ces manœuvres, les bruits faux ou calomnieux semés à dessein dans le public, les coalitions entre les principaux détenteurs de la marchandise ou denrée ; elle ajoute toute espèce de voies ou moyens frauduleux, parce qu'en effet ils sont si multipliés, qu'il ne serait guère plus facile de les détailler que de les prévoir.

La disposition ne peut s'appliquer à ces spéculations franches et locales qui distinguent le vrai commerçant. Celles-ci, fondées sur des réalités, sont utiles à la société, loin de créer tour à tour ces baisses excessives et les hausses exagérées, elles tendent à les contenir dans les limites que comporte la nature des circonstances, et par là servent le commerce ; en le préservant des secousses qui lui sont toujours funestes.

HAUSSE ou baisse du prix des denrées ou marchandises ou des effets et papiers publics. Tous ceux qui par des faits faux ou calomnieux, semés à dessein dans le public, par des sur-offres faites au prix que demandaient les vendeurs eux-mêmes, par réunions ou coalitions entre les principaux détenteurs d'une même marchandise ou denrée, tendant à ne les pas vendre, ou à ne les vendre qu'à un certain prix, ou qui, par des voies et *moyens frauduleux* quelconques, auront opéré la hausse ou la baisse du prix des denrées ou marchandises, ou des papiers et effets publics, au-dessus ou au-dessous du prix qu'aurait déterminé la concurrence naturelle et libre du commerce, seront punis d'un *emprisonnement* d'un mois au moins, d'un an au plus et d'une *amende* de cinq cents francs à dix mille francs. Les coupables pourront de plus être mis par l'arrêt ou le jugement, sous la surveillance de la haute police, pendant deux ans au moins et cinq ans au plus. *Code pénal*, art. 419.

La peine sera d'un *emprisonnement* de deux mois et de deux ans au plus, et d'une *amende* de mille francs à vingt mille francs, si ces manœuvres ont été pratiquées sur grains, grenailles, farines, substances farineuses, pain, vin, ou toute autre boisson.

La mise en surveillance qui pourra être prononcée, sera de cinq ans au moins, et de dix ans au plus. *Art.* 420 *idem.*

HAUTE police de l'état, qui seront mis sous sa surveillance? *V.* Renvoi, Effet.

HOMICIDE commis volontairement est qualifié meurtre. *Code pénal*, art. 295.

Tout meurtre commis avec préméditation ou de guet-apens est qualifié assassinat. *Art.* 296 *idem.*

La préméditation consiste dans le dessein formé, avant l'action, d'attenter à la personne d'un individu déterminé, ou même de celui qui sera trouvé ou rencontré, quand même ce dessein serait dépendant de quelque circonstance ou de quelque condition. *Art.* 297 *idem.*

Le guet-apens consiste à attendre, plus ou moins de temps dans un ou divers lieux, un individu, soit pour lui donner la mort, soit pour exercer sur lui des actes de violence. *Art.* 298 *idem.*

Tout coupable d'assassinat sera puni de *mort. Art.* 302 *idem.*

Le meurtre emportera la peine de mort, lorsqu'il aura précédé, accompagné ou suivi un autre crime ou délit.

En tout autre cas, le coupable de meurtre sera puni de la peine des *travaux forcés à perpétuité. Art.* 304 *idem.*

On attente à la vie d'une personne, soit en lui donnant la mort, soit en exerçant sur elle des actes de violence. Ceux-ci, quoiqu'ils n'entraînent pas sur-le-champ la perte de la vie, peuvent cependant en abréger le cours, ou donner lieu à des maladies ou infirmités.

Pour que l'homicide soit un crime, il faut qu'il soit volontaire.

La peine de l'assassinat est la mort, c'est la peine du talion. Tout autre peine, quelque rigoureuse qu'elle fût, ne serait pas assez répressive, et le plus souvent produirait l'impunité. Sans cette peine, la haine ou la vengeance d'un lâche pourrait se satisfaire en jouant, s'il est possible de parler ainsi, un jeu trop inégal contre le citoyen dont il méditerait la mort; l'un ne mettrait au jeu que sa liberté, et l'autre y mettrait sa vie.

Quant au meurtre dénué de toute espèce de circonstances aggravantes, il sera puni de la peine qui suit immédiatement celle de mort; dès que ce crime n'est point le résultat d'un dessein formé avant l'action, dès qu'il ne présente aucun des caractères de l'assassinat, il est sans contredit moins grave et ne doit pas emporter la même peine. Autrement cette juste proportion qu'on ne saurait observer avec trop de soin entre les délits et les peines et cette gradation qui en est la suite nécessaire, ne subsisteraient plus.

HOMICIDE involontaire. Quiconque par maladresse, imprudence, inattention, négligence, ou inobservation des règlemens, aura commis involontairement un homicide, ou en aura été involontairement la cause, sera puni d'un *emprisonnement* de trois mois à deux ans, et d'une *amende* de cinquante francs à six cents francs. *Code pénal*, art. 319.

S'il n'est résulté du défaut d'adresse ou de précaution que des blessures ou coups, l'*emprisonnement* sera de dix jours à deux mois, et l'*amende* sera de seize francs à cent francs. *Art.* 320 *idem.*

HOMICIDE, blessures et coups, ordonnés par la loi et commandés par l'autorité légitime, ne constituent ni crime ni délit. *Code pénal*, art. 327.

Il n'y a ni crime ni délit, lorsque l'homicide, les blessures et les coups étaient commandés par la nécessité actuelle de la légitime défense de soi-même ou d'autrui. *Art.* 328 *idem.*

Sont compris dans les cas de nécessité actuelle de défense, les deux cas suivans.

1°. Si l'homicide a été commis, si les blessures ont été faites, ou si les coups ont été portés en repoussant pendant la nuit l'escalade ou l'effraction des clôtures, murs ou entrée d'une maison ou d'un appartement habité, ou de leurs dépendances.

2°. Si le fait a eu lieu en se défendant contre les auteurs de vols ou de pillages exécutés avec violence. *Art.* 329 *idem.*

Il est des circonstances où l'homicide, les blessures et les coups ne sont susceptibles d'aucune peine; en un mot, où il ne résulte de ces actes aucun crime ni délit.

Ces mots *nécessité actuelle* prouvent qu'il ne s'agit que du moment même où l'on est obligé de repousser la force par la force. Si la loi défend d'exercer des violences, elle permet de les repousser, elle veut que les hommes écoutent et respectent cette défense dans le commerce paisible qu'ils ont ensemble; mais elle les en dispense, lorsque l'on commet contre eux des actes hostiles : elle ne leur commande pas d'attendre alors sa protection et son secours, et de se reposer sur elle du soin de leur vengeance, parce que l'innocent souffrirait une mort injuste avant qu'elle eût pu faire subir au coupable le juste châtiment qu'il aurait mérité.

HOMICIDE ou blessures occasionnés par la destruction

ou renversement volontaire, et par quelque moyen que ce soit, des édifices, ponts, digues, chaussées ou autres constructions quelconques; le coupable sera puni, au premier cas, de la peine de *mort*, et au second cas, de celle des *travaux forcés à temps. Code pénal*, art 437.

HOMMES (les) condamnés aux travaux forcés seront employés aux travaux les plus pénibles; ils traîneront à leurs pieds un boulet, ou seront attachés deux à deux avec une chaîne, lorsque la nature du travail auquel ils seront employés le permettra. *Code pénal*, art. 15.

HOMME de service à gages ou domestique qui aura volé, même lorsqu'il aura commis le vol envers des personnes qu'il ne servait pas, mais qui se trouvaient soit dans la maison de son maître, soit dans celle où il l'accompagnait, sera puni de la *réclusion. Code pénal*, art 386.

HOTELIERS, aubergistes, logeurs ou loueurs de maisons garnies qui auront négligé d'inscrire de suite et sans aucun blanc, sur un registre tenu régulièrement, les noms, qualités, domicile habituel, dates d'entrée et de sortie de toute personne qui aurait couché ou passé une nuit dans leurs maisons; ceux d'entr'eux qui auraient manqué à représenter ce registre aux époques déterminées par les règlemens, ou lorsqu'ils en auront été requis, aux maires, adjoints, officiers ou commissaires de police, ou aux citoyens commis à cet effet, seront punis d'une *amende* de six francs inclusivement; le tout sans préjudice des cas de responsabilité mentionnés en l'article 73, relativement aux crimes ou délits de ceux qui ayant logé ou séjourné chez eux n'y auraient pas été régulièrement inscrits. *Code pénal*, art. 475.

La peine de l'*emprisonnement* pendant cinq jours au plus sera prononcée en cas de récidive. *Art.* 478 *idem.*

Il y a récidive, lorsqu'il a été rendu contre le contrevenant, dans les douze mois précédens, un premier jugement pour contravention de police, commise dans le ressort du même tribunal. *Art.* 483 *idem.*

HOTELIERS (les) et aubergistes convaincus d'avoir logé, plus de vingt-quatre heures, quelqu'un qui, pendant son séjour aurait commis un crime ou un délit, seront civilement responsables des restitutions, des indemnités et des frais adjugés à ceux à qui ce crime ou ce délit aurait causé quelque dommage, faute par eux d'avoir inscrit sur leur registre le nom, la profession et le domicile du coupable sans préjudice de leur responsabilité dans le cas des articles 1952 et 1953 du Code Napoléon. *Code pénal*, art. 73. *V.* AUBERGISTES.

HOTELIER qui aura volé ceux qu'il aura logé, sera puni de la peine de la *réclusion*. *Code pénal*, art. 386.

HUISSIERS, commandans en chef ou en sous-ordre soit de la gendarmerie, soit de la force armée servant d'escorte ou garnissant les postes, les concierges, gardiens, geôliers et tous autres préposés à la conduite, au transport ou à la garde des détenus, et qui les auront laissé évader; comment punis. *V.* ÉVASION.

HUISSIERS. *V.* OFFICIERS ministériels.

I.

IMAGES, écrits ou gravures distribués sans nom d'auteur, imprimeur ou graveur. *V.* DISTRIBUTION; PUBLICATION; EXPOSITION.

IMAGES ou figures contraires aux bonnes mœurs, exposées ou distribuées. *V.* EXPOSITION.

IMMONDICES, pierres ou corps durs jetés contre les maisons, édifices ou clôtures d'autrui, ou dans les jardins ou enclos, ou volontairement sur quelqu'un; les coupables de ce fait seront punis d'une *amende* de six francs jusqu'à dix francs inclusivement. *Code pénal*, art. 475.

Pourra, suivant les circonstances, être prononcé, outre l'amende portée en l'article précédent, *l'emprisonnement*, pendant trois jours au plus, contre ceux qui auraient jeté des corps durs ou des immondices. *Art.* 476 *idem.*

La peine de *l'emprisonnement*, pendant cinq jours au plus, sera toujours prononcée en cas de récidive. *Art.* 478 *idem.*

Il y a récidive, lorsqu'il a été rendu contre le contrevenant, dans les douze mois précédens, un premier jugement pour contravention de police, commise dans le ressort du même tribunal. *Art.* 483 *idem.*

IMMONDICES jetées sur quelqu'un. Ceux qui imprudemment auront jeté des immondices sur quelque personne, seront punis d'une *amende* d'un franc à cinq francs inclusivement. *Code pénal*, art. 171.

La peine d'*emprisonnement* contre toutes personnes men-

(167)

tionnées en l'article ci-dessus , aura toujours lieu , en cas de récidive , pendant trois jours au plus. *Art.* 174 *idem.*

Il y a récidive , lorsqu'il a été rendu contre le contreve-nant , dans les douze mois précédens , un premier jugement pour contravention de police , commise dans le ressort du même tribunal. *Art.* 485 *idem.*

IMPRIMÉS sans nom d'auteur ou imprimeur. *V.* Dis-tribution.

IMPRIMEUR d'ouvrages , écrits , avis , bulletins , affiches , journaux , feuilles périodiques ou autres sans nom d'auteur ni d'imprimeur. *V.* Publication.

IMPRIMEURS , auteurs , crieurs , vendeurs , distribu-teurs et graveurs de chansons , pamphlets , figures ou images contraires aux bonnes mœurs. *V.* Exposition.

IMPRUDENCE d'où sera résulté un homicide involon-taire , sera punie d'un *emprisonnement* de trois mois à deux ans , et d'une *amende* de cinquante francs à six cents francs. *Code pénal ,* art. 319.

S'il n'est résulté du défaut de précaution que des blessures ou coups , l'*emprisonnement* sera de six jours à deux mois et l'*amende* sera de seize francs à cent francs. *Art.* 320 *idem.*

IMPUTATION de faits dont la loi autorise la publicité , qu'elle oblige de révéler ou de réprimer , n'est pas réputée calomnie. *Code pénal ,* art. 367.

IMPUTATIONS ou injures qui seraient contenues dans les écrits relatifs à la défense des parties ou dans les plai-doyers , les juges saisis de la contestation pourront , en ju-geant la cause , ou prononcer la suppression des injures ou des écrits injurieux , ou faire des injonctions aux auteurs du délit , ou les suspendre de leurs fonctions , et statuer sur les dommages-intérêts.

La durée de la suspension ne pourra excéder six mois ; en cas de récidive , elle sera d'un an au moins et de cinq ans au plus.

Si les injures ou écrits injurieux portent le caractère de la calomnie grave , et que les juges saisis de la contestation ne puissent connaître du délit , ils ne pourront prononcer contre les prévenus qu'une suspension provisoire de leurs fonctions , et les renverront , pour le jugement du délit , devant les juges compétens. *Code pénal ,* art. 377.

IMPUTATION de faits à l'appui de laquelle la preuve lé-gale n'est point rapportée , est réputée fausse.

En conséquence l'auteur de l'imputation ne sera pas admis, pour sa défense, à demander que la preuve en soit faite; il ne pourra pas non plus alléguer, comme moyen d'excuse, que les pièces ou les faits sont notoires, ou que les imputations qui donnent lieu à la poursuite sont copiées ou extraites de papiers étrangers, ou d'autres écrits imprimés. *Code pénal*, art. 368.

Lorsque le fait imputé sera légalement prouvé vrai, l'auteur de l'imputation sera à l'abri de toute peine.

Ne sera considérée comme preuve légale que celle qui résultera d'un jugement, ou de tout autre acte authentique. *Art.* 370 *idem.*

Lorsque la preuve légale ne sera pas rapportée, le calomniateur sera puni. *Art.* 371 *idem. Voy.*, quant à la même peine, Calomnie.

INATTENTION d'où sera résulté un homicide involontaire, sera punie d'un *emprisonnement* de trois mois à deux ans, et d'une *amende* de cinquante francs à six cents francs. *Code pénal*, art. 319.

S'il n'est résulté du défaut de précaution que des blessures ou coups, l'*emprisonnement* sera de six jours à deux mois, et l'*amende* sera de seize francs à cent francs. *Art.* 320 *idem.*

INCAPABLES de tutelle et de curatelle, si ce n'est de leurs enfans et sur l'avis seulement de leur famille, sont tous condamnés aux travaux forcés à temps, au bannissement, à la réclusion ou au carcan. *Code pénal*, art. 28.

INCENDIAIRE d'édifice, magasins, arsenaux, vaisseaux ou autres propriétés de l'État; sa peine. *V.* Individu qui aura incendié.

INCENDIAIRE par l'explosion d'une mine des propriétés appartenantes à l'État; sa peine. *V.* Individu qui aura incendié.

INCENDIE des propriétés mobilières ou immobilières d'autrui causé par la vétusté ou le défaut, soit de réparations, soit de nettoyer des fours, cheminées, forges, maisons ou usines prochaines, ou par des feux allumés à moins de cent mètres des maisons, édifices, forêts, bruyères, bois, vergers, plantations, haies, meules, tas de grains, pailles, foins, fourrages, ou de tout autre dépôt de matières combustibles, ou par des feux ou lumières portés ou laissés sans précaution suffisante, ou par des pièces d'artifice tirées ou allumées par négligence ou imprudence, sera puni d'une *amende* de cinquante francs au moins et de cinq cents francs au plus. *Code pénal*, art. 458.

INCENDIE, accidens, tumultes, naufrages, inondations ou autres calamités, refus ou négligence de prêter les secours nécessaires. *V.* NÉGLIGENCE.

INDEMNITÉS, restitutions et frais entraîneront la contrainte par corps, et le condamné, en matière de police, gardera prison jusqu'à parfait paiement; néanmoins si ces condamnations sont prononcées au profit de l'Etat, les condamnés pourront jouir de la faculté accordée par l'art. 467, dans le cas d'insolvabilité prévu par cet article. *Code pénal*, art. 469. *V.* CONTRAINTE.

INDEMNITES et restitutions dues à la partie lésée sont préférées à l'amende, en matière de police, en cas d'insuffisance des biens. *Code pénal*, art. 468.

INDIVIDU (tout) de l'un ou de l'autre sexe condamné à la peine de la *réclusion*, sera renfermé dans une maison de force, et employé à des travaux dont le produit pourra être en partie appliqué à son profit, ainsi qu'il sera réglé par le gouvernement.

La durée de cette peine sera au moins de cinq années et de dix ans au plus. *Code pénal*, art. 21.

INDIVIDU qui, sans la permission de l'autorité municipale, aura accordé ou consenti l'usage de sa maison ou de son appartement, en tout ou en partie, pour la réunion des membres d'une association ou pour l'exercice d'un culte, sera puni d'une *amende* de seize francs à deux cents francs. *Code pénal*, art. 294.

INDIVIDUS faisant partie de bandes d'association de malfaiteurs chargés d'un service quelconque dans lesdites bandes, seront punis de la *réclusion. Code pénal*, art. 268.

INDIVIDUS (les) déclarés vagabonds par jugement pourront, s'ils sont étrangers, être conduits, par les ordres du gouvernement, hors du territoire de l'Empire. *Code pénal*, art. 272.

INDIVIDUS qui, dans une assemblée de société même permise par le gouvernement, se seront rendus personnellement coupables de provocation au crime ou au délit de quelque manière que ce soit, seront punis des mêmes peines que celles infligées aux chefs, directeurs ou administrateurs de ces associations, sans préjudice de plus fortes peines prononcées par la loi contre ces provocations. *Code pénal*, art. 293.

INDIVIDU (tout) qui, sans y avoir été autorisé par la police, fera le métier de crieur ou afficheur d'écrits imprimés, dessins ou gravures, même munis des noms d'auteurs, imprimeurs, dessinateurs ou graveurs, sera puni d'un *emprisonnement* de six jours à deux mois. *Code pénal*, art 290.

INDIVIDU qui, sans armes et sans qu'il en soit résulté de blessures, aura frappé un officier ministériel, un agent de la force publique ou un citoyen chargé d'un ministère public, pendant qu'ils exerçaient leur ministère ou à cette occasion, sera puni d'un *emprisonnement* d'un à six mois. *Code pénal*, art. 228 et 230.

Si les violences ont été la cause d'effusion de sang, blessures ou maladie, la peine sera la *réclusion*; si la mort s'en est suivie dans les quarante jours, le coupable sera puni de *mort*. *Art.* 231 *idem*.

Dans le cas même où ces violences n'auraient pas causé d'effusion de sang, blessures ou maladie, les coups seront punis de la *réclusion* s'ils ont été portés avec préméditation ou guet-apens. *Art.* 232 *idem*.

Si les blessures sont du nombre de celles qui caractérisent les meurtres, le coupable sera puni de *mort*. *Art.* 233 *idem*.

INDIVIDUS admis dans les hospices qui se seront réunis avec ou sans armes, et auront usé de violences contre l'autorité administrative, les officiers et les agens de police, ou contre la force publique; comment punis. *V.* Rébellion.

INDIVIDU (tout) qui, même sans armes et sans qu'il en soit résulté de blessures, aura frappé un magistrat dans l'exercice de ses fonctions ou à l'occasion de cet exercice, sera puni d'un *emprisonnement* de deux à cinq ans.

Si cette voie de fait a eu lieu à l'audience d'une cour ou d'un tribunal, le coupable sera puni du *carcan*. *Code pénal*, art. 228.

Dans l'un et l'autre des cas exprimés en l'article précédent, le coupable pourra, de plus, être condamné à s'éloigner, pendant cinq à dix ans, du lieu où siége le magistrat, et d'un rayon de deux myriamètres.

Cette disposition aura son exécution à dater du jour où le condamné aura subi sa peine.

Si le condamné enfreint cet ordre avant l'expiration du temps fixé, il sera puni du *bannissement*. *Art.* 229 *idem*, *V.* Citoyen chargé d'un ministère.

INDIVIDU (tout) qui aura commis un faux en écriture privée , soit par contrefaçon ou altération d'écriture, ou de signature ;

Soit par fabrication de conventions, dispositions, obligations ou décharges , ou par leur insertion après coup dans les actes ;

Soit par addition ou altération de clauses , de déclarations ou de faits que ces actes avaient pour objet de recevoir et de constater, sera puni de la *réclusion*. *Code pénal*, art. 150.

Sera puni de la même peine celui qui aura fait usage de la pièce fausse. *Art.* 151 *idem.*

Sont exceptés des dispositions ci-dessus les faux certificats de l'espèce dont il sera ci-après parlé. *Art.* 152 *idem*. *V.* PERSONNE ; MÉDECIN ; QUICONQUE ; FAUX CERTIFICATS. *V.* DISPOSITIONS communes aux faux.

INDIVIDU (tout) qui aura fabriqué ou débité des stilets, tromblons ou quelque espèce d'armes prohibées par la loi ou par les règlemens d'administration publique, sera puni d'un *emprisonnement* de six jours à six mois.

Celui qui sera porteur desdites armes sera puni d'une *amende* de seize francs à deux cents francs.

Dans l'un et l'autre cas, les armes seront confisquées.

Le tout sans préjudice de plus fortes peines, s'il y échet, en cas de complicité. *Code pénal*, art. 314.

Outre les peines portées ci-dessus , les tribunaux pourront prononcer le renvoi, sous la surveillance de la haute police , depuis deux ans jusqu'à dix ans. *Art.* 315 *idem.*

INDIVIDUS (tous les) condamnés pour un même crime ou pour un même délit, sont tenus solidairement des amendes , des restitutions , des dommages-intérêts et des frais. *Code pénal*, art. 55.

INDIVIDU (tout) qui aura incendié ou détruit, par l'explosion d'une mine, des édifices, magasins, arsenaux, vaisseaux ou autres propriétés appartenant à l'État , sera puni de *mort* et *ses biens seront confisqués*. *Code pénal*, art. 95.

INDIVIDUS faisant partie de bandes qui auront exécuté ou simplement tenté des attentats contre la personne ou la vie de l'Empereur et des membres de la famille impériale, ou dont le but aura été soit d'exciter la guerre civile, soit de dévaster et massacrer ; quand seront punis de la peine de mort et de la confiscation de leurs biens ou d'autres peines. *V.* ATTENTAT ou COMPLOT.

INDIVIDU (tout) qui aura en France contrefait ou altéré des monnaies étrangères , ou participé à l'émission, exposition ou introduction en France de monnaies étrangères contrefaites ou altérées, sera puni des *travaux forcés à temps*. *Code pénal*, art. 134. *V*. Fausse monnaie; Quiconque aura contrefait.

INDIVIDU travaillant habituellement dans une habitation où il aura volé, sera puni de la *réclusion*. *Code pénal*, art. 386.

INDIVIDU qui aura volé dans une hôtellerie ou une auberge , sera puni de la peine de la *réclusion*. *Code pénal* , art. 386.

INFANTICIDE est le meurtre d'un nouveau né. *Code pénal*, art. 300.

L'infanticide sera puni de *mort. Art.* 302 *idem.*

Il est impossible que l'infanticide ne soit pas prémédité; il est impossible qu'il soit l'effet subit de la colere ou de la haine , puisqu'un enfant loin d'exciter de tels sentimens, ne peut inspirer que celui de la pitié. Il est hors d'état de se défendre, ni de demander du secours, et c'est pour cela qu'il est plus spécialement sous la protection de la loi. Dès que l'infanticide ne peut être que le fruit de la préméditation , c'est un véritable assassinat , il doit être puni de la même peine.

Des hospices sont établis pour recevoir ceux dont on ne peut prendre soin. L'infanticide est, sous tous les rapports, un acte de barbarie atroce , et quand il serait quelquefois le fruit du dérèglement des mœurs, une telle cause ne peut trouver d'indulgence dans une législation protectrice des mœurs.

INFIDÉLITE de voituriers, bateliers ou leurs préposés, à l'égard des vins ou autres liquides ou marchandises, qui leur auront été confiés pour leur transport. *V*. Voituriers.

INFRACTIONS aux lois sont, ou contraventions , ou délits, ou crimes. *Code pénal*, art. 1er. *V*. Contravention; Délits; Crime.

Jusqu'ici on a trop souvent confondu et employé indifféremment les expressions de *crimes, délits* et *contraventions*. Désormais le mot *crime* désignera les attentats contre la société , dont doivent exclusivement s'occuper les cours criminelles. Le mot *délits* sera affecté aux désordres moins graves qui sont du ressort de la police correctionnelle. Enfin le mot *contravention* s'appliquera aux fautes commise contre les règlemens de simple police.

INFRACTIONS aux lois sur les inhumations.

Le Code Napoléon a fixé des règles pour constater les décès, et la loi pénale prononce des peines contre ceux qui ne font point les déclarations nécessaires pour que les décès soient constatés.

Il importe que ces déclarations soient faites non-seulement afin de connaître les changemens qui arrivent dans les familles , et de mettre les héritiers à portée de réclamer leurs droits, mais encore afin de ne

(173)

pas laisser échapper la trace des crimes qui auraient pu occasionner la mort d'une personne. Ceux à qui la loi impose le devoir de faire ces déclarations, ne doivent pas perdre de vue que, dans le cas où il s'élèverait quelque présomption de mort violente, leur négligence les exposerait à être poursuivi comme receleurs de cadavre d'une personne homicidée.

La loi nouvelle punit aussi ceux qui se rendent coupables de violations de tombeaux et de sépultures; cet objet ne peut être indifférent. Les anciens ont toujours montré le respect le plus religieux pour les cendres des morts. Il suffit pour s'en convaincre de jeter un coup-d'œil sur leur législation, particulièrement sur celle des Grecs et des Romains. Les Gaulois étaient animés du même esprit que ceux dont ils envahirent le territoire. « Une loi salique, dit Montesquieu, interdisait à celui qui avait dépouillé un cadavre, le commerce des hommes, jusqu'à ce que les parens ayant accepté la satisfaction, eussent demandé qu'il pût vivre parmi les hommes. » Ce respect est si naturel que le simple récit de telles violations inspire une horreur qu'on ne saurait contenir. Chez les sauvages même, le souvenir des morts enflamme leur imagination et produit en eux les émotions les plus vives.

INHUMATIONS, infraction aux lois qui y sont relatives.
V. Infraction.

INHUMATIONS faites sans déclaration de décès; ceux qui, sans l'autorisation préalable de l'officier public, dans le cas où elle est prescrite, auront fait inhumer un individu décédé, seront punis de six jours à deux mois d'*emprisonnement* et d'une *amende* de seize à cinquante francs, sans préjudice de la poursuite des crimes dont les auteurs de ce délit pourraient être prévenus dans cette circonstance.

La même peine aura lieu contre ceux, qui auront contrevenu de quelque manière que ce soit, à la loi et aux inhumations précipitées. *Code pénal,* art. 358.

INJURES publiques.

Le Code prononce des peines à l'égard des injures ou des expressions outrageantes qui ne renfermeraient l'imputation d'aucun fait précis; celles d'un vice déterminé, lorsqu'elles auront été proférées dans des lieux ou réunions publics, ou insérés dans des écrits imprimés ou non, qui auraient été répandus ou distribués sont plus graves.

Reprocher, par exemple, publiquement à quelqu'un un vice, tel que l'ivrognerie ou la débauche, est un outrage qui ne doit pas être laissé impuni si la personne offensée en demande réparation; mais l'injure n'est pas aussi grave que si quelques faits étaient précisés. Le vague de l'injure en atténue la force, et l'amende est une peine suffisante.

Quelle que soit l'amende qui sera prononcée comme peine de l'injure, elle ne nuira jamais au paiement des dommages-intérêts que la partie offensée aura pu obtenir; il suffit de se rappeler que par une disposition particulière qui s'applique à tous les crimes et délits, lorsque les biens des condamnés seront insuffisans pour acquitter la quotité des condamnations. les restitutions et dommages-intérêts, seront préférés à l'amende et à la confiscation.

Il est à observer d'ailleurs que l'auteur de l'imputation d'un vice n'a nul moyen de s'affranchir de la peine. Demanderait-il qu'on l'admît à la preuve? la loi ne le permet pas. Voudrait-il dénoncer? on ne dénonce que des faits précis et qualifiés crimes, délits ou contravention. Cela ne peut s'appliquer à l'imputation d'un vice en général.

INJURES ou expressions outrageantes qui ne renfermeraient l'imputation d'aucun fait précis, mais celle d'un vice déterminé, si elles ont été proférées dans des lieux ou réunions publics, ou insérées dans des écrits imprimés ou non, qui auraient été répandus ou distribués, la peine sera une *amende* de seize à cinq cents francs. *Code pénal*, art. 375.

Toutes autres injures ou expressions outrageantes qui n'auront pas eu le double caractère de gravité et de publicité, ne donneront lieu qu'à des peines de simple police. *Art. 376 idem.*

INJURES ou imputations qui seraient contenues dans les écrits relatifs à la défense des parties, ou dans les plaidoyers, les juges saisis de la contestation pourront, en jugeant la cause, ou prononcer la suppression des injures ou des écrits injurieux, ou faire des injonctions aux auteurs du délit, ou les suspendre de leurs fonctions, et statuer sur les dommages-intérêts.

La durée de cette suspension ne pourra excéder six mois : en cas de récidive, elle sera d'un an au moins et de cinq ans au plus.

Si les injures ou écrits injurieux portent le caractère de la calomnie grave, et que les juges, saisis de la contestation, ne puissent connaître du délit, ils ne pourront prononcer contre les prévenus qu'une suspension provisoire de leurs fonctions, et les renverront pour le jugement du délit, devant les juges compétens. *Code pénal*, art. 377.

INJURES autres que celles prévues depuis l'article 368, jusques et compris l'article 379 ; ceux qui, sans avoir été provoqués, en auront proféré contre quelqu'un, seront punis d'une *amende* d'un franc à cinq francs inclusivement. *Code pénal*, art. 471.

La peine d'*emprisonnement* contre toutes personnes mentionnées en l'article ci-dessus, aura toujours lieu en cas de récidive, pendant trois jours au plus. *Art. 474 idem.*

Il y a récidive lorsqu'il a été rendu contre le contrevenant, dans les douze mois précédens, un premier jugement pour contravention de police, commise dans le ressort du même tribunal. *Art. 485 idem.*

INOBSERVATION des règlemens d'où sera résulté un homicide involontaire, sera puni d'un *emprisonnement* de trois mois à deux ans, et d'une *amende* de cinquante francs à six cents francs. *Code pénal*, art. 319.

S'il n'en est résulté que des blessures ou coups, l'*emprisonnement* sera de six jours à deux mois, et l'*amende* de seize francs à cent francs. *Art.* 320 *idem.*

INONDATION des propriétés d'autrui. *V.* Dégradation.

INONDATION des propriétés d'autrui par élévation de déversoir, de moulins, usines ou étangs. *V.* Propriétaire.

INONDATION, incendies, accidens, tumultes, naufrages ou autres calamités, refus ou négligence de prêter les secours nécessaires. *V.* Refus.

INSOLVABILITÉ de condamné à l'amende, justifiée; il ne pourra être détenu plus de quinze jours quant à cet objet, en vertu de la contrainte par corps attachée au paiement d'amende. *Code pénal*, art. 467.

INSTITUTEURS qui se seront permis le viol, ou consommé tout autre attentat à la pudeur, avec violence, seront punis des *travaux forcés à perpétuité. Code pénal*, art. 333.

INSTITUTEURS ou institutrices, tuteurs ou tutrices qui auront exposé et délaissé en un lieu solitaire ou non un enfant au-dessous de l'âge de sept ans accomplis, ou qui auront donné l'ordre de l'exposer ainsi; leur peine. *V.* Exposition.

INSTRUCTIONS pastorales, contenant critique ou censure du gouvernement, etc. *V.* Écrit contenant.

INSTRUMENS ou armes, coutres de charrues, pierres, barres, barreaux, ou autres machines dont puissent abuser les voleurs ou autres malfaiteurs, laissés dans les rues, chemins, places, lieux publics ou dans les champs; ceux qui les y auront laissés, seront punis d'une *amende* d'un franc à cinq francs inclusivement. *Code pénal*, art. 471.

Les coutres, instrumens et armes mentionnés ci-dessus, seront en outre *confisqués. Art.* 472 *idem.*

La peine d'*emprisonnement* contre toutes les personnes mentionnées en l'article 471 ci-dessus, aura toujours lieu, en cas de récidive, pendant trois jours au plus. *Art.* 474 *idem.*

Il y a récidive lorsqu'il a été rendu contre le contreve-

uant, dans les douze moins précédens, un premier jugement pour contravention de police, commise dans le ressort du même tribunal. *Art.* 485 *idem.*

INSTRUMENS d'agriculture, parcs de bestiaux, cabanes de gardiens, rompus ou détruits; quiconque sera coupable de l'un de ces faits, sera puni d'un *emprisonnement* d'un mois au moins, et d'un an au plus. *Code pénal,* art. 451.

Dans le cas prévu par l'article ci-dessus, il sera prononcé contre le coupable, une *amende* qui ne pourra excéder le quart des restitutions et dommages-intérêts, ni être au-dessous de 16 francs. *Art.* 455 *idem.*

INSTRUMENS de crime, armes, munitions, logement, retraite ou lieu de réunion fournis aux bandes d'association de malfaiteurs; ceux qui les leur auront sciemment et volontairement fournis, seront punis de la *réclusion. Code pénal,* art. 268.

INSTRUMENS d'agriculture volés dans les champs; les coupables seront punis de la *réclusion. Code pénal,* art. 388.

INTELLIGENCES entretenues avec les puissances étrangères ou leurs agens; quiconque en sera coupable; sa peine. *V.* Français qui aura porté les armes.

INTERDICTION à temps de certains droits civiques, civils ou de famille est une peine correctionnelle. *Code pénal,* art. 9. *V.* Condamnation; Renvoi.

INTERDICTION légale; tout condamné aux travaux forcés à temps ou au bannissement, à la réclusion ou au carcan, en sera frappé. Il lui sera nommé un curateur pour gérer et administrer ses biens dans les formes prescrites pour la nomination des curateurs aux interdits. *Code pénal,* art. 29.

Pendant la durée de la peine des condamnés aux travaux forcés à temps ou à la réclusion, il ne pourra être remis au condamné aucune somme, aucune provision, aucune portion de ses revenus. *Art.* 31. *V.* Condamné.

INTRODUCTEURS d'effets émis par le trésor public avec son timbre, soit des billets de banque autorisés par la loi et falsifiés dans l'enceinte du territoire français. *V.* Ceux qui auront contrefait.

INTRODUCTEUR de fausse monnaie. *V.* Quiconque aura contrefait.

INTRODUCTION sur le territoire français d'ouvrages qui, après avoir été imprimés en France, ont été contrefaits chez l'étranger, est un délit de contrefaçon; sa peine. *V.* CONTREFAÇON.

J.

JET ou exposition au-devant des édifices de choses de nature à nuire par leur chute ou par leurs exhalaisons insa-lubres, sera puni d'une *amende* de un franc à cinq francs inclusivement. *Code pénal*, art. 471.

La peine d'*emprisonnement* contre toutes personnes men-tionnées en l'article ci-dessus, aura toujours lieu en cas de récidive, pendant trois jours au plus. *Art. 474 idem.*

Il y a récidive, lorsqu'il a été rendu contre le contreve-nant, dans les douze mois précédens, un premier jugement pour contravention de police, commise dans le ressort du même tribunal. *Art. 485 idem.*

JEUX de loterie ou de hasard établis ou tenus dans les rues, chemins, places ou lieux publics; ceux qui seront cou-pables de cette contravention seront punis d'une *amende* de six francs jusqu'à dix francs inclusivement *Code pénal*, art. 475.

Seront saisis et confisqués les tables, instrumens, appa-reils des jeux et des loteries établies dans les rues, chemins et voies publiques, ainsi que les enjeux, les fonds, denrées, objets ou lots proposés aux joueurs. *Art. 477 idem.*

La peine de l'*emprisonnement*, pendant cinq jours au plus, sera toujours prononcée en cas de récidive. *Art. 478 idem.*

Il y a récidive, lorsqu'il a été rendu contre le contreve-nant, dans les douze mois précédens, un premier jugement pour contravention de police, commise dans le ressort du même tribunal. *Art. 483 idem.*

JOURNALIERS ou ouvriers dans les ateliers publics ou manufactures qui se seront réunis avec ou sans armes et au-ront usé de violences ou de menaces contre l'autorité admi-nistrative, les officiers et agens de police, ou contre la force publique; comment punis. *V.* RÉBELLION.

JOURNAUX, avis, bulletins, affiches, feuilles périodi-ques et autres imprimés sans nom d'auteur ou d'imprimeur. *V.* PUBLICATION.

JOURS d'emprisonnement, sont des jours complets de vingt-quatre heures. *Code pénal*, art. 465.

JUGE (tout) ou tribunal, tout administrateur ou autorité administrative qui, sous quelque prétexte que ce soit, même du silence ou de l'obscurité de la loi, aura dénié de rendre la justice qu'il doit aux parties, après en avoir été requis, et qui aura persévéré dans son déni, après avertissement ou injonction de ses supérieurs, pourra être poursuivi, et sera puni d'une *amende* de deux cents francs au moins et de cinq cents francs au plus, et de l'*interdiction* de l'exercice des fonctions publiques depuis cinq ans jusqu'à vingt. *Code pénal*, art. 185.

JUGE, (tout) tout procureur général ou impérial, tout substitut, tout administrateur ou tout autre officier de justice ou de police, qui se sera introduit dans le domicile d'un citoyen hors les cas prévus par la loi et sans les formalités qu'elle a prescrites, sera puni d'une *amende* de seize francs au moins et de deux cents francs au plus. *Code pénal*, art. 184.

JUGE (tout) ou administrateur qui se sera décidé par faveur pour une partie ou par inimitié contre elle, sera coupable de forfaiture et puni de la *dégradation civique*. *Code pénal*, art. 183.

JUGE prononçant en matière criminelle ou juré qui se sera laissé corrompre, soit en faveur, soit au préjudice de l'accusé, sera puni de la *réclusion*, et en outre d'une *amende* double de la valeur des promesses agréées ou des choses reçues, sans que ladite amende puisse être inférieure à deux cents francs. *Code pénal*, art. 181.

Si par l'effet de la corruption, il y a eu condamnation à une peine supérieure à celle de la réclusion, cette peine, quelle qu'elle soit, sera appliquée au juge ou juré coupable de corruption. *Art. 182 idem.*

JUGE, (tout) administrateur, fonctionnaire ou officier public, qui aura détruit, supprimé, soustrait ou détourné les actes et titres dont il était dépositaire en cette qualité, ou qui lui auront été remis ou communiqué à raison de ses fonctions, sera puni des *travaux forcés à temps*. *Code pénal*, art. 173.

JUGES. Quand peuvent réduire la peine. *V.* OBSERVATIONS générales ; DISPOSITION générale.

JUGES, (les) procureurs généraux ou impériaux, leurs

substituts ou les officiers publics qui auront retenu ou fait
retenir un individu hors des lieux déterminés par le gouvernement ou par l'administration publique, ou qui auront
traduit un citoyen devant une cour d'assises ou spéciale,
sans qu'il ait été préalablement mis en accusation, seront
punis de la *dégradation civique. Code pénal*, art. 122.

JUGES, (les) procureurs généraux ou impériaux, ou
leurs substituts, les officiers de police judiciaire, qui auraient excédé leurs pouvoirs en s'immisçant dans les matières
attribuées aux autorités administratives, soit en faisant des
règlemens sur ces matières, soit en défendant d'exécuter
les ordres émanés de l'administration, ou qui, ayant permis
ou ordonné de citer des administrateurs pour raison de
l'exercice de leurs fonctions, auraient persisté dans leurs
jugemens ou ordonnances, nonobstant l'annulation qui en
aurait été prononcée, ou le conflit qui leur aurait été
notifié, seront coupables de forfaiture, et punis de la *dégradation civique. Code pénal*, art. 127.

JUGES (les) qui, sur la revendication formellement
faite par l'autorité administrative d'une affaire portée devant
eux, auront néanmoins procédé au jugement avant la
décision de l'autorité supérieure, seront punis chacun
d'une *amende* de seize francs à cent cinquante francs au
plus.

Les officiers du ministère public qui auront fait des
réquisitions ou donné des conclusions pour ledit jugement,
seront punis de la même peine. *Code pénal*, art. 128.

La peine sera d'une *amende* de cent francs au moins et
de cinq cents francs au plus, contre chacun des juges qui,
après une réclamation légale des parties intéressées ou de
l'autorité administrative, auront, sans autorisation du gouvernement, rendu des ordonnances ou décerné des mandats contre ses agens ou préposés prévenus de crimes ou
de délits commis dans l'exercice de leurs fonctions.

La même peine sera appliquée aux officiers du ministère
public ou de police qui auront requis lesdites ordonnances
ou mandats. *Art.* 129 *idem. V.* JUGES, procureurs généraux, etc.

JUGES, procureurs généraux ou impériaux, ou leurs
substituts, les officiers de police qui se seront immiscés
dans l'exercice du pouvoir législatif, soit par des règlemens
contenant des dispositions législatives, soit en arrêtant ou en
suspendant l'exécution d'une ou de plusieurs lois, soit en

délibérant sur le point de savoir si les lois seront publiées ou exécutées, seront coupables de forfaiture, et punis de la *dégradation civique. Code pénal*, art. 127.

C'est par les constitutions de l'Empire qu'existent, avec des pouvoirs distincts et indépendans, l'autorité judiciaire et l'autorité administrative; si l'un empiète sur l'autre, l'ordre constitutionnel est troublé et il ne l'est assurément pas moins, lorsque l'une ou l'autre de ces autorités osent s'arroger la puissance législative. Ainsi, ni les juges, ni les administrateurs ne peuvent suppléer par des règlemens, à des lois ou à des décrets.

Ils ne sauraient non plus, sans devenir coupables, délibérer sur la question de savoir si les lois seront ou non publiées : le temps est passé où les parlemens exerçaient cette prérogative ; aujourd'hui cette prétention contraire à toute l'économie de tous pouvoirs constitués, ne serait pas un simple blasphème politique, elle serait le renversement de tout le système constitutionnel.

Ces constitutions et l'ordre public s'opposent aussi à ce qu'un tribunal défende d'exécuter les ordres d'une administration, ou à ce qu'une administration insinue des ordres ou défenses à un tribunal. Il n'y aurait qu'anarchie dans un Etat où de pareilles prétentions seraient tolérées, et où chaque autorité se croirait en droit de se faire aussi justice à elle-même : c'est à un pouvoir supérieur, à un régulateur commun qu'il faut recourir, en cas de dissentiment sur les attributions respectives. et tout juge ou administrateur qui franchit cette limite, devient coupable et encourt la dégradation civique.

Une amende réprimera suffisamment les délits des juges qui auraient procédé au jugement d'affaires revendiquées par l'autorité administrative, ou d'administrateurs qui, après une réclamation légale auraient retenu la connaissance d'affaires du ressort des tribunaux : hors les cas où les juges, ou les administrateurs seront avertis par un conflit ou acte équivalent, leurs jugemens ou arrêtés pourront être cassés ; mais la loi ne punira point comme des délits ce qui peut n'être que des erreurs.

JUGES, (tous) tous officiers de police judiciaire, tous procureurs généraux ou impériaux, tous substituts, qui auront provoqué, donné ou signé un jugement, une ordonnance ou un mandat tendant à la poursuite personnelle ou accusation, soit d'un ministre, soit d'un membre du sénat, du conseil d'état ou du corps législatif, sans les autorisations prescrites par les constitutions, ou qui, hors les cas de flagrant délit, ou de clameur publique, auront, sans les mêmes autorisations, donné ou signé l'ordre ou le mandat de saisir et arrêter un ou plusieurs ministres, un membre du sénat, du conseil d'état ou du corps législatif, seront, comme coupables de forfaiture, punis de la *dégradation civique. Code pénal*, art. 121.

JURÉ ou juge, prononçant en matière criminelle, qui se sera laissé corrompre soit en faveur, soit au préjudice de l'accusé, sera puni de la *réclusion*, et, en outre, condamné à une *amende* double de la valeur des promesses agréées ou des choses reçues , sans que ladite amende puisse être inférieure à deux cents francs. *Code pénal*, art. 181.

Si par l'effet de la corruption , il y a eu condamnation à une peine supérieure à celle de la réclusion , cette peine, quelle qu'elle soit, sera appliquée au juge ou juré coupable de corruption. *Art.* 182 *idem.*

JURÉS (les) et témoins qui auront allégué une excuse reconnue fausse, seront condamnés, outre les amendes prononcées pour la non-comparution, à un *emprisonnement* de six jours à deux mois. *Code pénal*, art. 236.

JURÉ. Quiconque aura été condamné à la peine des travaux forcés à temps, du bannissement, de la réclusion ou du carcan, ne pourra l'être. *Code pénal*, art. 28.

L.

LARCINS, filouteries, et vols non spécifiés au Code, ainsi que les tentatives de ces mêmes délits, sont punis d'un *emprisonnement* d'un an au moins et de cinq ans au plus , et pourront même l'être d'une *amende* qui sera de seize francs au moins et de cinq cents francs au plus.

Les coupables pourront encore être interdits des droits mentionnés en l'article 42, pendant cinq ans au moins et dix ans au plus , à compter du jour où ils auront subi leur peine.

Ils pourront aussi être mis, par l'arrêt ou le jugement, sous la surveillance de la haute police pendant le même nombre d'années. *Code pénal*, art. 401.

Quant à l'article 42, *V.* TRIBUNAUX jugeant correctionnellement.

LETTRES de change, billets, titres, effets de commerce ou de banque, contenant ou opérant obligation , disposition ou décharge, registres , minutes ou actes originaux de l'autorité publique, volontairement brûlés ou détruits d'une manière quelconque, le coupable sera puni ainsi qu'il suit :

Si les pièces détruites sont des actes de l'autorité publique, ou des effets de commerce ou de banque, la peine sera la *réclusion*;

S'il s'agit de toute autre pièce, le coupable sera puni

d'un *emprisonnement* de deux ans à cinq ans, et d'une *amende* de cent à trois cents francs. *Code pénal*, art. 439.

LEVÉES de troupes armées. *V.* Ceux qui auront fait lever, etc.

LIEU de réunion ou retraite, armes, munitions, instrumens de crimes et logement fournis aux bandes d'association de malfaiteurs; ceux qui, volontairement et sciemment les leur auront fournis, seront punis de la *réclusion*. *Code pénal*, art. 268.

LIQUIDE de toute espèce ou autres marchandises confiées à des bateliers ou voituriers pour leur transport, et qui auront été par eux ou par leurs préposés altérées, les uns et les autres seront punis de la peine de la *réclusion*, si cette altération a été commise par le mélange de substances malfaisantes.

S'il n'y a pas mélange de substances malfaisantes, la peine sera un *emprisonnement* d'un mois à un an, et une *amende* de seize francs à cent francs. *Code pénal*, art. 387.

LOGEMENT, armes, munitions, instrumens de crime, retraite ou lieu de réunion fournis aux bandes d'association de malfaiteurs; ceux qui les leur auront fournis sciemment et volontairement, seront punis de la *réclusion*. *Code pénal*, art. 268.

LOGEURS, hôteliers, aubergistes ou loueurs de maisons garnies qui auront négligé d'inscrire de suite et sans aucun blanc, sur un registre tenu régulièrement, les noms, qualités, domicile habituel, dates d'entrée et de sortie de toute personne qui aurait couché ou passé une nuit dans leurs maisons, ceux d'entr'eux qui auraient manqué à représenter ces registres, aux époques déterminées par les règlemens, ou lorsqu'ils en auront été requis, aux maires, adjoints, officiers ou commissaires de police, ou aux citoyens commis à cet effet, seront punis d'une *amende* de six francs jusqu'à dix francs inclusivement, le tout sans préjudice des cas de responsabilité mentionnés en l'article 73, relativement aux crimes ou délits de ceux qui ayant logé ou séjourné chez eux, n'auraient pas été régulièrement inscrits. *Code pénal*, art. 475.

La peine de l'*emprisonnement*, pendant cinq jours au plus, sera toujours prononcée, en cas de récidive. *Art.* 478 *idem*.

Il y a récidive, lorsqu'il a été rendu contre le contrevenant, dans les douze mois précédens, un premier jugement pour contravention de police, commise dans le ressort du même tribunal. *Art.* 483 *idem*.

LOGEURS (les) et aubergistes qui, sciemment inscriront sur leurs registres, sous des noms faux ou supposés, les personnes logées chez eux, seront punis d'un *emprisonnement* de six jours au moins et d'un mois au plus. *Code pénal*, art. 154. *V.* DISPOSITIONS communes au faux.

LOIS (les) pénales et règlemens relatifs à la conscription militaire, continueront de recevoir leur exécution. *Code pénal*, art. 235.

LOTERIES non autorisées par la loi. **Ceux** qui auront tenu des loteries non autorisées par la loi, tous administrateurs, banquiers, préposés ou agens de ces établissemens, seront punis d'un *emprisonnement* de deux mois au moins et de six mois au plus, et d'une *amende* de cent francs à six mille francs.

Les coupables pourront être de plus, à compter du jour où ils auront subi leur peine, interdits, pendant cinq ans au moins et dix ans au plus, des droits mentionnés en l'article 42.

Quant à cet article 42, *V.* TRIBUNAUX jugeant correctionnellement.

Dans tous les cas, seront confisqués tous les meubles, instrumens, ustensiles, appareils employés ou destinés au service des loteries, les meubles et les effets mobiliers dont les lieux seront garnis ou décorés. *Code pénal*, art. 410.

LOTERIE établie ou tenue dans les rues. *V.* JEUX.

LOUEURS de maisons garnies, logeurs, hôteliers ou aubergistes qui auront négligé d'inscrire de suite et sans aucun blanc, sur un registre tenu régulièrement, les noms, qualités, domicile habituel, dates d'entrée et de sortie de toute personne qui aurait couché ou passé une nuit dans leurs maisons, ceux d'entr'eux qui auraient manqué à représenter ces registres, aux époques déterminées par les règlemens, ou lorsqu'ils en auront été requis, aux maires, adjoints, officiers ou commissaires de police, ou aux citoyens commis à cet effet, seront punis d'une *amende* de six francs jusqu'à dix francs inclusivement, le tout sans préjudice des cas de responsabilité mentionnés en l'article 73, relativement aux crimes ou délits de ceux qui ayant logé ou séjourné chez eux, n'auraient pas été régulièrement inscrits. *Code pénal*, art. 475.

La peine de l'*emprisonnement*, pendant cinq jours au plus, sera prononcée, en cas de récidive. *Art.* 478 *idem.*

Il y a récidive, lorsqu'il a été rendu contre le contrevenant, dans les douze mois précédens, un premier jugement pour contraven'ion. de police, commise dans le ressort du même tribunal *Art.* 483 *idem.*

LUMIÈRES ou feux portés ou laissés sans précaution suffisantes, qui auront occasionné un incendie; celui qui sera coupable de cette négligence, sera puni d'une *amende* de cinquante francs au moins et de cinq cents francs au plus. *Code pénal*, art. 458.

M.

MACHINATIONS avec les puissances étrangères ou leurs agens; quiconque les aura pratiquées; sa peine. *V.* FRANÇAIS qui aura porté les armes.

MACHINES, instrumens ou armes, coutres de charrue, pinces, barres ou barreaux dont puissent abuser les voleurs ou autres malfaiteurs, laissés dans les rues, chemins, places, lieux publics ou dans les champs; ceux qui les y auront laissés seront punis d'une *amende* de un franc à cinq francs inclusivement. *Code pénal*, art. 471.

Les coutres, les instrumens et armes mentionnés ci-dessus, seront en outre confisqués. *Art.* 472 *idem.*

La peine d'*emprisonnement* contre toutes les personnes mentionnées en l'article 471 ci-dessus, aura toujours lieu, en cas de récidive, pendant trois jours au plus. *Art.* 474 *idem.*

Il y a récidive, lorsqu'il a été rendu contre le contrevenant, dans les douze mois précédens, un premier jugement pour contravention de police, commise dans le ressort du même tribunal. *Art.* 485 *idem.*

MAISONS de prêt sur gages ou nantissement; ceux qui auront établi ou tenu des maisons de prêt sur gages ou nantissement, sans autorisation légale, ou qui, ayant une autorisation, n'auront pas tenu un registre conforme aux règlemens, contenant de suite, sans aucun blanc ni interligne, les sommes ou les objets prêtés, les noms, domiciles et professions des emprunteurs, la nature, la qualité, la valeur des objets mis en nantissement, seront punis d'un *emprisonnement* de quinze jours au moins, de trois mois au plus, et d'une *amende* de cent francs à **deux mille francs.** *Code pénal*, art. 411.

MAISONS de jeux de hasard ; ceux qui auront tenu une maison de jeux de hasard, et y auront admis le public, soit librement, soit sur la présentation des intéressés ou affiliés, les banquiers de cette maison, administrateurs, préposés ou agens de ces établissemens, seront punis d'un *emprisonnement* de deux mois au moins et de six mois au plus, et d'une *amende* de cent francs à six mille francs.

Les coupables pourront être de plus, à compter du jour où ils auront subi leur peine, interdit pendant cinq ans au moins et dix ans au plus des droits mentionnés en l'art. 42.

A l'égard de cet article 42, *V.* Tribunaux jugeant correctionnellement.

Dans tous les cas, seront confisqués tous les fonds ou effets qui seront trouvés exposés au jeu, les meubles, instrumens, ustensiles, appareils employés ou destinés au service des jeux, les meubles et les effets mobiliers dont les lieux seront garnis ou décorés. *Code pénal*, art. 410.

MAISON habitée ; est réputée telle par le Code pénal, tout bâtiment, logement, loge, cabane même mobile, qui, sans être actuellement habité, est destiné à l'habitation, et tout ce qui en dépend, comme cour, basses cours, granges, écuries, édifices qui y sont enfermés, quel qu'en soit l'usage, et quand même ils auraient une clôture particulière, dans la clôture ou enceinte générale. *Code pénal*, art. 390.

MAIRES, préfets, sous-préfets et autres administrateurs qui se seront immiscés dans l'exercice du pouvoir législatif, soit par des règlemens contenant des dispositions législatives, soit en arrêtant ou en suspendant l'exécution d'une ou de plusieurs lois, soit en délibérant sur le point de savoir si les lois seront publiées ou exécutées, ou qui se seront ingérés à prendre des arrêtés généraux tendant à intimer des ordres ou des défenses à des cours ou tribunaux, seront punis de la *dégradation civique. Code pénal*, art. 130.

Lorsque ces administrateurs entreprendront sur les fonctions judiciaires, en s'ingérant à connaître des droits et intérêts privés du ressort des tribunaux, et qu'après la réclamation des parties ou de l'une d'elles, ils auront néanmoins décidé l'affaire avant que l'autorité supérieure ait prononcé, ils seront punis d'une *amende* de seize francs au moins et de cent cinquante francs au plus. *Art.* 131 *idem.*

MAGASINS, édifices, navires, bateaux, chantiers, forêts, boi taillis ou récoltes, soit sur pied, soit abattus, soit aussi que les bois soient en tas ou en cordes, et les récoltes en tas ou en meules, auxquels on aura volontairement mis le feu; celui qui l'y aura mis, ou à des matières combustibles placées de manière à mettre le feu à ces choses ou à l'une d'elles, sera puni de la peine de *mort*. *Code pénal*, art. 434.

MAGISTRATS de l'ordre administratif ou judiciaire, ayant reçu, dans l'exercice de leurs fonctions, ou à l'occasion de cet exercice, quelques outrages par paroles, tendant à inculper leur honneur ou leur délicatesse; celui qui les aura ainsi outragés, sera puni d'un *emprisonnement* d'un mois à deux ans.

Si l'outrage a eu lieu à l'audience d'une cour ou d'un tribunal, l'*emprisonnement* sera de deux à cinq ans. *Code pénal*, art. 222.

L'offenseur pourra être, outre l'emprisonnement, condamné à faire réparation, soit à la première audience, soit par écrit, et le temps de l'emprisonnement prononcé contre lui ne sera compté qu'à dater du jour où la réparation aura eu lieu. *Art.* 226 *idem.*

MAGISTRAT frappé dans l'exercice de ses fonctions par un individu, même sans armes, et sans qu'il en soit résulté de blessures ; cet individu sera puni d'un *emprisonnement* de deux à cinq ans.

Si cette voie de fait a eu lieu à l'audience d'une cour ou d'un tribunal, le coupable sera puni du *carcan*. *Code pénal*, art. 228.

Dans l'un et l'autre des cas exprimés en l'article précédent, le coupable pourra, de plus, être condamné à s'éloigner pendant cinq à dix ans, du lieu où siége le magistrat, et d'un rayon de deux myriamètres.

Cette disposition aura son exécution à dater du jour où le condamné aura subi sa peine.

Si le condamné enfreint cet ordre avant l'expiration du temps fixé, il sera puni du *bannissement. Art.* 229 *idem. V.* Citoyen chargé d'un ministère.

MALADRESSE ayant été la cause involontaire d'un homicide, celui qui l'aura commise, sera puni d'un *emprisonnement* de trois mois à deux ans, et d'une *amende* de cinquante francs à six cents francs. *Code pénal*, art. 319.

S'il n'est résulté du défaut d'adresse ou de précaution que

des blessures ou coups, l'*emprisonnement* sera de six jours à deux mois, et l'*amende* de seize francs à cent francs. *Art.* 320 *idem.*

MALFAITEURS, quelle que soit leur dénomination, qui, pour l'exécution de leurs crimes, emploient des tortures ou commettent des actes de barbarie, seront punis comme coupables d'assassinat. *Code pénal*, art. 303.

Ces individus à qui les moyens les plus horribles ne coûtent rien pourvu qu'ils arrivent à leurs fins, et qui portent la terreur et la désolation partout, ne peuvent être retenus que par la crainte du dernier supplice.

MANQUE de service de la part de tout individu chargé, comme membre de compagnie ou individuellement, de four-nitures, d'entreprises ou régie, pour le compte des armées de terre et de mer.

Si ce service a manqué de sa part, sans qu'il ait été contraint par force majeure, il sera puni de la *réclusion* et d'une *amende* qui ne pourra excéder le quart des dommages-intérêts, ni être au-dessous de cinq cents francs ; le tout sans préjudice de peines plus fortes en cas d'intelligence avec l'ennemi. *Code pénal*, art. 430.

MARCHANDISES liquides de toute espèce, confiées à des voituriers ou bateliers pour leur transport, et qui auront été par eux ou leurs préposés altérées, les uns ou les autres seront punis de la peine de la *réclusion*, s'ils ont commis l'altération par mélange de substances malfaisantes.

S'il n'y a pas eu mélange de substances malfaisantes, la peine sera d'un *emprisonnement* d'un mois à un an, et d'une *amende* de seize francs à cent francs. *Code pénal*, art. 387.

MARCHANDISES ou matières servant à fabrication, volontairement gâtées à l'aide d'une liqueur corrosive, ou par tout autre moyen ; quiconque sera coupable de ce fait, sera puni d'un *emprisonnement* d'un mois à deux ans, et d'une *amende* qui ne pourra excéder le quart des dommages-intérêts, ni être moindre de seize francs.

Si le délit a été commis par un ouvrier ou par un commis de la maison de commerce, l'*emprisonnement* sera de deux à cinq ans, sans préjudice de l'amende, ainsi qu'il vient d'être dit. *Code pénal*, art. 443.

MARCHÉS à terme d'effets publics. *V.* Paris.

MARI sera toujours le maître d'arrêter l'effet de l'emprisonnement auquel aura été condamnée la femme convaincue d'adultère, en consentant à reprendre sa femme. *Code pénal*, art. 337.

MARI (le) qui aura entretenu une concubine dans la maison conjugale, et qui en aura été convaincu sur la plainte de la femme, sera puni d'une *amende* de cent francs à deux mille francs. *Code pénal*, art. 339.

MARIAGE existant encore, quiconque en aura contracté un autre, sera puni de la peine des *travaux forcés à temps*.

L'officier public qui aura prêté son ministère à ce mariage, connaissant l'existence du précédent, sera condamné à la même peine. *Code pénal*, art. 340.

MARIÉ étant encore engagé dans les liens du mariage, qui en aura contracté un autre avant la dissolution du précédent, sera puni de la peine des *travaux forcés à temps*.

L'officier public qui aura prêté son ministère à ce mariage, connaissant l'existence du précédent, sera condamné à la même peine. *Code pénal*, art. 340.

MARQUES destinées à être apposées au nom du gouvernement sur les diverses espèces de denrées ou de marchandises contrefaites ; ceux qui les auront contrefaites ou qui auront fait usage de ces fausses marques, seront punis de la *réclusion*. *Code pénal*, art. 142. *V*. Dispositions communes aux faux.

MARQUE, sceau, timbre d'une autorité quelconque, ou d'un établissement particulier de banque ou de commerce, contrefaits ; ceux qui seront convaincus d'avoir fait usage de ces sceaux, timbre et marque, seront punis de la *réclusion*. *Code pénal*, art. 142. *V*. Quiconque s'étant indûment procuré les vrais sceaux. *V*. Dispositions communes aux faux.

MARQUE ; quand sera appliquée aux faussaires. *V*. Dispositions communes aux faux.

MARTEAUX servant aux marques forestières, contrefaits ou falsifiés, et usage qui en aura été fait. *V*. Ceux qui auront contrefait.

MATÉRIAUX entreposés dans les rues et les places qu'on aura négligé d'éclairer ; cette contravention sera punie d'une *amende* de un franc à cinq francs. *Code pénal*, art. 471.

La peine d'*emprisonnement* pour le délit mentionné ci-dessus, aura toujours lieu en cas de récidive, pendant trois jours au plus. *Art*. 174 *idem*.

Il y a récidive lorsqu'il a été rendu contre le contrevenant dans les douze mois précédens, un premier jugément pour contravention de police , commise dans le ressort du même tribunal. *Art.* 485 *idem.*

MATÉRIAUX ou choses quelconques laissés , sans nécessité , sur la voie publique qui l'embarrassent, empêchent ou diminuent la liberté ou la sûreté du passage; ce délit sera puni d'une *amende* de un franc à cinq francs. *Code pénal*, art. 471.

La peine de *l'emprisonnement* pour délit mentionné ci-dessus , aura toujours lieu en cas de récidive pendant trois jours au plus. *Art.* 174 *idem.*

Il y a récidive lorsqu'il a été rendu contre le contrevenant , dans les douze mois précédens , un premier jugement pour contravention de police, commise dans le ressort du même tribunal. *Art.* 485 *idem.*

MATIÈRES ou marchandises servant à fabrication , volontairement gâtées à l'aide d'une liqueur corrosive ou par tout autre moyen ; quiconque se sera rendu coupable de ce fait, sera puni d'un *emprisonnement* d'un mois à deux ans , et d'une *amende* qui ne pourra excéder le quart des dommages-intérêts , ni être moindre de seize francs.

Si le délit a été commis par un ouvrier de la fabrique , ou par un commis de la maison de commerce , *l'emprisonnement* sera de deux à cinq ans, sans préjudice de l'amende, ainsi qu'il vient d'être dit. *Code pénal*, art. 443.

MÉDECINS , chirurgiens et autres officiers de santé , ainsi que les pharmaciens qui auront indiqué ou administré à une femme enceinte les moyens de la faire avorter , seront condamnés à la peine des *travaux forcés à temps*, dans le cas où l'avortement aurait eu lieu. *Code pénal*, art. 317.

MÉDECINS, (les) chirurgiens et autres officiers de santé, ainsi que les pharmaciens, les sages-femmes et toutes autres personnes dépositaires, par état ou profession, des secrets qu'on leur confie , qui , hors le cas où la loi les oblige à se porter dénonciateurs , auront révélé ces secrets , seront punis d'un *emprisonnement* d'un mois à six mois et d'une *amende* de cent francs. *Code pénal*, art. 378.

MÉDECIN, (tout) chirurgien ou autre officier de santé qui , pour favoriser quelqu'un , certifiera faussement des maladies ou infirmités propres à dispenser d'un service public , sera puni d'un *emprisonnement* de deux à cinq ans ; s'il a été mu par dons ou promesses, il sera puni du *bannissement* : les corrupteurs seront, en ce cas, punis de la même peine. *Code pénal*, art. 160. *V.* Dispositions communes aux faux.

MENACES d'attentats contre la vie des personnes. Quiconque aura menacé, par écrit anonyme ou signé, d'assassinat, d'empoisonnement, ou de tout autre attentat contre les personnes, qui serait punissable de la peine de mort, des travaux forcés à perpétuité, ou de la déportation, sera puni de la peine des *travaux forcés à temps*, dans le cas où la menace aurait été faite avec ordre de déposer une somme d'argent dans un lieu indiqué, ou de remplir toute autre condition. *Code pénal*, art. 305.

Si cette menace n'a été accompagnée d'aucun ordre ou condition, la peine sera d'un *emprisonnement* de deux ans au moins, et de cinq ans au plus, et d'une *amende* de cent francs à six cents francs. *Art.* 306 *idem.*

Si la menace, faite avec ordre ou sous condition, a été verbale, le coupable sera puni d'un *emprisonnement* de six mois à deux ans, et d'une *amende* de vingt-cinq francs à trois cents francs. *Art.* 307 *idem.*

Dans les cas prévus par les deux précédens articles, le coupable pourra de plus être mis, par l'arrêt ou le jugement, sous la surveillance de la haute police, pour cinq ans au moins et dix ans au plus. *Art.* 308 *idem.*

Si les menaces ont été faites en réunion séditieuse, avec rébellion ou pillage, elles seront imputables aux chefs, auteurs ou instigateurs et provocateurs de ces réunions, rébellions ou pillages qui en seront punis comme coupables et condamnés aux mêmes peines que ceux qui les auront personnellement commis. *Art.* 313 *idem.*

De telles menaces, lorsqu'elles sont écrites, annoncent un dessein prémédité de faire le mal ; le plus souvent l'écrit où elles se trouvent contient un ordre, par exemple, de déposer une somme d'argent dans un lieu indiqué. Quel que soit l'ordre, la loi punit le crime de la même peine que le vol avec violence. N'est-ce pas en effet un crime semblable ? La personne menacée est dans une situation d'autant plus critique qu'elle ne peut pas se mettre continuellement en garde, et qu'elle craint toujours que si elle n'obéit point à l'ordre, tôt ou tard, et au moment où elle y songera le moins, elle ne finisse par être victime du crime dont elle est menacée. La terreur que ces menaces inspirent ne nuit pas seulement à la tranquillité de la personne qui en est l'objet, elle est partagée par beaucoup d'autres qui redoutent pour eux le même sort.

Ce qu'on vient de dire trouve également son application, si l'écrit au lieu de contenir l'ordre de déposer une somme, contient celui de remplir une condition ; en ce dernier cas, il y a toujours violence, et violence préméditée avec dessein d'obtenir ce qu'on n'a pas le droit d'exiger.

Lorsque la menace écrite n'a été accompagnée d'aucun ordre ou condition, on ne peut l'attribuer qu'au désir de répandre l'effroi sans aucun but de s'approprier le bien d'autrui. Le coupable doit être puni ; mais il ne le sera que de peines de police correctionnelle. Ce délit est en effet bien moins grave que le premier.

La loi veut aussi que des peines de police correctionnelles soient prononcées, quoique les menaces soient verbales, toutes les fois qu'elles seront accompagnées d'un ordre ou condition. Les menaces verbales seront moins punies que les menaces écrites, parce que le coupable agissant plus à découvert, il est moins difficile de se mettre en garde contre lui ; que dès lors elles excitent une crainte moins forte ; que d'un autre côté la préméditation n'est pas nécessairement attachée aux menaces verbales, comme elle l'est aux menaces écrites.

A l'égard des menaces verbales, qu'aucun ordre ni condition n'auront accompagnées, nulle peine n'est établie. On a considéré qu'étant dénuées de tout intérêt, elles peuvent être le résultat d'un mouvement subit produit par la colère, et dissipé bientôt par la réflexion.

Dans les deux cas où la menace est punie correctionnellement, les coupables peuvent être mis sous la surveillance de la haute police. Cette faculté laissée aux juges, leur impose le devoir d'examiner jusqu'à quel point les individus sont dangereux, soit par leur vie habituelle, soit par leurs liaisons.

MENACE d'incendier une habitation ou toute autre propriété, sera punie de la peine portée contre la menace d'assassinat et d'après les distinctions établies par les art. 305, 306 et 307. *Code pénal*, art. 435. *V.* **Menace** d'attentat contre la vie des personnes.

MENDIANS ou vagabonds qui auront subi leurs peines, demeureront ensuite à la disposition du gouvernement. *Code pénal*, art. 282.

MENDIANS ou vagabonds porteurs de faux certificats, faux passe-ports ou fausses feuilles de route, les peines applicables à ces délits seront toujours pour eux portées au *maximum*. *Code pénal*, art. 281.

MENDIANT (tout) ou vagabond qui aura commis un crime emportant la peine des travaux forcés à temps, sera en outre *marqué*. *Code pénal*, art. 280.

MENDIANT ou vagabond qui aura exercé quelqu'acte de violence que ce soit envers les personnes, sera puni de la *réclusion*, sans préjudice de peines plus fortes, s'il y a lieu, à raison du genre et des circonstances de la violence. *Code pénal*, art. 279.

MENDIANT (tout) ou vagabond qui sera trouvé porteur d'un ou plusieurs effets d'une valeur supérieure à cent francs, et qui ne justifiera point d'où ils lui proviennent, sera puni d'un *emprisonnement* de six mois à deux ans. *Code pénal*, art. 278.

(192)

MENDIANT (tout) ou vagabond qui aura été saisi travesti d'une manière quelconque,

Ou porteur d'armes, bien qu'il n'en ait usé ni menacé,

Ou muni de limes, crochets ou autres instrumens propres
soit à commettre des vols ou d'autres délits, soit à lui procurer les moyens de pénétrer dans les maisons,

Sera puni de deux à cinq ans d'*emprisonnement*. *Code
pénal*, art. 277.

MENDIANT dans un lieu pour lequel il existera un établissement public organisé afin d'obvier à la mendicité,
sera puni de trois à six mois d'*emprisonnement*, et sera, après
l'expiration de sa peine, conduit au dépôt de mendicité. *Code
pénal*, art. 274.

Dans les lieux où il n'existe point encore de tels établissemens, les mendians d'habitude valides seront punis d'un
mois à trois mois d'*emprisonnement*.

S'ils ont été arrêtés hors du canton de leur résidence, ils
seront punis d'un *emprisonnement* de six mois à deux ans.
Art. 275 *idem*.

Tous mendians, même invalides, qui auront usé de menaces ou seront entrés sans permission du propriétaire ou
des personnes de sa maison, soit dans une habitation, soit
dans un enclos en dépendant,

Ou qui feindront des plaies ou infirmités,

Ou qui mendieront en réunion, à moins que ce ne soit le
mari et la femme, le père ou la mère et les jeunes enfans,
l'aveugle et son conducteur,

Seront punis d'un *emprisonnement* de six mois à deux ans.
Art. 276 *idem*.

MENDICITÉ. Toute personne qui aura été trouvée mendiant dans un lieu où il existera un établissement public organisé, afin d'obvier à la mendicité, sera punie de trois à
six mois d'*emprisonnement*, et sera, après l'expiration de
sa peine, conduite au dépôt de la mendicité. *Code pénal*,
art. 274.

Dans les lieux où il n'existe point encore de tels établissemens, les mendians d'habitude valides seront punis d'un
mois à trois d'*emprisonnement*.

S'ils ont été arrêtés hors du canton de leur résidence, ils
seront punis de six mois à deux ans. *Art*. 275 *idem*.

Tous mendians, même invalides, qui auront usé de menaces ou seront entrés sans permission du propriétaire ou

dès personnes de sa maison, soit dans une habitation, soit dans un enclos en dépendant,

Ou qui feindront des plaies ou infirmités,

Ou qui mendieront en réunion, à moins que ce ne soit le mari et la femme, le père ou la mère et les jeunes enfans, l'aveúg leet son conducteur,

Seront punis d'un *emprisonnement* de six mois à deux ans. *Art.* 276 *idem*.

MÉSURES et poids prohibés. *V.* Vendeur.

MESURES contraires aux lois, concertées et pratiquées soit par la réunion d'individus ou de corps dépositaires de quelque partie de l'autorité publique, soit par députation ou correspondance entre eux', la peine sera d'un *emprisonnement* de deux mois au moins et de six mois au plus contre chaque coupable, qui pourra de plus être condamné à l'interdiction des droits civiques, et de tout emploi public, pendant dix ans au plus. *Code pénal*, art. 23.

Si par l'un des moyens exprimés ci-dessus, il a été concerté des mesures contre l'exécution des lois ou contre les ordres du gouvernement, la peine sera le *bannissement*.

Si ce concert a eu lieu entre les autorités civiles et les corps militaires ou leurs chefs, ceux qui en seront les auteurs et provocateurs seront punis de la *déportation*; les autres coupables seront *bannis*. *Art.* 124 *idem*.

Dans le cas où ce concert aurait eu pour objet ou résultat un complot attentatoire à la sûreté intérieure de l'État, les coupables seront punis de *mort*, et *leurs biens seront confisqués*. *Art.* 125 *idem*.

MEULES de grains faisant partie de récolte volées dans les champs; les coupables seront punis de la peine de la *réclusion*. *Code pénal*, art. 388.

MEURTRE est tout homicide commis volontairement. *Code pénal*, art. 295.

Le meurtre emportera la peine de *mort* lorsqu'il aura précédé, accompagné ou suivi un autre crime ou délit.

En tout autre cas, le coupable de meurtre sera puni de la peine des *travaux forcés à perpétuité*. *Art.* 304 *idem*.

MEURTRE d'un nouveau né, est appelé infanticide. *Code pénal*, art. 300.

L'infanticide est puni de *mort*. *Art.* 302 *idem*.

MEURTRE commis par l'époux sur l'épouse, ou par celle-ci sur son époux n'est pas excusable, si la vie de l'époux ou de l'épouse qui a commis le meurtre n'a pas été mise en péril dans le moment même où le meurtre a eu lieu.

Néanmoins dans le cas d'adultère, prévu par l'art. 336 (*V.* Adultère) le meurtre commis par l'époux sur son épouse, ainsi que sur le complice, à l'instant où il les surprend en flagrant délit dans la maison conjugale, est excusable. *Code pénal*, art. 324.

MEURTRE, ainsi que les blessures et les coups sont excusables, s'ils ont été commis en repoussant le jour l'escalade ou l'effraction des clôtures, murs ou entrées d'une maison ou d'un appartement habité ou de leurs dépendances.

Si le fait est arrivé pendant la nuit, il n'y a ni crime ni délit aux termes de l'art. 329. *Code pénal*, art. 322.

MEURTRES (les), ainsi que les blessures et les coups sont excusables, s'ils ont été provoqués par des coups ou violences graves envers les personnes. *Code pénal*, art. 321.

MEURTRE des pères ou mères légitimes, naturels ou adoptifs, ou de tout autre ascendant légitime, est qualifié de parricide. *Code pénal*, art. 299.

Le coupable de ce crime sera puni de *mort* sans préjudice de la disposition contenue en l'article 13. *Art.* 302 *idem. V.* Parricide.

Ce crime, même- commis sans préméditation, ni guet-apens, révolte tellement la nature que, loin de pouvoir être puni d'une peine moindre que l'assassinat, il mérite une peine plus forte ; aussi est-il dit qu'avant d'être exécuté, le coupable aura le point droit coupé.

La loi nouvelle assimile les pères et mères adoptifs aux pères et mères légitimes, parce que le Code Napoléon a consacré cette assimilation par diverses dispositions, et entr'autres parce qu'il accorde à l'adopté sur la succession de l'adoptant, les mêmes droits que ceux qui appartiennent à l'enfant né en mariage.

MINE dont l'effet aura été de détruire des édifices, navires ou bateaux, les coupables seront punis de la peine de *mort. Art.* 435.

MINISTRE qui aura ordonné ou fait des actes arbitraires et attentatoires soit à la liberté individuelle, soit aux droits civiques d'un ou de plusieurs citoyens, soit aux constitutions de l'Empire, si, après les invitations mentionnées dans les articles 63 et 67 du sénatus-consulte du 28 floréal an 12, il a refusé ou négligé de faire réparer ces actes dans les délais fixés par ledit sénatus-consulte, il sera puni du *bannissement. Code pénal*, art. 115.

Si les ministres prévenus d'avoir ordonné ou autorisé l'acte contraire aux constitutions, prétendent que la signature à eux imputée leur a été surprise, ils seront tenus, en faisant cesser l'acte, de dénoncer celui qu'ils déclareront auteur de la surprise, sinon ils seront poursuivis personnellement. *Art.* 116 *idem.*

Si l'acte contraire aux constitutions a été fait d'après une fausse signature du nom d'un ministre ou d'un fonctionnaire public, les auteurs du faux et ceux qui en auront sciemment fait usage seront punis des *travaux forcés à temps*, dont le *maximum* sera toujours appliqué dans ce cas. *Art.* 118 *idem.*

MINISTRE (tout) d'un culte qui procédera aux cérémonies religieuses d'un mariage sans qu'il lui ait été justifié d'un acte de mariage préalablement reçu par les officiers de l'Etat civil, sera, pour la première fois, puni d'une *amende* de seize à cent francs. *Code pénal*, art. 199.

En cas de nouvelle contravention de l'espèce exprimée en l'article précédent, le ministre de culte qui les aura commises sera puni, savoir :

Pour la première récidive, d'un *emprisonnement* de deux à cinq ans ;

Et pour la seconde de la *déportation. Art.* 200 *idem.*

MINISTRES (les) des cultes qui prononceront, dans l'exercice de leur ministère et en assemblée publique, un discours contenant la critique ou censure du gouvernement, d'une loi, d'un décret impérial ou de tout autre acte de l'autorité publique, seront punis d'un *emprisonnement* de trois mois à deux ans. *Code pénal*, art. 201.

Si le discours contient une provocation directe à la désobéissance aux lois ou autres actes de l'autorité publique, ou s'il tend à soulever ou à armer une partie des citoyens contre les autres, le ministre du culte qui l'aura prononcé sera puni d'un *emprisonnement* de deux à cinq ans, si la provocation n'a été suivie d'aucun effet ; et du *bannissement,* si elle a donné lieu à désobéissance, autre toutefois que celle qui aurait dégénéré en sédition ou révolte. *Art.* 202 *idem.*

Lorsque la provocation aura été suivie d'une sédition ou révolte dont la nature donnera lieu contre l'un ou plusieurs des coupables à une peine plus forte que celle du bannissement, cette peine, quelle qu'elle soit, sera appliquée au ministre coupable de la provocation. *Art.* 203. *V.* Écrit.

MINISTRE (tout) d'un culte qui aura, sur des questions en matières religieuses, entretenu une correspondance avec une cour ou puissance étrangère, sans en avoir préalablement informé le ministre de l'Empereur, chargé de la surveillance des cultes, et sans avoir obtenu son autorisation, sera, pour ce seul fait, puni d'une *amende* de cent à cinq cents francs, et d'un *emprisonnement* d'un mois à deux ans. *Code pénal*, art. 207.

Si la correspondance mentionnée en l'article précédent, a été accompagnée ou suivie d'autres faits contraires aux dispositions formelles d'une loi, ou du décret de l'Empereur, le coupable sera puni du *bannissement*, à moins que la peine, résultant de la nature de ces faits, soit plus forte, auquel cas cette peine plus forte sera seule appliquée. *Art.* 208 *idem.*

MINISTRES des cultes ; de leurs crimes et délits dans l'exercice de leur ministère. *V.* Crimes et Délits.

Ministres des cultes qui se seront permis le viol ou tout autre attentat à la pudeur, avec violence, seront punis de la peine des *travaux forcés à perpétuité. Code pénal*, art. 333.

MINUTES, actes ou registres, originaux de l'autorité publique, titres, billets, lettres de change, effets de commerce ou de banque, contenant ou opérant obligation, disposition ou décharge, volontairement brûlés ou détruits d'une manière quelconque, le coupable sera puni ainsi qu'il suit :

Si les pièces détruites sont des actes de l'autorité publique, ou des effets de commerce ou de banque, la peine sera la *reclusion ;*

S'il s'agit de toute autre pièce, le coupable sera puni d'un *emprisonnement* de deux ans, et d'une *amende* de cent francs à trois cents francs. *Code pénal*, art. 439.

MONNAIE altérée. *V.* Quiconque aura contrefait.

MORT ou blessure des animaux ou bestiaux appartenant à autrui, occasionnée par la divagation des fous ou furieux, ou d'animaux malfaisans ou féroces, ou par la rapidité ou mauvaise direction, ou chargement excessif des voitures, chevaux, bêtes de trait, de charge ou de monture.

Ceux qui auront occasionné les mêmes dommages par l'emploi ou l'usage d'armes, sans précaution ou avec maladresse, ou par jet de pierre ou d'autres corps durs.

Ceux qui auront causé les mêmes accidens par la vétusté, la dégradation, le défaut de réparation ou d'entretien des maisons ou édifices, ou par l'encombrement ou excava-

tion , ou telles autres œuvres dans ou près les rues, chemins, places ou vo es publiques, sans les précautions ou
signaux ordonnés ou d'usage , seront punis d'une *amende*
de onze à quinze francs inclusivement. *Code pénal* , art. 479.

Pourra , selon les circonstances , être prononcé la peine
d'*emprisonnement* pendant cinq jours , contre ceux qui auront occasionné la mort ou la blessure des animaux ou bestiaux appartenant à autrui. *Art.* 480 *idem.*

La peine d'*emprisonnement* pendant cinq jours au plus ,
aura toujours lieu pour récidive. *Art.* 482 *idem.*

Il y a récidive lorsqu'il a été rendu contre le contrevenant , dans les douze mois précédens , un premier jugement pour contravention de police , commise dans le ressort du même tribunal. *Art.* 483 *idem.*

MORT (la) prononcée par jugement criminel , est une
peine afflictive et infamante en même temps. *Code pénal,*
art. 7.

L'assemblée constituante avait réduit la peine de mort à la simple
privation de la vie; en applaudissant à cette mesure, on a cè-
pendant pensé qu'elle devait éprouver une légère dérogation , pour
un crime qu'on n'a pas pu se dispenser de prévoir, puisqu'il n'a
pas été malheureusement permis de le regarder comme impossible,
pour le *parricide*. Puissent les siècles à venir n'avoir plus à rougir
de cet horrible forfait. *V.* CONDAMNATION.

MORT d'enfant par suite d'exposition et délaissement
qui en aurait été fait. *V.* EXPOSITION.

MOTEURS ou chefs de coalition de la part des ouvriers
pour faire cesser en même temps de travailler, interdire
le travail dans un atelier, empêcher de s'y rendre et d'y
rester avant ou après de certaines heures ; et en général ,
pour suspendre , empêcher , enchérir les travaux; s'il y a
eu tentative ou commencement d'exécution, seront punis
d'un *emprisonnement* de deux ans à cinq ans. *Code pénal,*
art. 415. *V.* au surplus COALITION.

MOTEURS d'opposition à confection de travaux autorisés par le gouvernement ; leur peine. *V.* OPPOSITION.

MOUTONS tués sans nécessité. *V.* CHEVAUX.

MOUTONS empoisonnés. *V.* EMPOISONNEMENT.

MUNITIONS , armes, instrumens de crimes , logement ,
retraite ou lieu de réunion fournis aux bandes d'association
de malfaiteurs; ceux qui leur auront fait sciemment et volontairement ces fournitures , seront punis de la *reclusion.*
Code pénal , art. 268.

MUTILATION d'enfant par suite d'exposition et délaissement qui en aurait été fait. *V.* EXPOSITION.

MUTILATION d'arbres. *V.* ARBRES abattus.

N.

NAUFRAGES, accidens, tumultes, inondation, incendie, ou autres calamités et accidens, refus ou négligence de prêter les secours nécessaires. *V.* REFUS.

NAVIRES, bâteaux ou édifices qui auront été détruits par l'effet d'une mine ; les coupables seront punis de la peine de *mort. Code pénal*, art. 425.

NAVIRES, édifices, bâteaux, magasins, chantiers, forêts, bois taillis ou récoltes, soit sur pied, soit abattus, soit aussi que les bois soient en tas ou en cordes, et les récoltes en tas ou en meules, auxquels on aura volontairement mis le feu ; celui qui l'y aura mis, ou à des matières combustibles, placées de manière à mettre le feu à ces choses ou à l'une d'elles, sera puni de la peine de *mort. Code pénal*, art. 434.

NÉGLIGENCE ou refus de faire les travaux, le service, ou de prêter le secours dont on aura été requis dans les circonstances d'accidens, tumultes, naufrage, inondation, incendie, ou autres calamités, ainsi que dans les cas de brigandages, pillages, flagrant délit, clameur publique ou d'exécution incendiaire, seront punis d'une *amende* de six francs jusqu'à dix francs inclusivement. *Code pénal*, art. 475.

La peine de l'*emprisonnement* pendant cinq jours au plus, sera toujours prononcée en cas de récidive. *Art.* 478 *idem.*

Il y a récidive lorsqu'il a été rendu contre le contrevenant, dans les douze mois précédens, un premier jugement pour contravention de police, commise dans le ressort du même tribunal. *Art.* 483 *idem.*

NÉGLIGENCE des aubergistes et autres obligés à l'éclairage, sera punie d'une *amende* de un franc à cinq francs inclusivement. *Code pénal*, art. 471.

La peine d'*emprisonnement* pour le délit ci-dessus, aura toujours lieu en cas de récidive, pendant trois jours au plus. *Art* 474 *idem.*

Il y a récidive lorsqu'il a été rendu contre le contreve-

nant, dans les douze mois précédens, un premier jugement pour contravention de police, commise dans le ressort du même tribunal. *Art.* 485 *idem.*

NÉGLIGENCE ou refus d'exécuter les règlemens ou arrêts concernant la petite voierie, ou d'obéir à la sommation émanée de l'autorité administrative de réparer ou
démolir les édifices menaçant ruine, seront punis d'une
amende de un franc à cinq francs inclusivement. *Code
pénal*, art. 471.

La peine d'*emprisonnement* pour délit mentionné en
l'article ci-dessus, aura toujours lieu en cas de récidive,
pendant trois jours au plus. *Art.* 474 *idem.*

Il y a récidive lorsqu'il a été rendu contre le contrevenant, dans les douze mois précédens, un premier jugement
pour contravention de police, commise dans le ressort du
même tribunal. *Art.* 485 *idem.*

NÉGLIGENCE ou refus de fonctionnaires publics, chargés de la police administrative ou judiciaire, de déférer à
une réclamation légale tendant à constater les détentions
illégales et arbitraires, soit dans les maisons destinées à la
garde des détenus, soit partout ailleurs, et qui ne justifieront pas les avoir dénoncées à l'autorité supérieure, seront punis de la *dégradation civique*, et tenus des dommages-intérêts, lesquels seront réglés comme il est dit dans
l'article 117. *Code pénal*, art. 119. *V.* DOMMAGES-INTÉRÊTS.

NÉGLIGENCE d'où sera résulté un homicide involontaire, sera punie d'un *emprisonnement* de trois mois à deux
ans, et d'une *amende* de cinquante francs à six cents francs.
Code pénal, art. 319.

S'il n'en est résulté que des blessures ou coups, l'*emprisonnement* sera de six jours à deux mois, et l'*amende* de
seize francs à cent francs. *Art.* 320 *idem.*

NETTOYAGE, réparations ou entretien des fours, cheminées ou usines négligés ; ceux qui seront coupables de
cette négligence, seront punis d'une *amende* d'un franc à
cinq francs inclusivement. *Code pénal*, art. 471.

La peine d'*emprisonnement* contre toutes personnes
mentionnées en l'article ci-dessus, aura toujours lieu pour
récidive, pendant trois jours au plus. *Art.* 474 *idem.*

Il y a récidive lorsqu'il a été rendu contre le contrevenant, dans les douze mois précédens, un premier jugement
pour contravention de police, commise dans le ressort du
même tribunal. *Art.* 485 *idem.*

NETTOIÉMENT des rues , ou passage dans les communes où ce soin est laissé à la charge des habitans ; ceux q i l'auro t négligé, seront punis d'une *amende* d'un franc à cinq francs. *Code pénal,* art. 471.

La peine d'*emprisonnement* pour le délit ci-dessus, aura toujours lieu , en cas de récidive , pendant trois jours au plus. *Art. 474 idem.*

Il y a réci ive lorsqu'il a été rendu contre le contrevenant , dans les douze mois précédens, un premier jugement pour contravention de police, commise dans le ressort du même tribunal. *Art.* 485 *idem.*

NOM supposé en passe-port ; sa peine. *V.* QUICONQUE.

NON-RÉVÉLATION de fabrique ou dépôt de monnaies d'or, d'argent, billon en cuivre ayant cours légal en France, contref ites ou altérées; sa peine. *V.* CEUX QUI AURONT EU CONNAISSANCE.

NOTAIRES auxquels on aura enlevé des pièces ou actes dont ils doivent être ou auront été rendus dépositaires ; leurs peines. *V.* ENLÈVEMENT.

O.

OBSERVATIONS générales applicables à toutes les parties du Code pénal.

A l'égard du g and nombre de délits de police correctionnelle que le Code a prévus, il est facile de concevoir que plus d'une fois des actes qualifiés dé its , seront accompagnés de circonstances particulières, qui, loin de les aggraver les atténueront sensiblement. La justice reconnaîtra peut-être en même temps que le dommage éprouvé par la personne lésée est extrêmement modique; il pourrait des lois en résulter que le *minimum* de la peine déterminée par la loi, pour le cas général, serait trop fort, et que les juges se trouveraient placés dans l'alternative fâcheuse d'user envers le coupable d'une rigueur dont l'excès leur paraîtrait injuste, ou de le renvoyer absous, en sacrifiant le devoir du magistrat à un sentiment inspiré par l'humanité.

Une disposition porte que, si le préjudice n'excède pas vingt-cinq francs, et que les circonstances paraissent atténuantes, les juges sont autorisés à réduire l'emprisonnement et l'amende même jusqu'au *minimum* des peines de police : au moyen de cette précaution, la conscience du juge sera rassurée, et la peine sera proportionnée au délit.

Il n'était pas possible d'établir une règle semblable à l'égard des crimes. Tout crime emporte peine afflictive ou infamante , mais tout crime n'emporte pas la même espèce de peine , tandis qu'en matière de délits de police correctionnelle, la peine est toujours soit l'emprisonnement, soit l'amende, soit l'une et l'autre ensemble.

Cela posé , la réduction des peines de police correctionnelle ne frappe que sur la quotité de l'amende et sur la durée de l'emprisonnement. Au contraire, les peines établies pour les crimes étant de différentes espèces, il faudrait, lorsqu'un crime serait atténué par quelque circonstance qui porterait le juge à considérer la peine comme trop rigoureuse, quant à son espèce, il faudrait, disons-nous, que le juge fût autorisé à changer l'espèce de peine et à descendre du degré fixé par la loi à un degré inférieur; par exemple, à prononcer la reclusion au lieu des travaux forcés à temps, ou bien à substituer le carcan à la reclusion. Ce changement, cette substitution ne serait pas une réduction de peine proprement dite, elle serait une véritable commutation de peine: or, le droit de commutation de peine est placé par la constitution dans les attributions du souverain; il fait partie du droit de faire grace : c'est au souverain seul qu'il appartient de décider en matière de crimes, si telle circonstance vérifiée au procès est assez atténuante pour justifier une commutation. La seule exception laissée au pouvoir judiciaire est dans les cas d'excuse; encore faut il que le fait allégué pour excuse soit admis comme tel par la loi avant qu'on puisse descendre, en cas de preuve, à une peine inférieure.

Il résulte de ces observations, qu'en fait de peine afflictive ou infamante, le juge doit se renfermer dans les limites que la loi lui a tracées ; qu'il ne peut dire que la faute est excusable que lorsque la loi a prévu formellement les circonstances sur lesquelles l'excuse est fondée, et que toute application d'une peine inférieure à celle fixée par la loi, est un acte de clémence qui ne peut émaner que du prince, unique source de toutes les grâces.

OFFICIERS de santé, médecins ou chirurgiens, ainsi que les pharmaciens, les sages-femmes et toutes autres personnes dépositaires, par état ou profession, des secrets qu'on leur confie, qui, hors les cas où la loi les oblige à se porter dénonciateurs, auront révélé ces secrets, seront punis d'un *emprisonnement* d'un mois à six mois, et d'une *amende* de cent francs à cinq cents francs. *Code pénal*, art. 378.

OFFICIER public qui aura prêté son ministère pour un second mariage, le précédent subsistant encore, et le sachant, sera condamné à la peine des *travaux forcés à temps*. *Code pénal*, art. 340.

OFFICIERS de santé, médecins, chirurgiens ou pharmaciens qui auront indiqué ou administré à une femme enceinte les moyens de se faire avorter, seront condamnés à la peine des *travaux forcés à temps*, dans le cas où l'avortement aurait eu lieu. *Code pénal*, art. 317.

OFFICIERS ministériels, agissant pour l'exécution des lois, des ordres ou ordonnances de l'autorité publique, des mandats de justice ou de jugemens, contre lesquels on se serait permis attaque ou résistance avec violence et voies de fait. *V.* RÉBELLION.

OFFICIERS ou fonctionnaires publics, qui auront participé à des crimes ou délits qu'ils étaient chargés de surveiller ou réprimer; comment seront punis. *V.* Dispositions particulières.

OFFICIERS (les) de l'état civil qui auront inscrit leurs actes sur de simples feuilles volantes, seront punis d'un *emprisonnement* d'un mois au moins et de trois mois au plus, et d'une *amende* de seize à deux cents francs. *Code pénal,* art. 192.

Lorsque pour la validité d'un mariage, la loi prescrit le consentement des pères et mères, ou autres personnes, et que l'officier de l'état civil ne se sera point assuré de l'existence de ce consentement, il sera puni d'une *amende* de seize à trois cents francs, et d'un *emprisonnement* de six mois au moins et d'un an au plus. *Art.* 193 *idem.*

L'officier de l'état civil sera aussi puni de seize à trois cents francs d'*amende*, lorsqu'il aura reçu, avant le terme prescrit par l'article 228 du Code Napoléon, l'acte de mariage d'une femme ayant déjà été mariée. *Art.* 194 *idem.*

Article 228 du Code Napoléon : « La femme ne peut
» contracter un nouveau mariage qu'après dix mois révolus
» depuis la dissolution du mariage précédent. »

Les peines portées aux articles précédens contre les officiers de l'état civil, leur seront appliquées, lors même que la nullité de leurs actes n'aurait pas été demandée ou aurait été couverte, le tout sans préjudice de peines plus fortes prononcées en cas de collusion, et sans préjudice aussi des autres dispositions pénales du tit. 5, du liv. 1er. du Code Napoléon. *Code pénal,* art. 195.

OFFICIER public, fonctionnaire, administrateur, agent du gouvernement ou de la police, exécuteur des mandats de justice ou jugemens, commandant en chef ou en sous-ordre de la force publique, qui aura, sans motif légitime, usé ou fait user de violence envers les personnes, dans l'exercice ou à l'occasion de l'exercice de ses fonctions, il sera puni selon la nature et la gravité de ses violences, et en élevant la peine suivant la règle posée par l'article 198 ci-après. *Code pénal,* art. 186. *V.* Dispositions particulières aux fonctionnaires et officiers publics qui auraient participé à des crimes ou délits qu'ils étaient chargés de surveiller ou de réprimer.

OFFICIER (tout) de justice ou de police , tout juge , tout procureur général ou impérial, tout substitut , tout administrateur qui se sera introduit dans le domicile d'un citoyen hors les cas prévus par la loi et sans les formalités qu'elle a prescrites , sera puni d'une *amende* de seize francs au moins et de deux cents francs au plus. *Code pénal,* art. 184.

OFFICIER (tout) public, tout fonctionnaire, tout agent du gouvernement, qui, soit ouvertement, soit par actes simulés, soit par interposition de personnes, aura pris ou reçu quelque intérêt que ce soit , dans les actes, adjudications, entreprises ou régies dont il a ou avait, au temps de l'acte, en tout ou en partie, l'administration ou la surveillance, sera puni d'un *emprisonnement* de six mois au moins et de deux ans au plus, et sera condamné à une *amende* qui ne pourra excéder le quart des restitutions et des indemnités , ni être au-dessous du douzième.

Il sera , de plus , déclaré à jamais incapable d'exercer aucune fonction publique.

La présente disposition est applicable à tout fonctionnaire ou agent du gouvernement, qui aura pris un intérêt quelconque dans une affaire dont il était chargé d'ordonnancer le paiement , ou de faire la liquidation. *Code pénal,* art. 175.

OFFICIERS (tous) publics ou fonctionnaires, leurs commis ou préposés, tous percepteurs des droits, taxes, contributions , deniers, revenus publics ou communaux et leurs commis ou préposés , qui se seront rendus coupables du crime de concussion , en ordonnant de percevoir, ou en exigeant ou recevant ce qu'ils savaient n'être pas dû , ou excéder ce qui était dû pour droits, taxes, contributions, deniers ou revenus, ou pour salaires ou traitemens, seront punis, savoir, les fonctionnaires ou officiers publics de la peine de la *reclusion,* et leurs commis ou préposés d'un *emprisonnement* de deux ans au moins et de cinq ans au plus.

Les coupables seront, de plus, condamnés à une *amende* dont le *maximum* sera le quart des restitutions et dommages-intérêts, et le *minimum* le douzième. *Code pénal,* art. 174.

OFFICIER (tout) ou fonctionnaire public, juge ou administrateur , qui aura détruit , supprimé , soustrait ou détourné les actes et titres dont il était dépositaire en cette qualité, ou qui lui aura été remis ou communiqués à raison de ses fonctions. sera puni des *travaux forcés à temps. Code pénal*, art. 173.

OFFICIER (tout) ou fonctionnaire public, qui, dans l'exercice de ses fonctions aura commis un faux,

Soit par fausses signatures,

Soit par altération des actes,

Soit par la supposition de personnes,

Soit par des écritures faites ou intercalées sur des registres ou d'autres actes publics, depuis leur confection ou clôture,

Seront punis des *travaux forcés à perpétuité. Code pénal*, art. 145.

Seront aussi punis des *travaux forcés à perpétuité*, tout fonctionnaire ou officier public qui, en rédigeant des actes de son ministère, en aura frauduleusement dénaturé la substance ou les circonstances, soit en écrivant des conventions autres que celles qui auraient été tracées ou dictées par les parties, soit en constatant comme vrais des faits faux, ou comme avoués des faits qui ne l'étaient pas. *Art.* 146 *idem.*

Celui qui aura fait usage de ces actes faux, sera puni des *travaux forcés à temps. Art.* 148 *idem.*

Sont exceptés des dispositions ci-dessus les faux commis dans les passe-ports et feuilles de route, sur lesquels il sera particulièrement statué ci-après. *Art.* 149 *idem. V.* Dispositions communes aux faux.

OFFICIERS publics (les) qui délivreront un passe-port à une personne qu'ils ne connaîtront pas personnellement, sans avoir fait attester ses noms et qualités par deux citoyens à eux connus, seront punis d'un *emprisonnement* d'un mois à six mois.

Si l'officier public, instruit de la supposition du nom, a néanmoins délivré le passe-port sous le nom supposé, il sera puni du *bannissement. Code pénal*, art. 155. *V.* Dispositions communes aux faux.

OFFICIER public étant instruit de la supposition de nom sous laquelle ou lui aurait demandé une feuille de route, et qui l'aura délivrée, sera puni; savoir,

Du *bannissement*, si la fausse feuille de route n'a eu pour objet que de tromper la surveillance de l'autorité publique;

De la *réclusion*, si le trésor public a payé au porteur de la fausse feuille des frais de route qui ne lui étaient pas dus, ou qui excédaient ceux auxquels il pouvait avoir droit, le tout néanmoins au-dessous de cent francs;

Et des *travaux forcés à temps* si les sommes reçues par le porteur de la feuille s'élèvent à cent francs ou au delà. *Code pénal*, art. 158. *V.* DISPOSITIONS communes aux faux.

OFFICIER de santé, médecin ou chirurgien qui, pour favoriser quelqu'un, certifiera faussement des maladies ou infirmités propres à dispenser d'un service public, sera puni d'un *emprisonnement* de deux à cinq ans.

S'il a été mu par dons ou promesses, il sera puni du *bannissement* : les corrupteurs seront, en ce cas, punis de la même peine. *Code pénal*, art. 160. *V.* DISPOSITIONS communes aux faux.

OFFICIERS publics, (les) les procureurs généraux et impériaux, leurs substituts et les juges qui auront retenus ou fait retenir un individu hors des lieux déterminés par le gouvernement ou par l'administration publique, ou qui auront traduit un citoyen devant une cour d'assises ou spéciale, sans qu'il ait été préalablement mis en accusation, seront punis de la *dégradation civique*. *Code pénal*, art. 122.

OFFICIERS de police, juges, procureurs généraux et impériaux ou leurs substituts, qui se seront immiscés dans l'exercice du pouvoir législatif, soit par des règlemens contenant des dispositions législatives, soit en arrêtant ou en suspendant l'exécution d'une ou de plusieurs lois, soit en délibérant sur le point de savoir si les lois seront publiées ou exécutées, seront coupables de forfaiture et punis de la *dégradation civique*. *Code pénal*, art. 127.

OFFICIERS de police judiciaire, procureurs généraux ou impériaux et leurs substituts et les juges qui auraient excédé leurs pouvoirs, en s'immiscant dans les matières attribuées aux autorités administratives, soit en faisant des règlemens sur ces matières, soit en défendant d'exécuter les ordres émanés de l'administration, ou qui, ayant permis ou ordonné de citer des administrateurs, pour raison de l'exercice de leurs fonctions, auraient persisté dans leurs jugemens ou ordonnances, nonobstant l'annulation qui en aurait été prononcée, ou le conflit qui leur en aurait été notifié, seront coupables de forfaiture et punis de la *dégradation civique*. *Code pénal*, art. 127.

OFFICIERS du ministère public ou de police qui auront requis ou donné des conclusions pour jugement rendu d'af-

faire portée devant les juges dont la revendication aura
été formellement faite par l'autorité administrative, et avant
la décision de l'autorité supérieure, seront punis des mêmes
peines que les juges.

Il en sera de même de ces officiers et de ceux de police
qui, lorsqu'il aura été, après une réclamation légale des
parties intéressées ou de l'autorité administrative, rendu, sans
autorisation du gouvernement, des ordonnances, ou décerné
des mandats contre ses agens ou préposés, auraient requis
lesdites ordonnances ou mandats. *V.* Juges qui sur la revendication.

OFFICIER de police judiciaire, (tout) tous procureurs
généraux ou impériaux, tous substituts, tous juges, qui auront provoqué, donné ou signé un jugement, une ordonnance ou un mandat, tendant à la poursuite personnelle ou
accusation, soit d'un ministre, soit d'un membre du sénat,
du conseil d'état ou du corps législatif, sans les autorisations
prescrites par les constitutions, ou qui, hors les cas de flagrant délit ou de clameur publique, auront, sans les mêmes
autorisations, donné ou signé l'ordre ou le mandat de saisir ou arrêter un ou plusieurs ministres, ou membres du sénat, du conseil d'état ou du corps législatif, seront, comme
coupables de forfaiture, punis de la *dégradation civique.*
Code pénal, art. 121.

OFFICIER, (tout) commandant ou sous-officier de la force
publique qui, après en avoir été légalement requis par l'autorité civile, aura refusé de faire agir la force à ses ordres,
sera puni d'un *emprisonnement* d'un mois à trois mois, sans
préjudice des réparations civiles qui pourraient être dues aux
termes de l'article 10 du présent Code. *Code pénal,* art. 234.
V. Condamnations aux peines.

OFFICIER ministériel, agent de la force publique, ou
citoyen chargé d'un ministère public, qui aura été frappé
par un individu sans armes, et sans qu'il en soit résulté de
blessures, pendant qu'il exerçait son ministère ou à cette occasion, cet individu sera puni d'un *emprisonnement* d'un
mois à six mois. *Code pénal,* art. 228 et 230.

Si les violences ont été la cause d'effusion de sang, blessures ou maladie, la peine sera la *réclusion*; si la mort s'en est
suivie dans les quarante jours, le coupable sera puni *de mort.*
Art. 231 *idem.*

Dans le cas même où ces violences n'auraient pas causé
d'effusion de sang, blessures ou maladie, les coups seront

punis de la *reclusion*, s'ils ont été portés avec préméditation ou guet-apens. *Art.* 232 *idem.*

Si les blessures sont du nombre de celles qui portent le caractère de meurtre, le coupable sera puni de *mort*. *Art.* 233 *idem.*

OFFICIER ministériel outragé dans l'exercice ou à l'occasion de l'exercice de ses fonctions. *V.* Outrage.

OFFICIER de police qui se seront rendus coupables de délits de police correctionnelle, de destruction, dégradation ou dommages, à quelque titre que ce soit, sera puni d'un *emprisonnement* d'un mois au moins, et d'un tiers au plus en sus de la peine la plus forte qui serait appliquée à un autre coupable du même délit. *Code pénal*, art. 462.

OPPOSITION à confection de travaux autorisés par le gouvernement.

Quiconque par des voies de fait, se sera opposé à la confection de ces travaux, sera puni d'un *emprisonnement* de trois mois à deux ans, et d'une *amende* qui ne pourra excéder le quart des dommages-intérêts, ni être au-dessous de seize francs.

Les moteurs subiront le *maximum* de la peine. *Code pénal*, art. 438.

ORGANISATION de bandes constituées, association de malfaiteurs, et crime. *V.* ASSOCIATION.

OUTRAGE public à la pudeur, sera puni d'un *emprisonnement* de trois mois à un an, et d'une *amende* de seize francs à deux cents francs. *Code pénal*, art. 330.

OUTRAGES et violences envers les dépositaires de l'autorité et de la force publique.

A cet égard il s'agissait de résoudre une grande question. Convenait-il de punir les outrages commis, même hors tout exercice de fonctions, de peines de différens ordres, graduées d'après la simple considération du rang plus ou moins élevé que les personnes outragées tiennent dans la société ?

En agitant cette question, on n'a pas tardé à reconnaître que l'application d'une telle idée serait impraticable; qu'en tarifant les peines selon le rang de l'offensé, cela irait à l'infini; qu'il faudrait aussi prendre en considération le rang de l'offenseur; enfin, l'on a reconnu que cela était moins utile que jamais dans un système qui, assignant à chaque classe de peines temporaires un *maximum* et un *minimum*, laissait à la justice une suffisante latitude pour varier la punition des outrages *privés* d'après la considération due aux personnes.

Il ne sera donc ici question que des seuls outrages qui compromettent la paix publique, c'est-à-dire, de ceux dirigés contre les fonctionnaires ou agens publics, dans l'exercice ou à l'occasion de l'exercice de leurs fonctions : dans ce cas, ce n'est plus seulement un particulier, c'est l'ordre public qui est blessé ; les peines peuvent changer de classe et de nature, parce que le délit en a changé lui-même, et que l'outrage dirigé contre l'homme de la loi, dans l'exercice de ses fonctions ou de son ministère, quoique conçu dans les mêmes paroles ou les mêmes gestes, est beaucoup plus grave que s'il était dirigé contre un simple citoyen.

La hiérarchique politique a été, dans ce cas, prise en considération. Celui qui se serait permis des outrages ou violences envers un officier ministériel, sera coupable sans doute, mais il aura commis un moindre scandale que lorsqu'il aura outragé un magistrat.

L'offense envers celui-ci peut même varier d'intensité, selon qu'elle est commise dans le sanctuaire même de la justice, ou ailleurs, mais toujours à l'occasion de ses fonctions.

Dans la classification de ces outrages, on a placé au moindre degré de l'échelle ceux qui sont commis pour gestes ou par menaces.

Les paroles outrageantes qui ont ordinairement un sens plus précis et mieux déterminé que de simples gestes ou menaces, sont un délit supérieur à celui-ci.

Au sommet de l'échelle viennent les coups qui, punissables envers tout citoyen, sont le comble de l'irrévérence envers les dépositaires de l'autorité.

D'après ces idées générales, la loi distribue des peines quelquefois correctionnelles, quelquefois afflictives.

A ces peines il pourra s'en joindre d'un ordre particulier, telles que les réparations par écrit ou à l'audience, l'éloignement, pendant un temps donné, du lieu où siége le magistrat offensé, et, en cas d'infraction de cette mesure, le bannissement.

Dans toutes ces dispositions, on a cherché, en observant d'ailleurs une juste gradation dans les peines, à faire respecter les organes de la justice et ses agens.

OUTRAGE fait à un magistrat de l'ordre administratif ou judiciaire dans l'exercice de ses fonctions, ou à l'occasion de cet exercice, par paroles, tendant à inculper son honneur ou sa délicatesse ; celui qui l'aura ainsi outragé sera puni d'un *emprisonnement* d'un mois à deux ans.

Si l'outrage a eu lieu à l'audience d'une cour ou d'un tribunal, l'*emprisonnement* sera de deux à cinq ans. *Code pénal*, art. 222.

L'offenseur pourra être, outre l'emprisonnement, condamné à faire réparation, soit à la première audience, soit par écrit, et le temps de l'emprisonnement prononcé contre lui ne sera compté qu'à dater du jour où la réparation aura eu lieu *Art.* 226 *idem.*.

OUTRAGE fait par gestes ou menaces à un magistrat dans l'exercice ou à l'occasion de l'exercice de ses fonctions, sera puni d'un mois à six mois d'*emprisonnement*, et si l'outrage a eu lieu à l'audience d'une cour ou d'un tribunal, il sera puni d'un *emprisonnement* d'un mois à deux ans. *Code pénal*, art. 223.

L'offenseur pourra être, outre l'emprisonnement, condamné à faire réparation , soit à la première audience , soit par écrit, et le temps de l'emprisonnement prononcé contre lui, ne sera compté qu'à dater du jour où la réparation aura eu lieu. *Art.* 226 *idem*. *V*. INDIVIDU qui même sans armes.

OUTRAGE fait par paroles, gestes ou menaces à tout officier ministériel, ou agent dépositaire de la force publique dans l'exercice ou à l'occasion de l'exercice de ses fonctions, sera puni d'une *amende* de seize à deux cents francs. *Code pénal*, art. 224.

La peine sera de six jours à un mois d'*emprisonnement*, si l'outrage mentionné en l'article précédent a été dirigé contre un commandant de la force publique. *Art.* 225 *idem*.

L'offenseur, dans ce dernier cas, pourra être, outre l'emprisonnement, condamné à faire réparation, et le temps de l'emprisonnement prononcé contre lui, ne sera compté que du jour où la réparation aura eu lieu. *Art.* 226 *idem*.

Dans le cas de l'article 224, l'offenseur pourra de même, outre l'amende, être condamné à faire réparation à l'offensé, et s'il retarde ou refuse, il y sera contraint par corps. *Art.* 227 *idem*.

OUVERTURE, (toute) toute suppression de lettres confiées à la poste, commise ou facilitée par un fonctionnaire ou un agent du gouvernement ou de l'administration des postes, sera puni d'une *amende* de seize francs à trois cents francs. Le coupable sera, de plus, interdit de toute fonction ou emploi public, pendant cinq au moins et dix ans au plus. *Code pénal*, art. 187.

OUVRAGES imprimés sans nom d'auteur ou d'imprimeur. *V*. DISTRIBUTION.

OUVRIERS ou journaliers dans les ateliers publics ou manufactures qui se seront réunis avec ou sans armes, et auront usé de violences ou de menaces contre l'autorité administrative, les officiers et agens de police, ou contre la force publique; comment punis. *V*. RÉBELLION.

OUVRIER, directeur ou commis de fabrique, qui aura communiqué à des étrangers ou à des Français résidant en pays étranger, des secrets de la fabrique où il est employé, sera puni de la *reclusion* et d'une *amende* de cinq cents fr. à vingt mille francs.

Si ces secrets ont été communiqués en France, la peine sera d'un *emprisonnement* de trois mois à deux ans, et d'une *amende* de seize francs à deux cents francs. *Code pénal*, art. 418.

OUVRIER de fabrique ou commis de maison de commerce qui aura volontairement gâté, à l'aide d'une liqueur corrosive, ou de toute autre manière, des matières ou marchandises servant à fabrication, sera puni d'un *emprisonnement* de deux à cinq ans, et d'une *amende* qui ne pourra excéder le quart des dommages-intérêts, ni être moindre de seize francs. *Code pénal*, art. 443.

P.

PAMPHLETS, chansons contraires aux bonnes mœurs, exposés ou distribués. *V*. Exposition.

PAPIERS, effets nationaux contrefaits ou falsifiés, ou usage qui en aura été fait. *V*. Ceux qui auront contrefait.

PAPIERS, pièces ou procédures criminelles, registres, actes et effets contenus dans des archives, greffes ou dépôts publics, ou remis à un dépositaire public en cette qualité, qui en auront été enlevés; peines des greffiers, archivistes, notaires ou autres dépositaires négligens, et de toutes personnes qui auront commis ces enlèvemens. *V*. Enlèvement.

PARCS (les) mobiles destinés à contenir du bétail dans la campagne, de quelque matière qu'ils soient faits, sont aussi réputés enclos, et lorsqu'ils tiennent aux cabanes mobiles ou autres abris destinés aux gardiens, ils sont réputés dépendans de maison habitée. *Code pénal*, art. 392.

PARC ou enclos; est réputé tel tout terrain environné de fossés, de pieux, de claies, de planches, de haies vives ou sèches, ou de murs, de quelque espèce de matériaux que ce soit, quelles que soient la hauteur, la profondeur, la vétusté, les dégradations de ces diverses clôtures, quand il n'y aurait pas de porte fermant à clef ou autrement, ou quand la porte serait à claire-voie et ouverte habituellement. *Code pénal*, art. 391.

PARCS de bestiaux, cabanes de gardiens, instrumens d'agriculture rompus ou détruits. Quiconque sera coupable de l'un de ces faits sera puni d'un *emprisonnement* d'un mois au moins et d'un an au plus. *Code pénal*, art. 451.

Dans le cas prévu par l'article ci-dessus, il sera prononcé contre le coupable une *amende* qui ne pourra excéder le

quart des restitutions et dommages-intérêts, ni être au-des=
sous de seize francs. *Art. 455 idem.*

PARIS faits sur la hausse ou la baisse des effets publics.

Ces paris seront punis de peines correctionnelles. Il résulte de la définition donnée par la loi de ces sortes de paris, que son but est de
réprimer une foule de spéculateurs qui, sans avoir aucune espèce de
solvabilité, se livrent à cette espèce de jeu, et ne craignent point de
tromper ceux avec lesquels ils traitent. La loi soumet le vendeur seul
à la preuve qu'elle exige, parce que c'est lui qui promet de livrer la
chose, donc si la promesse de livrer existe de la part des deux contrac-
tans, la preuve est nécessaire pour l'un et pour l'autre, car tous deux
sont respectivement vendeurs et acheteurs.

Ce moyen de répression loin de nuire en aucune manière aux opérations des spéculateurs honnêtes et délicats, les rendra moins péril-
leuses en les délivrant du concours de ceux qui n'ayant rien à perdre
osent tout risquer.

PARIS qui auront été faits sur la hausse ou la baisse des
effets publics, seront punis d'un *emprisonnement* d'un mois
au moins, d'un an au plus et d'une *amende* de cinq cents
francs à dix mille francs.

Les coupables pourront de plus être mis, par l'arrêt ou le
jugement, sous la surveillance de la haute police pendant
deux ans au moins et cinq ans au plus. *Code pénal*, art. 421.

Sera réputée pari de ce genre, toute convention de vendre
ou de livrer des effets publics qui ne seront pas prouvés par
le vendeur avoir existé à sa disposition au temps de la convention, ou avoir dû s'y trouver au temps de la livraison.
Art. 422 idem.

PARRICIDE est le meurtre des pères ou mères légitimes,
naturels ou adoptifs, ou de tout autre ascendant légitime.
Code pénal, art. 299.

Le coupable de parricide sera puni de *mort*, sans préjudice de la disposition particulière contenue en l'article 13 du
présent Code relativement au parricide. *Art. 302 idem. V.*
COUPABLE.

PARRICIDE n'est jamais excusable. *Code pénal*, art. 323.

PARTICULIER (tout) qui, par des voies de fait ou des
menaces, aura contraint ou empêché une ou plusieurs personnes d'exercer l'un des cultes autorisés, d'assister à l'exercice de ce culte, de célébrer certaines fêtes, d'observer certains jours de repos, et, en conséquence d'ouvrir ou de fermer leurs ateliers, boutiques ou magasins, et de faire ou
quitter certains travaux, sera puni pour ce seul fait d'une
amende de seize à deux cents francs et d'un *emprisonnement*
de six jours à deux mois. *Code pénal*, art. 260.

Ceux qui auront empêché, retardé ou interrompu les exercices d'un culte par des troubles ou désordres causés dans le temple ou autre lieu destiné ou servant actuellement à ces exercices, seront punis d'une *amende* de seize à trois cents francs et d'un *emprisonnement* de six jours à trois mois. *Art.* 261 *idem.*

Toute personne qui aura par paroles ou gestes, outragé les objets d'un culte dans les lieux destinés ou servant actuellement à son exercice, ou les ministres de ce culte dans leurs fonctions, sera puni d'une *amende* de seize à cinq cents francs et d'un *emprisonnement* de quinze jours à six mois. *Art.* 262 *idem.*

Quiconque aura frappé le ministre d'un culte dans ses fonctions, sera puni du *carcan. Art.* 263 *idem.*

Les dispositions du présent paragraphe ne s'appliquent qu'aux troubles, outrages ou voies de fait dont la nature ou les circonstances ne donneront pas lieu à de plus fortes peines d'après les autres dispositions du présent Code. *Art.* 264 *idem.*

PASSAGE ou entrée sur terrain préparé ou ensemencé.

Ceux qui n'étant ni propriétaires, ni usufruitiers, ni locataires, ni fermiers, ni jouissant d'un terrain ou d'un droit de passage, ou qui n'étant ni agens, ni proposés d'aucunes de ces personnes, seront entrés et auront passé sur ce terrain ou sur partie de ce terrain s'il est préparé ou ensemencé, seront punis d'une *amende* de un franc à cinq francs inclusivement. *Code pénal,* art. 471.

La peine d'*emprisonnement* contre toutes personnes mentionnées en l'article ci-dessus, aura toujours lieu en cas de récidive, pendant trois jours au plus. *Art.* 474 *idem.*

Il y a récidive, lorsqu'il a été rendu contre le contrevenant, dans les douze mois précédens, un premier jugement pour contravention de police, commise dans le ressort du même tribunal. *Art.* 485 *idem.*

PASSAGE de bestiaux, bêtes de trait, de charge ou de monture, sur le terrain d'autrui avant l'enlèvement de la récolte; ceux qui y auront laissé passer les bestiaux ou bêtes seront punis d'une *amende* de un franc à cinq francs inclusivement. *Code pénal,* art. 471.

La peine d'*emprisonnement* contre toutes personnes mentionnées en l'article ci-dessus, aura toujours lieu en cas de récidive. *Art.* 474 *idem.*

Il y a récidive, lorsqu'il a été rendu contre le contreve-

nant, dans les douze mois précédens, un premier jugement pour contravention de police, commise dans le ressort du même tribunal. *Art.* 485 *idem.*

PASSAGE de bestiaux, animaux de trait, de charge ou de monture, sur le terrain d'autrui ensemencé ou chargé d'une récolte, en quelque saison que ce soit, ou dans un bois taillis appartenant à autrui; ceux qui les y auront fait ou laissé passer seront punis d'une *amende* de six francs jusqu'à dix francs. *Code pénal,* art. 475.

La peine de l'*emprisonnement* pendant cinq jours au plus, sera toujours prononcée, en cas de récidive. *Art.* 478 *idem.*

Il y a récidive, lorsqu'il a été rendu contre le contrevenant, dans les douze mois précédens, un premier jugement pour contravention de police, commise dans le ressort du même tribunal. *Art.* 483 *idem.*

PASSAGE sur terrain chargé de grains en tuyaux, de raisins ou autres fruits murs, ou voisins de la maturité, de la part de ceux qui n'en sont ni propriétaires, ni usufruitiers, ni jouissant, sera puni d'une *amende* de six francs jusqu'à dix francs inclusivement. *Code pénal,* art. 475.

La peine de l'*emprisonnement* pendant cinq jours au plus, sera toujours prononcée, en cas de récidive. *Art.* 478 *idem.*

Il y a récidive, lorsqu'il a été rendu contre le contrevenant, dans les douze mois précédens, un premier jugement pour contravention de police, commise dans le ressort du même tribunal. *Art.* 483 *idem.*

PEINES (des) en matière criminelle et correctionnelle en général; leurs classifications sont ci-après:

Si la lecture des lois pénales d'un peuple peut donner une juste idée de la morale publique et de ses mœurs privées, le Code pénal actuel, attestera les progrès immenses qu'ont fait parmi nous la raison et la philosophie.

On n'y trouve que des peines nécessaires, des peines clairement énoncées, répressives et jamais atroces; on y trouve aussi des dispositions faites pour diminuer la masse des désordres, parce qu'elles placeront sous une surveillance active et salutaire les hommes dont les intentions perverses auront éclaté.

L'assemblée constituante avait dégagé notre législation pénale de plusieurs dispositions contre lesquelles l'humanité réclamait depuis long-temps; elle avait réduit la peine de mort à la simple privation de la vie; elle avait fait disparaître les supplices barbares du feu, de la roue et d'être tiré à quatre chevaux. Toute mutilation était défendue, les peines de lèvres coupées, de langue percée et autres de cette nature ne souillaient plus le Code français. C'était déjà un grand pas fait vers la perfection; mais cette assemblée célèbre, qui se distingua par tant de *conceptions utiles,* qui détruisit *tant d'abus,* qui avait sans contredit pour elle *la pureté des intentions,* ne se tint pas toujours en garde contre *l'enthousiasme du bien*. Le flambeau de l'expérience qui lui manquait a fait apercevoir depuis d'utiles améliorations dont le Code de 1791 était susceptible.

L'assemblée constituante crut devoir poser en règle qu'aucune peine ne serait perpétuelle ; celle des fers, la première après celle de mort, ne devait jamais être prononcée que pour un temps qui, dans aucun cas ne devait excéder vingt-quatre années. La durée des peines fut alors déterminée pour chaque espèce de crime, d'une manière invariable ; la marque et la confiscation furent supprimées ; enfin un coupable qui avait subi sa condamnation, fut relancé sans précaution dans la société pour y jouir de la liberté des autres citoyens. Les bases de la loi nouvelle actuelle diffèrent sur ces points importans, de celles posées par l'assemblée constituante.

On a pensé que pour parvenir à la juste gradation des peines, il fallait en établir de perpétuelles. Il a paru suffisant de régler la nature des peines à appliquer, et de fixer les termes qu'elles ne pourraient excéder, sans déterminer la durée precise de celle qui serait prononcée contre chaque condamné ; les magistrats la régleront dans la latitude que la loi leur laisse.

On a établi la peine de la marque ; la confiscation pourra être prononcée dans certains cas. Enfin les condamnés après avoir subi leurs peines seront placés sous une utile surveillance.

On pourra remarquer dans la loi nouvelle quelques autres différences moins importantes entre la législation pénale de l'assemblée constituante et celle actuelle. Quant à présent il suffira d'exposer en peu de mots les motifs qui ont fait adopter ces nouvelles bases.

D'abord pour peu qu'on veuille y réfléchir on sera bientôt convaincu que la distance entre une peine temporaire et la mort est immense, que pour la combler il faut nécessairement établir une peine perpétuelle ; sans elle plus de gradation, et toute proportion entre la peine et certains crimes est absolument rompue.

On ne peut disconvenir, par exemple, qu'un fonctionnaire public coupable de faux en écriture authentique, et dans l'exercice de ses fonctions, ne doive être puni beaucoup plus sévèrement qu'un particulier qui a commis le même crime ; et lorsque celui-ci subit une peine temporaire, si on ne prononce pas la peine de mort contre le premier, parce qu'il est dangereux de donner trop souvent au peuple le spectacle du sang versé, il mérite certainement de subir à perpétuité la même peine prononcée temporairement contre l'autre.

Le faux monnayeur qui a altéré ou fabriqué des espèces d'or ou d'argent est puni de mort ; convient-il d'appliquer la même peine à celui qui n'a altéré ou fabriqué que des espèces de cuivre ? Si la gravité du crime et ses funestes conséquences ne permettent pas de se borner, en ce cas, à une simple peine temporaire, n'est-il pas plus convenable dans l'alternative de la peine de mort ou d'une peine perpétuelle de se borner à cette dernière ?

La règle posée par l'assemblée constituante, que nulle peine ne serait perpétuelle, détruit donc les proportions qui doivent exister entre les peines et les crimes ; dans son système on est trop souvent exposé, ou à infliger au coupable une peine trop sévère, ou à lui faire grace de celle qu'il a encourue.

Vivement frappée de quelques erreurs graves reprochées aux tribunaux, l'assemblée constituante ne crut pas pouvoir resserrer dans des bornes trop étroites la délégation de pouvoir faite à la magistrature ;

elle régla, en conséquence, avec une exacte précision, la durée de la
peine qui devait être appliquée à chaque fait particulier, et elle voulut
qu'après la déclaration du jury, la fonction du juge fut bornée à l'application mécanique du texte de la loi.

Sans doute le magistrat ne doit et ne peut prononcer que la peine de
la loi, mais n'y a-t-il pas quelque distinction à faire entre deux
hommes convaincus du même crime ? Doit-on placer sur la même
ligne le jeune homme séduit, que des conseils désastreux et son
inexpérience ont précipité dans l'abîme, et l'homme dont la profonde corruption est manifeste, et dont toute la vie a déjà été souillée
de crimes ?

Dans ce cas n'est-il pas de la saine politique et de justice bien en-
tendue, de donner à la magistrature une marque honorable de confiance, non pas telle que les cours puissent changer la nature de la
peine indiquée par la loi, mais seulement diminuer le temps de cette
peine sans pouvoir jamais excéder les limites prescrites.

C'est dans cette latitude de pouvoir que les magistrats, après avoir
présidé à toute l'instruction, pesant le degré de perversité de chaque
accusé, connaissant parfaitement toutes les circonstances qui peuvent
aggraver ou atténuer le fait, fixeront la durée de la peine légale dont
ils sont chargés de faire l'application.

La peine de la marque ou de la flétrissure fut proscrite par l'assemblée constituante, parce qu'elle offre un caractère de perpétuité que
l'opinion d'alors repoussait ; mais la perpétuité de quelques peines étant
reconnue nécessaire, l'on ne peut se dissimuler que l'apposition publique de la marque ne soit de cette espèce, à cause de l'impression vive et profonde qu'elle produit, et sur le coupable et sur les
spectateurs.

On peut ajouter que la marque est un des moyens les plus efficaces
pour constater les récidives, dont il est si important de s'assurer. D'ailleurs, la peine de la marque ayant déjà été rétablie pour certains
crimes, l'expérience en a tellement démontré les bons effets que ce
serait une imprudence d'y renoncer.

La confiscation générale fut aussi écartée du Code de 1791 ; les intentions philantropiques de l'assemblée constituante, quand elle re-
jeta la confiscation, étaient certainement louables. Mais on ne doit
pas craindre de le dire, cette assemblée a trop souvent considéré les
hommes, non tels qu'ils sont, mais tels qu'il serait à désirer qu'ils
fussent ; elle était mue par un espoir de perfectibilité qui malheureu-
ment n'est qu'imaginaire ; et si, dans le mouvement rapide qui l'en-
traîna, cette erreur fut excusable, elle ne le serait pas aujourd'hui
que l'efficacité de quelques moyens de répressions mal appréciés en
1791, a été reconnue.

On objecte que la confiscation réfléchit sur les enfans qui peuvent
n'être pas coupables du crime de leur père : mais qui donc souffrira
pour les fautes des pères, si ce ne sont les enfans ? Lorsqu'un homme
a consumé tout son patrimoine par des spéculations insensées, ou par
des voies souvent plus répréhensibles, les enfans ne supportent-ils pas
la peine des égaremens de leur père.

Lorsque des réparations civiles prononcées en faveur d'une victime
du crime, absorbent toute la fortune du coupable, peut-on se récrier
contre sa condamnation, sous le frivole prétexte que sa succession est
ruinée.

Or, qu'est-ce que la confiscation prononcée pour des crimes qui ont

pour but de renverser l'état, le gouvernement et la fortune publique
(car la confiscation n'est proposée que pour des crimes de cette nature)
la confiscation n'est-elle pas dans cette espèce une indemnité légitime,
toujours trop faible pour la réparation du tort que l'on a fait, et qui
ne couvre presque jamais les dépenses qu'on a occasionnées; la confiscation odieuse quand on l'appliquait sans choix et sans discernement,
n'aura rien que de convenable, rien que de juste, lorsqu'elle ne sera
appliqué qu'avec mesure et discernement.

En rejettant la confiscation pour des crimes contre la sûreté de l'état,
il serait souvent fort à craindre qu'on ne laissât aux ennemis de la
chose publique des moyens de lui nuire. D'ailleurs n'a-t-elle pas été
déjà rétablie pour le crime de fausse monnaie. Au reste, la rigueur de
cette peine étant beaucoup adoucie dans l'exécution, on sera aisément
convaincu qu'en la rétablissant on s'est attaché à concilier ce que
prescrivait la justice et l'humanité.

Enfin, en s'occupant des moyens de répression, le législateur n'a pas
négligé les moyens de prévenir le mal. Les condamnés après avoir
subi leur peine, demeureront, dans les cas prévus par la loi, sous la
surveillance de la haute police.

Dans un petit état, tout le monde est surveillé, parce qu'on est pour
ainsi dire réunis sur un même point, et que personne ne peut se
soustraire à l'œil vigilant de ses concitoyens? Dans un empire immense, il est nécessaire qu'une institution sage remplace cette surveillance respective qui ne peut pas y exister; il faut que les hommes
pervers ne soient jamais perdus de vue; et quelle dénomination les
signalera plus précisément qu'un arrêt de condamnation.

PEINES en matière criminelle sont ou afflictives et infamantes, ou seulement infamantes. *Code pénal*, art. 6.

Toute peine en matière criminelle est infamante. *V.* CON-
DAMNATION; RENVOI; CONDAMNÉS.

PEINES (les) afflictives et infamantes en même temps,
sont 1°. la mort; 2°. les travaux forcés à perpétuité; 3°. la
déportation; 4°. les travaux forcés à temps; 5°. la reclusion.
Code pénal, art. 7. *V.* CONDAMNATION; RENVOI; CON-
DAMNÉS.

PEINES (les) infamantes sont 1°. le carcan; 2°. le bannissement; 3°. la dégradation civique. *Code pénal*, art. 8.
V. CONDAMNATION; RENVOI.

PEINE d'emprisonnement à temps dans un lieu de correction est seulement correctionnelle. *Code pénal*, art. 9.

PEINE des travaux forcés à temps ne pourra être moindre
de cinq années et au plus de dix ans, à compter du jour de
l'exposition publique du condamné. *Code pénal*, art. 19
et 23.

PEINE de la reclusion ne pourra être moindre de cinq
années ni de plus de dix ans; elle se comptera du jour de
l'exposition publique du condamné. *Code pénal*, art. 21
et 23.

PEINES (les) des travaux forcés à perpétuité, de la déportation et des travaux forcés à temps, ne seront prononcées contre aucun individu âgé de soixante-dix ans accomplis au moment du jugement. *Code pénal*, art. 70.

Ces peines seront remplacées, à leur égard, par celles de la reclusion, soit à perpétuité, soit à temps, et selon la durée de la peine qu'elle remplacera. *Art.* 71 *idem.*

Tout condamné à la peine des travaux forcés à perpétuité ou à temps, dès qu'il aura atteint l'âge de soixante-dix ans accomplis, en sera relevé, et sera renfermé dans la maison de force pour tout le temps à expirer de sa peine, comme s'il n'eût été condamné qu'à la reclusion. *Art.* 72 *idem.*

Si la loi est indulgente pour un âge où l'inexpérience atténue la faute (*V.* Accusé de moins de seize ans), elle n'est pas moins humaine pour une autre époque de la vie, où les forces du corps sont présumées n'être plus capables de supporter une peine très-rigoureuse.

Le Code fixe cette époque à soixante-dix ans. Celui qui sera parvenu à cet âge, au moment de son jugement, ne sera condamné ni aux travaux forcés à perpétuité, ni à la déportation, ni même aux travaux forcés à temps, les juges ne prononceront contre lui que la reclusion pour le temps qu'eût duré la peine qu'il aurait subie s'il n'eût pas été septuagénaire. Lorsqu'il n'atteindra les soixante-dix ans que depuis sa condamnation, la peine de la reclusion doit remplacer aussi celle à laquelle il avait été condamné, et il subira cette nouvelle peine jusqu'à l'expiration du temps que portait le jugement.

Quant à celui contre lequel la déportation aurait été prononcée, il est facile de sentir que lorsqu'il ne devient septuagénaire qu'après avoir été transporté hors du territoire continental de l'empire, et s'être fixé dans le lieu déterminé par le gouvernement, sa nouvelle situation rend moins désirable pour lui cette commutation de peine, et qu'il ne trouverait pas assez d'avantage dans un retour dont l'unique effet serait une reclusion perpétuelle.

On n'a rien changé à la durée de la peine, on y a seulement substitué la reclusion comme mieux appropriée à l'état d'un vieillard.

PEINES en matière correctionnelle sont, 1°. l'emprisonnement à temps dans un lieu de correction ; 2°. l'interdiction à temps de certains droits civiques, civils ou de famille ; 3°. l'amende. *Code pénal*, art. 9. *V.* Condamnation ; Renvoi ; Condamné.

PEINE d'un jour d'emprisonnement est de vingt-quatre heures ; celle d'un mois est de trente jours. *Code pénal*, art. 40.

PEINE de l'emprisonnement sera au moins de six jours et de cinq années au plus, sauf le cas de récidive ou autres pour lesquels la loi aura déterminé d'autres limites. *Code pénal*, art. 40.

PEINE du bannissement sera au moins de cinq ans et de dix ans au plus; elle comptera du jour de l'exposition publique du condamné. *Code pénal*, art. 32 et 35.

PEINES de la récidive pour crimes et délits. *V*. Con-DAMNÉS pour crime.

PEINE de complicité de crime ou délit. *V*. COMPLICES.

PEINE de crime ou délit, quand peut être mitigée. *V*. CRIME (nul) ou délit.

PEINE, quand peut être réduite par les juges. *V*. OB-SERVATIONS générales; DISPOSITION générale.

PEINES de contravention et de police, sont, l'emprisonnement, l'amende et la confiscation de certains objets saisis. *Code pénal*, art. 464.

PEINE d'attentat, ou complot contre la vie ou contre la personne de l'Empereur. *V*. ATTENTAT ou complot.

PEINE de non-révélation de complots formés ou de crimes projetés contre la sûreté intérieure ou extérieure de l'Etat, dont on aurait eu connaissance. *V*. PERSONNES ayant eu connaissance.

PEINE de quiconque, autre que ascendans, descendans, époux, frères et sœurs et alliés aux mêmes degrés, aura recélé ou fait recéler des personnes qu'il savait avoir commis des crimes, emportant peine afflictive. *V*. RECÈLEMENT.

PEINE de quiconque aura levé ou fait lever des troupes armées, engagé ou enrôlé, fait engager ou enrôler des soldats, ou leur aura fourni ou procuré, des armes ou munitions, sans ordre ou autorisation du pouvoir légitime. *V*. CEUX qui auront levé.

PEINE de tous ceux qui, sans droit ou motifs légitimes auront pris le commandement d'un corps d'armée, d'une troupe, d'une flotte, d'une escadre, d'un bâtiment de guerre, d'un poste, d'un port, d'une ville. *V*. CEUX qui auront sans droit.

PEINE de quiconque aura recélé ou fait recéler les espions ou soldats ennemis envoyés à la découverte. *V*. SOLDATS ou espions.

PEINE de quiconque aura, par des actions hostiles non approuvées par le gouvernement, exposé l'Etat à une déclaration de guerre. *V*. ACTIONS hostiles.

PEINE de quiconque se sera permis des actes non approuvés par le gouvernement, et qui auront exposés des Français à éprouver des représailles. *V.* ACTES non approuvés.

PEINE de ceux qui auront levé ou fait lever des troupes, etc.; de ceux qui, sans droit ni motif légitime, auront pris le commandement d'un corps d'armée, d'une troupe, d'une flotte, d'une escadre, d'un bâtiment de guerre, d'une place forte, d'un port, d'une ville. *V.* CEUX qui auront levé.

PEINE de toute personne qui, pouvant disposer de la force publique, en aura requis ou ordonné, fait requérir ou ordonner l'action ou l'emploi contre la levée des gens de guerre légalement établie. *V.* PERSONNE qui pouvant disposer.

PEINES de ceux qui auront dirigé, levé ou fait lever, organisé ou fait organiser des bandes etc., soit pour envahir des domaines, propriétés ou deniers publics, places, villes, forteresses, etc. *V.* QUICONQUE, soit pour envahir.

PEINE de ceux qui auront retenu, contre l'ordre du gouvernement, un commandement militaire quelconque. *V.* CEUX qui sans droit.

PEINE de quiconque aura recélé ou fait recéler les espions ou les soldats ennemis. *V.* ESPIONS et SOLDATS.

PEINE de quiconque aura, par des actions hostiles non approuvées du gouvernement, exposé l'Etat à une déclaration de guerre. *V.* ACTIONS hostiles.

PEINE de quiconque aura, par des actes non approuvés du gouvernement, exposé des Français à éprouver des représailles. *V.* ACTES non approuvés.

PEINES du Français qui aura porté les armes contre la France, pratiqué des machinations, ou entretenu des intelligences, ou simplement une correspondance préjudiciable avec les puissances étrangères, leurs agens ou les envoyés, etc. *V.* FRANÇAIS qui aura porté les armes; FONCTIONNAIRE public.

PEINES de concert, de mesures contraires aux lois pratiquées, soit par la réunion d'individus ou de corps dépositaires de quelque partie de l'autorité publique ou autres. *V.* CONCERT.

PEINE de tout individu qui, sans la permission de l'autorité municipale, aura accordé ou consenti l'usage de sa maison ou de son appartement, pour la réunion des membres d'une association , même autorisée , ou pour l'exercice d'un culte. *V*. Association.

PEINES des chefs , directeurs et administrateurs d'associations , même permises par le gouvernement, pour infraction aux lois. *V*. Association.

PEINE du crime d'association de malfaiteurs et de tout ceux qui y coopèrent. *V*. Association.

PEINE du vagabondage. *V*. Vagabonds.

PEINES des greffiers, archivistes, notaires et autres dépositaires auxquels on aurait enlevé des pièces, ou qui les auraient soustraites ou détruites, et de toutes autres personnes qui auraient commis ces enlèvemens , soustractions ou destructions. *V*. Enlèvement.

PEINE de ceux qui auront contrefait le sceau, timbre ou marque d'une autorité quelconque, ou d'un établissement particulier de banque ou de commerce, ou qui en auront fait usage. *V*. Ceux qui auront contrefait.

PEINE de ceux qui s'étant indûment procuré les vrais sceaux, timbres ou marques d'une autorité quelconque, ou d'un établissement particulier de banque ou de commerce, et en aura fait une application préjudiciable. *V*. Quiconque s'étant indûment procuré.

PEINE de tout contrefacteur du sceau de l'état. *V*. Ceux qui auront contrefait.

PEINES de ceux qui auront contrefait les marques du gouvernement, ou qui auront fait usage de ces fausses marques. *V*. Ceux qui auront contrefait.

PEINE de vol d'objets exposés sur la foi publique. *V*. Vol d'objets.

PEINE de vol de domestique, homme de service à gages, compagnon ou apprenti. *V*. Vol domestique.

PEINES de vols dans les maisons, etc. *V*. Vol commis dans les maisons.

PEINE du vol simple. *V*. Vol simple.

PEINE de vol sur chemin public. *V*. Vol sur chemin public.

PEINE de fonctionnaire ou officier public , qui, dans l'exercice de ses fonctions aura commis un faux. *V*. Fonctionnaire ou officier public.

PEINES de tout percepteur , commis à une perception,

dépositaire ou comptable public, qui aura détourné ou soustrait des deniers publics ou privés, etc. *V*. PERCEPTEUR.

PEINE de tous fonctionnaires, tous officiers publics, leurs
commis ou préposés, de tous percepteurs des droits, taxes,
contributions, deniers et revenus publics ou communaux,
leurs commis ou préposés qui se seront rendus coupables du
crime de concussion. *V*. PERCEPTEURS. .

PEINE de tout fonctionnaire, officier public ou agent du
gouvernement, qui, soit ouvertement, soit par actes simulés, soit par interposition de personnes, aura pris ou reçu
quelque intérêt que ce soit dans les actes, adjudications,
entreprises ou régies dont il avait l'administration ou la
surveillance. *V*. FONCTIONNAIRE.

PEINE de tout fonctionnaire public de l'ordre administratif ou judiciaire, de tout agent ou préposé d'un administration publique, qui se sera laissé corrompre. *V*. FONCTION-
NAIRE public.

PEINE de fonctionnaire ou officier public, administrateur, agent ou préposé du gouvernement ou de la police,
exécuteur des mandats de justice ou jugemens, commandant
en chef ou en sous-ordre de la force publique, qui aura,
sans motif légitime, usé ou fait user de violence envers les
personnes, dans l'exercice ou à l'occasion de l'exercice de
ses fonctions. *V*. COMMANDANT.

PEINES de tout fonctionnaire public, agent ou préposé
du gouvernement de quelque état et grade qu'il soit, qui
aura requis ou ordonné, fait requérir ou ordonner l'action
ou l'emploi de la force publique, contre l'exécution d'une
loi, etc. *V*. FONCTIONNAIRE public, agent ou préposé.

PEINE de tout fonctionnaire public qui sera entré en
fonction sans avoir prêté serment ou qui ayant été révoqué,
destitué, etc. aura continué l'exercice de ses fonctions. *V*.
FONCTIONNAIRE public.

PEINES de fonctionnaires ou officiers publics qui auront
participé à des crimes ou délits qu'ils étaient chargés de surveiller ou réprimer. *V*. DISPOSITIONS particulières.

PEINES de fonctionnaires publics chargés de la police
administrative ou judiciaire, qui auront refusé ou négligé
de dénoncer à l'autorité supérieure les détentions illégales et
arbitraires, contre lesquelles on aura légalement réclamé
auprès d'eux. *V*. FONCTIONNAIRES publics.

PEINE de tout juge, administrateur, fonctionnaire ou

officier public qui aura détruit, supprimé, soustrait ou détourné les actes et titres dont il était dépositaire, etc. *V.*
Juge.

PEINE de tout juge, administrateur, fonctionnaire ou
officier public, agens, préposés ou commis, soit du gouvernement. soit des dépositaires publics, qui auront détruit ou
supprimé, soustrait ou détourné des actes et titres, etc.
V. Juge; Agens.

PEINE de juge ou juré prononçant en matière criminelle,
qui se sera laissé corrompre. *V.* Juge prononçant.

PEINE de tout juge ou administrateur qui se sera décidé
par faveur ou inimitié. *V.* Juge.

PEINE de tout juge, tout procureur général ou impérial,
tout substitut, ou tout autre officier de justice ou de police,
qui se sera introduit dans le domicile d'un citoyen hors les
cas prévus par la loi. *V.* Juge ; Procureur général.

PEINE de tout juge ou tribunal, de tout administrateur
ou autorité administrative, qui, sous quelque prétexte que
ce soit, même du silence ou de l'obscurité de la loi, aura
dénié de rendre justice. *V.* Juge ou tribunal.

PEINE de mari qui aura entretenu une concubine dans
la maison conjugale. *V.* Mari.

PEINES de mari qui aura contracté un second mariage
avant la dissolution du précédent, et de l'officier public
qui aura prêté son ministère à ce second mariage. *V.* Mariage.

PEINES de quiconque aura attenté aux mœurs, en excitant, favorisant ou facilitant habituellement la débauche ou
la corruption de la jeunesse de l'un ou de l'autre sexe. *Voy.*
Quiconque en excitant.

PEINE de la femme adultère et de son complice. *Voy.*
Femme ; Complice.

PEINES de la femme qui se sera fait avorter, et de quiconque lui en aura procuré, indiqué ou administré les moyens.
V. Avortement.

PEINE d'outrage public à la pudeur. *V.* Outrage.

PEINE de l'infanticide. *V.* Infanticide.

PEINE du coupable d'infanticide. *V.* Infanticide.

PEINE de l'assassinat. *V.* Homicide.

PEINE du meurtre. *V.* Homicide.

PEINES de blessures faites, ou de coups volontaires ,portés à ses père et mère, légitimes, naturels ou adoptifs. *V.* BLESSURES.

PEINES de blessures faites ou coups portés en réunion séditieuse, avec rébellion ou pillage, à qui seront appliquées. *V.* BLESSURES.

PEINE des blessures faites ou coups portés volontairement. *V.* BLESSURES.

PEINE de quiconque aura détruit par l'effet d'une mine, des édifices, navires ou bateaux. *V.* EDIFICES.

PEINE de quiconque aura mis volontairement le feu à des édifices, navires, bateaux, etc. *V.* FEU mis volontairement.

PEINE de quiconque aura empoisonné des chevaux ou autres bêtes de voiture, de monture ou de charge, bestiaux à cornes, moutons, chèvres ou porcs ou poissons dans des étangs, viviers ou réservoirs. *V.* EMPOISONNEMENT.

PEINES d'aubergiste ou hôtellier qui aura volé ceux qu'il aura logés. *V.* AUBERGISTE ou hôtellier.

PEINE des voituriers, bateliers ou préposés qui auront altéré des vins, ou autres liquides ou marchandises à eux confiés pour transport. *V.* VOITURIERS.

PEINE de voituriers, bateliers ou de leurs préposés qui auront volé les choses qui leui auront été confiées à ce titre. *V.* VOL commis par voituriers.

PEINE de fabrication ou altération de clefs. *V.* CLEFS contrefaites.

PEINES de tous huissiers, commandans en chef ou en sousordre, soit de la gendarmerie, soit de la force armée, de tous concierges, gardiens ou geôliers, de tous préposés à la conduite, au transport et à la garde des détenus, qui les auront laissés évader, ou de tous autres qui auront facilité leur évasion. *V.* EVASION.

PEINE de témoins et jurés qui auront allégué une excuse reconnue fausse. *V.* JURÉS.

PEINE de tout commandant, officier ou sous-officier de la force publique qui, après en avoir été légalement requis par l'autorité civile, aura refusé de faire agir la force publique à ses ordres. *V.* COMMANDANT.

PEINE de quiconque aura frappé un magistrat, un officier ministériel, un agent de la force publique ou un citoyen chargé d'un ministère de service public dans l'exercice de

leurs fonctions , ou à l'occasion de cet exercice. *V*. MAGIS-
TRAT ; OFFICIER ministériel.

PEINES de quiconque aura outragé dans l'exercice ou à
l'occasion de l'exercice de leurs fonctions , soit les magistrats de l'ordre administratif ou judiciaire , soit des officiers
ministériels, soit des agens dépositaires de la force publique,
soit des commandans de cette force. *V*. OUTRAGE.

PEINES des officiers de l'état civil qui auront inscrit leurs
actes sur de simples feuilles volantes, ou qui auront commis
d'autres délits relatifs à leurs fonctions. *V*. OFFICIERS de l'état
civil.

PEINES de suppression ou ouverture de lettres confiées à
la poste. *V*. SUPPRESSION.

PEINE de quiconque aura contraint ou tenté de contraindre par voies de fait ou menaces , corrompu ou tenté de corrompre par promesses, offres, dons, présens, un fonctionnaire, agent ou préposé des administrations. *V*. QUICONQUE
aura contraint.

PEINE de tout individu qui aura commis un faux en écriture privée. *V*. INDIVIDU.

PEINES de toutes personnes autres que des fonctionnaires et officiers publics, qui auront commis des faux en écriture publique et authentique. *V*. PERSONNES.

PEINE de tout individu qui aura commis un faux en écri-
criture privée ou qui aura fait usage de la pièce fausse. *V*.
INDIVIDU.

PEINE de fabrication ou altération de passe-port. *V*. QUI-
CONQUE.

PEINE de quiconque aura fabriqué un faux passe-port ou
falsifié un passe-port originairement vrai. *V*. QUICONQUE.

PEINE de quiconque aura pris dans un passe-port un nom
supposé. *V*. QUICONQUE.

PEINE de témoin qui aura concouru à faire délivrer un
passe-port sous un nom supposé. *V*. QUICONQUE.

PEINE d'aubergistes ou logeurs qui auront inscrit sur
leurs registres les personnes logées chez eux sous des noms
faux ou supposés. *V*. LOGEURS.

PEINES des officiers publics qui auront délivré un passe-
port, à une personne qu'ils ne connaîtront pas , sans les précautions prescrites, ou qui l'auront délivré sous un faux
nom connaissant cette supposition. *V*. OFFICIERS PUBLICS.

PEINES de quiconque fabriquera une fausse feuille de route ou en falsifiera une véritable, ou fera usage d'une feuille fabriquée ou falsifiée. *V.* QUICONQUE.

PEINES de toute personne qui se sera fait délivrer une feuille de route sous un nom supposé. *V.* QUICONQUE fabriquera.

PEINES de l'officier public instruit de la supposition de nom sous laquelle on lui aurait demandé une feuille de route, et qui l'aurait délivrée. *V.* QUICONQUE fabriquera.

PEINE de toute personne qui aura fabriqué un certificat de maladie ou d'infirmité pour se rédimer ou affranchir un autre d'un service public quelconque. *V.* PERSONNE, qui pour se rédimer.

PEINES des médecin, chirurgien ou autre officier de santé qui aura certifié faussement des maladies ou infirmités propres à dispenser d'un service public, et de leurs corrupteurs. *V.* MÉDECIN.

PEINE de fabricateur ou falsificateur de faux certificats de bonne conduite, indigence, etc. *V.* QUICONQUE fabriquera sous le nom.

PEINE de tout citoyen qui aura, dans les élections, acheté ou vendu un suffrage. *V.* CITOYEN qui aura dans les élections.

PEINES de ceux qui corrompraient un dépouillement de scrutin. *V.* CITOYEN qui étant chargé.

PEINE de quiconque aura empêché par attroupement, voies de fait ou menaces, un ou plusieurs citoyens d'exercer leurs droits civiques. *V.* EMPÊCHEMENT apporté.

PEINES portées contre tous conducteurs ou gardiens de détenus qui les auront laissé évader par négligence; quand cesseront. *V.* ÉVASION.

PEINE de tout individu qui aura incendié ou détruit par l'explosion d'une mine des propriétés appartenantes à l'État. *V.* INDIVIDU qui aura incendié.

PEINES de vendeur ou débiteur de boissons falsifiées. *V.* BOISSON.

PEINE de tout ministre de culte qui procédera aux cérémonies religieuses d'un mariage, sans qu'il lui ait été justifié de l'acte de l'officier de l'état civil. *V.* MINISTRE d'un culte.

PEINES de ministres des cultes qui prononceront, dans l'exercice de leur ministère et en assemblée publique un discours contenant la critique ou la censure du gouvernement, d'une loi, d'un décret impérial ou de tout autre acte de l'autorité publique. *V.* Ministres des cultes. *V.* Écrit.

PEINE de tout ministre d'un culte qui aura, sur des questions ou matières religieuses, entretenu une correspondance avec une cour ou puissance étrangère, sans en avoir préalablement informé le ministre de l'Empereur, chargé de la surveillance des cultes, et sans avoir obtenu son autorisation. *V.* Ministre d'un culte.

PEINE de ministres qui auront ordonné ou fait des actes arbitraires et attentatoires à la liberté individuelle, etc. *V.* Ministres.

PEINE de toute inhumation faite sans déclaration de décès. *V.* Inhumation.

PEINE de tout dépositaire, par état ou profession, des secrets qu'on leur confie, qui, hors le cas où la loi les oblige à se porter dénonciateurs, auront révélé ces secrets. *V.* Révélation.

PEINE des faux monnayeurs, introducteurs et distributeurs de fausse monnaie. *V.* Quiconque aura contrefait.

PEINE de faux serment en matière civile. *V.* Faux serment.

PEINE des faux témoins. *V.* Faux témoin.

PEINES d'enlèvement de mineurs. *V.* Enlèvement.

PEINE de défaut de déclaration de naissance dans le délai prescrit par la loi. *V.* Déclaration de naissance non faite.

PEINE de tous ceux qui auront arrêté ou séquestré illégalement qui que ce soit. *V.* Arrestation.

PEINES d'homicide, blessures ou coups, résultant d'imprudence, maladresse, inattention, négligence ou inobservation des règlemens. *V.* Homicide involontaire.

PEINE de la castration. *V.* Castration.

PEINES de coupables de menaces par écrits ou verbales. *V.* Menaces.

PEINES de malfaiteurs qui auront employé des tortures ou commis des actes de barbarie. *V.* Malfaiteurs.

PEINES de brûler, ou de toute autre destruction des registres, minutes ou actes originaux de l'autorité publique, de lettres, billets, lettres de change, effets de commerce ou de banque. *V.* Registres.

PEINE de toute opposition à confection de travaux autorisés par le gouvernement. *V.* OPPOSITION.

PEINE de contrefaçon, contre les contrefacteurs, introducteurs et débitans d'ouvrages contrefaits. *V.* CONTREFAÇON.

PEINES de vente à faux poids ou mesures, ou avec poids et mesures prohibés. *V.* USAGE.

PEINE de paris faits sur la hausse ou la baisse des effets publics. *V.* PARIS.

PEINES de tous ceux qui, par manœuvres quelconques auront opéré la hausse ou la baisse du prix des denrées et marchandises. *V.* HAUSSE.

PEINE de révélation de secret de fabrique. *V.* SECRET.

PEINE d'embaucheur, pour l'étranger, de directeur, commis ou ouvriers d'un établissement français. *V.* DÉBAUCHE.

PEINES de toute coalition des maîtres contre les ouvriers, et des ouvriers contre les maîtres, et de tous chefs ou moteurs de ces coalitions. *V.* COALITION.

PEINES de toute violation des règlemens d'administration publique relatifs aux produits des manufactures qui s'exportent à l'étranger. *V.* VIOLATION.

PEINE de ceux qui auront entravé les enchères. *Voy.* ENTRAVES.

PEINE de ceux qui auront établi ou tenu des maisons de prêt sur gage ou nantissement, ou qui étant autorisés à les tenir n'auront pas tenu un registre conforme aux règlemens. *V.* MAISONS de prêt sur gage.

PEINE de teneur de maison de jeux de hasard, ou de loteries non autorisées par la loi. *V.* MAISONS de jeux; LOTERIES.

PEINE de soustraction de titre, pièce ou mémoire produit dans une contestation judiciaire, par qui sera prononcée. *V.* SOUSTRACTION.

PEINE d'abus de dépôt. *V.* ABUS.

PEINE d'abus de blanc seing. *V.* ABUS.

PEINE d'abus de confiance. *V.* ABUS.

PEINE d'escroqueries. *V.* ESCROCS.

PEINE des agens de change ou courtiers faillis, ou banqueroutiers frauduleux. *V.* AGENS de change.

PEINES des banqueroutiers simples ou frauduleux. *Voy.* Banqueroutiers; Complices.

PEINE de vols non spécifiés au Code, de larcin et filoute-rie, et de tentative de ces délits. *V.* Vols non spécifiés.

PEINE de signature ou remise d'écrits ou actes, etc. extorquée par force, contrainte ou violence. *V.* Remise.

PEINE de faux monnayeur, etc. *V.* Quiconque aura contrefait.

PEINE de fonctionnaire public, d'agent ou préposé du gouvernement, qui aura ordonné ou fait quelque acte arbitraire et attentoire soit à la liberté individuelle, soit aux droits civiques d'un ou de plusieurs citoyens, soit aux constitutions de l'Empire. *V.* Fonctionnaire public.

PEINE de quiconque aura détruit, abattu, mutilé ou dégradé des monumens. *V.* Dégradation.

PEINE de toute usurpation de titres ou fonctions. *Voy.* Usurpation.

PEINES de quiconque aura troublé les exercices d'un culte, outragé ses objets ou ses ministres. *V.* Particulier.

PEINE de fabrication de stilets, tromblons, ou autres armes prohibées par les lois ou règlemens d'administration publique. *Voy.* Individu qui aura fabriqué.

PEINES de fabricant ou débitant d'armes prohibées par la loi ou par des règlemens d'administration publique. *Voy.* Individu qui aura fabriqué.

PEINES de concierges et gardiens des maisons de dépôt, d'arrêt de justice ou de peine, qui auront reçu un prisonnier sans mandat ou jugement, ou sans ordre provisoire du gouvernement; et de ceux qui l'auront retenu, etc. *V.* Gardiens; Concierges.

PEINES de détenus qui se seront évadés ou qui auront tenté de s'évader par violence ou bris de prison. *V.* Évasion.

PEINE de commandans qui auront tenu leur armée ou troupe rassemblée après que le licenciement ou la séparation en auront été ordonnés. *V.* Commandant.

PEINES d'enlèvement, recélé ou suppression d'enfant, de substitution d'un enfant à un autre, de non représentation d'enfant dont on a été chargé. *V.* Enlèvement; Enfant.

PEINES d'exposition et délaissement d'enfant en lieu solitaire ou non. *V.* Exposition.

PEINE de quiconque aura indûment déposé un enfant de moins de sept ans accomplis dans un hospice. *V*. Dépôt d'enfant.

PEINE de toute personne qui, ayant trouvé un enfant nouveau né ne l'aura pas remis à l'officier de l'état civil. *V*. Enfant trouvé.

PEINE de violation de tombeaux ou sépultures. *Foy*. Violation.

PEINE de recélé de cadavres de personnes homicidées. *V*. Recélé.

PEINE de dénonciation calomnieuse. *V*. Dénonciation.

PEINES de la calomnie. *V*. Calomnie.

PEINE d'imputations ou d'injures qui seraient contenues dans les écrits relatifs à la défense des parties, ou dans des plaidoyers. *V*. Imputations.

PEINE de destruction volontaire, en tout ou en partie, d'édifices, ponts, digues, chaussées, ou de toutes autres constructions. *V*. Constructions.

PEINE de tout pillage, ou dégât de denrées ou marchandises, etc. *V*. Pillage.

PEINE de dévastation des récoltes, plans naturels ou faits de main d'hommes. *V*. Dévastation.

PEINE de quiconque aura gâté volontairement, à l'aide de liqueur corrosive ou par tout autre moyen, des matières ou marchandises servant à fabrication. *V*. Marchandises.

PEINE de quiconque aura rompu ou détruit des instrumens d'agriculture, des parcs de bestiaux et cabanes de gardien. *V*. Instrumens.

PEINE de quiconque aura coupé des grains ou des fourrages. *V*. Grains.

PEINE de quiconque aura abattu, mutilé ou écorcé des arbres, ou qui en aura détruit les greffes. *V*. Arbres abattus.

PEINE de quiconque aura tué, sans nécessité, des chevaux, bêtes de voiture, de monture ou de charge, bestiaux à cornes, moutons, chèvres ou porcs. *V*. Chevaux.

PEINE de quiconque aura tué, sans nécessité, un animal domestique. *V*. Animal.

PEINE de coupable d'avoir arraché ou coupé des haies vives ou sèches. *V*. Haies.

PEINE de destruction de clôtures. *V*. Clôtures.

PEINE de quiconque aura comblé, en tout ou en partie, des fossés. *V.* COMBLEMENT.

PEINE de quiconque aura déplacé ou supprimé des bornes, pieds corniers, ou autres arbres plantés ou reconnus pour établir les limites entre différens héritages. *V.* DÉPLACEMENT.

PEINES d'inondation des propriétés d'autrui par déversoir de moulins, usines ou étang tenus au-dessus de la hauteur déterminée. *V.* PROPRIÉTAIRE.

PEINE d'incendie des propriétés d'autrui par défaut de vétusté ou nettoyage des fours, cheminées, etc. *V.* INCENDIE.

PEINE des gardes forestiers ou champêtres, ou officiers de police qui se seront rendus coupables des délits de police correctionnelle, de destruction, dégradation ou dommages. *V.* DÉGRADATIONS.

PEINE de tout détenteur ou gardien d'animaux ou bestiaux, soupçonnés d'être attaqués de maladie contagieuse, qui n'en aura pas fait sur-le-champ la déclaration au maire de la commune, ou qui sera contrevenu aux défenses de l'administration relatives à ces animaux. *V.* DÉTENTEUR.

PEINES des mendians. *V.* MENDIANT.

PEINES d'imprimeurs, de crieurs, afficheurs, vendeurs et auteurs d'ouvrages, écrits, avis, bulletins, affiches, journaux, feuilles périodiques ou autres imprimés sans nom d'auteur ni d'imprimeur. *V.* PUBLICATION.

PEINE de crieur ou afficheur, sans permission, d'écrits imprimés, dessins ou gravures, même munis des noms d'auteurs, imprimeurs, dessinateurs ou graveurs. *V.* INDIVIDU.

PEINE d'exposition ou distribution de chansons, pamphlets, figures ou images contraires aux bonnes mœurs. *V.* EXPOSITION.

PEINTURE gravée ou imprimée en entier ou en partie, au mépris des lois et règlemens relatifs à la propriété des auteurs, est une contrefaçon, et toute contrefaçon est un délit; sa peine. *V.* CONTREFAÇON.

PERCEPTEURS (tous) des droits, taxes, contributions, deniers, revenus publics et communaux et leurs commis, fonctionnaires, tous officiers publics, leurs commis ou préposés qui se seront rendus coupables du crime de concussion, en ordonnant de percevoir, ou en exigeant ou recevant ce qu'ils savaient n'être pas dû, ou excéder ce qui était dû pour droits, taxes, contributions, deniers ou revenus, ou pour salaires ou traitemens, seront punis, savoir, les fonctionnaires ou les officiers publics, de

la peine de la *reclusion* , et leurs commis ou préposés
d'un *emprisonnement* de deux ans au moins et de cinq ans
au plus.

Les coupables seront de plus condamnés à une *amende*
dont le *maximum* sera le quart des restitutions et dommages-intérêts et le *minimum* le douzième. *Code pénal*,
art. 174.

PERCEPTEUR, (tout) tout commis à une perception,
dépositaire ou comptable public, qui aura détourné ou soustrait des deniers publics ou privés, ou effets actifs en tenant
lieu, ou des pièces, titres, actes, effets mobiliers qui étaient
entre ses mains en vertu de ses fonctions, sera puni des
travaux forcés à temps, si les choses détournées ou soustraites sont d'une valeur au-dessus de trois mille francs, etc.
Code pénal, art. 169.

La peine des *travaux forcés à temps* aura lieu également-
ment, quelle que soit la valeur des deniers ou des effets détournés ou soustraits, si cette valeur égale ou excède, soit
le tiers de la recette ou du dépôt, s'il s'agit de deniers ou
effets une fois reçus ou déposés, soit le cautionnement, s'il
s'agit d'une recette ou d'un dépôt attaché à une place sujette à cautionnement, soit enfin le tiers du produit commun de la recette pendant un mois, s'il s'agit de recettes
composées de rentrées successives et non sujettes à cautionnement. *Art.* 170 *idem.*

Si les valeurs détournées ou soustraites sont au-dessous
de trois mille francs, et en outre, aux mesures exprimées
en l'article précédent, la peine sera un *emprisonnement*
de deux ans au moins et de cinq ans au plus ; et le condamné sera, de plus, déclaré à jamais incapable d'exercer
aucune fonction publique. *Art.* 171 *idem.*

Dans les cas exprimés aux trois articles précédens, il
sera toujours prononcé contre le condamné, une *amende*
dont le *maximum* sera le quart des restitutions et indemnités, et le *minimum* le douzième. *Art.* 172 *idem.*

PÈRE ou mère. *V*. Ascendans.

PERSONNES punissables ou excusables pour crimes ou
pour délits.

Le Code pénal de 1791 ne parle que des complices de crimes ; la
loi rendue dans le cours de la même année sur les délits de police correctionnelle, est muette à l'égard de la complicité ; l'usage autorisé
par la raison a rendu commune à la dernière loi les règles établies
par la première.

Comme le Code actuel ne s'occupe pas seulement de la répression des crimes, et que celle des délits est également l'objet de sa pré-voyance ; ses dispositions sur les complices s'appliquent aux uns et aux autres, les expressions mêmes du Code ne permettent pas d'élever le plus léger doute sur ce point.

Le Code établit d'abord pour règle générale que le complice d'un crime ou délit sera puni de la même peine que celui qui en est l'auteur. Cependant comme cette règle est susceptible de quelques excep-tions, quoique très-rares, le Code les permet, pourvu qu'elles soient le résultat d'une disposition de la loi ; elles trouveront leur place na-turelle dans les articles relatifs aux cas pour lesquels elles seront jugées nécessaires.

La définition donnée par le Code, de ce qui constitue la complicité, est à peu près la même que celle de la loi de 1791 ; elle s'applique à toute personne convaincue d'avoir préparé ou facilité l'action par des moyens qu'elle savait devoir y servir.

Provocations faites, instructions données, armes fournies, peu im-porte le moyen : c'est d'après le même esprit que le Code ajoute une disposition qui n'était point dans la loi de 1791 ; il veut que ceux-là soient déclarés complices et punis comme tels, qui connaissant la con-duite criminelle des malfaiteurs, les logeront habituellement chez eux, ou souffriront qu'ils s'y réunissent habituellement. Car, dès qu'ils n'ignorent pas que ces hommes ne vivent que de crimes, ils ne peuvent se dissimuler que la retraite qu'ils leur donnent est un moyen de faci-liter l'exécution de leurs desseins criminels : la même observation s'applique aux recéleurs d'objets volés.

Il existe encore une distinction établie par le nouveau Code et réclamée depuis long-temps par l'expérience. Lorsque le vol ne donne lieu qu'à des peines temporaires, il faut, quelque rigoureuses qu'elles soient, que le recéleur subisse la même peine ; il s'est soumis à ce risque dès qu'il a bien voulu recevoir une chose qu'il savait provenir d'un vol ; mais lorsque ce crime est accompagné de circonstances si graves qu'elles entraînent la peine de mort, ou toute autre peine per-pétuelle, on peut croire que si au temps du recélé ces circonstances eussent été connues du recéleur, il eût mieux aimé ne pas recevoir l'objet volé que de s'en charger avec un si grand risque ; il convient donc, en pareil cas, pour condamner le recéleur à la même peine que l'auteur du crime, qu'il y ait certitude qu'en recevant la chose, il connaissait toute la gravité du crime dont elle était le fruit. A défaut de cette certitude, la sévérité de la loi doit se borner à prononcer contre lui la peine la plus forte parmi les peines temporaires, après celle infligée au coupable principal ; c'est ce que décide le nouveau Code.

L'absence d'une distinction si sage a souvent été cause que des recé-leurs sont restés impunis, parce qu'on les a déclarés non convaincus de complicité, pour ne pas leur faire subir une peine dont l'excessive rigueur paraissait injuste.

A l'égard des excuses, le Code porte que nulle ne peut être admise relativement à aucun crime ou délit, à moins que la loi même ne déclare le fait excusable. Ce principe avait déjà été consacré par l'ar-ticle 339 du Code d'instruction criminelle.

PERSONNES (toutes) coupables d'avoir contrefait ou altéré des monnaies d'or, d'argent, billon ou cuivre ayant cours légal en France, ou d'avoir participé à l'émission, exposition ou introduction desdites monnaies , seront exemptes des peines prononcées contre elles, si , avant la consommation de ces crimes et avant toute poursuite , elles en ont donné connaissance et révélé les auteurs aux autorités constituées , ou si , même après les poursuites commencées, elles ont procuré l'arrestation des autres coupables.

Elles pourront néanmoins être mises pour la vie , ou à temps, sous la surveillance spéciale de la haute police. *Code pénal*, art. 138. *V.* DISPOSITIONS communes aux faux.

PERSONNES (toutes) qui ayant eu connaissance de complots formés , ou de crimes projetés contre la sûreté intérieure ou extérieure de l'Etat , n'auront pas fait la déclaration de ces complots ou crimes , et n'auront pas révélé au gouvernement ou aux autorités administratives ou de police judiciaire , les circonstances qui en seront venues à leur connaissance, le tout dans les vingt-quatre heures qui auront suivi ladite connaissance , seront, lors même qu'elles seraient reconnues exemptes de toute complicité , punies, pour le seul fait de non-révélation , de la manière et selon les distinctions qui suivent. *Code pénal,* art. 103.

S'il s'agit du crime de lèse majesté , tout individu qui, au cas de l'article précédent , n'aura point fait les déclarations qui y sont prescrites, sera puni de la *reclusion. Art.* 104 *idem.*

A l'égard des autres crimes ou complots ci-dessus mentionnés , toute personne qui en étant instruite , n'aura pas fait les déclarations prescrites par l'article 103 , sera punie d'un *emprisonnement* de deux à cinq ans , et d'une *amende* de 500 à 2000 francs. *Art.* 105 *idem.*

Celui qui aura eu connaissance desdits crimes et complots non révélés, ne sera point admis à excuse, sur le fondement qu'il ne les aurait point approuvés , ou même qu'il s'y serait opposé et aurait cherché à en dissuader leurs auteurs. *Art.* 106 *idem.*

Néanmoins , si l'auteur du complot ou crime est époux, même divorcé, ascendant ou descendant, frère ou sœur, ou allié au même degré de la personne prévenue de réticence , celle-ci ne sera point sujette aux peines portées par les articles précédens , mais elle pourra être mise, par l'arrêt ou jugement, sous la surveillance spéciale de la haute police, pendant un temps qui n'excédera point dix ans. *Art.* 107 *idem.*

Seront exemptés des peines prononcées contre les auteurs des complots ou d'autres crimes attentatoires à la
sûreté intérieure ou extérieure de l'Etat, ceux des coupables qui, avant toute exécution ou tentative de ces complots ou de ces crimes, et avant toutes poursuites commencées, auront, les premiers, donné aux autorités mentionnées en l'article 103 ci-dessus, connaissance de ces
complots ou crimes, et de leurs auteurs ou complices, ou
qui, même dès le commencement des poursuites, auront
procuré l'arrestation desdits auteurs ou complices.

Les coupables qui auront donné ces connaissances, ou
procuré ces arrestations, pourront néanmoins être condamnés à rester, pour la vie ou à temps, sous la surveillance de la haute police. *Art.* 108 *idem.*

Ici se sont présentées de grandes questions. En matière de complots ou
crimes contre l'Etat, remettrait-on la peine à ceux d'entre les coupables
qui révéleraient ce qu'ils en sauraient, ou qui procureraient l'arrestation
de leurs complices ? Devait-on infliger des peines à ceux qui, instruits
d'un complot, mais non approuvé par eux, ne l'auraient point révélé ?

De ces deux questions la première, quoique controversée dans les assemblées législatives qui ont précédé la constitution de l'an 8, ne devait pas donner naissance à tant d'hésitations ; si les peines sont instituées dans l'intérêt de la société, comment le même intérêt ne porterait-
il pas à en faire la remise, quand la révélation peut procurer de grands
avantages à l'Etat, ou le soustraire à de grands dangers ?

La deuxième offrait plus de difficulté.

Elle ne pouvait être résolue par la loi, que le sombre et farouche
Louis XI porta contre ceux qui, sachant qu'il existait une conspiration,
ne l'avaient pas dénoncée. L'application qui avait été faite de cette loi
dans le procès du grand écuyer d'*Effiat Cinq-Mars*, au malheureux *Au-
gustin de Thou*, l'avait depuis long-temps marqué d'un juste sceau de
réprobation.

Tout le monde sait que, loin d'approuver le complot plus exacte-
ment tramé contre le cardinal de Richelieu que contre le roi Louis XIII,
de Thou avait cherché à en dissuader le grand écuyer ; l'instruction en
fournissait la preuve ; il n'y avait donc nulle complicité à lui imputer ;
il avait eu connaissance du complot et ne l'avait point révélé ; il fut pour
cette réticence condamné à mort.

L'opinion publique plus forte que les arrêts, s'est depuis long-temps
prononcée contre cette effrayante condamnation ; mais qu'est-il de plus
arrivé ? que l'énormité de la peine appliquée dans cette malheureuse
circonstance, n'en a plus laissé apercevoir aucune d'applicable à toute
autre pareille. Des hommes éclairés ont même écrit qu'on ne pouvait
obliger personne à devenir délateur, ni à s'exposer aux peines de la calomnie en révélant des complots dont ils seraient rarement en état de
fournir la preuve.

C'est ici le cas de ne pas se laisser éblouir par le prestige des mots ; le
délateur odieux est celui qui crée des complots imaginaires ; mais puisque notre législation invite partout les citoyens à faire connaître aux
magistrats les délits et leurs auteurs, comment ne pourrait-elle point le
leur prescrire sous de certaines peines, relativement aux crimes qui at-

taquent la sûreté de l'Etat ? Si la patrie ne saurait être un vain mot , ceci ne saurait être un vain devoir.

Si c'est un devoir il faut le remplir , lors même qu'il en résulterait des embarras ou dangers personnels; la loi d'ailleurs protégera toujours le révélateur véridique.

Ce qu'il peut y avoir de sage et d'utile dans cette matière, c'est qu'en introduisant une peine contre la non-révélation des crimes d'état , elle ne soit point effrayante par son énormité: ainsi on sert mieux non-seulement l'autorité publique, mais encore l'humanité, que par un silence absolu sur cette espèce de délit ; car, que pourrait - il arriver; surtout sous un gouvernement qui serait faible et soupçonneux ? qu'au lieu de peines justes et modérées, il porterait dans son inquiétude des lois de colère, et irait peut-être jusqu'à frapper la non-révélation de propos simplement indiscrets ou vagues, aussi bien que celle d'un complot réel.

Les peines instituées par la loi au sujet de la non-révélation , sont d'un ordre différent, selon que le complot non révélé regardera ou non la personne du chef de l'empire. Au cas de l'affirmative seulement , il y aura lieu à une peine afflictive ; la réticence relative aux autres crimes d'état , ne sera punie que de peines de police correctionnelle.

Au surplus la loi a respecté les liens de la nature en n'imposant pas aux proches parens, la même obligation qu'aux autres citoyens. L'intérêt qu'a l'Etat , de connaître et de prévenir les complots dirigés contre lui, ne le portera jamais à exiger d'un père qu'il lui livre son fils , ou d'un frère qu'il lui livre sa sœur.

PERSONNE (lorsque la) mise sous la surveillance du gouvernement , et ayant obtenu sa liberté sous caution, aura été condamnée par un arrêt ou jugement devenu irrévocable , pour un ou plusieurs crimes , ou pour un ou plusieurs délits commis dans l'intervalle déterminé par l'acte de cautionnement , les cautions seront contraintes , même par corps, au paiement des sommes portées dans cet acte.

Les sommes recouvrées seront affectées de préférence aux restitutions , aux dommages-intérêts et frais adjugés aux parties lésées par ces crimes ou ces délits. *Art.* 46.

PERSONNE, (toute) autre que des fonctionnaires ou agens du gouvernement, qui étant parvenue par corruption, fraude ou violence à soustraire les plans de fortifications , arsenaux, ports ou rades de leurs dépôts, et les aura livrés ou à l'ennemi, ou aux agens d'une puissance étrangère, sera punie de *mort* et *ses biens seront confisqués.*

Elle sera punie du *bannissement*, si elle a livré ces plans aux agens d'une puissance étrangère, neutre ou alliée. Si lesdits plans se trouvaient sans le préalable emploi de mauvaises voies, entre les mains de la personne qui les a livrés, la peine sera la *déportation*, s'ils l'ont été à l'ennemi ou aux agens de l'ennemi. *Code pénal*, art. 81 et 82.

Si dans ce cas, ils n'avaient été livrés qu'aux agens d'une

puissance étrangère, neutre ou alliée, le peine sera un *emprisonnement* de deux à cinq ans.

PERSONNE, (toute) tout fonctionnaire public ou tout agent du gouvernement qui, chargé ou instruit officiellement ou à raison de son état, du secret d'une négociation ou d'une expédition, l'aura livré aux agens d'une puissance étrangère ou de l'ennemi, sera puni de *mort* et *ses biens confisqués. Code pénal*, art. 80 et 81.

PERSONNE (toute) qui pouvant disposer de la force publique, en aura requis ou ordonné, fait requérir ou ordonner l'action ou l'emploi contre la levée des gens de guerre légalement établie, sera punie de la *déportation.* Si cette réquisition ou cet ordre eût été suivi de leur effet, le coupable sera puni de *mort* et *ses biens seront confisqués. Code pénal*, art. 94.

PERSONNE (toute) qui, pour se rédimer elle-même, ou affranchir un autre d'un service public quelconque, fabriquera, sous le nom d'un médecin, chirurgien ou autre officier de santé, un certificat de maladie ou d'infirmité, sera punie d'un *emprisonnement* de deux à cinq ans. *Code pénal*, art. 159. *V.* Dispositions communes aux faux.

PERSONNE (toute) qui se sera fait délivrer, par officier public, une feuille de route sous un nom supposé, sera punie, savoir :

D'un *emprisonnement* d'une année au moins et de cinq ans au plus, si la fausse feuille de route n'a eu pour objet que de tromper la surveillance de l'autorité publique ;

Du *bannissement*, si le trésor public a payé au porteur de la fausse feuille des frais de route qui ne lui étaient pas dus, ou qui excédaient ceux auxquels il pouvait avoir droit, le tout néanmoins au-dessous de cent francs ;

Et de la *reclusion*, si les sommes indûment reçues par le porteur de la feuille s'élèvent à cent francs ou au-delà. *Code pénal*, art. 157. *V.* Dispositions communes aux faux.

PERSONNES, (toutes) autres que des fonctionnaires ou officiers publics, qui auront commis un faux en écriture authentique et publique, ou en écriture de commerce ou de banque,

Soit par contrefaçon ou altération d'écritures ou de signatures,

Soit par fabrication de conventions, dispositions, obligations ou décharges, ou par leur insertion après coup dans ces actes,

Soit par addition ou altération de clauses, de déclarations ou de faits que ces actes avaient pour objet de recevoir et de constater, seront punies des *travaux forcés à temps. Code pénal*, art. 147.

Celui qui aura fait usage de ces actes faux, sera puni des *travaux forcés à temps. Art.* 148 *idem.*

Sont exceptés des dispositions ci-dessus, les faux commis dans des passe-ports et feuille de route sur lesquels il sera particulièrement statué ci-après. *Art.* 149 *idem. V.* Dispositions communes aux faux.

PERSONNES désignées aux articles 284 et 288 du présent Code seront punies d'*amende* depuis six francs jusqu'à dix francs inclusivement. *Code pénal*, art. 475. *V.* Publication ou Distribution d'ouvrages; Crieurs; Vendeurs; Distributeurs.

PERSONNE (toute) coupable du crime de castration, subira la peine des *travaux forcés à perpétuité.*

Si la mort en est résultée avant l'expiration des quarante jours qui auront suivi le crime, le coupable subira la peine de *mort. Code pénal*, art. 316.

PERSONNES non chargées de la garde ou de la conduite des détenus, qui auront procuré ou facilité leur évasion. *V.* Évasion.

PERSONNES (toutes) dépositaires, par état ou profession, des secrets qu'on leur confie, qui, hors le cas où la loi les oblige à se porter dénonciateurs, auront révélé ces secrets, seront punies d'un *emprisonnement* d'un à six mois, et d'une *amende* de cent francs à cinq cents francs. *Code pénal*, art. 378.

PHARMACIENS, médecins, chirurgiens ou autres officiers de santé qui auront indiqué ou administré à une femme enceinte les moyens de se faire avorter, seront condamnés à la peine des *travaux forcés à temps,* dans le cas où l'avortement aurait eu lieu. *Code pénal*, art. 317.

PHARMACIENS, médecins, chirurgiens ou autres officiers de santé, ainsi que les sages-femmes et toutes autres personnes dépositaires, par état ou fonctions, des secrets qu'on leur confie, qui, hors le cas où la loi les oblige à se porter dénonciateurs, auront révélé ces secrets, seront punis d'un *emprisonnement* d'un mois à six mois, et d'une *amende* de cent francs à cinq cents francs. *Code pénal*, art. 378.

PIÈCES d'artifice tirées dans certain lieu où cela est défendu ; ceux qui auront violé cette défense seront punis d'une *amende* d'un franc à cinq francs inclusivement. *Code pénal*, art. 471.

Seront, en outre, confisquées les pièces d'artifice saisies. *Art. 472 idem.*

La peine d'*emprisonnement*, pendant trois jours au plus, pourra de plus être prononcée, selon les circonstances, contre ceux qui auront tiré des pièces d'artifice. *Art. 473 idem.*

La peine d'*emprisonnement*, contre toutes personnes mentionnées en l'art. 171 ci-dessus, aura toujours lieu, en cas de récidive, pendant trois jours au plus. *Art. 474 idem.*

Il y a récidive, lorsqu'il a été rendu, contre le contrevenant, dans les douze mois précédens, un premier jugement pour contravention de police, commise dans le ressort du même tribunal. *Art. 485 idem.*

PIÈCES fausses reçues et passées sans les connaître ou les connaissant. *V.* Quiconque aura contrefait.

PIÈCES ou procédures criminelles, papiers, registres, actes et effets contenus dans des archives, greffes ou dépôts publics, ou remis à un dépositaire public en cette qualité, qui en auront été enlevés ; peines des greffiers, archivistes, notaires ou autres dépositaires négligens, et de toutes personnes qui auront commis cet enlèvement. *V.* Enlèvement.

PIEDS CORNIERS déplacés ou supprimés. *V.* Déplacement.

PETITE VOIERIE ; négligence ou refus d'exécuter les règlemens ou arrêts la concernant, ou d'obéir à la sommation de l'autorité administrative de réparer ou démolir les édifices menaçant ruine. Ces contraventions seront punies d'une *amende* d'un franc à cinq francs inclusivement. *Code pénal*, art. 471.

La peine d'*emprisonnement*, pour délit ci-dessus mentionné, aura toujours lieu, en cas de récidive, pendant trois jours au plus. *Art. 474 idem.*

Il y a récidive lorsqu'il a été rendu, contre le contrevenant, dans les douze mois précédens, un premier jugement pour contravention de police, commise dans le ressort du même tribunal. *Art. 485 idem.*

PIERRE fausse, vendue pour fine. *V*. VENTE de matières d'or, etc.

PIERRES ou corps durs, ou immondices jetés contre les maisons, édifices ou clôtures d'autrui, ou dans les jardins ou enclos, ou volontairement sur quelqu'un, les coupables de ce fait seront punis d'une *amende* de six francs jusqu'à dix francs inclusivement. *Code pénal*, art. 475.

Pourra, suivant les circonstances, être prononcé outre l'amende portée en l'article ci-dessus, l'*emprisonnement* pendant trois jours au plus, contre ceux qui auraient jeté des ordures ou des immondices. *Art.* 476 *idem*.

La peine de l'*emprisonnement*, pendant cinq jours au plus, sera toujours prononcée en cas de récidive. *Art.* 478 *idem*.

Il y a récidive, lorsqu'il a été rendu contre le contrevenant, dans les douze mois précédens, un premier jugement pour contravention de police, commise dans le ressort du même tribunal. *Art.* 485 *idem*.

PIERRES volées dans les carrières; les coupables seront punis de la *reclusion*. *Code pénal*, art. 388.

PILLAGE (tout) ou dégât de denrées, marchandises, effets, propriété mobilière, commis en réunion ou bande et à force ouverte, sera puni des *travaux forcés à temps*; chacun des coupables sera de plus condamné à une *amende* de deux cents francs à cinq mille francs. *Code pénal*, art. 440.

Néanmoins, ceux qui prouveront avoir été entraînés par des provocations ou sollicitations à prendre part à ces violences, pourront n'être punis que de la peine de la *reclusion*. *Art.* 441 *idem*.

Si les denrées pillées ou détruites sont des grains, grenailles ou farines, substances farineuses, pain, vin ou autre boisson, la peine que subiront les chefs, instigateurs ou provocateurs seulement, sera le *maximum*, des *travaux forcés à temps*, et celui de l'*amende* prononcée par l'article 440 ci-dessus. *Art.* 442 *idem*.

PILLAGES, brigandages, flagrant délit, clameur publique ou exécution judiciaire, refus ou négligence de prêter les secours ou services nécessaires. *V*. REFUS.

PILLAGE des propriétés. *V*. DÉGRADATIONS.

PINCES, barres, barreaux, coutres de charrue, ou autres machines ou instrumens ou armes, laissés dans les rues, chemins, places, lieux publics ou dans les champs; ceux qui les y auront laissés seront punis d'une *amende* d'un franc à cinq francs inclusivement. *Code pénal,* art. 471.

Les coutres, les instrumens et les armes mentionnés ci-dessus seront en outre confisqués. *Art.* 472 *idem.*

La peine d'*emprisonnement* contre toutes les personnes mentionnées en l'article 471 ci-dessus, aura toujours lieu, en cas de récidive, pendant trois jours au plus. *Art.* 474 *idem.*

Il y a récidive, lorsqu'il a été rendu contre les contrevenans, dans les douze mois précédens, un premier jugement pour contravention de police, commise dans le ressort du même tribunal. *Art.* 485 *idem.*

POIDS et mesures prohibés. *V.* Vendeur.

POINÇONS servant à marquer les matières d'or ou d'argent contrefaits ou falsifiés, et usage qui en aura été fait. *V.* Ceux qui auront contrefait.

POISSON volé en étang, vivier ou réservoir; le coupable sera puni de la *reclusion. Code pénal,* art. 388.

POISSONS empoisonnés dans des étangs, réservoirs ou viviers. *V.* Empoisonnement.

PONTS, digues ou chaussées, édifices ou autres constructions qu'on savait appartenir à autrui, volontairement détruits ou renversés en tout ou en partie, par quelque moyen que ce soit, le coupable sera puni de la *reclusion,* et d'une *amende* qui ne pourra excéder le quart des indemnités et restitutions, ni être au-dessous de cent francs.

S'il y a eu homicide ou blessures, le coupable sera, dans le premier cas, puni de la peine de *mort,* et dans le second, puni de la peine des *travaux forcés à temps. Code pénal,* art. 437.

PORCS tués sans nécessité. *V.* Chevaux.

PORCS empoisonnés. *V.* Empoisonnement.

PORT d'armes; tout condamné aux travaux forcés à temps, au bannissement, à la reclusion ou au carcan, est déchu du droit d'en jouir. *Code pénal,* art. 28.

PORTEUR de stilets, tromblons, ou d'armes prohibées par la loi ou par des règlemens d'administration publique, sera puni d'une *amende* de seize francs à deux cents francs.

Lesdites armes seront *confisquées,* le tout sans préjudice

de plus fortes peines, si le cas y échet, en cas de complicité de crime. *Code pénal*, art. 314.

En outre de la peine ci-dessus, les tribunaux pourront prononcer le renvoi sous la surveillance de la haute police, depuis deux ans jusqu'à dix ans. *Art.* 315 *idem*.

PORTEURS de contraintes des préposés à la perception des taxes et des contributions, agissant pour l'exécution des lois, des ordres ou ordonnances de l'autorité publique contre lesquels on se sera permis attaque ou résistance avec violence et voies de fait. *V.* Rébellion.

POURSUITE contre les fournisseurs des armées de terre et de mer ou contre tous autres, à raison du manque ou retard de leur service, ne pourra avoir lieu que sur la dénonciation du gouvernement. *Code pénal*, art. 433.

PRÉFET (tout), sous-préfet, tout commandant des divisions militaires des départemens, places et villes qui aura, dans l'étendue des lieux où il a droit d'exercer son autorité, fait ouvertement, ou par des actes simulés, ou par interposition de personnes, le commerce des grains, grenailles, farines, subsistances farineuses, vins ou boissons, autres que ceux provenant de ses propriétés, sera puni d'une *amende* de cinq cents francs au moins, et de dix mille francs au plus, et de la *confiscation* des denrées appartenant à ce commerce. *Code pénal*, art. 176.

PRÉFETS (les), sous-préfets, maires et autres administrateurs qui se seront immiscés dans l'exercice du pouvoir législatif, soit par des règlemens contenant des dispositions législatives, soit en arrêtant ou en suspendant l'exécution d'une ou de plusieurs lois, soit en délibérant sur le point de savoir si les lois seront publiées ou exécutées, ou qui se seront ingérés à prendre des arrêtés généraux tendant à intimer des ordres ou des défenses quelconques à des cours ou tribunaux, seront punis de la *dégradation civique*. *Code pénal*, art. 130.

Lorsque ces administrateurs entreprendront sur les fonctions judiciaires en s'ingérant à connaître des droits et intérêts privés du ressort des tribunaux, et qu'après la réclamation des parties ou de l'une d'elles, ils auront néanmoins décidé l'affaire avant que l'autorité supérieure ait prononcé, ils seront punis d'une *amende* de seize francs au moins et de cent cinquante francs au plus. *Art.* 131 *idem*.

PRÉMÉDITATION de meurtre qualifié assassinat, consiste dans le dessein formé, avant l'action, d'attenter à la personne d'un individu déterminé, ou même de celui qui sera trouvé ou rencontré, quand même ce dessein serait dépendant de quelque circonstance ou de quelque condition. *Code pénal*, art. 297.

PRÉPOSÉS de maisons de jeux de hasard ou de loteries. *V*. MAISONS de jeux; LOTERIES.

PRÉPOSÉ ou agent du gouvernement ou de la police, fonctionnaire ou officier public, administrateur, exécuteur des mandats de justice ou jugemens, commandant en chef ou en sous-ordre de la force publique, qui aura, sans motif légitime, usé ou fait user de violence envers les personnes, dans l'exercice ou à l'occasion de l'exercice de ses fonctions, sera puni selon la nature et la gravité de ses violences, et en élevant la peine suivant la règle posée par l'article 198 ci-après. *Code pénal*, art. 186. *V*. DISPOSITIONS particulières aux fonctionnaires et officiers publics qui auraient participé à des crimes ou délits qu'ils auraient été chargés de surveiller ou réprimer.

PRÉPOSÉ (tout) ou agent du gouvernement, tout fonctionnaire public, de quelqu'état et grade qu'il soit, qui aura requis ou ordonné, fait requérir ou ordonner l'action ou l'emploi de la force publique, contre l'exécution d'une loi, ou contre la perception d'une contribution légale, ou contre l'exécution soit d'une ordonnance ou mandat de justice, soit de tout autre ordre émané de l'autorité légitime, sera puni de la *réclusion. Code pénal*, art. 188.

Si cette réquisition ou cet ordre ont été suivis de leur effet, la peine sera de la *déportation. Art.* 189 *idem*.

Les peines énoncées aux articles 188 et 189, ne cesseront d'être applicables aux fonctionnaires ou préposés qui auraient agi par ordre de leurs supérieurs, qu'autant que cet ordre aura été donné par ceux-ci pour des objets de leur ressort, et sur lesquels il leur était dû obéissance hiérarchique; dans ce cas les peines portées ci-dessus, ne seront appliquées qu'aux supérieurs qui, les premiers, auront donné cet ordre. *Art.* 190 *idem*

Si par suite desdits ordres ou réquisitions, il survient d'autres crimes punissables de peines plus fortes que celles exprimées aux articles 188 et 189, ces peines plus fortes seront appliquées aux fonctionnaires, agens ou préposés, coupables d'avoir donné lesdits ordres ou fait lesdites réquisitions. *Art.* 191 *idem*.

PRÉPOSÉ (tout) ou agent d'une administration, tout fonctionnaire de l'ordre administratif ou judiciaire qui aura agréé des offres ou promesses, ou reçu des dons ou présens pour faire un acte de sa fonction même juste, mais non sujet à salaire, sera puni du *carcan*, et condamné à une *amende* double de la valeur des promesses agréées ou des choses reçues, sans que ladite amende puisse être inférieure à deux cents francs.

La présente disposition est applicable à tout fonctionnaire, agent ou préposé de la qualité ci-dessus exprimée qui, pour offres ou promesses agréées, dons ou présens reçus se sera abstenu de faire un acte qui entrait dans l'ordre de ses devoirs. *Code pénal*, art. 177.

Dans le cas où la corruption aurait pour objet un fait criminel, emportant une peine plus forte que celle du carcan, cette peine plus forte sera appliquée au coupable. *Art.* 178 *idem.*

PRÉPOSÉS, salariés ou agens du gouvernement, ou fonctionnaire public qui aura aidé à faire manquer le service des fournisseurs des armées de terre et de mer, sera puni des *travaux forcés à temps*, sans préjudice de peines plus fortes en cas d'intelligence avec l'ennemi. *Code pénal*, art. 432.

PRÉPOSÉS de bateliers ou voituriers et eux-mêmes, lorsqu'ils auront altéré des vins, ou toute autre espèce de liquide ou de marchandise, et qu'ils auront commis cette altération par le mélange de substances malfaisantes, seront punis de la peine de la *réclusion.*

S'il n'y a pas eu de mélange de substances malfaisantes, la peine sera un *emprisonnement* d'un mois à un an, et une *amende* de seize francs à cent francs. *Code pénal*, art. 387.

PRÉPOSES, (tous) agens ou commis soit du gouvernement, soit des dépositaires publics, qui auront détruit, supprimé, soustrait ou détourné les actes et titres dont ils étaient dépositaires en cette qualité, ou qui leur auraient été remis ou communiqués à raison de leurs fonctions, seront punis des *travaux forcés à temps*. *Code pénal*, art. 173.

PRÉPOSÉS à la perception des taxes et des contributions ou des douanes, agissant pour l'exécution des lois, des ordres ou ordonnances de l'autorité publique, contre lesquels on se sera permis attaque ou résistance avec violence ou voies de fait. *V.* RÉBELLION.

PRÉPOSÉS, agent du gouvernement ou fonctionnaire public qui aura ordonné ou fait quelqu'acte arbitraire et

attentatoire , soit à la liberté individuelle , soit aux droits civiques d'un ou de plusieurs citoyens, soit aux constitutions de
l'empire , sera condamné à la peine de la *dégradation civique.*

Si néanmoins il justifie qu'il a agi par ordre de ses supérieurs, pour des objets du ressort de ceux-ci, et sur lesquels
il leur était dû obéissance hiérarchique, il sera exempt de la
peine, laquelle sera , dans ce cas, appliquée seulement aux
supérieurs qui auront donné l'ordre. *Code pénal*, art. 114.
V. MINISTRES ; DOMMAGES-INTÉRÊTS.

PRÉPOSÉ, (tout) tout fonctionnaire public, tout agent
du gouvernement chargé, à raison de ses fonctions, du dépôt
des plans de fortifications, arsenaux, ports ou rades, qui
aura livré ces plans ou l'un de ces plans à l'ennemi ou aux
agens de l'ennemi, sera puni de *mort*, et *ses biens seront
confisqués.*

Il sera puni du *bannissement*, s'il a livré ces plans aux agens
d'une puissance étrangère, neutre ou alliée. *Code pénal*, art.
80 et 81.

PRÉPOSÉS (tous) à la conduite, au transport et à la garde
des détenus qui les auront laissé évader ; comment punis.
V. EVASION.

PRÉPOSÉS ou commis de tous fonctionnaires ou officiers
publics, tous percepteurs des droits, taxes, contributions,
deniers, revenus publics ou communaux, et leurs commis
ou préposés qui se seront rendus coupables du crime de concussion, en ordonnant de percevoir, ou en exigeant ou recevant ce qu'ils savaient n'être pas dû, ou excéder ce qui
était dû pour droits, taxes, contributions, deniers ou revenus, ou pour salaires ou traitemens, seront punis, savoir,
les fonctionnaires ou les officiers publics de la peine de la
reclusion, et leurs commis ou préposés d'un *emprisonnement*
de deux ans au moins et de cinq ans au plus.

Les coupables seront, de plus, condamnés à une *amende*
dont le *maximum* sera le quart des restitutions et dommages-
intérêts, et le *minimum* le douzième. *Code pénal*, art. 174.

PRÉPOSÉS de voiturier ou batelier qui auront volé tout
ou partie des choses qui leur étaient confiées à ce titre, seront punis de la peine de la *reclusion*. *Code pénal*, art. 386.

PRÊTEURS sur gages ou nantissement autorisés, qui n'auront pas tenu un registre conforme aux règlemens, contenant de suite, sans aucun blanc ni interligne, les sommes
ou les objets prêtés, les noms, domicile et profession des emprunteurs, la nature, la qualité, la valeur des objets mis en

nantissement, seront punis d'un *emprisonnement* de quinze jours au moins, de trois mois au plus, et d'une *amende* de cent francs à deux mille francs. *Code pénal*, art. 411.

PREUVE légale de fait imputé à quelqu'un, ne peut résulter que d'un jugement, ou de tout autre acte authentique. *Code pénal*, art. 370.

Lorsque la preuve légale ne sera pas rapportée, le calomniateur sera puni. *Art.* 271 *idem. V.* quant à la peine, Calomnie.

PREUVES qui pourront être admises contre le prévenu de complicité d'adultère, et les seules qui pourront l'être, seront, outre le flagrant délit, celles résultantes de lettres ou autres pièces écrites par le prévenu. *Code pénal*, art. 338.

PRÉVENUS, prisonniers, accusés ou condamnés qui se seront réunis avec ou sans armes, et auront usé dé violence ou de menaces contre l'autorité administrative, les officiers ou les agens de police, ou contre la force publique ; comment punis. *V.* Rébellion.

PRISONNIERS, prévenus, accusés ou condamnés qui se seront réunis avec ou sans armes, et auront usé de violence ou de menaces contre l'autorité administrative, les officiers et les agens de police, ou contre la force publique ; comment punis. *V.* Rébellion.

PROCEDURES criminelles, pièces ou autres papiers, registres, actes et effets contenus dans des archives, greffes ou dépôts publics, ou remis à un dépositaire public en cette qualité, qui en auront été enlevés ; peines des greffiers, archivistes, notaires ou autres dépositaires négligens, et de toutes personnes qui auront commis ces enlèvemens. *V.* Enlèvement.

PROCUREURS généraux ou impériaux, ou leurs substituts, juges ou officiers de police qui se seront immiscés dans l'exercice du pouvoir législatif, soit par des règlemens contenant des dispositions législatives, soit en arrêtant ou en suspendant l'exécution d'une ou de plusieurs lois, soit en délibérant sur le point de savoir si les lois seront publiées ou exécutées, seront coupables de forfaiture et punis de la *dégradation civique. Code pénal*, art. 127.

PROCUREURS généraux (les) ou impériaux, leurs substituts, les juges ou les officiers publics qui auront retenu, ou fait retenir un individu hors des lieux déterminés par le gouvernement ou par l'administration publique, ou qui auront traduit un citoyen devant une cour d'assises ou spéciale, sans qu'il ait été préalablement mis en accusation , seront punis de la *dégradation civique*. *Code pénal* , art. 122.

PROCUREURS généraux ou impériaux ou leurs substituts, juges et officiers de police judiciaire qui auraient excédé leurs pouvoirs en s'immisçant dans les matières attribuées aux autorités administratives , soit en faisant des règlemens sur ces matières , soit en défendant d'exécuter les ordres émanés de l'administration , ou qui ayant permis ou ordonné de citer des administrateurs , pour raison de l'exercice de leurs fonctions , auraient persisté dans leurs jugemens ou ordonnances, nonobstant l'annulation qui en aurait été prononcée, ou le conflit qui leur aurait été notifié , seront coupables de forfaiture , et punis de la *dégradation civique*. *Code pénal*, art. 127.

PROCUREURS généraux (tous) ou impériaux , tous substituts, tous juges, tout officier de police judiciaire qui auront provoqué , donné ou signé un jugement , une ordonnance ou un mandat tendant à la poursuite personnelle ou accusation , soit d'un ministre , soit d'un membre du sénat , du conseil d'état ou du corps législatif, sans les autorisations prescrites par les constitutions , ou qui , hors les cas de flagrant délit ou de clameur publique , auront, sans les mêmes autorisations, donné ou signé l'ordre ou le mandat de saisir ou arrêter un ou plusieurs ministres ou membres du sénat , du conseil d'état ou du corps législatif, seront coupables de forfaiture , et punis de la *dégradation civique*. *Code pénal* , art. 121.

PROCUREUR général (tout) ou impérial, tout juge, tout substitut, tout administrateur ou tout autre officier de justice ou de police , qui se sera introduit dans le domicile d'un citoyen, hors les cas prévus par la loi et sans les formalités qu'elle a prescrites , sera puni d'une *amende* de seize francs au moins et de deux cents francs au plus. *Code pénal*, art. 184.

PRODUCTION imprimée ou gravée en entier ou en partie , au mépris des lois et règlemens relatifs à la propriété des auteurs, est une contrefaçon, et toute contrefaçon est un délit ; sa peine. *V*. CONTREFAÇON.

PRODUITS du travail de chaque détenu pour délit correctionnel, seront appliqués partie aux dépenses communes de la maison , partie à lui procurer quelques adoucissemens s'il les mérite, partie à former pour lui, au temps de sa sortie, un fond de réserve ; le tout ainsi qu'il sera ordonné par des règlemens d'administration publique. *Code pénal*, art. 41.

PRONOSTIQUER. *V*. Gens qui font le métier.

PROPRIÉTAIRE d'animaux ou bestiaux soupçonnés d'être infectés de maladie contagieuse. *V*. Détenteur.

PROPRIÉTAIRES ou fermiers, ou toute autre personne jouissant de moulins, usines, étangs, qui, par l'élévation du déversoir de leurs eaux au-dessus de la hauteur déterminée par l'autorité compétente, auront inondé les chemins ou les propriétés d'autrui, seront punis d'une *amende* qui ne pourra excéder le quart des restitutions et des dommages-intérêts, ni être au-dessous de cinquante francs.

S'il est résulté du fait quelques dégradations, la peine sera, outre l'amende, un *emprisonnement* de six jours à un mois. *Code pénal*, art. 457.

PROVOCATEURS à rébellion soit par des discours tenus dans des lieux ou réunions publics, soit par des placards affichés, soit par écrits imprimés, seront punis comme coupables de rébellion.

Dans le cas où la rebellion n'aurait pas eu lieu, le provocateur sera puni d'un *emprisonnement* de six jours au moins et d'un an au plus. *Code pénal*, art. 217.

Il pourra en outre être condamné au dernier cas à une *amende* de seize à deux cents francs. *Art*. 218 *idem*.

PROVOCATION à des crimes ou délits contenue en ouvrages, écrits, avis, bulletins, affiches, journaux, feuilles périodiques et autres imprimés sans nom d'auteur ni d'imprimeur. *V*. Publication.

PROVOCATION au crime ou à délit faite en assemblée de société, même permise par le gouvernement et de quelque manière que ce soit ; ceux qui s'en seront personnellement rendus coupables seront punis des mêmes peines que celles infligées aux chefs, directeurs ou administrateurs de ces associations, sans préjudice de peines plus fortes prononcées par la loi contre les provocations. *Code pénal*, art. 293.

PROVOCATION directe à la désobéissance, résultante de discours prononcé par les ministres des cultes dans l'exercice de leur ministère, contenant critique ou censure du gouvernement, d'une loi, d'un décret impérial ou de tout autre acte de l'autorité publique ; sa peine. *V*. Ministres des cultes. *V*. Écrit.

PUBLICATION (toute) ou distribution d'ouvrages, écrits,

avis, bulletins, affiches, journaux, feuilles périodiques ou autres imprimés dans lesquels ne se trouvera pas l'indication vraie des noms, profession et demeure de l'auteur ou de l'imprimeur, sera, pour ce seul fait, punie d'un *emprisonnement* de six jours à six mois, contre toute personne qui aura sciemment contribué à la publication ou distribution. *Code pénal,* art. 283.

Cette disposition sera réduite à des peines de simple police,

1°. A l'égard des crieurs, afficheurs, vendeurs, distributeurs qui auront fait connaître la personne de laquelle ils tiennent l'écrit imprimé;

2°. A l'égard de quiconque aura fait connaître l'imprimeur;

3°. A l'égard même de l'imprimeur qui aura fait connaître l'auteur. *Art. 284 idem.*

Si l'écrit imprimé contient quelque provocation à des crimes ou délits, les crieurs, vendeurs, afficheurs et distributeurs seront punis comme complices des provocateurs, à moins qu'ils n'aient fait connaître ceux dont ils tiennent l'écrit contenant la provocation.

En cas de révélation, ils n'encourront qu'un *emprisonnement* de six jours à trois mois, et la peine de complicité ne restera applicable qu'à ceux qui n'auront point fait connaître les personnes dont ils auront reçu l'écrit imprimé, et à l'imprimeur s'il est connu. *Art. 285 idem.*

Dans tous les cas ci-dessus, il y aura confiscation des exemplaires saisis. *Art. 286 idem.*

Si l'auteur est connu il subira le *maximum* de la peine attachée à l'espèce du délit. *Art. 289 idem. V.* Personnes désignées.

PUNITION (de la) des crimes et délits. *V.* Crimes. (des)

Q.

QUICONQUE, par alimens, breuvages, médicamens, violences, ou par tout autre moyen, aura procuré l'avortement d'une femme enceinte, soit qu'elle y ait consenti ou non, sera puni de la *reclusion. Code pénal,* art. 317.

QUICONQUE aura vendu ou débité des boissons falsifiées, contenant des mixtions nuisibles à la santé, sera puni d'un *emprisonnement* de six jours à deux ans, et d'une *amende* de seize francs à cinq cents francs.

Seront saisies et confisquées les boissons falsifiées trouvées appartenir au vendeur ou débitant. *Code pénal*, art. 318.

QUICONQUE aura commis le crime de viol, ou sera coupable de tout autre attentat à la pudeur, consommé ou tenté avec violence contre des individus de l'un ou de l'autre sexe, sera puni de la *reclusion. Code pénal*, art. 330.

Si le crime a été commis sur la personne d'un enfant au-dessous de l'âge de quinze ans accomplis, le coupable subira la peine des *travaux forcés à temps. Art.* 332 *idem.*

La peine sera celle des *travaux forcés à perpétuité*, si les coupables sont de la classe de ceux qui ont autorité sur la personne envers laquelle ils ont commis l'attentat, s'ils sont ses instituteurs, ou serviteurs à gages, ou s'ils sont fonctionnaires publics ou ministres d'un culte, ou si le coupable, quel qu'il soit, a été aidé dans son crime par une ou plusieurs personnes. *Art.* 333 *idem.*

QUICONQUE s'étant indûment procuré les vrais sceaux, timbres ou marques d'une autorité quelconque, ou d'un établissement particulier de banque ou de commerce, et en aura fait une application ou usage préjudiciable aux droits ou intérêts de l'Etat et d'une autorité quelconque, ou même d'un établissement particulier, sera puni du *carcan. Code pénal*, art. 143. *V.* DISPOSITIONS communes aux faux.

QUICONQUE s'étant indûment procuré les vrais timbres, marteaux ou poinçons *nationaux* ayant l'une des destinations exprimées en l'article 140, (*V.* CEUX qui auront contrefait) et en aura fait une application ou usage préjudiciable aux droits ou intérêts de l'Etat, sera puni de la *reclusion. Code pénal*, art. 141. *V.* DISPOSITIONS communes aux faux.

QUICONQUE fabriquera, sous le nom d'un fonctionnaire ou officier public, un certificat de bonne conduite, indigence ou autres circonstances propres à appeler la bienveillance du gouvernement ou des particuliers sur la personne y désignée, et à lui procurer places, crédit ou secours, sera puni d'un *emprisonnement* de six mois à deux ans.

La même peine sera appliquée, 1°. à celui qui falsifiera un certificat de cette espèce, originairement véritable, pour l'approprier à une personne autre que celle à laquelle il a été primitivement délivré; 2°. à tout individu qui se sera servi du certificat ainsi fabriqué ou falsifié. *Code pénal,* art. 161.

Les faux certificats de toute autre nature, et d'où il pourrait résulter soit lésion.envers des tiers, soit préjudice envers le trésor public, seront punis, selon qu'il y aura lieu, d'après les dispositions des paragraphes 3 et 4 de la présente section. *Art.* 162 *idem. V.* FONCTIONNAIRE ou officier public qui, dans l'exercice de ses fonctions, aura commis un faux ; PERSONNE qui aura commis un faux ; INDIVIDU qui aura commis un faux. *V.* DISPOSITIONS communes aux faux.

QUICONQUE fabriquera une fausse feuille de route, ou falsifiera une feuille de route originairement véritable, ou fera usage d'une feuille de route fabriquée ou falsifiée, sera puni, savoir,

D'un *emprisonnement* d'une année au moins et de cinq ans au plus, si la feuille de route n'a eu pour objet que de tromper la surveillance de l'autorité publique;

Du *bannissement*, si le trésor public a payé au porteur de la fausse feuille, des frais de route qui ne lui étaient pas dus, ou qui excédaient ceux auxquels il pouvait avoir droit, le tout néanmoins au-dessous de cent francs;

Et de la *reclusion*, si les sommes indûment reçues par le porteur de la feuille, s'élèvent à cent francs ou au-delà. *Code pénal,* art. 156.

Les peines portées en l'article ci-dessus seront appliquées, selon les distinctions qui y sont posées, à toute personne qui se sera fait délivrer, par l'officier public, une feuille de route sous un nom supposé. *Art.* 157 *idem.*

Si l'officier public était instruit de la supposition de nom lorsqu'il a délivré la feuille, il sera puni, savoir,

Dans le premier cas posé par l'article 156 ci-dessus, du *bannissement;*

Dans le second du même article, de la *reclusion.*

Et dans le troisième cas, des *travaux forcés à temps. Art.* 158 *idem. V.* DISPOSITIONS communes aux faux.

QUICONQUE prendra, dans un passe-port, un nom supposé, ou aura concouru comme témoin à faire délivrer le passe-port sous un nom supposé, sera puni d'un *emprisonnement* de trois mois à un an. *Code pénal,* art. 154. *V.* DISPOSITIONS communes aux faux.

QUICONQUE fabriquera un faux passe-port, ou altérera un passe-port originairement véritable, ou fera usage d'un passe-port fabriqué ou falsifié, sera puni d'un *emprison-nement* d'une année au moins, et de cinq ans au plus. *Code pénal*, art. 153. *V*. Dispositions communes aux faux.

QUICONQUE aura contraint ou tenté de contraindre, par voies de fait ou menaces, corrompu ou tenté de corrompre par promesses, offres, dons ou présens, un fonctionnaire public de l'ordre administratif ou judiciaire, agent ou préposé d'une administration publique, pour obtenir soit une opinion favorable, soit des procès verbaux, états, certificats ou estimations contraires à la vérité, soit des places, emplois, adjudications, entreprises ou autres bénéfices quelconques, soit enfin tout autre acte du ministère du fonctionnaire, agent ou préposé, sera puni des mêmes peines que le fonctionnaire, agent ou préposé corrompu.

Toutefois, si les tentatives de contraintes ou corruption n'ont eu aucun effet, les auteurs de ces tentatives seront simplement punis d'un *emprisonnement* de trois mois au moins et de six mois au plus, et d'une *amende* de cent à trois cents francs. *Code pénal*, art. 179.

Il ne sera jamais fait au corrupteur restitution des choses par lui livrées, ni de leur valeur; elles seront confisquées au profit des hospices des lieux où la corruption aura été commise. *Art.* 180 *idem*.

Si c'est un juge en matière criminelle, ou un juré qui s'est laissé corrompre, soit en faveur, soit au préjudice de l'accusé, il sera puni de la *réclusion*, et en outre de l'*amende* double de la valeur des promesses agréées ou des choses reçues, sans que ladite amende puisse être inférieure à deux cents francs. *Art.* 181 *idem*.

Si par l'effet de la corruption, il y a eu condamnation à une peine supérieure à celle de la réclusion, cette peine, quelle qu'elle soit, sera appliquée au juge ou juré coupable de corruption. *Art.* 182 *idem*.

QUICONQUE aura sciemment et volontairement fourni aux bandes de malfaiteurs des armes, munitions, instrumens de crime, logement, retraite ou lieu de réunion, sera puni de la *réclusion*. *Code pénal*, art. 268.

QUICONQUE aura brisé des scellés; sa peine. *V*. Bris de scellés.

QUICONQUE se sera rendu coupable de soustraction, enlèvement ou destruction de pièces ou de procédures criminelles, ou d'autres papiers, registres, actes et effets con-

(252)

tenus dans des archives, greffes ou dépôts publics, ou qui auraient été remis à un dépositaire public en cette qualité, sera puni de la *reclusion. Code pénal*, art. 254 et 255.

Si les soustractions, enlèvemens ou destructions ont été commis avec violence envers les personnes, la peine sera, contre toute personne, celle des *travaux forcés à temps,* sans préjudice de peines plus fortes, s'il y a lieu, d'après la nature des violences et des autres crimes qui y seraient joints. *Art.* 256 *idem.*

QUICONQUE, sans titre, se sera immiscé dans des fonctions publiques, civiles ou militaires, ou aura fait les actes d'une de ces fonctions, ou aura publiquement porté un costume, un uniforme ou une décoration qui ne lui appartenaient pas, ou qui se sera attribué des titres impériaux qui ne lui auraient pas été légalement conférés; sa peine. *Voy.* Usurpation.

QUICONQUE aura contrefait ou altéré les monnaies d'or ou d'argent ayant cours légal en France, ou participé à l'émission ou exposition desdites monnaies contrefaites ou altérées, ou à leur introduction sur le territoire français, sera puni de *mort* et *ses biens confisqués. Code pénal,* art. 132.

Celui qui aura contrefait ou altéré des monnaies de billon ou de cuivre, ayant cours légal en France, ou participé à à l'émission ou exposition desdites monnaies contrefaites ou altérées, ou à leur introduction sur le territoire français, sera puni des *travaux forcés à perpétuité. Art.* 133 *idem.*

Tout individu qui aura, en France, contrefait ou altéré des monnaies étrangères, ou participé à l'émission, exposition ou introduction en France des monnaies étrangères contrefaites ou altérées, sera puni des *travaux forcés à temps. Art.* 134 *idem.*

La participation énoncée aux précédens articles, ne s'applique point à ceux qui, ayant reçu pour bonnes des pièces de monnaies contrefaites ou altérées, les auront remises en circulation.

Toutefois celui qui aura fait usage desdites pièces après en avoir vérifié ou fait vérifier les vices, sera puni d'une *amende* triple au moins et sextuple au plus, de la somme représentée par les pièces qu'il aura rendues à la circulation, sans que cette amende puisse, en aucun cas, être inférieure à seize francs. *Art.* 135 *idem. V.* Fausse monnaie.

QUICONQUE aura eu connaissance de complots formés, ou de crimes projetés contre la sûreté intérieure ou extérieure de l'Etat et qui ne les aura point révélés, ne sera point admis à excuse sur le fondement qu'il ne les aurait point approuvés, ou même qu'il s'y serait opposé et aurait cherché à en dissuader les auteurs. *Code pénal*, art. 106.

QUICONQUE aura recélé, ou aura fait recéler les espions ou les soldats reconnus envoyés à la découverte et qu'il aura connus comme tels, sera condamné à la peine de *mort*. *Code pénal*, art. 83.

QUICONQUE, soit pour envahir des domaines, propriétés ou deniers publics, plans, villes, forteresses, postes, magasins, arsenaux, ports, vaisseaux ou bâtimens appartenant à l'état, soit pour piller ou partager des propriétés publiques ou nationales, ou celles d'une généralité de citoyens, soit enfin pour faire attaque ou résistance envers la force publique, agissant contre les auteurs de ces crimes, se sera mis à la tête de bandes armées, ou y aura exercé une fonction ou commandement quelconque, sera puni de *mort* et *ses biens seront confisqués*.

Les mêmes peines seront appliquées à ceux qui auront dirigé l'association, levé ou fait lever, organisé ou fait organiser les bandes, ou leur auront sciemment et volontairement fourni ou procuré des armes, munitions et instrumens du crime, ou envoyé des convois de subsistances, ou qui auront de toute autre manière pratiqué des intelligences avec les directeurs ou commandans des bandes. *Code pénal*, art. 96.

QUICONQUE aura, par des actes non approuvés par le gouvernement, exposé des Français à éprouver des représailles, sera puni du *bannissement*. *Code pénal*, art. 85.

QUICONQUE aura, par des actions hostiles non approuvées par le gouvernement, exposé l'Etat à une déclaration de guerre, sera puni du *bannissement*; et si la guerre s'en est suivie, de la *déportation*. *Code pénal*, art. 84.

Ceux qui, par des actions hostiles ou des actes non approuvés par le gouvernement, exposent l'Etat à une déclaration de guerre, compromettent sans doute la sûreté extérieure de l'Etat. La loi les proclame donc coupables, bien que nul soupçon d'intelligence avec l'ennemi ne plane sur eux ; mais comme il n'est pas d'élemens susceptibles d'indiquer jusqu'à quel point les conséquences pourraient en être connues de leurs auteurs, ceux-ci ne seront pas punis de la peine capitale, mais déportés ou bannis, selon les suites plus ou moins graves qu'auront eues leurs téméraires démarches.

R.

RAPIDITÉ ou mauvaise direction des voitures, en contravention aux règlemens. *V.* CONDUCTEURS.

RATELAGE, glanage, grapillage dans les champs.

Ceux qui, sans autre circonstance, auront glané, râtelé ou grapillé dans les champs non encore entièrement dépouillés et vidés de leurs récoltes, ou avant le moment du lever ou après celui du coucher du soleil, seront punis d'une *amende* de un franc à cinq francs inclusivement. *Code pénal,* art. 471.

La peine d'*emprisonnement* pendant trois jours au plus, pourra être de plus prononcée, selon les circonstances, contre ceux qui auront glané, râtelé ou grapillé en contravention à l'art. 471 ci-dessus. *Art. 473 idem.*

La peine d'*emprisonnement* contre toutes personnes mentionnées en l'art. 471 ci-dessus, aura toujours lieu, en cas de récidive, pendant trois jours au plus. *Art. 474 idem.*

Il y a récidive, lorsqu'il a été rendu contre les contrevenans, dans les douze mois précédens, un premier jugement pour contravention de police, commise dans le ressort du même tribunal. *Art. 485 idem.*

RAVISSEUR. *V.* ENLÈVEMENT.

REBELLES. *V.* RÉBELLION.

REBELLION.

Le crime de rébellion est plus ou moins grave, d'après certains caractères qui seuls, forment la base de la distribution des peines en cette matière.

Les rebelles étaient-ils nombreux ou non, armés ou sans armes ? L'intensité de la rébellion dépend essentiellement de ces circonstances.

La qualité des rebelles peut aussi n'être pas sans importance, Étaient-ce des ouvriers attachés à des ateliers publics, des personnes admises dans des hospices, des prisonniers même ? entre personnes de cette espèce, les rébellions ont un caractère d'autant plus dangereux, qu'il y a plus de tendance et d'occasions de s'y livrer.

Les peines de la rébellion établies et graduées d'après ces idées, sont quelquefois correctionnelles et quelquefois afflictives.

Mais pour en faire une juste application et ne point confondre surtout les réunions armées ou non armées, il convenait de bien fixer le caractère de celles qui, au premier aspect semblent mixtes, et où les rebelles sont en partie armés ou sans armes.

Ces cas sont fréquens ; la loi règle que la réunion armée sera celle où trois personnes au moins, porteront des armes ostensibles.

Cette règle est juste ; les individus non armés auront à s'imputer de s'être placés sous la protection ou la bannière de ceux qui avaient des armes.

Il convient au surplus de remarquer que, si la rébellion dont il s'agit, dirigée contre les agens de la force publique en fonctions, a un objet différend de celui des bandes et attroupemens séditieux, une telle rébellion pourra néanmoins, comme dans le cas de sédition, n'être suivie d'aucune peine envers ceux des rebelles avec attroupement qui se seraient retirés au premier avertissement de l'autorité : c'est le même motif, c'est la même alliance de l'indulgence avec la politique qui a dicté cette disposition pour l'une et l'autre.

Pareillement dans l'espèce présente, comme on l'a déjà observé dans l'autre, les crimes individuels commis dans le cours de la rébellion, seront distingués du crime même de rébellion, et pourront donner lieu à de plus fortes peines contre ceux qui s'en seraient personnellement rendus coupables ; mais ces peines spéciales ne s'étendront pas aux autres rebelles, car si dans le tumulte qui accompagne ordinairement de telles scènes, il s'est commis sur l'un des points un crime plus grave que celui de la rébellion même, ne serait-ce pas une rigueur, poussée jusqu'à l'injustice, que d'en appliquer sans distinction la peine à tous les rebelles.

Sans doute ils doivent tous être punis, mais le crime de rébellion est le seul qui soit commun à tous ; et ceux qui n'ont pas pris part à d'autres crimes spéciaux, n'en sauraient être considérés comme complices.

RÉBELLION, toute attaque, toute résistance avec violence et voies de fait envers les officiers ministériels, les gardes champêtres ou forestiers, la force publique, les préposés à la perception des taxes et des contributions, leurs porteurs de contraintes, les préposés des douanes, les séquestres, les officiers ou agens de la police administrative ou judiciaire, agissant pour l'exécution des lois, des ordres ou ordonnances de l'autorité publique, des mandats de justice ou jugemens, est qualifiée, selon les circonstances, crime ou délit de rébellion. *Code pénal*, art. 209.

Si elle a été commise par plus de vingt personnes armées, les coupables seront punis des *travaux forcés à temps ;* et s'il n'y a pas eu port d'armes, ils seront punis dela *reclusion*. *Art.* 210.

Si la rébellion a été commise par une réunion armée de trois personnes ou plus jusqu'à vingt inclusivement, la peine sera la *reclusion ;* s'il n'y a pas eu port d'armes, la peine sera un *emprisonnement* de six mois au moins et de deux ans au plus. *Art.* 211 *idem*. (*V.* l'art. 218 ci-ensuite.)

Si la rébellion n'a été commise que par une ou deux personnes avec armes, elle sera punie d'un *emprisonnement* de six mois à deux ans ; et si elle a eu lieu sans armes, d'un *emprisonnement* de six jours à six mois. *Art.* 212 *idem*. (*V.* l'art. 218 ci-ensuite.)

En cas de rébellion avec bande ou attroupement, l'article 100 du présent Code sera applicable aux rebelles sans fonctions ni emplois dans la bande, qui se seront retirés au

premier avertissement de l'autorité publique, ou même depuis s'ils n'ont été saisis que hors du lieu de la rebellion, et
sans nouvelle résistance et sans armes. *Art.* 213 *idem. V.*
ATTENTAT.

Les personnes qui se trouveraient munies d'armes cachées
et qui auraient fait partie d'une troupe ou réunion non réputée armée, seront individuellement punies comme si elles
avaient fait partie d'une troupe ou réunion armée. *Art.* 215
idem:

Sera puni comme coupable de la rébellion, quiconque y
aura provoqué, soit par des discours tenus dans des lieux
ou réunions publics, soit par placards affichés, soit par écrits
imprimés.

Dans le cas où la rébellion n'aurait pas eu lieu, le provocateur sera puni d'un *emprisonnement* de six jours au moins
et d'un an au plus. *Art.* 2.7 *idem.*

Dans tous les cas où il sera prononcé pour fait de rébellion
une simple peine d'*emprisonnement,* les coupables pourront
être condamnés en outre à une *amende* de seize à deux cents
francs. *Art.* 218 *idem.*

Seront punies comme réunions de rebelles, celles qui auront été formées avec ou sans armes, et accompagnées de
violences ou de menaces contre l'autorité administrative,
les officiers et les agens de la police, ou contre la force
publique,

1°. Par les ouvriers ou journaliers dans les ateliers publics
ou de manufacture.

2°. Par les individus admis dans les hospices.

3°. Par les prisonniers, prévenus, accusés ou condamnés.
Art. 219 *idem.*

La peine appliquée pour rébellion à des prisonniers, prévenus, accusés ou condamnés relativement à d'autres crimes
ou délits, sera par eux subie; savoir,

Par ceux qui, à raison de crimes ou délits qui ont causé
leur détention, sont ou seraient condamnés à une peine non
capitale ni perpétuelle, immédiatement après l'expiration de
cette peine;

Et par les autres, immédiatement après l'arrêt ou jugement en dernier ressort qui les aura acquittés ou renvoyés
absous du fait pour lequel ils étaient détenus. *Art.* 220
idem. V. RÉUNION; AUTEURS; CHEFS.

RECÉLE de cadavres de personnes homicidées. Quiconque aura recélé ou caché le cadavre d'une personne homi-

cidée ou morte des suites de coups ou blessures, sera puni d'un *emprisonnement* de six mois à deux ans et d'une *amende* de cinquante francs à quatre cents francs, sans préjudice de peines plus graves s'il a participé au crime. *Code pénal*, art. 359.

RECÉLÉ, enlèvement ou suppression d'enfant, substitution d'enfant à un autre, supposition d'un enfant à une femme qui ne sera pas accouchée; les coupables de ces crimes seront punis de la *reclusion. Code pénal*, art. 345.

RECÉLÉ d'effets soustraits par des maris au préjudice de leurs femmes, etc. *V.* SOUSTRACTION.

Tout individu qui aura recélé ces effets ou qui en aura appliqué à son profit tout ou partie des objets volés, sera puni comme coupable de vols. *Code pénal*, art. 380.

RECÉLEMENS de criminels.

Ceux qui auront recélé ou fait recéler des personnes qu'ils savaient avoir commis des crimes emportant peines afflictives, seront punis de trois mois d'*emprisonnement* au moins et de deux ans au plus.

Sont exceptés de la présente disposition les ascendans ou descendans, époux ou épouses même divorcés, frères ou sœurs des criminels recélés, ou leurs alliés au même degré. *Code pénal*, art. 248.

RECÉLEUR. *V.* COMPLICES.

RÉCIDIVE pour crimes et délits; ses peines. *V.* CONDAMNÉS pour crime.

RÉCIDIVE d'imputations ou d'injures contenues dans des écrits relatifs à la défense des parties ou dans des plaidoyers. *V.* INJURES.

RÉCLUSION (la) prononcée par jugement criminelle est une peine afflictive et infamante en même temps. *Code pénal*, art. 7. *V.* CONDAMNATION; RENVOI; CONDAMNÉS.

RÉCOLTES volées dans les champs; les coupables seront punis de la *reclusion. Code pénal*, art. 388.

RÉCOLTES, forêts ou bois taillis, édifices, navires, bateaux, magasins, chantiers, soit que les bois ou récoltes soient sur pied ou abattus, soit aussi que les bois soient en tas ou en cordes, et les récoltes en tas ou en meules auxquels on aura volontairement mis le feu; celui qui l'y aura mis ou à des matières combustibles placées de manière à communiquer le feu à ces choses ou à l'une d'elles, sera puni de la peine de *mort*. *Code pénal*, art. 434.

RÉDUCTION de peine, quand peut être prononcée par le juge. *V*. Observations générales; Disposition générale.

REFUS ou négligence d'exécuter les règlemens ou arrêts concernant la petite voirie, ou d'obéir à la sommation émanée de l'autorité administrative de réparer ou de démolir des édifices menaçant ruine, seront punis d'une *amende* de un franc à cinq francs inclusivement. *Code pénal*, art. 471.

La peine d'*emprisonnement* contre toutes personnes mentionnées en l'article ci-dessus, aura toujours lieu en cas de récidive, pendant trois jours au plus. *Art.* 474 *idem.*

Il y a récidive, lorsqu'il a été rendu contre le contrevenant, dans les douze mois précédens, un premier jugement pour contravention de police, commise dans le ressort du même tribunal. *Art.* 485 *idem.*

REFUS ou négligence de fonctionnaires publics chargés de la police administrative ou judiciaire, de déférer à une réclamation légale tendant à constater les détentions illégales et arbitraires, soit dans les maisons destinées à la garde des détenus, soit partout ailleurs, et qui ne justifieront pas les avoir dénoncées à l'autorité supérieure, seront punis de la *dégradation civique* et tenus des dommages-intérêts, lesquels seront réglés comme il est dit dans l'article 117. *Code pénal*, art. 119. *V*. Dommages-intérêts.

REFUS de recevoir les espèces et monnaies nationales non fausses, ni altérées, selon la valeur pour laquelle elles ont cours, sera puni d'une *amende* de six francs jusqu'à dix francs inclusivement. *Code pénal*, art. 475.

La peine de l'*emprisonnement* pour cinq jours au plus, sera toujours prononcée en cas de récidive. *Art.* 478 *idem.*

Il y a récidive, lorsqu'il a été rendu contre le contrevenant, dans les douze mois précédens, un premier jugement pour contravention de police, commise dans le ressort du même tribunal. *Art.* 483 *idem.*

REFUS d'un service dû légalement. *V*. Commandant; Témoins; Jurés; Lois et Règlemens relatifs à la conscription.

REFUS ou négligence de faire les travaux, le service, ou de prêter le secours dont ils auront été requis dans les circonstances d'accidens, tumultes, naufrages, inondations, incendie ou autres calamités, ainsi que dans les cas de bri-

gandages, pillages, flagrant délit, clameur publique ou
d'exécution judiciaire, seront punis d'une *amende* de six fr.
jusqu'à dix francs inclusivement. *Code pénal*, art. 475.

La peine de l'*emprisonnement* pendant cinq jours au plus,
sera toujours prononcée en cas de récidive. *Art.* 478 *idem.*

Il y a récidive, lorsqu'il a été rendu contre le contrevenant, dans les douze mois précédens, un premier jugement
pour contravention de police, commise dans le ressort du
même tribunal. *Art.* 485 *idem.*

REGISTRES, pièces ou procédures criminelles, papiers,
actes et effets contenus dans des archives, greffes ou dépôts
publics, ou remis à un dépositaire public en cette qualité
qui en auront été enlevés; peines des greffiers, archivistes,
notaires ou autres dépositaires négligens, et de toutes personnes qui auront commis ces enlèvemens. *V.* ENLÈVEMENT.

REGISTRES, minutes ou actes originaux de l'autorité
publique, titres, billets, lettres de change, effets de commerce ou de banque contenant ou opérant obligation, disposition ou décharge, volontairement brûlés ou détruits
d'une manière quelconque; le coupable sera puni ainsi qu'il
suit :

Si les pièces détruites sont des actes de l'autorité publique
ou des effets de commerce ou de banque, la peine sera la
reclusion.

S'il s'agit de toute autre pièce, le coupable sera puni d'un
emprisonnement de deux ans à cinq ans, et d'une *amende* de
cent francs à trois cents francs. *Code pénal*, art. 439.

REMISE ou signature d'un écrit, acte, titre ou pièce
quelconque contenant ou opérant obligation, disposition
ou décharge, extorquée par force, violence ou contrainte,
le coupable sera puni de la peine des *travaux forcés à temps.*
Code pénal, art. 400.

RENVOI (le) sous la surveillance spéciale de la haute
police, l'amende et la confiscation spéciale soit du corps du
délit, quand la propriété en appartient au condamné, soit
des choses produites par le délit, soit de celles qui ont
servi, ou qui ont été destinées à le commettre, sont des
peines communes aux matières criminelles et correctionnelles. *Code pénal*, art. 11.

S'il est nécessaire de réprimer les crimes, il ne l'est pas moins de les
prévenir; c'est pour y parvenir que les condamnés, après avoir subi leur
peine, demeureront, dans les cas prévus par la loi, sous la surveillance
de la haute police.

Dans un petit état tout le monde est surveillé , parce qu'on est pour ainsi dire tous réunis sur un même point , et que personne ne peut se soustraire à l'œil vigilant des autres. Il n'en est pas de même à l'égard d'un immense empire , il faut qu'une institution sage et active remplace cette surveillance individuelle qui ne peut pas y exister. Il faut que les hommes pervers n'y soient jamais perdus de vue. Or, quelle indication plus positive et plus pressante peut-il en être donnée , que celle qui résulte d'un arrêt de condamnation. Les amis de la paix publique ne doivent qu'applaudir à cette mesure.

V. Effet du renvoi.

Cette attribution à la haute police est d'une grande importance; restreinte par les dispositions générales de la loi aux gens sans aveu et aux individus condamnés à des peines afflictives ou au bannissement , ne l'exerçant au-delà qu'en vertu de condamnations spéciales, et pour des cas bien déterminés , quelque sévère qu'elle puisse paraître au premier aspect , elle doit rassurer et non alarmer les bons citoyens.

La société n'a-t-elle donc en effet aucune précaution à prendre, lorsque des hommes qui l'ont grièvement troublée , rentrent dans son sein; et s'ils ne peuvent trouver sur toute la surface de l'empire un seul citoyen solvable, qui veuille cautionner leur conduite future , n'est-ce pas un degré de suspicion qui s'élève contre eux , et autorise, soit à les éloigner d'un lieu désigné , soit à leur prescrire l'habitation d'un autre , soit enfin à les arrêter et les détenir s'ils désobéissent?

Quand cette restriction des droits individuels du condamné pourrait être considérée comme une aggravation de la peine principale, ne serait-elle pas encore juste , puisqu'elle complétera la garantie sociale.

Chez un peuple voisin dont la législation , en matière criminelle surtout, a été peut-être trop vantée, quoique souvent digne d'éloges, l'obligation de fournir cette caution a sans doute été portée trop loin , quand la loi a permis de l'imposer selon les circonstances à tout particulier , même domicilié et non repris de justice, sur l'affirmation assermentée d'un autre citoyen , touchant le péril auquel celui-ci se prétendrait exposé par suite de paroles ou de démarches menaçantes.

S'il y a de graves inconvéniens à armer ainsi les citoyens les uns contre les autres , et si une telle législation semble plus propre à répandre du trouble et des inquiétudes , qu'à les calmer , la scène change lorsque la surveillance légale , spécialement dirigée contre des gens sans aveu ou repris de justice, a été remise par l'autorité judiciaire , qui a déjà usé du droit de punir, à l'autorité administrative chargée du soin de prévenir de nouveaux crimes.

Dans ce système tout se trouve en harmonie ; et si cette heureuse innovation n'arrête pas toutes les récidives , elle en préviendra beaucoup; et assurera du moins par le cautionnement même , une indemnité aux parties qui seraient lésées par un nouveau délit.

RÉPARATION, entretien ou nettoyage des fours , cheminées ou usines, où l'on fait du feu, négligée ; ceux qui seront coupables de ce délit, seront punis d'une *amende* d'un franc à cinq francs inclusivement. *Code pénal*, art. 471.

La peine d'*emprisonnement* contre toutes personnes mentionnées en l'article ci-dessus , aura toujours lieu en cas de récidive pendant trois jours au plus. *Art. 174 idem*.

Il y a récidive, lorsqu'il a été rendu contre le contreve-

nant, dans les douze mois précédens, un premier jugement pour contravention de police, commise dans le ressort du même tribunal. *Art.* 485 *idem.*

RÉPARATION ou démolition des édifices menaçant ruine ; ceux qui auront refusé ou négligé d'obéir à la sommation émanée de l'autorité administrative, de réparer ou démolir ces édifices, seront punis d'une *amende* de un franc à cinq francs inclusivement. *Code pénal,* art. 471.

La peine d'*emprisonnement* contre toutes personnes mentionnées en l'article ci-dessus, aura toujours lieu en cas de récidive pendant trois jours au plus. *Art.* 474 *idem.*

Il y a récidive, lorsqu'il a été rendu contre le contrevenant, dans les douze mois précédens, un premier jugement pour contravention de police, commise dans le ressort du même tribunal. *Art.* 485 *idem.*

RÉSISTANCE (toute) avec violence et voies de fait, toute attaque envers les officiers ministériels, les gardes champêtres ou forestiers, la force publique, les préposés à la perception des taxes et des contributions, leurs porteurs de contraintes, les préposés des douanes, les séquestres, les officiers ou agens de la police administrative ou judiciaire, agissant pour l'exécution de lois, des ordres ou des ordonnances de l'autorité publique, de mandats de justice ou de jugemens, est qualifiée, selon les circonstances, crime ou délit de rébellion. *Code pénal,* art. 209.

Si elle a été commise par plus de vingt personnes armées, les coupables seront punis des *travaux forcés à temps ;* et s'il n'y a pas eu port d'armes, ils seront punis de la *reclusion.* *Art.* 210 *idem.*

Si la rébellion a été commise par une réunion armée de trois personnes au plus jusqu'à vingt inclusivement, la peine sera la *reclusion ;* s'il n'y a pas eu port d'armes, la peine sera un *emprisonnement* de six mois au moins et deux ans au plus. *Art.* 211 *idem.* (*V.* l'article 218 ci-ensuite.)

Si la rébellion n'a été commise que par une ou deux personnes, avec armes, elle sera punie d'un *emprisonnement* de six mois à deux ans ; et si elle a eu lieu sans armes, d'un *emprisonnement* de six jours à six mois. *Art.* 212 *idem.* (*V.* l'article 218 ci-ensuite.)

En cas de rébellion avec bande ou attroupement, l'article 100 du présent Code sera applicable aux rebelles sans fonctions ni emplois dans la bande, qui se seront retirés au premier avertissement de l'autorité publique, ou même

depuis , s'ils n'ont été saisis que hors du lieu de la rébellion , et sans nouvelle résistance et sans armes. *Art.* 213
idem. *V*. ATTENTAT.

Les personnes qui se trouveraient munies d'armes cachées
et qui auraient fait partie d'une troupe ou réunion non
réputée armée, seront individuellement punies comme si
elles avaient fait partie d'une troupe ou réunion armée.
Art. 215 *idem.*

Sera puni comme coupable de la rébellion , quiconque
y aura provoqué, soit par des discours tenus dans des lieux
ou réunions publics , soit par placards affichés, soit par
écrits imprimés.

Dans le cas où la rébellion n'aurait pas eu lieu , le provocateur sera puni d'un *emprisonnement* de six jours au
moins et d'un an au plus. *Art.* 217 *idem.*

Dans tous les cas où il sera prononcé pour fait de rébellion une simple peine d'*emprisonnement* , les coupables
pourront être condamnés en outre à une *amende* de seize
à deux cents francs. *Art.* 218 *idem.*

Seront punies comme réunion de rebelles, celles qui auront été formées avec ou sans armes, et accompagnées de
violences ou de menaces contre l'autorité administrative,
les officiers et les agens de la police, ou contre la force
publique ,

1°. Par les ouvriers ou journaliers dans les ateliers publics
ou manufactures ;

2°. Par les individus admis dans les hospices ;

3 . Par les prisonniers prévenus, accusés ou condamnés.
Art. 219 *idem.*

La peine appliquée pour rébellion à des prisonniers prévenus, accusés ou condamnés relativement à d'autres crimes
ou délits, sera par eux subie, savoir :

Par ceux qui, à raison de crimes ou délits qui ont causé
leur détention , sont ou seraient condamnés à une peine
non capitale ni perpétuelle , immédiatement après l'expiration de cette peine;

Et par les autres, immédiatement après l'arrêt ou jugement en dernier ressort qui les aura acquittés ou renvoyés
absous du fait pour lequel ils étaient détenus. *Art.* 220
idem. *V*. RÉUNION ; AUTEURS; CHEFS.

RESPONSABILITÉ civile , ayant lieu dans les affaires
criminelles, correctionnelles et de police, les cours et tribunaux devant qui ces affaires seront portées, se conforme-

ront aux dispositions du Code Napoléon , liv. 3 , tit. 4 , chap. 2. *Code pénal*, art. 74. *V*. Aubergistes.

RESTITUTIONS résultantes de jugement criminels.

Quand il y aura lieu à restitution, le coupable sera condamné, en outre, envers la partie, à des indemnités dont la détermination est laissée à la justice de la cour ou du tribunal, lorsque la loi ne les aura pas réglées, sans qu'elles puissent être jamais au-dessous du quart des restitutions, et sans que la cour ou le tribunal puisse, du consentement même de la partie, en prononcer l'application à une œuvre quelconque. *Code pénal*, art. 51.

RESTITUTIONS prononcées contre un coupable , leur exécution pourra être poursuivie par la voie de la contrainte par corps. *Code pénal*, art. 52.

Tous les individus condamnés pour un même crime, ou pour un même délit , sont tenus solidairement des amendes , des restitutions, des dommages-intérêts et des frais. *Art.* 55.

RESTITUTIONS et indemnités dues à la partie lésée , sont préférées à l'amende en matière de contravention , en cas d'insuffisance des biens. *Code pénal*, art. 468.

RESTITUTIONS, (les) indemnités et frais entraîneront la contrainte par corps, et le condamné, en matière de police , gardera prison jusqu'à parfait paiement ; néanmoins si les condamnations sont prononcées au profit de l'Etat , les condamnés pourront jouir de la faculté accordée par l'article 467, dans le cas d'insolvabilité prévu par cet article. *Code pénal*, art. 489. *V*. Contrainte.

RETARD du service de fournisseurs des armées de terre et de mer ; quoique le service n'ait pas manqué, si par négligence , les livraisons et les travaux ont été retardés , les coupables seront punis d'un *emprisonnement* de six mois au moins et de cinq ans au plus , et d'une *amende* qui ne pourra excéder le quart des dommages-intérêts , ni être moindre de cent francs. *Code pénal*, art. 433.

RÉTENTION d'un individu hors des lieux déterminés par le gouvernement ou par l'administration publique, de la part des procureurs généraux ou impériaux, etc. ; de quelle peine sera punie. *V*. Procureurs généraux.

RETRAITE ou lieu de réunion , armes, munitions , instrumens de crimes ou logement fourni aux bandes d'association de malfaiteurs ; ceux qui sciemment et volontairement les leur auront fournis, seront punis de la *reclusion*. *Code pénal*, art. 268.

RÉUNION (toute) d'individus pour un crime ou délit, est réputée réunion armée, lorsque plus de deux personnes portent des armes ostensibles. *Code pénal*, art. 214. *Voy.* RÉBELLION.

RÉUNIONS illicites. *V.* ASSOCIATIONS.

RÉVÉLATION de secrets.

A l'exception des révélations que la loi exige, parce qu'elles importent au salut public, tout dépositaire par état ou profession des secrets qu'on lui confie, ne peut les révéler sans encourir des peines de police correctionnelle. Ne doit-on pas en effet considérer comme un délit grave, des révélations qui souvent ne tendent à rien moins qu'à compromettre la réputation de la personne dont le secret est trahi, à détruire en elle une confiance devenue plus nuisible qu'utile, à déterminer ceux qui se trouvent dans la même situation, à mieux aimer être victime de leur silence que de l'indiscrétion d'autrui; enfin à ne montrer que des traîtres dans ceux dont l'état semble ne devoir offrir que des êtres bienfaisans et de vrais consolateurs? La nécessité de la peine, en pareille matière, est encore mieux sentie qu'elle ne pourrait être développée.

RÉVÉLATION de secrets. Les médecins, chirurgiens, et autres officiers de santé, ainsi que les pharmaciens, les sages-femmes et toutes autres personnes dépositaires par état ou profession des secrets qu'on leur confie, qui, hors le cas où la loi les oblige à se porter dénonciateurs, auront révélé des secrets, seront punis d'un *emprisonnement* d'un mois à six mois, et d'une *amende* de cent francs à cinq cents francs. *Code pénal*, art. 378.

REVENDICATION formellement faite par l'autorité administrative d'une affaire portée devant des juges, et ceux-ci ayant néanmoins procédé au jugement avant la décision de l'autorité supérieure, ils seront punis chacun d'une *amende* de seize francs au moins et de cent cinquante francs au plus.

Les officiers du ministère public qui auront fait des réquisitions ou donné des conclusions pour ledit jugement, seront punis de la même peine. *Code pénal*, art. 128.

La peine sera d'une *amende* de cent francs au moins et de cinq cents francs au plus, contre chacun des juges qui, après une réclamation légale des parties intéressées ou de l'autorité administrative, auront, sans autorisation du gouvernement, rendu des ordonnances ou décerné des mandats contre ses agens ou préposés, prévenus de crimes ou délits commis dans l'exercice de ses fonctions.

La même peine sera appliquée aux officiers du ministère public ou de police, qui auront requis lesdites ordonnances ou mandats. *Art.* 129 *idem.*

RÉVOLTE ou sédition résultant de provocation directe à désobéissance aux lois ou autres actes de l'autorité publique, faite par ministres des cultes en discours par eux prononcés publiquement dans l'exercice de leur ministère. *V.* Ministres des cultes; Ecrits.

ROULIERS, charretiers, conducteurs de voitures quelconques ou de bêtes de charge, qui auraient contrevenu aux règlemens par lesquels ils sont obligés de se tenir constamment à portée de leurs chevaux, bêtes de trait ou de charge, et de leurs voitures et en état de les guider et conduire, d'occuper un seul côté des rues, chemins ou voies publiques, de se détourner ou ranger devant toutes autres voitures, et, à leur approche, de leur laisser libre au moins la moitié des rues, chaussées, routes et chemins; ceux qui auront fait ou laissé courir les chevaux, bêtes de trait, de charge ou monture, dans l'intérieur d'un lieu habité, ou violé les règlemens contre le chargement, la rapidité, ou la mauvaise direction des voitures, seront punis d'une *amende* de six francs jusqu'à dix francs inclusivement. *Code pénal*, art. 475.

Pourra, suivant les circonstances, être prononcé, outre l'amende portée en l'article précédent, l'*emprisonnement* pendant trois jours au plus, contre les rouliers, charretiers, voituriers et conducteurs en contravention, et contre ceux qui auront contrevenu à la loi par la rapidité, la mauvaise direction ou le chargement des voitures et des animaux. *Art.* 476 *idem.*

La peine de l'*emprisonnement* pendant cinq jours au plus, sera toujours prononcée, en cas de récidive. *Art.* 478 *idem.*

Il y a récidive, lorsqu'il a été rendu contre le contrevenant, dans les douze mois précédens, un premier jugement pour contravention de police, commise dans le ressort du même tribunal. *Art.* 485 *idem.*

RUPTURE, (toute) toute destruction d'instrumens d'agriculture, de parcs de bestiaux, de cabanes de gardiens, sera punie d'un *emprisonnement* d'un mois au moins, d'un an au plus. *Code pénal*, art. 451.

Dans le cas prévu par l'article ci-dessus, il sera prononcé contre le coupable une *amende* qui ne pourra excéder le quart des restitutions et dommages-intérêts, ni être au-dessous de seize francs. *Art. 455 idem.*

S.

SAGES-FEMMES, médecins, chirurgiens, ou autres officiers de santé, ainsi que les pharmaciens et toutes autres personnes dépositaires, par état ou profession, des secrets qu'on leur confie, qui, hors le cas où la loi les oblige à se porter dénonciateurs, auront révélé ces secrets, seront punis d'un *emprisonnement* d'un mois à six mois, et d'une *amende* de cent francs à cinq cents francs. *Code pénal*, art. 378.

SALARIÉ, agent ou préposé du gouvernement, ou fonctionnaire public qui aura aidé à faire manquer le service des fournisseurs des armées de terre et de mer, sera puni de la peine des *travaux forcés à temps*, sans préjudice de peines plus fortes en cas d'intelligence avec l'ennemi. *Code pénal*, art. 432.

SCEAU, timbre ou marque d'une autorité quelconque, ou d'un particulier, de banque ou de commerce contrefaits; ceux qui en seront coupables, ainsi que d'avoir fait usage de ces sceaux, timbres ou marques, seront punis de la *reclusion. Code pénal*, art. 142. *V.* QUICONQUE s'étant indûment procuré les vrais sceaux. *V.* DISPOSITIONS communes aux faux.

SECRET de fabrique révélé à qui que ce soit, Français ou étranger.

La loi punit correctionnellement celui qui communique à des Français résidant en France, les secrets de la fabrique où il est employé: il ne fait point de tort aux fabriques nationales en général, mais il préjudicie en particulier à la fabrique à laquelle le secret appartient; il enlève à l'un le fruit de son invention, pour en enrichir un autre auquel elle est étrangère; il décourage l'industrie par la crainte d'être frustré de sa légitime récompense.

Mais la peine de la reclusion, c'est-à-dire, une peine afflictive et infamante attend quiconque aura communiqué de tels secrets à des étrangers. Ce n'est plus à un ou plusieurs particuliers qu'il fait tort; il nuit à la nation entière qu'il prive de ses richesses; il contribue à diminuer la prospérité nationale, en faisant pencher la balance du commerce en faveur du pays étranger auquel il a sacrifié l'intérêt de la France.

SECRETS de fabrique révélés. Tout directeur, commis ou ouvrier de fabrique qui aura communiqué à des étran-

gers , ou à des Français résidant en pays étranger , des secrets de la fabrique où il est employé , sera puni de la *reclusion* , et d'une *amende* de cinq cents francs à vingt
mille francs.

Si ces secrets ont été communiqués à des Français résidant
en France, la peine sera d'un *emprisonnement* de trois
mois à deux ans, et d'une *amende* de seize francs à deux
cents francs. *Code pénal*, art. 418.

SECRETS révélés. *V.* RÉVÉLATION.

SÉDITION. *V.* ATTENTAT.

SÉDITION ou révolte résultant de provocation directe,
désobéissance aux lois ou autres actes de l'autorité publique , faite par ministres des cultes en discours par eux
prononcés publiquement dans l'exercice de leur ministère.
V. MINISTRES des cultes. *V.* ECRIT.

SÉPULTURES ou tombeaux violés. *V.* VIOLATION.

SÉQUESTRATION des personnes. *V.* ARRESTATION.

SERRURIER qui aura contrefait ou altéré des clefs , sera
condamné à la peine de la *reclusion*. *Code pénal*, art. 399.

SERVITEURS à gages qui se seront permis le viol ou
tout autre attentat à la pudeur avec violence, seront punis
des *travaux forcés à perpétuité*. *Code pénal*, art. 333.

SIGNATURE ou remise d'écrit, acte, titre, pièce quelconque, contenant ou opérant obligation , disposition ou
décharge extorquée par force , violence ou contrainte par
qui que ce soit, le coupable sera puni des *travaux forcés à
temps*. *Code pénal*, art. 400.

SOCIÉTÉS illicites. *V.* ASSOCIATIONS.

SŒUR ou frère de la personne prévenue de réticence à
l'égard de complots formés , ou de crimes projetés contre
la sûreté intérieure et extérieure de l'Etat, dont ils auraient
eu connaissance , ne seront pas sujets aux peines portées
contre tous autres qui n'en auraient pas fait la révélation
au gouvernement, ou aux autorités administratives ou de
police judiciaire ; mais ils pourront être mis, par arrêt ou
jugement, sous la surveillance de la haute police pendant
un temps qui n'excédera pas dix ans. *Code pénal*, art. 107.

SŒURS et frères , ascendans et descendans , époux
même divorcés , et alliés aux mêmes degrés , de tenant fabrique ou dépôt de monnaies d'or , d'argent , billon ou
cuivre ayant cours légal en France, contrefaites ou altérées ,

qui ne les auraient pas révélés aux autorités administratives ou de police judiciaire, sont exceptés de la disposition qui prononce contre tous autres une peine pour cette
non-révélation. *Code pénal*, art. 137.

SOLDATS ou espions ennemis envoyés à la découverte ;
quiconque les aura recélés ou fait recéler, s'il les a connus
pour tels, sera condamné à la peine de *mort. Code pénal*,
art. 83

SOMMES recouvrées de cautionnement de bonne conduite, fournies par condamné mis sous la surveillance de
la haute police de l'Etat, sont affectées de préférence aux
restitutions, aux dommages-intérêts, et frais adjugés aux
parties lésées par de nouveaux crimes ou délits. *Code pénal*,
art. 46. *V.* CAUTION ; PERSONNES.

SOUS-OFFICIER, (tout) officier ou commandant de la
force publique, qui, après en avoir été légalement requis
par l'autorité civile, aura refusé de faire agir la force à ses
ordres, sera puni d'un *emprisonnement* d'un mois à trois
mois, sans préjudice des réparations civiles qui pourraient
être dues aux termes de l'article 10 du présent Code. *Code
pénal*, art. 234. *V.* CONDAMNATIONS aux peines.

SOUS-PRÉFET, (tout) préfet, tout commandant des
divisions militaires des départemens ou des places et villes,
qui aura, dans l'étendue des lieux où il a droit d'exercer
son autorité, fait ouvertement, ou par des actes simulés,
ou par interposition de personnes, le commerce des grains,
grenailles, farines, substances farineuses, vins ou boissons
autres que ceux provenant de ses propriétés, sera puni
d'une *amende* de cinq cents francs au moins, de dix mille
francs au plus, et de la *confiscation* des denrées appartenant à ce commerce. *Code pénal*, art. 176.

SOUS-PRÉFETS, préfets, maires et autres administrateurs qui se seront immiscés dans l'exercice du pouvoir
législatif, soit par des règlemens contenant des dispositions
législatives, soit en arrêtant ou en suspendant l'exécution
d'une ou de plusieurs lois, soit en délibérant sur le point de
savoir si les lois seront publiées ou exécutées, ou qui se
seront ingérés à prendre des arrêtés généraux, tendant à
intimer des ordres ou des défenses quelconques à des cours
ou tribunaux, seront punis de la *dégradation civique. Code
pénal*, art. 130.

Lorsque ces administrateurs entreprendront sur les fonc-

tions judiciaires, en s'ingérant à connaître des droits et
intérêts privés du ressort des tribunaux, et qu'après la réclamation des parties ou de l'une d'elles, ils auront néanmoins décidé l'affaire avant que l'autorité supérieure ait
prononcé, ils seront punis d'une *amende* de seize francs au
moins et de cent cinquante francs au plus. *Art.* 131 *idem*.

SOUSTRACTION de titre, pièce ou mémoire produit
dans une contestation judiciaire. Quiconque, après avoir
produit dans une contestation judiciaire quelque titre, pièce
ou mémoire, l'aura soustrait, de quelque manière que ce soit,
sera puni d'une *amende* de vingt-cinq à trois cents francs.

Cette peine sera prononcée par le tribunal saisi de la
contestation. *Code pénal,* art. 409.

SOUSTRACTIONS commises par les fonctionnaires publics. *V.* Forfaiture; Percepteurs; Juges; Agens.

SOUSTRACTIONS commises par des maris au préjudice
de leurs femmes, par des femmes au préjudice de leurs
maris, par un veuf ou une veuve, quant aux choses qui
avaient appartenu à l'époux décédé, par des enfans ou autres
descendans, au préjudice de leurs pères ou mères ou autres
ascendans, par des pères ou mères ou autres ascendans au
préjudice de leurs enfans ou autres descendans, ou par des
alliés aux mêmes degrés, ne pourront donner lieu qu'à des
réparations civiles.

A l'égard de tous autres individus qui auraient recélé ou
appliqué à leur profit tout ou partie des effets volés, ils
seront punis comme coupables de vol. *Code pénal,* art. 380.

SOUSTRACTIONS, destructions et enlèvement de pièces
ou de procédures criminelles, ou d'autres papiers, registres, actes et effets contenus dans des archives, greffes ou
dépôts publics, ou remis à un dépositaire public en cette
qualité, les peines seront contre les greffiers, archivistes,
notaires, ou autres dépositaires négligens, de trois mois à
un an d'*emprisonnement*, et d'une *amende* de cent francs
à trois cents francs. *Code pénal,* art. 254.

Quiconque se sera rendu coupable des soustractions, enlèvemens ou destructions mentionnés en l'article précédent,
sera puni de la *reclusion*.

Si le crime est l'ouvrage du dépositaire lui-même, il sera
puni des *travaux forcés à temps. Art.* 255 *idem*.

Si le bris de scellés, les soustractions, enlèvemens ou
destructions de pièces, ont été commis avec violence envers
les personnes, la peine sera contre toute personne, celle

des *travaux forcés à temps*, sans préjudice de peines plus fortes, s'il y a lieu d'après la nature des violences et des autres crimes qui y seraient joints. *Art.* 256 *idem.*

STILETS, tromblons, armes prohibées par la loi ou par des règlemens d'administration publique, tout individu qui les aura fabriqués ou débités, sera puni d'un *emprisonnement* de six jours à six mois.

Celui qui sera porteur desdites armes, sera puni d'une *amende* de seize francs.

Dans l'un et l'autre cas, les armes seront confisquées.

Le tout, sans préjudice de p'us fortes peines, s'il y échet, en cas de complicité de crime. *Code pénal*, art. 314.

Outre les peines ci-dessus, les tribunaux pourront prononcer le renvoi sous la surveillance de la haute police, depuis deux ans jusqu'à dix ans. *Art.* 315 *idem.*

SUBORNATION de témoins; le coupable de subornation de témoins sera condamné à la peine des *travaux forcés à temps*, si le faux témoignage qui en a été l'objet emporte la peine de la réclusion; aux *travaux forcés à perpétuité*, lorsque le faux témoignage emportera la peine des travaux forcés à temps, ou celle de la déportation; et à la peine de *mort*, lorsqu'il emportera celle des travaux forcés à perpétuité, ou la peine capitale. *Code pénal*, art. 365.

SUBSTITUTS des procureurs généraux ou impériaux, procureurs généraux ou impériaux, juges ou officiers publics qui auront retenu ou fait retenir un individu hors des lieux déterminés par le gouvernement ou par l'administration publique, ou qui auront traduit un citoyen devant une cour d'assises ou spéciale, sans qu'il ait été préalablement mis en accusation, seront punis de la *dégradation civique. Code pénal*, art. 122.

SUBSTITUTS, juges, procureurs généraux et impériaux ou leurs substituts, et officiers de police qui se seront immiscés dans l'exercice du pouvoir législatif, soit par des règlemens contenant des dispositions législatives, soit en arrêtant ou en suspendant l'exécution d'une ou de plusieurs lois, soit en délibérant sur le point de savoir si les lois seront publiées ou exécutées, seront coupables de forfaiture et punis de la *dégradation civique. Code pénal*, art. 127.

SUBSTITUTS des procureurs généraux ou impériaux, procureurs généraux ou impériaux, juges et officiers de police qui auraient excédé leurs pouvoirs en s'immisçant dans les matières attribuées aux autorités administratives, soit en faisant des règlemens sur ces matières, soit en défendant d'exécuter les ordres émanés de l'administration, ou qui ayant permis ou ordonné de citer des administrateurs pour raison de l'exercice de leurs fonctions, auraient persisté dans leurs jugemens ou ordonnances, nonobstant l'annulation qui en aurait été prononcée, ou le conflit qui leur aurait été notifié, seront coupables de forfaiture et punis de la *dégradation civique. Code pénal,* art. 127.

SUBSTITUTS (tous) de procureurs généraux ou impériaux, tous juges, tous procureurs généraux ou impériaux, tout officier de police judiciaire, qui auront provoqué, donné ou signé un jugement, une ordonnance ou un mandat tendant à la poursuite personnelle ou accusation, soit d'un ministre, soit d'un membre du sénat, du conseil d'état, ou du corps législatif, sans les autorisations prescrites par les constitutions, ou qui, hors les cas de flagrant délit ou de clameur publique, auront, sans les mêmes autorisations, donné ou signé l'ordre de saisir ou arrêter un ou plusieurs ministres, ou membre du sénat, du conseil d'état, ou du corps législatif, seront, comme coupables de forfaiture, punis de la *dégradation civique. Code pénal,* art. 121.

SUBSTITUT (tout) de procureur général ou impérial, tout administrateur ou tout autre officier de justice ou de police, qui se sera introduit dans le domicile d'un citoyen, hors les cas prévus par la loi et sans les formalités qu'elle a prescrites, sera puni d'une *amende* de seize francs au moins et de deux cents francs au plus. *Code pénal,* art. 184.

SUBSTITUTION d'enfant à un autre, enlèvement, recélé ou suppression d'enfant, supposition d'enfant à une femme qui ne sera pas accouchée, les coupables de ces crimes seront punis de la *reclusion. Code pénal,* art. 345.

SUPPOSITION d'enfant à femme qui ne sera pas accouchée, enlèvement, recélé ou suppression d'enfant, ou substitution d'enfant à un autre; les coupables de ces crimes seront punis de la *reclusion. Code pénal,* art. 345.

SUPPOSITION de nom en passe-port; sa peine. *V.* Quiconque.

SUPPRESSION, enlèvement ou recélé d'enfant, substitution d'enfant à un autre, supposition d'un enfant à une femme qui ne sera pas accouchée; les coupables de ces crimes seront punis de la *réclusion. Code pénal,* art. 345.

SUPPRESSION, (toute) toute ouverture de lettre confiée à la poste , commise ou facilitée par un fonctionnaire ou agent du gouvernement ou administration des postes , sera punie d'une *amende* de seize francs à trois cents francs ; le coupable sera, de plus, interdit de toute fonction ou emploi public , pendant cinq ans au moins et dix ans au plus. *Code pénal ,* art. 187.

SUPPRESSION de bornes, pieds corniers, etc. *V.* DÉPLACEMENT.

T.

TÉMOINS (les) et jurés qui auront allégué une excuse reconnue fausse , seront condamnés , outre les amendes prononcées pour la non comparution , à un *emprisonnement* de six jours à deux mois. *Code pénal,* art. 236.

TÉMOIN dans un acte ; quiconque aura été condamné à la peine des travaux forcés à temps , du bannissement, de la reclusion ou du carcan , ne pourra l'être.

Il ne pourra non plus déposer en justice , autrement que pour y donner de simples renseignemens. *Code pénal,* art. 28.

TÉMOIN qui aura concouru à faire délivrer un passe-port sous un nom supposé , sera puni d'un *emprisonnement* de trois mois à un an. *Code pénal ,* art. 154. *V.* DISPOSITIONS communes aux faux.

TENTATIVE (toute) qui aura été manifestée par des actes extérieurs et suivie d'un commencement d'exécution , si elle n'a été suspendue ou manqué son effet que par des circonstances fortuites ou indépendantes de la volonté de l'auteur , est considérée comme le crime même. *Code pénal ,* art. 2.

Celui qui a tenté d'exécuter un crime est considéré comme l'ayant commis autant qu'il lui a été possible , donc il a encouru la peine prononcée par la loi contre ce crime.

Un homme à conçu le projet d'en assassiner un autre ; il l'a attendu, armé, n'importe comment , sur un chemin, dans un bois , au passage, il l'a attaqué et a fait usage de ses armes , ou les a seulement mis en évidence , mais n'a pu consommer ou continuer l'exécution de ce crime , parce que son adversaire aura été le plus fort , ou parce que craignant d'être surpris par d'autres passans qu'il aura aperçu ou entendu venir, il aura discontinué son attaque ou se sera enfui. Sa tentative est ici caractérisée ainsi que le désire la loi. Il doit être informé contre cet homme par tout officier de police judiciaire selon que chacun en a le droit, comme si le crime avait été consommé.

Un inconnu, porteur de fausses clefs, ou de tous autres instrumens ou ustensils propres à préparer et effectuer un vol, s'est glissé dans une maison, il y a été surpris avant d'avo'r rien forcé ou volé, la tentative du vol est suffisamment caractérisée pour informer contre lui.

Un particulier aura tenté d'en empoisonner un autre, soit en mélant adroitement du poison dans les alimens préparés, et qui doivent lui être servis, soit en lui servant lui-même les alimens empoisonnés.

Le crime n'aura pas été effectué soit parce que quelqu'un se sera aperçu de sa préparation, soit parce que le poison n'aura pas produit tout son effet.

Il y aura eu tentative; celui qui aura tenté ce crime doit être poursuivi.

Les tentatives de crime de fausse monnaie ou de tout autre faux ne doivent surtout jamais être négligées.

A l'égard de la fausse monnaie, la tentative ne résultera pas toujours du fait d'avoir offert en paiement une pièce fausse, parce qu'on pouvait ne pas savoir, pas même se douter qu'elle l'est. Mais si l'on a essayé de la passer, la sachant fausse, il y aura tentative.

Il devra être informé, dans tous les cas, soit contre l'ignorant, pour parvenir à connaître les distributeurs et fabricateurs coupables, ou contre celui qui, sachant que sa pièce était fausse, a tenté de la passer.

Il n'en est pas de même des tentatives de délit. *Voyez* ci-ensuite.

TENTATIVES de vols non spécifiées au Code, de larcins et filouteries, sont punies, ainsi que ces délits, d'un *emprisonnement* d'un an au moins et de cinq ans au plus, et pourront même l'être d'une *amende* qui sera de seize francs au moins et de cinq cents francs au plus.

Les coupables pourront encore être interdits des droits mentionnés en l'article 42, pendant cinq ans au moins et dix ans au plus, à compter du jour où ils auront subi leur peine.

Ils pourront être mis, par l'arrêt ou le jugement, sous la surveillance de la haute police pendant le même nombre d'années. *Code pénal*, art. 401. Quant à l'art. 42, *V*. Tribunaux jugeant correctionnellement.

TENTATIVES de délits ne sont considérées comme délits que dans les cas déterminés par une disposition spéciale de la loi. *Code pénal*, art. 3.

La disposition relative aux tentatives de crimes ne pouvait pas être généralement adoptée pour les délits, parce que les caractères de tentatives de délit ne sont jamais aussi marquées que ceux des tentatives de crimes.

Leur exécution peut très-bien avoir été préparée et commencée par des circonstances et des démarches qui en elles-mêmes, n'ont rien de répréhensible, et dont le but ou l'objet ne peut être bien connu, que lorsque le délit a été consommé.

Par exemple, c'est un délit de détruire des clôtures de champs, de couper du bois dans les forêts, s'être introduit dans un champ clos dont la clôture mal entretenue, prêtait à cette introduction, l'avoir plus endommagée qu'elle ne l'était, ne peut être considéré comme tentative de détruire cette clôture, à moins qu'on n'en ait arraché exprès une portion existante.

Se trouver dans un bois ou forêt, mais dans le plus écarté ou le plus fourré, avec tous les instrumens nécessaires pour y faire des fagots, ne peut être considéré comme une tentative de délit, si d'ailleurs on ne s'est encore permis aucun acte qui indique plus particulièrement l'intention de commettre le délit.

Si par exemple, on a coupé seulement une branche d'arbre, telle petite qu'elle soit, si l'on en est trouvé chargé, la tentative peut être suffisamment caractérisée.

V. CONDAMNATION ; RENVOI ; CONDAMNÉS.

TENTATIVE de vol.

Il faut observer que la tentative de vol sera punie comme le vol même, quoique le vol n'eût donné lieu qu'à des peines de police correctionnelle.

TIMBRES nationaux falsifiés ; peine des falsifications ou de ceux qui en auront fait usage. *V.* CEUX qui auront contrefait.

TIMBRE, sceau ou marque d'une autorité quelconque, ou d'un établissement particulier de banque ou de commerce contrefaits ; ceux qui en seront coupables, ainsi que d'avoir fait usage de ces sceaux, timbres, marques, seront punis de la *reclusion. Code pénal*, art. 142. *V.* QUICONQUE s'étant indûment procuré les vrais sceaux ; *V.* DISPOSITIONS communes aux faux.

TITRES, billets, lettres de change, effets de commerce ou de banque contenant ou opérant obligation, disposition ou décharge, registres, minutes, ou actes originaux de l'autorité publique, volontairement brûlés ou détruits d'une manière quelconque, le coupable sera puni ainsi qu'il suit :

Si les pièces détruites sont des actes de l'autorité publique, ou des effets de commerce ou de banque, la peine sera la *reclusion.*

S'il s'agit de toute autre pièce, le coupable sera puni d'un *emprisonnement* de deux ans, et d'une *amende* de cent à trois cents francs. *Code pénal*, art. 439.

TOMBEAUX ou sépultures violés. *V.* VIOLATION.

TRADUCTION d'un citoyen devant une cour d'assises ou spéciale sans qu'il ait été préalablement mis en accusation, et ce, de la part de qui que ce soit, des procureurs impériaux ou juges, ou, etc. ; peine dont elle sera punie. *V.* PROCUREURS impériaux.

TRAVAUX (les) forcés à perpétuité prononcés par jugement criminel, sont une peine afflictive et infamante en même temps. *Code pénal*, art. 7. *V.* CONDAMNATION; CONDAMNÉS.

TRAVAUX (les) forcés à temps prononcés par jugement criminel, sont une peine afflictive et infamante en même temps. *Code pénal*, art. 7. *V.* CONDAMNATION; RENVOI.

TRAVAUX autorisés par le gouvernement, à la confection desquels on se sera opposé. *V.* OPPOSITION.

. TRIBUNAL (tout) ou juge, tout administrateur ou autorité administrative, qui, sous quelque prétexte que ce soit, même du silence ou de l'obscurité de la loi, aura dénié de rendre la justice qu'il doit aux parties, après en avoir été requis, et qui aura persévéré dans son déni, après avertissement ou injonction de ses supérieurs, pourra être poursuivi, et sera puni d'une *amende* de deux cents francs au moins et de cinq cents francs au plus, et de l'*interdiction* de l'exercice des fonctions publiques depuis cinq ans jusqu'à vingt. *Code pénal*, art. 185.

TRIBUNAUX et cours continueront d'observer et de faire exécuter les dispositions des lois et des règlemens actuellement en vigueur, en tout ce qui n'a pas été réglé par le présent Code en matière de crimes, délits et contravention. *Code pénal*, art. 484.

TRIBUNAUX (les) jugeant correctionnellement, pourront, dans certains cas, interdire, en tout ou en partie, l'exercice des droits civiques, civils et de famille qui suivent :

1°. De vote et d'élection; 2°. d'éligibilité; 3°. d'être appelé ou nommé aux fonctions de jurés ou autres fonctions publiques, ou aux emplois de l'administration, ou d'exercer ces fonctions ou emplois; 4°. de port d'armes; 5°. de vote et de suffrage dans les délibérations de famille; 6°. d'être tuteur ou curateur, si ce n'est de ses enfans, et sur l'avis seulement de la famille; 7°. d'être expert ou employé comme témoin dans les actes; 8°. de témoignage en justice, autrement que pour y faire de simples déclarations. *Code pénal*, art. 42.

Les tribunaux ne prononceront l'interdiction prononcée dans l'article précédent, que lorsqu'elle aura été autorisée ou ordonnée par une disposition particulière de la loi. *Art.* 43.

TRIBUNAUX de police pourront, nonobstant toute autre peine, dans les cas déterminés par la loi, prononcer la confiscation, soit des choses saisies en contravention, soit des matières ou des instrumens qui ont servi ou étaient destinés à la commettre. *Code pénal*, art. 470.

TUMULTES , naufrages , inondation , incendies , ou autres calamités et accidens, refus ou négligence de porter les secours nécessaires. *V.* REFUS.

TUTEURS ou tutrices, instituteurs ou institutrices qui auront exposé et délaissé, en un lieu solitaire ou non , un enfant au-dessous de l'âge de sept ans accomplis, ou qui auront donné l'ordre de l'exposer ainsi ; leur peine. *V.* EXPOSITION.

U.

USAGE préjudiciable aux droits ou intérêts de l'État, fait des timbres, marteaux ou poinçons nationaux, qu'on se serait indûment procurés, sera puni de la *reclusion*. *V.* QUICONQUE s'étant indûment procuré.

USAGE des papiers, effets, timbres, marteaux ou poinçons falsifiés ou contrefaits; peines de ceux qui se le seront permis. *V.* CEUX qui auront contrefait.

USAGE du sceau de l'état contrefait. *V.* CEUX qui auront contrefait.

USAGE fait d'effets émis par le trésor public , ou de billets de banque contrefaits ou falsifiés; peines de ceux qui se le seront permis. *V.* CEUX qui auront contrefait.

USAGE d'une feuille de route fabriquée ou falsifiée; sa peine. *V.* QUICONQUE fabriquera.

USAGE de faux passe-port ou de vrai falsifié ; sa peine. *V.* QUICONQUE.

USAGE de passe-port faux ou altéré; sa peine. *V.* QUICONQUE.

USAGE de pièce fausse, écriture privée , fabriquée par tout autre qu'un fonctionnaire ou officier public; de quelle peine sera puni. *V.* INDIVIDU.

USAGE d'actes faux, soit qu'ils proviennent de fonctionnaires ou officiers publics, soit de toutes autres personnes; de quelle peine sera puni. *V.* FONCTIONNAIRES ; PERSONNES.

USAGE de faux poids ou fausse mesure. Quiconque aura, par ce moyen, trompé sur la quantité des choses vendues, sera puni de l'*emprisonnement* pendant trois mois au moins, un an au plus, et d'une *amende* qui ne pourra excéder le quart des restitutions et dommages-intérêts, ni être au-dessous de cinquante francs.

Les objets du délit ou leur valeur, s'ils appartiennent encore au vendeur, seront confisqués; les faux poids et les fausses mesures seront aussi confisqués, et de plus seront brisés. *Code pénal*, art. 423.

Si le vendeur et l'acheteur se sont servis, dans leurs marchés, d'autres poids ou d'autres mesures que ceux établis par les lois de l'État, l'acheteur sera privé de toute action contre le vendeur qui l'aura trompé par l'usage de poids ou de mesures prohibés, sans préjudice de l'action publique, pour la punition tant de cette fraude, que de l'emploi même des poids et des mesures prohibés.

La peine, en cas de fraude, sera celle portée par l'article précédent.

La peine pour l'emploi des mesures et poids prohibés, sera une *amende* de onze à quinze francs. *Art.* 424 et 479 *idem*.

USAGE ou emploi d'armes sans précaution ou avec maladresse. *V*. DOMMAGES; MORT d'animaux.

USINES, cheminées ou fours où l'on fait du feu, dont l'entretien, les réparations ou le nettoyage auront été négligés, ceux qui en seront coupables seront punis d'une *amende* d'un franc à cinq francs inclusivement. *Code pénal*, art. 471.

La peine d'*emprisonnement* contre toutes personnes mentionnées en l'article ci-dessus, aura toujours lieu en cas de récidive, pendant trois jours au plus. *Art.* 474 *idem*.

Il y a récidive lorsqu'il a été rendu contre le contrevenant, dans les douze mois précédens, un premier jugement pour contravention de police, commise dans le ressort du même tribunal. *Art.* 485 *idem*.

USURE envers la jeunesse. *V*. ABUS de confiance.

USURPATION de titres ou fonctions. Quiconque, sans titres, se sera immiscé dans les fonctions publiques, civils ou militaires, ou aura fait les actes d'une de ces fonctions, sera puni d'un *emprisonnement* de deux à cinq ans, sans préjudice de la peine de faux, si l'acte porte le caractère de ce crime. *Code pénal*, art. 258.

Toute personne qui aura publiquement porté un costume, ou uniforme, ou une décoration qui ne lui appartenait pas, ou qui se sera attribué des titres impériaux qui ne lui auraient pas été légalement conférés, sera punie d'un *emprisonnement* de six mois à deux ans. *Art.* 259 *idem.*

V.

VAGABONDAGE est un délit. *Code pénal*, art. 269.

VAGABONDAGE. *V.* Association.

VAGABONDS (les) ou gens sans aveu sont ceux qui n'ont ni domicile certain, ni moyen de subsistance, et qui n'exercent habituellement ni métier, ni profession. *Code pénal*, art. 270.

VAGABONDS ou mendians porteurs de faux passeports, faux certificats ou fausses feuilles de route ; les peines applicables à ces délits seront toujours, pour eux, portées au *maximum. Code pénal*, art. 281.

VAGABOND ou mendiant qui aura exercé quelqu'acte de violence envers les personnes, sera puni de la *reclusion*, sans préjudice de peines plus fortes, s'il y a lieu, à raison du genre et des circonstances de la violence. *Code pénal*, art. 279.

VAGABOND (tout) ou mendiant qui aura commis un crime emportant la peine des travaux forcés à temps, sera en outre marqué. *Code pénal*, art. 280.

VAGABOND ou mendiant qui sera trouvé porteur d'un ou de plusieurs effets d'une valeur supérieure à cent francs, et qui ne justifiera point d'où ils lui proviennent, sera puni d'un *emprisonnement* de six mois à deux ans. *Code pénal*, art. 278.

VAGABOND ou mendiant qui aura été trouvé travesti d'une manière quelconque,

Ou porteur d'armes, bien qu'il n'en ait usé ni menacé,

Ou muni de limes, crochets ou autres instrumens propres, soit à commettre le vol ou d'autres délits, soit à lui procurer des moyens de pénétrer dans les maisons, sera puni de deux à cinq ans d'*emprisonnement. Code pénal*, art. 277.

VAGABONDS ou mendians qui auront subi leurs peines, demeureront ensuite à la disposition du gouvernement. *Code pénal*, art. 282.

VAGABONDS ou gens sans aveu qui auront été légalement déclarés tels, seront, pour ce seul fait, punis de trois à six mois d'*emprisonnement*, et demeureront, après avoir subi leur peine, à la disposition du gouvernement pendant le temps qu'il déterminera, eu égard à leur conduite. *Code pénal*, art. 271.

Les vagabonds nés en France, pourront, après jugement, même passé en force de chose jugée, être réclamés par délibération du conseil municipal de la commune où ils sont nés, ou cautionné par un citoyen solvable.

Si le gouvernement accueille la réclamation, les individus ainsi réclamés ou cautionnés, seront, par ses ordres, renvoyés ou conduits dans la commune qui les a réclamés, ou dans celle qui leur sera assignée pour résidence, sur la demande de la caution. *Art. 273 idem. V.* INDIVIDUS déclarés vagabonds.

VENDEURS et acheteurs qui se seront servis, dans leurs marchés, d'autres poids ou d'autres mesures que ceux qui ont été établis par les lois de l'Etat, l'acheteur sera privé de toute action contre le vendeur qui l'aura trompé par l'usage de poids ou de mesures prohibés, sans préjudice de l'action publique pour la punition, tant de cette fraude que de l'emploi même des poids et des mesures prohibés.

La peine en cas de fraude sera un *emprisonnement* de trois mois au moins, un an au plus, et d'une *amende* qui ne pourra excéder le quart des restitutions et dommages-intérêts, ni être au-dessous de cinquante francs.

Les objets du délit ou leur valeur, s'ils appartiennent encore aux vendeurs, seront confisqués; les poids, mesures prohibés, seront aussi confisqués, et de plus seront brisés.

La peine pour l'emploi des mesures et poids prohibés, sera une *amende* de onze à quinze francs. *Code pénal,* art. 424 et 479.

VENDEURS ou débiteurs de boissons falsifiées. *V.* BOISSONS.

VENDEURS, crieurs, distributeurs, auteurs, imprimeurs et graveurs de chansons, pamphlets, figures ou images contraires aux bonnes mœurs. *V.* EXPOSITION.

VENDEURS, afficheurs, crieurs, distributeurs d'ouvrages, écrits, avis, bulletins, affiches, journaux, feuilles périodiques et autres imprimés sans nom d'auteur ou imprimeur. *V.* PUBLICATION.

VENTE de matières d'or ou d'argent à faux titre, ou de pierres fausses pour fines, sera punie d'un *emprisonnement* de trois mois au moins et d'un an au plus, et d'une *amende* qui ne pourra excéder le quart des restitutions et dommages-intérêts, ni être au-dessous de cinquante francs ; les objets du délit ou leur valeur, s'ils appartiennent encore au vendeur, seront confisqués. *Code pénal*, art. 423.

VENTE à faux poids ou à fausse mesure.

La loi prononce des peines, non seulement contre ceux qui font usage de faux poids ou de fausses mesures, mais encore contre ceux qui se servent d'autres poids ou d'autres mesures que ceux qui ont été établis par les lois de l'État ; ces deux actes n'étant pas susceptibles d'une assimilation parfaite, il y a dû être établi quelque différence dans les peines ; un mot suffira pour en faire sentir la nécessité.

En effet, l'usage de faux poids ou de fausses mesures comprend nécessairement une fraude. Il n'en est pas de même de l'usage des poids et mesures anciennes ; celui-ci peut n'être pas accompagné de fraude, et si la fraude n'existe pas, ce n'est pas un délit, c'est une contravention. Sans doute, cette contravention doit être réprimée, car la loi sur l'uniformité des poids et mesures est d'une utilité qui ne peut être méconnue que par l'ignorance et les préjugés ; et ceux qui ne s'empressent pas de se conformer à cette loi, s'étonneront un jour d'avoir pu douter de sa sagesse. Au reste lorsqu'ils sont trompés, ils ne peuvent pas prétendre que la loi doit venir à leur secours comme s'ils l'avaient été par l'usage de faux poids ou de fausses mesures. ayant la forme légale.

Dans ce dernier cas, la loi les considérerait comme victimes d'une fraude dont ils n'ont pas dû se méfier : mais lorsqu'ils consentent à ce qu'on emploie à leur égard des poids ou mesures que la loi prohibe, ils se rendent complices d'une contravention : ils ont dû prévoir les risques auxquels ils se sont exposés ; la loi alors leur refuse toute action pour en obtenir la réparation. Ainsi le vendeur comme l'acheteur, quoique trompés, seront punis ; le premier, pour avoir commis une fraude et une contravention, et on lui appliquera la peine relative à l'usage des faux poids et des fausses mesures ; quant au second, c'est-à-dire à l'acheteur, il sera condamné, pour sa contravention, à une peine de simple police.

VENTE à faux poids ou fausse mesure. *V.* Usage.

VÉTUSTÉ des maisons ou édifices ayant occasionné quelques dommages. *V.* Dommages ; Mort d'animaux.

VINS ou toute autre espèce de liquide ou de marchandises ayant été altérés par des voituriers, bateliers ou leurs préposés, auxquels le transport en aurait été confié ; ces bateliers, voituriers, ou leurs préposés qui auront commis cette altération par le mélange de substances malfaisantes, seront punis de la peine de la *reclusion*.

S'il n'y a pas eu de mélange de substances malfaisantes, la peine sera un *emprisonnement* d'un mois à un an, et une *amende* de seize francs à cent francs. *Code pénal*, art. 387.

VIOL. Quiconque aura commis ce crime ou sera coupable de tout autre attentat à la pudeur, consommé ou tenté avec violence contre des individus de l'un ou de l'autre sexe, sera puni de la *reclusion. Code pénal*, art. 331.

Si le crime a été commis sur la personne d'un enfant au-dessous de l'âge de quinze ans accomplis, le coupable subira la peine des *travaux forcés à temps*. *Art.* 332 *idem*.

La peine sera celle des *travaux forcés à perpétuité*, si les coupables sont de la classe de ceux qui ont autorité sur la personne envers laquelle ils ont commis l'attentat, s'ils sont ses instituteurs ou ses serviteurs à gages, ou s'ils sont fonctionnaires publics ou ministres d'un culte, ou si le coupable, quel qu'il soit, a été aidé dans son crime par une ou plusieurs personnes. *Art.* 333 *idem*.

VIOLATION des règlemens relatifs aux manufactures, au commerce et aux arts.

Plus les gouvernemens ont senti combien la prospérité de l'État était intimement liée à celle du commerce, plus ils ont pris de précaution pour prévenir les fraudes qui pouvaient y porter atteinte. Sans doute ces fraudes rejaillissent tôt ou tard sur leurs auteurs, parce qu'elles leur font perdre le crédit nécessaire au succès de leurs opérations. Mais lorsqu'elles ont pour but de tromper sur la qualité, les dimensions ou la nature de la fabrication, à l'égard des produits de nos manufactures qui s'exportent à l'étranger, un si grand mal ne doit point rester impuni. C'est pour cette raison que la loi du 22 germinal an 11 fut rendue. Les abus qu'elle prit soin de réprimer, avaient été l'objet de vives réclamations, et il ne fallait rien moins que la crainte d'une juste peine pour en arrêter le cours.

Plusieurs dispositions de cette loi salutaire ont trouvé place dans le nouveau Code : d'autres, que le besoin reconnu avaient sollicité, y ont été ajoutées. Le nouveau Code défend, comme l'a fait la loi de 1791, les coalitions entre les maîtres contre les ouvriers, et entre les ouvriers contre les maîtres.

VIOLATION (toute) des règlemens d'administration publique relatifs aux produits des manufactures françaises qui s'exportent à l'étranger, et qui ont pour objet de garantir la bonne qualité, la dimension et la nature de la fabrication, sera punie d'une *amende* de deux cents francs au moins, de trois mille francs au plus et de la *confiscation* des marchandises. Ces deux peines pourront être prononcées cumulativement ou séparément selon les circonstances. *Code pénal,* art. 413.

VIOLATION des règlemens concernant le chargement, la rapidité ou la mauvaise direction des voitures. *V.* CONDUCTEURS.

VIOLATION de tombeaux ou sépultures, sera punie d'un *emprisonnement* de six mois à un an, et de seize francs à deux cents francs d'*amende* contre quiconque se sera rendu coupable de violation de tombeaux ou de sépultures, sans préjudice des crimes ou des délits qui seraient joints à celui-ci. *Code pénal*, art. 360.

VIOLENCES employées pour parvenir à l'enlèvement, soustraction ou destruction de pièces ou procédures criminelles, ou autres papiers, registres, actes et effets contenus dans des archives, greffes ou dépôts publics, ou remis à un dépositaire public en cette qualité, seront punies des *travaux forcés à temps*, sans préjudice de peines plus fortes, s'il y a lieu, d'après la nature des violences et des autres crimes qui y seraient joints. *Code pénal*, art. 256.

VIOLENCES et bris de prison pour évasion. *V.* ÉVASION.

VOITURIER ou batelier, ou l'un de leurs préposés qui aura volé tout ou partie des choses qui lui aura été confiées à ce titre, sera puni de la peine de la *reclusion*. *Code pénal*, art. 386.

VOITURIERS, (les) bateliers ou leurs préposés qui auront altéré des vins ou toute autre espèce de liquide, ou des marchandises dont le transport leur avait été confié, et qui auront commis cette altération par le mélange de substances malfaisantes, seront punis de la peine de la *reclusion*.

S'il n'y a pas eu de mélange de substances malfaisantes, la peine sera d'un *emprisonnement* d'un mois à un an et d'une *amende* de seize francs à cent francs. *Code pénal*, art. 387.

VOL simple.

« Celui-là est coupable de vol, dit la loi, qui soustrait frauduleuse » ment une chose qui ne lui appartient pas. » Le mot *frauduleusement*, prouve qu'il faut aussi, pour qu'il y ait vol, que la chose appartienne à autrui. Si elle n'appartient à personne, il ne peut y avoir de fraude ; car l'expression est corrélative et suppose que quelqu'un peut être trompé ou dépouillé.

La soustraction frauduleuse étant un attentat à la propriété, doit être punie. Elle doit l'être plus ou moins, suivant qu'elle est précédée, accompagnée ou suivie de circonstances plus ou moins graves.

V. FRAUDE commise par les maris.

Si le vol n'est accompagné d'aucune circonstance aggravante, il sera puni de peines de police correctionnelle, comme il l'a été jusqu'à ce jour ; mais, si une ou plusieurs de ces circonstances existent, la rigueur de la peine devra être proportionnée à la gravité du crime.

VOLS simples. Quiconque soustrait frauduleusement une chose qui ne lui appartient pas, est coupable de vol. *Code pénal*, art. 379.

Ces vols seront punis de peines correctionnelles. *V.* les motifs au mot VOL simple.

Les soustractions commises par des maris au préjudice de

leurs femmes, par des femmes au préjudice de leurs maris, par un veuf ou une veuve, quant aux choses qui avaient appartenu à l'époux décédé, par des enfans ou autres descendans au préjudice de leurs pères et mères ou autres ascendans, par des pères et mères ou autres ascendans au préjudice de leurs enfans ou autres descendans, ou par des alliés aux mêmes degrés, ne pourront donner lieu qu'à des réparations civiles.

A l'égard de tous autres individus qui auraient recélé ou appliqué à leur profit tout ou partie des effets volés, ils seront punis comme coupables de vol. *Art.* 360 *idem.*

VOL commis dans les chemins publics.

A l'égard des vols commis dans les chemins publics, ces sortes de crime qui portent toujours un caractère de violence, et qui menacent la sûreté individuelle, seront punis de la peine des *travaux forcés à perpétuité*, supposé qu'il n'y ait eu de la part du coupable aucune attaque à dessein de tuer, autrement il subirait la peine due aux assassins.

VOLS domestiques, ou dans les auberges.

Ce vol, quoique dénué de circonstances aggravantes, sera puni plus rigoureusement que le vol simple, à raison de la qualité de l'auteur du vol et de la confiance nécessaire qu'a dû avoir en lui la personne volée. Si par exemple, le vol a été commis par un domestique envers son maître, ou par un aubergiste envers la personne qu'il aura logée, ou enfin, si c'est cette dernière qui a volé l'aubergiste.

Tous ces crimes seront punis de la reclusion ; une peine plus forte empêcherait souvent qu'ils ne fussent dénoncés. C'est ce dont l'expérience n'a fourni que trop d'exemples.

VOL d'objets exposés à la foi publique.

Quant à cette sorte de vols, la loi de 1791 les punissait tous indistinctement d'une peine afflictive. Beaucoup de ces crimes restèrent impunis parce que la peine était trouvée trop forte, et que l'on aimait mieux acquitter les coupables que de leur faire subir un châtiment qui excédait celui qu'ils paraissaient avoir mérité.

La loi du 25 frimaire an 8 parut, et la connaissance de tous ces délits fut indistinctement attribuée aux tribunaux de police correctionnelle. Alors un nouvel inconvénient se fit apercevoir. La peine était insuffisante en plusieurs cas, et l'insuffisance de la peine produisit le même effet que l'impunité. Dès lors, ces sortes de délits se renouvelèrent fréquemment, et les tribunaux en ont élevé de justes plaintes.

Une distinction que le nouveau Code établit, apportera un remède efficace à ce mal. Ou le vol aura été commis, à l'égard d'objets qu'on ne pouvait se dispenser de confier à la foi publique, tels que les vols de bestiaux, d'instrumens d'agriculture, de récoltes ou de parties de récoltes qui se trouvaient dans les champs, en un mot, de choses qu'il est impossible de surveiller soi-même ou de faire surveiller. En ce cas, les coupables seront punis d'une peine afflictive.

Ou les objets volés pouvaient être gardés, de sorte que ce sera volontairement qu'on les aura confiés à la foi publique. Dans ce dernier cas, ce n'est plus qu'un vol simple, qui dès lors, sera puni de peines de police correctionnelle.

VOL commis dans une maison à l'aide de violences exercées sur les personnes qui s'y trouvaient.

La loi du 26 floréal an 5 prononce la peine de mort pour cette espèce de vol, et lorsque les violences auront laissé des traces. Cette même loi veut aussi que la peine de mort ait lieu, si ceux qui ont commis le vol avec violence, se sont introduits dans la maison par la force des armes.

Suivant le nouveau Code, le vol avec violence n'emportera la peine de mort, que lorsqu'il aura été commis avec une réunion de circonstances dont l'ensemble présente un caractère si alarmant, que le crime doive être mis au même rang que l'assassinat.

Il faudra donc que le vol avec violence ait été en même temps commis la nuit par deux ou plusieurs personnes, avec armes apparentes ou cachées, et, de plus, à l'aide d'effraction extérieure ou d'escalade ou de fausses clefs, ou en prenant un faux titre ou un faux costume, ou en alléguant un faux ordre.

Toutes ces circonstances réunies forment un corps de délit si grave, que la loi punit les coupables de la même peine que celui qui a commis un assassinat.

Il n'est pas même nécessaire, lorsque ce concours de circonstances existe, que les coupables aient commencé à exercer des violences ; il suffit qu'ils aient menacé de faire usage de leurs armes.

Si le vol a été commis sans violence, mais la nuit, par deux ou plusieurs personnes. avec armes apparentes ou cachées. et, de plus, à l'aide d'effraction extérieure ou d'escalade, ou de fausses clefs, ou en prenant un faux titre ou un faux costume, ou en alléguant un faux ordre, la peine sera plus ou moins forte, suivant que ces circonstances, soit par leur réunion, soit par leur nature particulière, influeront sur la gravité du délit.

Jusqu'à présent on avait regretté que des circonstances qui influaient sur la gravité du délit, ne fussent pas définies ; des interprétations arbitraires suppléaient à l'absence des définitions, ce qui était un grand mal, sur-tout en affaire criminelle.

Le remède se trouve dans le nouveau Code. Ainsi, par exemple, on s'est demandé sans cesse si l'effraction, pour être qualifiée extérieure, devait nécessairement être faite à l'entrée de la porte principale de la maison, ou si cette qualification appartenait également à l'effraction, à l'aide de laquelle on s'était introduit dans les appartemens ou logemens particuliers. Le Code répond que l'effraction existe aussi dans ce dernier cas, parce que l'appartement particulier qu'on occupe dans une maison est pour celui qui l'habite sa maison même, et que beaucoup de maisons sont trop considérables, sur-tout dans les grandes villes. pour que la porte principale de l'édifice puisse rester fermée constamment, et que l'édifice entier puisse être habité par la même famille.

Une autre difficulté s'était présentée dans les cours criminelles ; elles n'étaient pas d'accord sur la question de savoir s'il fallait considérer comme vol fait, à l'aide de fausses clefs, celui qu'on aurait commis avec des clefs non imitées, ni contrefaits, ni altérées, mais qui n'avaient pas été destinées aux fermetures auxquelles elles avaient été employées.

Le Code décide cette question et prononce l'affirmative. En effet, détourner une clef de sa destination pour l'employer à commettre un crime, n'est autre chose que convertir une clef véritable en une fausse clef. En un mot, toute clef n'est véritable que relativement à sa destination.

La seule différence que la loi admet entre cette clef dont il y a eu abus, et une clef contrefaite ou altérée, est, que celle-ci est toujours fausse clef, et que la première ne le devient qu'au moment qu'on l'emploie, comme on aurait fait d'une clef contrefaite.

VOLS sur chemins publics. Les vols commis dans les chemins publics emporteront la peine des *travaux forcés à perpétuité*. *Code pénal*, art. 383.

VOLS dans les maisons, chambres, appartemens ou logemens habités ou non, ou servant d'habitation, ou leurs dépendances, de jour ou de nuit, avec ou sans circonstances aggravantes, par un ou plusieurs individus.

Seront punis de la peine de *mort* les individus coupables de vols commis avec la réunion des cinq circonstances suivantes :

1°. Si le vol a été commis la nuit ;

2°. S'il a été commis par deux ou plusieurs personnes ;

3°. Si les coupables ou l'un d'eux étaient porteurs d'armes apparentes ou cachées ;

4°. S'ils ont commis le crime, soit à l'aide d'effraction extérieure ou d'escalade, ou de fausses clefs, dans une maison, appartement, chambre ou logement habité, ou servant d'habitation, ou leurs dépendances, soit en prenant le titre d'un fonctionnaire public ou d'un officier civil ou militaire, ou après s'être revêtu de l'uniforme ou du costume du fonctionnaire ou de l'officier, ou en alléguant un faux ordre de l'autorité civile ou militaire ;

5°. S'ils ont commis le crime avec violence, ou menaces de faire usage de leurs armes. *Code pénal*, art 381.

Sera puni de la peine des *travaux forcés à perpétuité,* tout individu coupable de vol commis avec violence, et, de plus, avec deux des quatre premières circonstances prévues par le précédent article.

Si même la violence à l'aide de laquelle le vol a été commis, a laissé des traces de blessures ou de contusion, cette circonstance seule suffira pour que la peine des travaux forcés à perpétuité soit prononcée. *Art.* 382 *idem.*

Sera puni de la peine des *travaux forcés à temps*, tout individu coupable de vol commis à l'aide d'un des moyens énoncés dans le n°. 4 de l'art. 381 ci-dessus, même quoique l'effraction, l'escalade et l'usage de fausses clefs aient eu lieu dans des édifices, parcs ou enclos non servant à l'habitation, et non dépendans des maisons habitées, et lors même que l'effraction n'aurait été qu'intérieure. *Art.* 384 *idem.*

Sera également puni de la peine des *travaux forcés à temps,* tout individu coupable de vol commis, soit avec violence, lorsqu'elle n'aura laissé aucune trace de blessures ou de contusion, et qu'elle ne sera accompagnée d'aucune autre circonstance, soit sans violence, mais avec la réunion des trois circonstances suivantes :

1°. Si le vol a été commis la nuit ;

2°. S'il a été commis par deux ou plusieurs personnes ;

3°. Si le coupable ou l'un des coupables était porteur d'armes apparentes ou cachées. *Art.* 385 *idem.*

Sera puni de la peine de la *reclusion,* tout individu coupable de vol commis dans l'un des cas ci-après :

1°. Si le vol a été commis la nuit, et par deux ou plusieurs personnes, ou s'il a été commis avec une de ces deux circonstances seulement, mais en même temps dans un lieu habité ou servant d'habitation ;

2°. Si le coupable ou l'un des coupables était porteur d'armes apparentes ou cachées, même quoique le lieu ne fût ni habité ni servant à habitation, et encore quoique le vol ait été commis le jour et par une seule personne. *Art.* 386 *idem.* *V.* Maison habitée ; Parcs ; Effraction ; Escalade ; Fausses clefs.

VOL domestique. Sera puni de la *reclusion* tout domestique, homme de service à gages, même lorsqu'il aura commis le vol envers des personnes qu'il ne servait pas, mais qui se trouvaient soit dans la maison de son maître, soit dans celle où il l'accompagnait ; ou si c'est un ouvrier, compagnon ou apprenti, dans la maison, l'atelier ou le magasin de son maître, ou un individu travaillant habituellement dans l'habitation où il aura volé. *Code pénal,* art. 386.

VOL commis par voituriers, bateliers ou leurs préposés, de tout ou partie des choses qui leur étaient confiées à ce titre, sera puni de la *reclusion. Code pénal,* art. 386.

VOL commis par un aubergiste ou hôtelier, ou dans une auberge ou hôtellerie par ceux qui y auront été reçus, les coupables seront punis de la *reclusion. Code pénal,* art. 386.

VOL dans les champs. *V.* Vol d'objets exposés à la foi publique.

VOL d'objets exposés à la foi publique.

Quiconque aura volé dans les champs des chevaux, ou bêtes de charge, de voiture ou de monture, gros et menus bestiaux, des instrumens d'agriculture, des récoltes ou meules de grains faisant partie des récoltes, sera puni de la *reclusion*.

Il en sera de même à l'égard des vols de bois dans les ventes, et de pierres dans les carrières, ainsi qu'à l'égard du vol de poisson en étang, vivier ou réservoir. *Code pénal*, art. 388.

La même peine aura lieu, si pour commettre un vol il y a eu enlèvement ou déplacement de bornes servant de séparation aux propriétés. *Art.* 389 *idem.*

VOL avec violence.

La circonstance qui aggrave le plus le vol est la violence, parce qu'alors le crime offre tout à la fois un attentat contre la personne et un attentat contre la propriété.

Aussi le vol avec violence, quoique nulle autre circonstance n'existe, et qu'il n'ait laissé aucune trace de blessures, sera puni de la peine des *travaux forcés à temps*, ainsi qu'il l'était par la loi de 1791.

Mais si le vol fait avec violence a été accompagné de plusieurs autres circonstances aggravantes, par exemple, s'il a été commis la nuit et avec armes, ou si seulement la violence a laissé quelques traces de blessures ou de contusions, ce n'est plus la peine des travaux forcés à temps, mais celle des travaux forcés à perpétuité qui sera prononcée.

En effet, lorsque le vol porte un tel caractère, il est d'une nature si grave, que toute peine moins sévère ne serait pas assez répressive.

VOLS non spécifiés au Code, les larcins, les filouteries, ainsi que les tentatives de ces mêmes délits, sont punis d'un *emprisonnement* d'un an au moins et de cinq ans au plus, et pourront l'être d'une *amende* qui sera de seize francs au moins, et de cinq cents francs au plus.

Les coupables pourront encore être interdits des droits mentionnés en l'article 42, pendant cinq ans au moins et dix ans au plus, à compter du jour où ils auront subi leur peine.

Ils pourront aussi être mis, par l'arrêt ou le jugement, sous la surveillance de la haute police, pendant le même nombre d'années. *Code pénal*, art. 401.

Quant à l'article 42, *V.* Tribunaux jugeant correctionnellement.

VOL (tout) commis à l'aide d'un bris de scellés, sera puni comme vol à l'aide d'effraction. *Code pénal*, art. 253.

FIN.

CODE PÉNAL.

~~~~~~

Loi contenant les Dispositions préliminaires et le Livre Ier.

Du 12 février 1810.

Napoléon, par la grace de Dieu et les constitutions, Empereur des Français, Roi d'Italie, Protecteur de la Confédération du Rhin, etc. etc. etc., à tous présens et à venir, SALUT.

Le corps législatif a rendu, le 12 février 1810, le décret suivant, conformément à la proposition faite au nom de l'Empereur et Roi, et après avoir entendu les orateurs du conseil d'état et le président de la commission de législation civile et criminelle.

DÉCRET.

DISPOSITIONS PRÉLIMINAIRES.

Art. 1er. L'infraction que les lois punissent des peines de police est une *contravention*.

L'infraction que les lois punissent de peines correctionnelles est un *délit*.

L'infraction que les lois punissent d'une peine afflictive ou infamante, est un *crime*.

2. Toute tentative de *crime* qui aura été manifestée par des actes extérieurs et suivie d'un com-
~~~~~~

mencement d'exécution, si elle n'a été suspendue ou n'a manqué son effet que par des circonstances fortuites ou indépendantes de la volonté de l'auteúr, est considérée comme le *crime* même.

3. Les tentatives de *délits* ne sont considérées comme *délits*, que dans les cas déterminés par une disposition spéciale de la loi.

4. Nulle contravention, nul délit, nul crime, ne peuvent être punis de peines qui n'étaient pas prononcées par la loi avant qu'ils fussent commis.

5. Les dispositions du présent Code ne s'appliquent pas aux contraventions, délits et crimes *militaires*.

LIVRE PREMIER.

DES PEINES EN MATIÈRE CRIMINELLE ET CORRECTIONNELLE, ET DE LEURS EFFETS.

6. Les peines en matière criminelle sont ou afflictives et infamantes, ou seulement infamantes.

7. Les peines afflictives et infamantes, sont,

1°. La mort ;
2°. Les travaux forcés à perpétuité ;
3°. La déportation ;
4°. Les travaux forcés à temps ;
5°. La reclusion.

La marque et la confiscation générale peuvent être prononcées concurremment avec une peine afflictive, dans les cas déterminés par la loi.

8. Les peines infamantes sont,

1°. Le carcan ;
2°. Le bannissement ;
3°. La dégradation civique.

9. Les peines en matière correctionnelle sont,

1°. L'emprisonnement à temps dans un lieu de correction ;

2°. L'interdiction à temps de certains droits civiques, civils ou de famille ;

5°. L'amende.

10. La condamnation aux peines établies par la loi, est toujours prononcée sans préjudice des restitutions et dommages-intérêts qui peuvent être dus aux parties.

11. Le renvoi sous la surveillance spéciale de la haute police, l'amende, et la confiscation spéciale, soit du corps du délit quand la propriété en appartient au condamné, soit des choses produites par le délit, soit de celles qui ont servi ou qui ont été destinées à le commettre, sont des peines communes aux matières criminelle et correctionnelle.

CHAPITRE PREMIER.

DES PEINES EN MATIÈRE CRIMINELLE.

12. Tout condamné à mort aura la tête tranchée.

13. Le coupable condamné à mort pour parricide, sera conduit sur le lieu de l'exécution, en chemise, nu-pieds, et la tête couverte d'un voile noir.

Il sera exposé sur l'échafaud pendant qu'un huissier fera au peuple lecture de l'arrêt de condamnation ; il aura ensuite le poing droit coupé, et sera immédiatement exécuté à mort.

14. Les corps des supplicié seront délivrés à leurs familles, si elles les réclament, à la charge par elles de les faire inhumer sans aucun appareil.

15. Les hommes condamnés aux travaux forcés

seront employés aux travaux les plus pénibles ; ils traîneront à leurs pieds un boulet, ou seront attachés deux à deux avec une chaîne, lorsque la nature du travail auquel ils seront employés le permettra.

16. Les femmes et les filles condamnées aux travaux forcés n'y seront employées que dans l'intérieur d'une maison de force.

17. La peine de la déportation consistera à être transporté et à demeurer à perpétuité dans un lieu déterminé par le gouvernement, hors du territoire continental de l'Empire.

Si le déporté rentre sur le territoire de l'Empire, il sera, sur la seule preuve de son identité, condamné aux travaux forcés à perpétuité.

Le déporté qui ne sera pas rentré sur le territoire de l'Empire, mais qui sera saisi dans des pays occupés par les armées françaises, sera reconduit dans le lieu de sa déportation.

18. Les condamnations aux travaux forcés à perpétuité et à la déportation, emporteront mort civile.

Néanmoins le gouvernement pourra accorder au déporté, dans le lieu de la déportation, l'exercice des droits civils, ou de quelques-uns de ces droits.

19. La condamnation à la peine des travaux forcés à temps sera prononcée pour cinq ans au moins, et vingt ans au plus.

20. Quiconque aura été condamné à la peine des travaux forcés à perpétuité, sera flétri, sur la place publique, par l'application d'une empreinte avec un fer brûlant sur l'épaule droite.

Les condamnés à d'autres peines ne subiront la flétrissure que dans les cas où la loi l'aurait attachée à la peine qui leur est infligée.

Cette empreinte sera des lettres T. P. pour les coupables condamnés aux travaux forcés à perpétuité; de la lettre T. pour les coupables condamnés aux travaux forcés à temps, lorsqu'ils devront être flétris.

La lettre F. sera ajoutée dans l'empreinte, si le coupable est un faussaire.

21. Tout individu de l'un ou de l'autre sexe, condamné à la peine de la reclusion, sera renfermé dans une maison de force, et employé à des travaux dont le produit pourra être en partie appliqué à son profit, ainsi qu'il sera réglé par le gouvernement.

La durée de cette peine sera au moins de cinq années, et de dix ans au plus.

22. Quiconque aura été condamné à l'une des peines des travaux forcés à perpétuité, des travaux forcés à temps, ou de la reclusion, avant de subir sa peine, sera attaché au carcan sur la place publique : il y demeurera exposé aux regards du peuple durant une heure; au-dessus de sa tête sera placé un écriteau portant, en caractère gros et lisibles, ses noms, sa profession, son domicile, sa peine et la cause de sa condamnation.

23. La durée de la peine des travaux forcés à temps, et de la peine de la reclusion, se comptera du jour de l'exposition.

24. La condamnation à la peine du carcan sera exécutée de la manière prescrite par l'article 22.

25. Aucune condamnation ne pourra être exécutée les jours de fêtes nationales ou religieuses, ni les dimanches.

26. L'exécution se fera sur l'une des places publiques du lieu qui sera indiqué par l'arrêt de condamnation.

27. Si une femme condamnée à mort se déclare

et s'il est vérifié qu'elle est enceinte, elle ne subira la peine qu'après sa délivrance.

28. Quiconque aura été condamné à la peine des travaux forcés à temps, du bannissement, de la reclusion ou du carcan, ne pourra jamais être juré, ni expert, ni être employé comme témoin dans les actes, ni déposer en justice autrement que pour y donner de simples renseignemens.

Il sera incapable de tutelle et de curatelle, si ce n'est de ses enfans et sur l'avis seulement de sa famille.

Il sera déchu du droit de port d'armes et du droit de servir dans les armées de l'Empire.

29. Quiconque aura été condamné à la peine des travaux forcés à temps ou de la reclusion, sera de plus, pendant la durée de sa peine, en état d'interdiction légale ; il lui sera nommé un curateur pour gérer et administrer ses biens, dans les formes prescrites pour la nomination des curateurs aux interdits.

30. Les biens du condamné lui seront remis après qu'il aura subi sa peine, et le curateur lui rendra compte de son administration.

31. Pendant la durée de la peine, il ne pourra lui être remis aucune somme, aucune provision, aucune portion de ses revenus.

32. Quiconque aura été condamné au bannissement, sera transporté, par ordre du gouvernement, hors du territoire de l'Empire.

La durée du bannissement sera au moins de cinq années, et de dix ans au plus.

33. Si le banni, durant le temps de son bannissement, rentre sur le territoire de l'Empire, il sera, sur la seule preuve de son identité, condamné à la peine de la déportation.

34. La dégradation civique consiste dans la des-

titution et l'exclusion du condamné de toutes fonctions ou emplois publics, et dans la privation de
tous les droits énoncés en l'article 28.

35. La durée du bannissement se comptera du
jour où l'arrêt sera devenu irrévocable.

36. Tous arrêts qui porteront la peine de mort,
des travaux forcés à perpétuité ou à temps, la déportation, la reclusion, la peine du carcan, le bannissement et la dégradation civique, seront imprimés par extrait.

Ils seront affichés dans la ville centrale du département, dans celle où l'arrêt aura été rendu,
dans la commune du lieu où le délit aura été commis, dans celles où se fera l'exécution et dans celle
du domicile du condamné.

37. La confiscation générale est l'attribution des
biens d'un condamné au domaine de l'Etat.

Elle ne sera la suite nécessaire d'aucune condamnation : elle n'aura lieu que dans les cas où la
loi prononce expressément.

38. La confiscation générale demeure grevée de
toutes les dettes légitimes jusqu'à concurrence de
la valeur des biens confisqués, de l'obligation de
fournir aux enfans ou autres descendans de la portion dont le père n'aurait pu les priver.

De plus, la confiscation générale demeure grevée de la prestation des alimens à qui il en est dû
de droit.

39. L'Empereur pourra disposer des biens confisqués, en faveur, soit des père, mère ou autres
ascendans, soit de la veuve, soit des enfans ou
autres descendans légitimes, naturels ou adoptifs,
soit des autres parens du condamné.

CHAPITRE II.

DES PEINES EN MATIÈRE CORRECTIONNELLE.

40. Quiconque aura été condamné à la peine d'emprisonnement, sera renfermé dans une maison de correction : il y sera employé à l'un des travaux établis dans cette maison, selon son choix.

La durée de cette peine sera au moins de six jours, et de cinq années au plus ; sauf les cas de récidive ou autres où la loi aura déterminé d'autres limites.

La peine à un jour d'emprisonnement est de vingt-quatre heures ;

Celle à un mois est de trente jours.

41. Les produits du travail de chaque détenu pour délit correctionnel, seront appliqués, partie aux dépenses communes de la maison, partie à lui procurer quelques adoucissemens, s'il les mérite, partie à former pour lui, au temps de sa sortie, un fonds de réserve ; le tout ainsi qu'il sera ordonné par des règlemens d'administration publique.

42. Les tribunaux, jugeant correctionnellement, pourront, dans certains cas, interdire en tout ou en partie, l'exercice des droits civiques, civils et de famille suivans :

1°. De vote et d'élection ;

2°. D'éligibilité ;

3°. D'être appelé ou nommé aux fonctions de juré ou autres fonctions publiques, ou aux emplois de l'administration, ou d'exercer ces fonctions ou emplois ;

4°. De port d'armes ;

5°. De vote et de suffrage dans les délibérations de famille ;

6°. D'être tuteur, curateur, si ce n'est de ses enfans et sur l'avis seulement de la famille ;

7°. D'être expert ou employé comme témoin dans les actes ;

8°. De témoignage en justice, autrement que pour y faire de simples déclarations.

43. Les tribunaux ne prononceront l'interdiction mentionnée dans l'article précédent, que lorsqu'elle aura été autorisée ou ordonnée par une disposition particulière de la loi.

CHAPITRE III.

DES PEINES ET DES AUTRES CONDAMNATIONS QUI PEUVENT ÊTRE PRONONCÉES POUR CRIMES OU DÉLITS.

44. L'effet du renvoi sous la surveillance de la haute police de l'Etat, sera de donner au gouvernement, ainsi qu'à la partie intéressée, le droit d'exiger, soit de l'individu placé dans cet état, après qu'il aura subi sa peine, soit de ses père et mère, tuteur ou curateur, s'il est en âge de minorité, une caution solvable de bonne conduite, jusqu'à la somme qui sera fixée par l'arrêt ou le jugement : toute personne pourra être admise à fournir cette caution.

Faute de fournir ce cautionnement, le condamné demeure à la disposition du gouvernement, qui a le droit d'ordonner, soit l'éloignement de l'individu d'un certain lieu, soit sa résidence continue dans un lieu déterminé de l'un des départemens de l'Empire.

45. En cas de désobéissance à cet ordre, le gouvernement aura le droit de faire arrêter et détenir le condamné, durant un intervalle de temps

qui pourra s'étendre jusqu'à l'expiration du temps fixé pour l'état de la surveillance spéciale.

46. Lorsque la personne mise sous la surveillance spéciale du gouvernement, et ayant obtenu sa liberté sous caution, aura été condamnée par un arrêt ou jugement devenu irrévocable, pour un ou plusieurs crimes, ou pour un ou plusieurs délits commis dans l'intervalle déterminé par l'acte de cautionnement, les cautions seront contraintes, même par corps, au paiement des sommes portées dans cet acte.

Les sommes recouvrées seront affectées de préférence aux restitutions, aux dommages-intérêts et frais adjugés aux parties lésées par ces crimes ou ces délits.

47. Les coupables condamnés aux travaux forcés à temps et à la reclusion, seront de plein droit, après qu'ils auront subi leur peine, et pendant toute la vie, sous la surveillance de la haute police de l'Etat.

48. Les coupables condamnés au bannissement, seront, de plein droit, sous la même surveillance pendant un temps égal à la durée de la peine qu'ils auront subie.

49. Devront être renvoyés sous la même surveillance, ceux qui auront été condamnés pour crimes ou délits qui intéressent la sûreté intérieure ou extérieure de l'Etat.

50. Hors les cas déterminés par les articles précédens, les condamnés ne seront placés sous la surveillance de la haute police de l'Etat que dans le cas où une disposition particulière de la loi l'aura permis.

51. Quand il y aura lieu à restitution, le coupable sera condamné en outre, envers la partie, à des indemnités, dont la détermination est lais-

sée à la justice de la cour ou du tribunal, lorsque la loi ne les aura pas réglées, sans qu'elles puissent jamais être au-dessous du quart des restitutions, et sans que la cour ou le tribunal puisse, du consentement même de la partie, en prononcer l'application à une œuvre quelconque.

52. L'exécution des condamnations à l'amende, aux restitutions, aux dommages-intérêts et aux frais, pourra être poursuivie par la voie de la contrainte par corps.

53. Lorsque des amendes et des frais seront prononcés au profit de l'Etat, si, après l'expiration de la peine afflictive ou infamante, l'emprisonnement du condamné, pour l'acquit de ces condamnations pécuniaires, a duré une année complète, il pourra, sur la preuve acquise par les voies de droit, de son absolue insolvabilité, obtenir sa liberté provisoire.

La durée de l'emprisonnement sera réduite à six mois s'il s'agit d'un délit ; sauf, dans tous les cas, à reprendre la contrainte par corps, s'il survient au condamné quelque moyen de solvabilité.

54. En cas de concurrence de l'amende ou de la confiscation avec les restitutions et les dommages-intérêts, sur les biens insuffisans du condamné, ces dernières condamnations obtiendront la préférence.

55. Tous les individus condamnés pour un même crime, ou pour un même délit, sont tenus solidairement des amendes, des restitutions, des dommages-intérêts et des frais.

CHAPITRE IV.

DES PEINES DE LA RÉCIDIVE POUR CRIMES ET DÉLITS.

56. Quiconque, ayant été condamné pour crime, aura commis un second crime emportant la dégradation civique, sera condamné à la peine du carcan ;

Si le second crime emporte la peine du carcan ou le bannissement, il sera condamné à la peine de la reclusion ;

Si le second crime entraîne la peine de la reclusion, il sera condamné à la peine des travaux forcés à temps et à la marque ;

Si le second crime entraîne la peine des travaux forcés à temps ou la déportation, il sera condamné à la peine des travaux forcés à perpétuité ;

Si le second crime entraîne la peine des travaux forcés à perpétuité, il sera condamné à la peine de mort.

57. Quiconque, ayant été condamné pour un crime, aura commis un délit de nature à être puni correctionnellement, sera condamné au *maximun* de la peine portée par la loi, et cette peine pourra être élevée jusqu'au double.

58. Les coupables condamnés correctionnellement à un emprisonnement de plus d'une année, seront aussi, en cas de nouveau délit, condamnés au *maximum* de la peine portée par la loi, et cette peine pourra être élevée jusqu'au double : ils seront de plus mis sous la surveillance spéciale du gouvernement pendant au moins cinq années, et dix ans au plus.

Collationné à l'original, par nous président et secrétaires du Corps législatif. Paris, le 12 février 1810. *Signé* le

Comte DE MONTESQUIOU, *président ;* B. DAUZAT , CHIA-
VARINA , CLAUZEL-COUSSERGUES, EMMERY, *secrétaires.*

MANDONS et ordonnons que les présentes, revêtues des sceaux de l'Etat, insérées au Bulletin
des lois, soient adressées aux cours, aux tribunaux et aux autorités administratives, pour qu'ils
les inscrivent dans leurs registres, les observent et
les fassent observer ; et notre Grand-Juge Ministre
de la justice est chargé d'en surveiller la publication.

Donné en notre palais des Tuileries , le 22 février de l'an 1810.

Signé NAPOLÉON.

Vu par nous Archichancelier de l'Empire ,

Signé CAMBACÉRÉS.

Le Grand-Juge Ministre   Par l'Empereur :
de la justice ,   *Le Ministre Secrétaire d'état,*

Signé DUC DE MASSA.   Signé H. B. DUC DE BASSANO.

~~~~~~

(N°. 2.) *Loi contenant le IVe. Livre du Code pénal.*

Du 13 février 1810.

NAPOLÉON, par la grâce de Dieu et les constitutions, Empereur des Français, roi d'Italie, Protecteur de la confédération du Rhin, etc., etc., etc., à tous présens et à venir, SALUT.

Le corps législatif a rendu, le 15 février 1810, le décret suivant, conformément à la proposition faite au nom de l'Empereur et Roi, et après avoir entendu les orateurs du Conseil d'état et le président de la commission de législation civile et criminelle.

DÉCRET.

LIVRE II.

DES PERSONNES PUNISSABLES, EXCUSABLES OU RESPONSABLES, POUR CRIMES OU POUR DÉLITS.

CHAPITRE UNIQUE.

Art. 59. Les complices d'un crime ou d'un délit seront punis de la même peine que les auteurs mêmes de ce crime ou de ce délit, sauf les cas où la loi en aurait disposé autrement.

60. Seront punis comme complices d'une action qualifiée crime ou délit, ceux qui, par dons, promesses, menaces, abus d'autorité ou de pouvoir, machinations ou artifices coupables, auront provoqué à cette action, ou donné des instructions pour la commettre ;

Ceux qui auront procuré des armes, des ins-
~~~~~~

trumens, ou tout autre moyen qui aura servi à l'action, sachant qu'ils devaient y servir.

Ceux qui auront, avec connaissance, aidé ou assisté l'auteur ou les auteurs de l'action, dans les faits qui l'auront préparée ou facilitée, ou dans ceux qui l'auront consommée; sans préjudice des peines qui seront spécialement portées par le présent Code contre les auteurs de complots ou de provocations attentatoires à la sûreté intérieure ou extérieure de l'Etat, même dans le cas où le crime qui était l'objet des conspirateurs ou des provocateurs, n'aurait pas été commis.

61. Ceux qui connaissant la conduite criminelle des malfaiteurs exerçant des brigandages ou des violences contre la sûreté de l'Etat, la paix publique, les personnes ou les propriétés, leur fournissent habituellement logement, lieu de retraite ou de réunion, seront punis comme leurs complices.

62. Ceux qui sciemment auront recélé, en tout ou en partie, des choses enlevées, détournées ou obtenues à l'aide d'un crime ou d'un délit, seront aussi punis comme complices de ce crime ou délit.

63. Néanmoins, et à l'égard des recéleurs désignés dans l'article précédent, la peine de mort, des travaux forcés à perpétuité, ou de la déportation, lorsqu'il y aura lieu, ne leur sera appliquée qu'autant qu'ils seront convaincus d'avoir eu, au temps du recélé, connaissance des circonstances auxquelles la loi attache les peines de ces trois genres : sinon, ils ne subiront que la peine des travaux forcés à temps.

64. Il n'y a ni crime ni délit, lorsque le prévenu était en état de démence au temps de l'action, ou lorsqu'il a été contraint par une force à laquelle il n'a pu résister.

65. Nul crime ou délit ne peut être excusé, ni

la peine mitigée, que dans les cas et dans les circonstances où la loi déclare le fait excusable, ou
permet de lui appliquer une peine moins rigoureuse.

66. Lorsque l'accusé aura moins de seize ans,
s'il est décidé qu'il a agi *sans discernement*, il
sera acquitté; mais il sera, selon les circonstances,
remis à ses parens, ou conduit dans une maison
de correction, pour y être élevé et détenu pendant tel nombre d'années que le jugement déterminera, et qui toutefois ne pourra excéder l'époque
où il aura accompli sa vingtième année.

67. S'il est décidé qu'il a agi *avec discernement*, les peines seront prononcées ainsi qu'il suit:

S'il a encouru le peine de mort, des travaux
forcés à perpétuité, ou de la déportation, il sera
condamné à la peine de dix à vingt ans d'emprisonnement dans une maison de correction;

S'il a encouru la peine des travaux forcés à
temps, ou de la reclusion, il sera condamné à être
renfermé dans une maison de correction pour un
temps égal au tiers au moins et à la moitié au plus
de celui auquel il aurait pu être condamné à l'une
de ces peines;

Dans tous ces cas, il pourra être mis, par l'arrêt ou le jugement, sous la surveillance de la haute
police, pendant cinq ans au moins et dix ans au
plus;

S'il a encouru la peine du carcan ou du bannissement, il sera condamné à être enfermé, d'un
an à cinq ans, dans une maison de correction.

68. Dans aucun des cas prévus par l'article précédent, le condamné ne subira l'exposition publique.

69. Si le coupable n'a encouru qu'une peine correctionnelle, il pourra être condamné à telle peine

correctionnelle qui sera jugée convenable, pourvu qu'elle soit au-dessous de la moitié de celle qu'il aurait subie, s'il avait eu seize ans.

70. Les peines des travaux forcés à perpétuité, de la déportation et des travaux forcés à temps, ne seront prononcées contre aucun individu âgé de soixante-dix ans accomplis au moment du jugement.

71. Ces peines seront remplacées, à leur égard, par celle de la reclusion, soit à perpétuité, soit à temps, et selon la durée de la peine qu'elle remplacera.

72. Tout condamné à la peine des travaux forcés à perpétuité ou à temps, dès qu'il aura atteint l'âge de soixante-dix ans accomplis, en sera relevé, et sera renfermé dans la maison de force pour tout le temps à expirer de sa peine, comme s'il n'eût été condamné qu'à la reclusion.

73. Les aubergistes et hôteliers convaincus d'avoir logé, plus de vingt-quatre heures, quelqu'un qui, pendant son séjour, aurait commis un crime ou un délit, seront civilement responsables des restitutions, des indemnités et des frais adjugés à ceux à qui ce crime ou ce délit aurait causé quelque dommage, faute par eux d'avoir inscrit sur leur registre le nom, la profession et le domicile du coupable; sans préjudice de leur responsabilité dans le cas des articles 1952 et 1953 du Code Napoléon.

74. Dans les autres cas de responsabilité civile qui pourront se présenter dans les affaires criminelles, correctionnelles ou de police, les cours et tribunaux devant qui ces affaires seront portées, se conformeront aux dispositions du Code Napoléon, livre III, titre IV, chapitre II.

Collationné à l'original, par nous président et secrétaires

du Corps législatif. Paris, le 13 février 1810. *Signé* EMMERY, *vice-président;* B. DAUZAT, CHIAVARINA, CLAUZEL-COUSSERGUES, EMMERY, *secrétaires.*

MANDONS et ordonnons que les présentes, revêtues des sceaux de l'Etat, insérées au Bulletin des lois, soient adressées aux Cours, aux Tribunaux et aux autorités administratives, pour qu'ils les inscrivent dans leurs registres, les observent et les fassent observer; et notre Grand-Juge Ministre de la justice est chargé d'en surveiller la publication.

Donné en notre palais des Tuileries, le 23 Février de l'an 1810.

Signé NAPOLÉON.

Vu par nous Archichançelier de l'Empire,

Signé CAMBACÉRÉS.

Le Grand-Juge Ministre *de la justice,*	Par l'Empereur: *Le Ministre Secrétaire d'état,*
Signé DUC DE MASSA.	Signé H. B. DUC DE BASSANO.

(N°. 3.) *Loi contenant les deux premiers Cha-*
pitres du Titre Ier. du IIIe. Livre du Code
pénal.

Du 15 Février 1810.

NAPOLÉON, par la grâce de Dieu et les constitutions, Empereur des Français, Roi d'Italie, Protecteur de la Confédération du Rhin, etc., etc.,
etc., à tous présens et à venir, SALUT.

Le Corps législatif a rendu, le 15 février 1810,
le décret suivant, conformément à la proposition
faite au nom de l'Empereur et Roi, et après avoir
entendu les orateurs du Conseil d'état et le président de la commission de législation civile et
criminelle.

DÉCRET.

LIVRE III.

DES CRIMES, DES DÉLITS ET DE LEUR PUNITION.

TITRE PREMIER.

CRIMES ET DÉLITS CONTRE LA CHOSE PUBLIQUE.

CHAPITRE PREMIER.

CRIMES ET DÉLITS CONTRE LA SURETÉ DE L'ÉTAT.

SECTION PREMIÈRE.

Des Crimes et Délits contre la sureté extérieure de l'Etat.

ART. 75. Tout Français qui aura porté les armes
contre la France, sera puni de mort.

Ses biens seront confisqués.

76. Quiconque aura pratiqué des machinations ou entretenu des intelligences avec les puissances étrangères ou leurs agens, pour les engager à commettre des hostilités ou entreprendre la guerre contre la France, ou pour leur en procurer les moyens, sera puni de mort, et ses biens seront confisqués.

Cette disposition aura lieu dans le cas même où lesdites machinations ou intelligences n'auraient pas été suivies d'hostilités.

77. Sera également puni de mort et de la confiscation de ses biens, quiconque aura pratiqué des manœuvres ou entretenu des intelligences avec les ennemis de l'État, à l'effet de faciliter leur entrée sur le territoire et dépendances de l'Empire français, ou de leur livrer des villes, forteresses, places, postes, ports, magasins, arsenaux, vaisseaux ou bâtimens appartenant à la France, ou de fournir aux ennemis des secours en soldats, hommes, argent, vivres, armes ou munitions, ou de seconder les progrès de leurs armes sur les possessions ou contre les forces françaises de terre ou de mer, soit en ébranlant la fidélité des officiers, soldats, matelots ou autres, envers l'Empereur et l'Etat, soit de toute autre manière.

78. Si la correspondance avec les sujets d'une puissance ennemie, sans avoir pour objet l'un des crimes énoncés en l'article précédent, a néanmoins eu pour résultat de fournir aux ennemis des instructions nuisibles à la situation militaire ou politique de la France ou de ses alliés, ceux qui auront entretenu cette correspondance seront punis du bannissement, sans préjudice de plus fortes peines dans le cas où ces instructions auraient été la suite d'un concert constituant un fait d'espionnage.

79. Les peines exprimées aux articles 76 et 77 seront les mêmes, soit que les machinations ou ma-

nœuvres énoncées en ces articles aient été commises envers la France, soit qu'elles l'aient été envers les alliés de la France, agissant contre l'ennemi commun.

80. Sera puni des peines exprimées en l'article 76, tout fonctionnaire public, tout agent du Gouvernement, ou toute autre personne qui, chargée ou instruite officiellement ou à raison de son état, du secret d'une négociation ou d'une expédition, l'aura livré aux agens d'une puissance étrangère ou de l'ennemi.

81. Tout fonctionnaire public, tout agent, tout préposé du Gouvernement, chargé, à raison de ses fonctions, du dépôt des plans de fortifications, arsenaux, ports ou rades, qui aura livré ces plans ou l'un de ces plans à l'ennemi, sera puni de mort, et ses biens seront confisqués.

Il sera puni du bannissement, s'il a livré ces plans aux agens d'une puissance étrangère, neutre ou alliée.

82. Toute autre personne qui, étant parvenue, par corruption, fraude ou violence, à soustraire lesdits plans, les aura livrés ou à l'ennemi ou aux agens d'une puissance étrangère, sera punie comme le fonctionnaire ou agent mentionné dans l'article précédent, et selon les distinctions qui y sont établies.

Si lesdits plans se trouvaient, sans le préalable emploi de mauvaises voies, entre les mains de la personne qui les a livrés, la peine sera au premier cas mentionné dans l'article 81, la déportation ;

Et au second cas du même article, un emprisonnement de deux à cinq ans.

83. Quiconque aura recélé, ou aura fait recéler les espions ou les soldats ennemis envoyés à la découverte et qu'il aura connus pour tels, sera condamné à la peine de mort.

84. Quiconque aura, par des actions hostiles non

approuvées par le Gouvernement, exposé l'État à une déclaration de guerre, sera puni du bannissement; et, si la guerre s'en est suivie, de la déportation.

85. Quiconque aura, par des actes non approuvés par le Gouvernement, exposé des Français à éprouver des représailles, sera puni du bannissement.

SECTION II.

Des Crimes contre la sûreté intérieure de l'État.

----

§. 1er.

Des Attentats et Complots dirigés contre l'Empereur et sa famille.

86. L'attentat ou le complot contre la vie ou contre la personne de l'Empereur, est crime de lèse majesté; ce crime est puni comme parricide, et emporte de plus la confiscation des biens.

87. L'attentat ou le complot contre la vie ou la personne des membres de la famille impériale;

L'attentat ou le complot dont le but sera,

Soit de détruire ou de changer le Gouvernement, ou l'ordre de successibilité au trône,

Soit d'exciter les citoyens ou habitans à s'armer contre l'autorité impériale,

Seront punis de la peine de mort et de la confiscation des biens.

88. Il y a attentat dès qu'un acte est commis ou commencé pour parvenir à l'exécution de ces crimes, quoiqu'ils n'aient pas été consommés.

89. Il y a complot dès que la résolution d'agir est concertée et arrêtée entre deux conspirateurs ou un plus grand nombre, quoiqu'il n'y ait pas eu d'attentat.

90. S'il n'y a pas eu de complot arrêté, mais une proposition faite et non agréée d'en former un pour arriver au crime mentionné dans l'article 86, celui qui aura fait une telle proposition sera puni de la reclusion.

L'auteur de toute proposition non agréée tendant à l'un des crimes énoncés dans l'article 87, sera puni du bannissement.

§. II.

Des Crimes tendant à troubler l'État par la guerre civile, l'illégal emploi de la force armée, la dévastation et le pillage publics.

91. L'attentat ou le complot dont le but sera, soit d'exciter la guerre civile en armant ou en portant les citoyens ou habitans à s'armer les uns contre les autres,

Soit de porter la dévastation, le massacre et le pillage dans une ou plusieurs communes,

Seront punis de la peine de mort, et les biens des coupables seront confisqués.

92. Seront punis de mort et de la confiscation de leurs biens, ceux qui auront levé ou fait lever des troupes armées, engagé ou enrôlé, fait engager ou enrôler des soldats, ou leur auront fourni ou procuré des armes ou munitions, sans ordre ou autorisation du pouvoir légitime.

93. Ceux qui, sans droit ou motif légitime, auront pris le commandement d'un corps d'armée, d'une troupe, d'une flotte, d'une escadre, d'un bâtiment de guerre, d'une place forte, d'un poste, d'un port, d'une ville;

Ceux qui auront retenu, contre l'ordre du Gouvernement, un commandement militaire quelconque;

Les commandans qui auront tenu leur armée ou

troupe rassemblée, après que le licenciement ou la séparation en auront été ordonnés,

Seront punis de la peine de mort, et leurs biens seront confisqués.

94. Toute personne qui, pouvant disposer de la force publique, en aura requis ou ordonné, fait requérir ou ordonner l'action ou l'emploi contre la levée des gens de guerre légalement établie, sera puni de la déportation.

Si cette réquisition ou cet ordre ont été suivis de leur effet, le coupable sera puni de mort, et ses biens seront confisqués.

95. Tout individu qui aura incendié ou détruit, par l'explosion d'une mine, des édifices, magasins, arsenaux, vaisseaux, ou autres propriétés appartenant à l'État, sera puni de mort, et ses biens seront confisqués.

96. Quiconque, soit pour envahir des domaines, propriétés ou deniers publics, places, villes, forteresses, postes, magasins, arsenaux, ports, vaisseaux ou bâtimens appartenant à l'Etat, soit pour piller ou partager des propriétés publiques ou nationales, ou celles d'une généralité de citoyens, soit enfin pour faire attaque ou résistance envers la force publique agissant contre les auteurs de ces crimes, se sera mis à la tête de bandes armées, ou y aura exercé une fonction ou commandement quelconque, sera puni de mort, et ses biens seront confisqués.

Les mêmes peines seront appliquées à ceux qui auront dirigé l'association, levé ou fait lever, organisé ou fait organiser les bandes, ou leur auront, sciemment et volontairement, fourni ou procuré des armes, munitions et instrumens de crime, ou envoyé des convois de subsistance, ou qui auront de toute autre manière pratiqué des intelligences avec les directeurs ou commandans des bandes.

97. Dans le cas où l'un ou plusieurs des crimes mentionnés aux articles 86, 87 et 91 auront été exécutés ou simplement tentés par une bande, la peine de mort avec confiscation des biens sera appliquée, sans distinction de grades, à tous les individus faisant partie de la bande et qui auront été saisis sur le lieu de la réunion séditieuse ;

Sera puni des mêmes peines, quoique non saisi sur le lieu, quiconque aura dirigé la sédition, ou aura exercé dans la bande un emploi ou commandement quelconque.

98. Hors le cas où la réunion séditieuse aurait eu pour objet ou résultat l'un ou plusieurs des crimes énoncés aux articles 86, 87 et 91, les individus faisant partie des bandes, dont il est parlé ci-dessus, sans y exercer aucun commandement ni emploi, et qui auront été saisis sur les lieux, seront punis de la déportation.

99. Ceux qui, connaissant le but et le caractère desdites bandes, leur auront, sans contrainte, fourni des logemens, lieux de retraite ou de réunion, seront condamnés à la peine des travaux forcés à temps.

100. Il ne sera prononcé aucune peine, pour le fait de sédition, contre ceux qui, ayant fait partie de ces bandes, sans y exercer aucun commandement, et sans y remplir aucun emploi ni fonction, se seront retirés au premier avertissement des autorités civiles et militaires, ou même depuis, lorsqu'ils n'auront été saisis que hors des lieux de la réunion séditieuse, sans opposer de résistance et sans armes.

Ils ne seront punis, dans ces cas, que des crimes particuliers qu'ils auraient personnellement commis ;

et néanmoins ils pourront être renvoyés, pour cinq ans ou au plus jusqu'à dix, sous la surveillance spéciale de la haute police.

101. Sont compris dans le mot *armes*, toutes machines, tous instrumens ou ustensiles tranchans, perçans ou contondans.

Les couteaux et ciseaux de poche, les cannes simples, ne seront réputés armes qu'autant qu'il en aura été fait usage pour tuer, blesser ou frapper.

Disposition commune aux deux Paragraphes de la présente Section.

102. Seront punis comme coupables des crimes et complots mentionnés dans la présente section, tous ceux qui, soit par discours tenus dans des lieux ou réunions publics, soit par placards affichés, soit par des écrits imprimés, auront excité directement les citoyens ou habitans à les commettre.

Néanmoins, dans le cas où lesdites provocations n'auraient été suivies d'aucun effet, leurs auteurs seront simplement punis du bannissement.

SECTION III.

De la révélation et de la non – révélation des Crimes qui compromettent la sûreté intérieure ou extérieure de l'Etat.

103. Toutes personnes qui, ayant eu connaissance de complots formés ou de crimes projetés contre la sûreté intérieure ou extérieure de l'Etat, n'auront pas fait la déclaration de ces complots ou crimes, et n'auront pas révélé au Gouvernement, ou aux autorités administratives ou de police judiciaire, les circonstances qui en seront venues à leur connaissance, le tout dans les vingt-quatre heures qui auront suivi ladite connaissance, seront,

lors même qu'elles seraient reconnues exemptes de toute complicité, punies pour le seul fait de non-révélation, de la manière et selon les distinctions qui suivent.

104. S'il s'agit du crime de lèse majesté, tout individu qui, au cas de l'article précédent, n'aura point fait les déclarations qui y sont prescrites, sera puni de la reclusion.

105. A l'égard des autres crimes ou complots mentionnés au présent chapitre, toute personne qui en étant instruite n'aura pas fait les déclarations prescrites par l'article 103, sera punie d'un emprisonnement de deux à cinq ans, et d'une amende de cinq cents francs à deux mille francs.

106. Celui qui aura eu connaissance desdits crimes ou complots non-révélés, ne sera point admis à excuse sur le fondement qu'il ne les aurait point approuvés, ou même qu'il s'y serait opposé, et aurait cherché à en dissuader leurs auteurs.

107. Néanmoins, si l'auteur du complot ou crime est époux, même divorcé, ascendant ou descendant, frère ou sœur, ou allié aux mêmes degrés, de la personne prévenue de réticence, celle-ci ne sera point sujette aux peines portées par les articles précédens ; mais elle pourra être mise, par l'arrêt ou le jugement, sous la surveillance spéciale de la haute police pendant un temps qui n'excédera point dix ans.

108. Seront exemptés des peines prononcées contre les auteurs de complots ou d'autres crimes attentatoires à la sûreté intérieure ou extérieure de l'Etat, ceux des coupables qui, avant toute exécution ou tentative de ces complots ou de ces crimes, et avant toutes poursuites commencées, auront les premiers donné, aux autorités mentionnées en l'article 103, connaissance de ces com-

plots ou crimes et de leurs auteurs ou complices, ou qui , même depuis le commencement des poursuites , auront procuré l'arrestation desdits auteurs ou complices.

Les coupables qui auront donné ces connaissances ou procuré ces arrestations, pourront néanmoins être condamnés à rester pour la vie ou à temps sous la surveillance spéciale de la haute police

CHAPITRE II.

CRIMES ET DÉLITS CONTRE LES CONSTITUTIONS DE L'EMPIRE.

SECTION Ire.

Crimes et Délits relatifs à l'exercice des Droits civiques.

109. Lorsque , par attroupement, voies de fait ou menaces , on aura empêché un ou plusieurs citoyens d'exercer leurs droits civiques , chacun des coupables sera puni d'un emprisonnement de six mois au moins et de deux ans au plus , et de l'interdiction du droit de voter et d'être éligible pendant cinq ans au moins et dix ans au plus.

110. Si ce crime a été commis par suite d'un plan concerté pour être exécuté , soit dans tout l'empire , soit dans un ou plusieurs départemens , soit dans un ou plusieurs arrondissemens communaux, la peine sera le bannissement.

111. Tout citoyen qui , étant chargé , dans un scrutin, du dépouillement des billets contenant les suffrages des citoyens , sera surpris falsifiant ces billets ou en soustrayant de la masse, ou en y ajoutant, ou inscrivant sur les billets des votans non

lettrés des noms autres que ceux qui lui auraient
été déclarés , sera puni de la peine du carcan.

112. Toutes autres personnes coupables des faits
énoncés dans l'article précédent, seront punies d'un
emprisonnement de six mois au moins et de deux
ans au plus , et de l'interdiction du droit de voter et
d'être eligibles pendant cinq ans au moins et dix ans
au plus.

113. Tout citoyen qui aura , dans les élections,
acheté ou vendu un suffrage à un prix quelconque,
sera puni d'interdiction des droits de citoyen et de
toute fonction ou emploi public , pendant cinq ans
au moins et dix ans au plus.

Seront en outre le vendeur et l'acheteur du suffrage, condamnés chacun à une amende double de la
valeur des choses reçues ou promises.

Section II.

Attentats à la Liberté.

114. Lorsqu'un fonctionnaire public , un agent
ou un préposé du Gouvernement, aura ordonné ou
fait quelque acte arbitraire , et attentatoire soit à la
liberté individuelle, soit aux droits civiques d'un ou
de plusieurs citoyens, soit aux constitutions de l'Empire , il sera condamné à la peine de la dégradation
civique.

Si néanmoins il justifie qu'il a agi par ordre de ses
supérieurs pour des objets du ressort de ceux-ci ,
et sur lesquels il leur était dû obéissance hiérarchique, il sera exempt de la peine, laquelle sera , dans
ce cas, appliquée seulement aux supérieurs qui auront donné l'ordre.

115. Si c'est un ministre qui a ordonné ou fait
les actes ou l'un des actes mentionnés en l'article
précédent, et si, après les invitations mentionnées

dans les articles 65 et 67 du sénatus-consulte du 28 floréal an XII, il a refusé ou négligé de faire réparer ces actes dans les délais fixés par ledit sénatus-consulte, il sera puni du bannissement.

116. Si les ministres prévenus d'avoir ordonné ou autorisé l'acte contraire aux constitutions, prétendent que la signature à eux imputée leur a été surprise, ils seront tenus, en faisant cesser l'acte, de dénoncer celui qu'ils déclareront auteur de la surprise ; sinon, ils seront poursuivis personnellement.

117. Les dommages-intérêts qui pourraient être prononcés à raison des attentats exprimés dans l'article 114, seront demandés, soit sur la poursuite criminelle, soit par la voie civile, et seront réglés, eu égard aux personnes, aux circonstances et au préjudice souffert, sans qu'en aucun cas, et quel que soit l'individu lésé, lesdits dommages intérêts puissent être au-dessous de vingt-cinq francs pour chaque jour de détention illégale et arbitraire et pour chaque individu.

118. Si l'acte contraire aux constitutions a été fait d'après une fausse signature du nom d'un ministre ou d'un fonctionnaire public, les auteurs du faux et ceux qui en auront sciemment fait usage, seront punis des travaux forcés à temps, dont le *maximum* sera toujours appliqué dans ce cas.

119. Les fonctionnaires publics chargés de la police administrative ou judiciaire, qui auront refusé ou négligé de déférer à une réclamation légale tendant à constater les détentions illégales et arbitraires, soit dans les maisons destinées à la garde des détenus, soit partout ailleurs, et qui ne justifieront pas les avoir dénoncées à l'autorité supérieure, seront punis de la dégradation civique, et tenus des dommages-intérêts, lesquels seront réglés comme il est dit dans l'article 117.

120. Les gardiens et concierges des maisons de dépôt, d'arrêt, de justice ou de peine, qui auront reçu un prisonnier sans mandat ou jugement, ou sans ordre provisoire du Gouvernement ; ceux qui l'auront retenu ou auront refusé de le représenter à l'officier de police ou au porteur de ses ordres, sans justifier de la défense du procureur impérial ou du juge ; ceux qui auront refusé d'exhiber leurs registres à l'officier de police, seront, comme coupables de détention arbitraire, punis de six mois à deux ans d'emprisonnement, et d'une amende de seize francs à deux cents francs.

121. Seront, comme coupables de forfaiture, punis de la dégradation civique, tout officier de police judiciaire, tous procureurs généraux ou impériaux, tous subsituts, tous juges, qui auront provoqué, donné ou signé un jugement, une ordonnance ou un mandat, tendant à la poursuite personnelle ou accusation, soit d'un ministre, soit d'un membre du Sénat, du Conseil d'état ou du Corps législatif, sans les autorisations prescrites par les constitutions ; ou qui, hors les cas de flagrant délit ou de clameur publique, auront, sans les mêmes autorisations, donné ou signé l'ordre ou le mandat de saisir ou arrêter un ou plusieurs ministres, ou membres du Sénat, du Conseil d'état ou du Corps législatif.

122. Seront aussi punis de la dégradation civique les procureurs généraux ou impériaux, leurs subsituts, les juges ou les officiers publics qui auront retenu ou fait retenir un individu hors des lieux déterminés par le Gouvernement ou par l'administration publique, ou qui auront traduit un citoyen devant une cour d'assises ou une cour spéciale, sans qu'il ait été préalablement mis légalement en accusation.

Section III.

Coalition des Fonctionnaires.

123. Tout concert de mesures contraires aux lois, pratiqué soit par la réunion d'individus ou de corps dépositaires de quelque partie de l'autorité publique, soit par députation ou correspondance entre eux, sera puni d'un emprisonnement de deux mois au moins et de six mois au plus, contre chaque coupable, qui pourra de plus être condamné à l'interdiction des droits civiques, et de tout emploi public, pendant dix ans au plus.

124. Si, par l'un des moyens exprimés ci-dessus, il a été concerté des mesures contre l'exécution des lois ou contre les ordres du Gouvernement, la peine sera le bannissement.

Si ce concert a eu lieu entre les autorités civiles et les corps militaires ou leurs chefs, ceux qui en seront les auteurs ou provocateurs seront punis de la déportation; les autres coupables seront bannis.

125. Dans le cas où ce concert aurait eu pour objet ou résultat un complot attentatoire à la sûreté intérieure de l'État, les coupables seront punis de mort, et leurs biens seront confisqués.

126. Seront coupables de forfaiture, et punis de la dégradation civique,

Les fonctionnaires publics qui auront, par délibération, arrêté de donner des démissions dont l'objet ou l'effet serait d'empêcher ou de suspendre soit l'administration de la justice, soit l'accomplissement d'un service quelconque.

Section IV.

Empiétemens des Autorités administratives et judiciaires.

127. Seront coupables de forfaiture, et punis de la dégradation civique,

1°. Les juges, les procureurs généraux ou impériaux, ou leurs substituts, les officiers de police, qui se seront immiscés dans l'exercice du pouvoir législatif, soit par des règlemens contenant des dispositions législatives, soit en arrêtant ou en suspendant l'exécution d'une ou de plusieurs lois, soit en délibérant sur le point de savoir si les lois seront publiées ou exécutées ;

2°. Les juges, les procureurs généraux ou impériaux ou leurs substituts, les officiers de police judiciaire, qui auraient excédé leur pouvoir, en s'immiscant dans les matières attribuées aux autorités administratives, soit en faisant des règlemens sur ces matières, soit en défendant d'exécuter les ordres émanés de l'administration, ou qui, ayant permis ou ordonné de citer des administrateurs pour raison de l'exercice de leurs fonctions, auraient persisté dans l'exécution de leurs jugemens ou ordonnances, nonobstant l'annullation qui en aurait été prononcée, ou le conflit qui leur aurait été notifié.

128. Les juges qui, sur la revendication formellement faite par l'autorité administrative d'une affaire portée devant eux, auront néanmoins procédé au jugement avant la décision de l'autorité supérieure, seront punis chacun d'une amende de seize francs au moins et de cent cinquante francs au plus.

Les officiers du ministère public qui auront fait des réquisitions ou donné des conclusions pour ledit jugement, seront punis de la même peine.

129. La peine sera d'une amende de cent francs au moins et de cinq cents francs au plus contre chacun des juges qui, après une réclamation légale des parties intéressées ou de l'autorité administrative, auront, sans autorisation du Gouvernement, rendu des ordonnances ou décerné des mandats contre ses agens ou préposés prévenus de crimes ou délits commis dans l'exercice de leurs fonctions.

La même peine sera appliquée aux officiers du ministère public ou de police, qui auront requis lesdites ordonnances ou mandats.

130. Les préfets, sous-préfets, maires et autres administrateurs qui se seront immiscés dans l'exercice du pouvoir législatif, comme il est dit au n°. 1.er de l'article 127, ou qui se seront ingérés de prendre des arrêtés généraux tendant à intimer des ordres ou des défenses quelconques à des cours ou tribunaux, seront punis de la dégradation civique.

131. Lorsque ces administrateurs entreprendront sur les fonctions judiciaires en s'ingérant de connaître de droits et intérêts privés du ressort des tribunaux, et qu'après la réclamation des parties ou de l'une d'elles, ils auront néanmoins décidé l'affaire avant que l'autorité supérieure ait prononcé, ils seront punis d'une amende de seize francs au moins et de cent cinquante francs au plus.

Collationné à l'original, par nous président et secrétaires du Corps législatif. Paris, le 15 février 1810. *Signé* le Comte DE MONTESQUIOU, *président;* B. DAUZAT, CHIAVARINA, EMMERY, CLAUSEL-COUSSERGUES, *secrétaires.*

MANDONS et ordonnons que les présentes, revêtues des sceaux de l'État, insérées au Bulletin des lois, soient adressées aux Cours, aux Tribunaux et aux autorités administratives, pour qu'ils les incrivent dans leurs registres, les observent et les fassent

observer; et notre Grand-Juge Ministre de la justice est chargé d'en surveiller la publication.

Donné en notre palais des Tuileries, le 25 Février de l'an 1810.

Signé NAPOLÉON.

Vu par nous Archichancelier de l'Empire,

Signé CAMBACÉRÉS.

Le Grand-Juge Ministre de la justice,	Par l'Empereur : *Le Ministre Secrétaire d'état,*
Signé Duc de Massa.	Signé H. B. Duc de Bassano.

(N°. 4.) *Loi contenant le troisième Chapitre du Titre Ier. du Livre III du Code pénal.*

Du 16 Février 1810.

NAPOLÉON, par la grâce de Dieu et les constitutions, Empereur des Français, Roi d'Italie, Protecteur de la Confédération du Rhin, etc. etc. etc., à tous présens et à venir, SALUT.

Le Corps législatif a rendu, le 16 février 1810, le décret suivant, conformément à la proposition faite au nom de l'Empereur et Roi, et après avoir entendu les orateurs du conseil d'état et le président de la commission de législation civile et criminelle.

DÉCRET.

LIVRE III.

DES CRIMES, DES DÉLITS ET DE LEUR PUNITION.

TITRE PREMIER.

CRIMES ET DÉLITS CONTRE LA CHOSE PUBLIQUE.

CHAPITRE III.

CRIMES ET DÉLITS CONTRE LA PAIX PUBLIQUE.

SECTION PREMIÈRE.

Du Faux.

§. Ier.

Fausse Monnaie.

ART. 132. Quiconque aura contrefait ou altéré les monnaies d'or ou d'argent ayant cours légal en

France, ou participé à l'émission ou exposition desdites monnaies contrefaites ou altérées, ou à leur introduction sur le territoire français, sera puni de mort, et ses biens seront confisqués.

133. Celui qui aura contrefait ou altéré des monnaies de billon ou de cuivre ayant cours légal en France, ou participé à l'émission ou exposition desdites monnaies contrefaites ou altérées, ou à leur introduction sur le territoire français, sera puni des travaux forcés à perpétuité.

134. Tout individu qui aura, en France, contrefait ou altéré des monnaies étrangères, ou participé à l'émission, exposition ou introduction en France de monnaies étrangères contrefaites ou altérées, sera puni des travaux forcés à temps.

135. La participation énoncée aux précédens articles ne s'applique point à ceux qui, ayant reçu pour bonnes des pièces de monnaie contrefaites ou altérées, les ont remises en circulation.

Toutefois celui qui aura fait usage desdites pièces après en avoir vérifié ou fait vérifier les vices, sera puni d'une amende triple au moins et sextuple au plus de la somme représentée par les pièces qu'il aura rendues à la circulation, sans que cette amende puisse en aucun cas être inférieure à seize francs.

136. Ceux qui auront eu connaissance d'une fabrique ou d'un dépôt de monnaies d'or, d'argent, de billon ou cuivre ayant cours légal en France, contrefaites ou altérées, et qui n'auront pas, dans les vingt-quatre heures, révélé ce qu'ils savent aux autorités administratives ou de police judiciaire, seront, pour le seul fait de non-révélation, et lors même qu'ils seraient reconnus exempts de toute complicité, punis d'un emprisonnement d'un mois à deux ans.

(58)

137. Sont néanmoins exceptés de la disposition précédente les ascendans et descendans, époux même divorcés, et les frères et sœurs des coupables, ou les alliés de ceux-ci aux mêmes degrés.

138. Les personnes coupables des crimes mentionnés aux articles 132 et 133, seront exemptes de peines, si, avant la consommation de ces crimes et avant toutes poursuites, elles en ont donné connaissance et révélé les auteurs aux autorités constituées, ou si, même après les poursuites commencées, elles ont procuré l'arrestation des autres coupables.

Elles pourront néanmoins être mises pour la vie, ou à temps, sous la surveillance spéciale de la haute police.

§. II.

Contrefaction des Sceaux de l'Etat, des Billets de banque, des Effets publics, et des Poinçons, Timbres et Marques.

139. Ceux qui auront contrefait le sceau de l'Etat ou fait usage du sceau contrefait;

Ceux qui auront contrefait ou falsifié, soit des effets émis par le trésor public avec son timbre, soit des billets de banques autorisées par la loi, ou qui auront fait usage de ces effets et billets contrefaits ou falsifiés, ou qui les auront introduits dans l'enceinte du territoire français,

Seront punis de mort, et leurs biens seront confisqués.

140. Ceux qui auront contrefait ou falsifié, soit un ou plusieurs timbres nationaux, soit les marteaux de l'Etat servant aux marques forestières, soit le poinçon ou les poinçons servant à marquer

les matières d'or ou d'argent, ou qui auront fait usage des papiers, effets, timbres, marteaux ou poinçons falsifiés ou contrefaits, seront punis des travaux forcés à temps, dont le *maximum* sera toujours appliqué dans ce cas.

141. Sera puni de la reclusion, quiconque s'étant indûment procuré les vrais timbres, marteaux ou poinçons ayant l'une des destinations exprimées en l'article 140, en aura fait une application ou usage préjudiciable aux droits ou intérêts de l'Etat.

142. Ceux qui auront contrefait les marques destinées à être apposées au nom du gouvernement sur les diverses espèces de denrées ou de marchandises, ou qui auront fait usage de ces fausses marques ;

Ceux qui auront contrefait le sceau, timbre ou marque d'une autorité quelconque, ou d'un établissement particulier de banque ou de commerce, ou qui auront fait usage des sceaux, timbres ou marques contrefaits,

Seront punis de la reclusion.

143. Sera puni du carcan, quiconque s'étant indûment procuré les vrais sceaux, timbres ou marques ayant l'une des destinations exprimées en l'article 142, en aura fait une application ou usage préjudiciable aux droits ou intérêts de l'Etat, d'une autorité quelconque, ou même d'un établissement particulier.

144. Les dispositions des art. 136, 137 et 138 sont applicables aux crimes mentionnés dans l'article 139.

§. III.

Des Faux en écritures publiques ou authentiques, et de commerce ou de banque.

145. Tout fonctionnaire ou officier public qui,

dans l'exercice de ses fonctions , aura commis un faux ,

Soit par fausses signatures,

Soit par altération des actes , écritures ou signatures ,

Soit par supposition de personnes ,

Soit par des écritures faites ou intercalées sur des registres ou d'autres actes publics, depuis leur confection ou clôture ,

Sera puni des travaux forcés à perpétuité.

146. Sera aussi puni des travaux forcés à perpétuité, tout fonctionnaire ou officier public qui, en rédigeant des actes de son ministère , en aura frauduleusement dénaturé la substance ou les circonstances, soit en écrivant des conventions autres que celles qui auraient été tracées ou dictées par les parties , soit en constatant comme vrais des faits faux, ou comme avoués des faits qui ne l'étaient pas.

147. Seront punies des travaux forcés à temps , toutes autres personnes qui auront commis un faux en écriture authentique et publique , ou en écriture de commerce ou de banque ,

Soit par contrefaçon ou altération d'écritures ou de signatures ,

Soit par fabrication de conventions, dispositions, obligations ou décharges , ou par leur insertion après coup dans ces actes ,

Soit par addition ou altération de clauses , de déclarations ou de faits que ces actes avaient pour objet de recevoir et de constater.

148. Dans tous les cas exprimés au présent paragraphe, celui qui aura fait usage des actes faux sera puni des travaux forcés à temps.

149. Sont exceptés des dispositions ci-dessus, les faux commis dans les passe-ports et feuilles de

route , sur lesquels il sera particulièrement statué ci-après.

§. IV.

Du Faux en écriture privée.

150. Tout individu qui aura, de l'une des manières exprimées en l'article 147 , commis un faux en écriture privée , sera puni de la reclusion.

151. Sera puni de la même peine celui qui aura fait usage de la pièce fausse.

152. Sont exceptés des dispositions ci-dessus, les faux certificats de l'espèce dont il sera ci-après parlé.

§. V.

Des Faux commis dans les passe-ports , Feuilles de route et Certificats.

153. Quiconque fabriquera un faux passe-port ou falsifiera un passe-port originairement véritable, ou fera usage d'un passe-port fabriqué ou falsifié , sera puni d'un emprisonnement d'une année au moins et de cinq ans au plus.

154. Quiconque prendra , dans un passe-port , un nom supposé, ou aura concouru comme témoin à faire délivrer le passe-port sous le nom supposé , sera puni d'un emprisonnement de trois mois à un an.

Les logeurs et aubergistes qui sciemment inscriront sur leurs registres, sous des noms faux ou supposés, les personnes logées chez eux, seront punis d'un emprisonnement de six jours au moins et d'un mois au plus.

155. Les officiers publics qui délivreront un passe-port à une personne qu'ils ne connaîtront pas personnellement, sans avoir fait attester ses

noms et qualités par deux citoyens à eux connus, seront punis d'un emprisonnement d'un mois à six mois.

Si l'officier public, instruit de la supposition du nom, a néanmoins délivré le passe-port sous le nom supposé, il sera puni du bannissement.

156. Quiconque fabriquera une fausse feuille de route, ou falsifiera une feuille de route originairement véritable, ou fera usage d'une feuille de route fabriquée ou falsifiée, sera puni, savoir,

D'un emprisonnement d'une année au moins et de cinq ans au plus, si la fausse feuille de route n'a eu pour objet que de tromper la surveillance de l'autorité publique ;

Du bannissement, si le trésor public a payé au porteur de la fausse feuille des frais de route qui ne lui étaient pas dus ou qui excédaient ceux auxquels il pouvait avoir droit, le tout néanmoins au-dessous de cent francs ;

Et de la reclusion, si les sommes indûment reçues par le porteur de la feuille s'élèvent à cent francs ou au-delà.

157. Les peines portées en l'article précédent seront appliquées, selon les distinctions qui y sont posées, à toute personne qui se sera fait délivrer, par l'officier public, une feuille de route sous un nom supposé.

158. Si l'officier public était instruit de la supposition de nom lorsqu'il a délivré la feuille, il sera puni, savoir,

Dans le premier cas posé par l'article 156, du bannissement ;

Dans le second cas du même article, de la reclusion ;

Et dans le troisième cas, des travaux forcés à temps.

159. Toute personne qui, pour se rédimer elle-même ou en affranchir une autre d'un service public quelconque, fabriquera, sous le nom d'un médecin, chirurgien ou autre officier de santé, un certificat de maladie ou d'infirmité, sera punie d'un emprisonnement de deux à cinq ans.

160. Tout médecin, chirurgien ou autre officier de santé qui, pour favoriser quelqu'un, certifiera faussement des maladies ou infirmités propres à dispenser d'un service public, sera puni d'un emprisonnement de deux à cinq ans.

S'il y a été mu par dons ou promesses, il sera puni du bannissement : les corrupteurs seront, en ce cas, punis de la même peine.

161. Quiconque fabriquera, sous le nom d'un fonctionnaire ou officier public, un certificat de bonne conduite, indigence ou autres circonstances propres à appeler la bienveillance du Gouvernement ou des particuliers sur la personne y désignée, et à lui procurer places, crédit ou secours, sera puni d'un emprisonnement de six mois à deux ans.

La même peine sera appliquée, 1°. à celui qui falsifiera un certificat de cette espèce, originairement véritable, pour l'approprier à une personne autre que celle à laquelle il a été primitivement délivré ; 2°. à tout individu qui se sera servi du certificat ainsi fabriqué ou falsifié.

162. Les faux certificats de toute autre nature, et d'où il pourrait résulter soit lésion envers des tiers, soit préjudice envers le trésor public, seront punis, selon qu'il y aura lieu, d'après les dispositions des paragraphes 3 et 4 de la présente section.

Dispositions communes.

163. L'application des peines portées contre

ceux qui ont fait usage de monnaies , billets, sceaux , timbres, marteaux, poinçons, marques et écrits faux , contrefaits, fabriqués ou falsifiés , cessera toutes les fois que le faux n'aura pas été connu de la personne qui aura fait usage de la chose fausse.

164. Dans tous les cas où la peine du faux n'est point accompagnée de la confiscation des biens , il sera prononcé contre les coupables une amende dont le *maximum* pourra être porté jusqu'au quart du bénéfice illégitime que le faux aura procuré ou était destiné à procurer aux auteurs du crime, à leurs complices ou à ceux qui ont fait usage de la pièce fausse. Le *minimum* de cette amende ne pourra être inférieur à cent francs.

165. La marque sera infligée à tout faussaire condamné soit aux travaux forcés à temps, soit même à la reclusion.

SECTION II.

De la Forfaiture et des Crimes et Délits des Fonctionnaires publics dans l'exercice de leurs fonctions.

166. Tout crime commis par un fonctionnaire public dans ses fonctions , est une forfaiture.

167. Toute forfaiture pour laquelle la loi ne prononce pas de peines plus graves, est punie de la dégradation civique.

168. Les simples délits ne constituent pas les fonctionnaires en forfaiture.

§. Ier.

Des Soustractions commises par les Dépositaires publics.

169. Tout percepteur , tout commis à une per-

ception , dépositaire ou comptable public , qui aura détourné ou soustrait des deniers publics ou privés , ou effets actifs en tenant lieu , ou des pièces, titres , actes , effets mobiliers qui étaient entre ses mains en vertu de ses fonctions, sera puni des travaux forcés à temps , si les choses détournées ou soustraites sont d'une valeur au-dessus de trois mille francs.

170. La peine des travaux forcés à temps aura lieu également , quelle que soit la valeur des deniers ou des effets. détournés ou soustraits, si cette valeur égale ou excède soit le tiers de la recette ou du dépôt , s'il s'agit de deniers ou effets une fois reçus ou déposés, soit le cautionnement , s'il s'agit d'une recette ou d'un dépôt attaché à une place sujette à cautionnement , soit enfin le tiers du produit commun de la recette pendant un mois, s'il s'agit d'une recette composée de rentrées successives et non sujette à cautionnement.

171. Si les valeurs détournées ou soustraites sont au-dessous de trois mille francs , et en outre inférieures aux mesures exprimées en l'article précédent, la peine sera un emprisonnement de deux ans au moins et de cinq ans au plus, et le condamné sera de plus déclaré à jamais incapable d'exercer aucune fonction publique.

172. Dans les cas exprimés aux trois articles précédens , il sera toujours prononcé contre le condamné une amende dont le *maximum* sera le quart des restitutions et indemnités, et le *minimum* le douzième.

173. Tout juge , administrateur, fonctionnaire ou officier public qui aura détruit, supprimé, soustrait ou détourné les actes et titres dont il était dépositaire en cette qualité , ou qui lui auront été

remis ou communiqués à raison de ses fonctions, sera puni des travaux forcés à temps.

Tous agens, préposés ou commis, soit du Gouvernement, soit des dépositaires publics, qui se seront rendus coupables des mêmes soustractions, seront soumis à la même peine.

§. II.

Des Concussions commises par des Fonctionnaires publics.

174. Tous fonctionnaires, tous officiers publics, leurs commis ou préposés, tous percepteurs des droits, taxes, contributions, deniers, revenus publics ou communaux, et leurs commis ou préposés, qui se seront rendus coupables du crime de concussion, en ordonnant de percevoir ou en exigeant ou recevant ce qu'ils savaient n'être pas dû, ou excéder ce qui était dû pour droits, taxes, contributions, deniers ou revenus, ou pour salaires ou traitemens, seront punis, savoir, les fonctionnaires ou les officiers publics, de la peine de reclusion ; et leurs commis ou préposés, d'un emprisonnement de deux ans au moins et de cinq ans au plus.

Les coupables seront de plus condamnés à une amende dont le *maximum* sera le quart des restitutions et des dommages-intérêts, et le *minimum* le douzième.

§. III.

Des Délits de Fonctionnaires qui se seront ingérés dans des Affaires ou Commerces incompatibles avec leur qualité.

175. Tout fonctionnaire, tout officier public,

tout agent du Gouvernement, qui, soit ouvertement, soit par actes simulés, soit par interposition de personnes, aura pris ou reçu quelque intérêt que ce soit, dans les actes, adjudications, entreprises ou régies dont il a ou avait, au temps de l'acte, en tout ou en partie, l'administration ou la surveillance, sera puni d'un emprisonnement de six mois au moins et de deux ans au plus, et sera condamné à une amende qui ne pourra excéder le quart des restitutions et des indemnités, ni être au-dessous du douzième.

Il sera de plus déclaré à jamais incapable d'exercer aucune fonction publique.

La présente disposition est applicable à tout fonctionnaire ou agent du Gouvernement qui aura pris un intérêt quelconque dans une affaire dont il était chargé d'ordonnancer le paiement ou de faire la liquidation.

176. Tout commandant des divisions militaires, des départemens ou des places et villes, tout préfet ou sous-préfet, qui aura, dans l'étendue des lieux où il a droit d'exercer son autorité, fait ouvertement, ou par des actes simulés, ou par interposition de personnes, le commerce des grains, grenailles, farines, substances farineuses, vins ou boissons, autres que ceux provenant de ses propriétés, sera puni d'une amende de cinq cents francs au moins, de dix mille francs au plus, et de la confiscation des denrées appartenant à ce commerce.

§. I V.

De la Corruption des Fonctionnaires publics.

177. Tout fonctionnaire public de l'ordre administratif ou judiciaire, tout agent ou préposé d'une

administration publique, qui aura agréé des offres ou promesses, ou reçu des dons ou présens pour faire un acte de sa fonction ou de son emploi, même juste, mais non sujet à salaire, sera puni du carcan, et condamné à une amende double de la valeur des promesses agréées ou des choses reçues, sans que ladite amende puisse être inférieure à deux cents francs.

La présente disposition est applicable à tout fonctionnaire, agent ou préposé de la qualité ci-dessus exprimée, qui, par offres ou promesses agréées, dons ou présens reçus, se sera abstenu de faire un acte qui entrait dans l'ordre de ses devoirs.

178. Dans le cas où la corruption aurait pour objet un fait criminel emportant une peine plus forte que celle du carcan, cette peine plus forte sera appliquée aux coupables.

179. Quiconque aura contraint ou tenté de contraindre par voies de fait ou menaces, corrompu ou tenté de corrompre par promesses, offres, dons ou présens, un fonctionnaire, agent ou préposé, de la qualité exprimée en l'article 177, pour obtenir, soit une opinion favorable, soit des procès verbaux, états, certificats ou estimations contraires à la vérité, soit des places, emplois, adjudications, entreprises ou autres bénéfices quelconques, soit enfin tout autre acte du ministère du fonctionnaire, agent ou préposé, sera puni des mêmes peines que le fonctionnaire, agent ou préposé corrompu.

Toutefois, si les tentatives de contrainte ou corruption n'ont eu aucun effet, les auteurs de ces tentatives seront simplement punis d'un emprisonnement de trois mois au moins et de six mois au plus, et d'une amende de cent à trois cents francs.

180. Il ne sera jamais fait au corrupteur restitution des choses par lui livrées, ni de leur valeur :

elles seront confisquées au profit des hospices des lieux où la corruption aura été commise.

181. Si c'est un juge prononçant en matière criminelle, ou un juré qui s'est laissé corrompre, soit en faveur, soit au préjudice de l'accusé, il sera puni de la reclusion, outre l'amende ordonnée par l'article 177.

182. Si, par l'effet de la corruption, il y a eu condamnation à une peine supérieure à celle de la reclusion, cette peine, quelle qu'elle soit, sera appliquée au juge ou juré coupable de corruption.

183. Tout juge ou administrateur qui se sera décidé par faveur pour une partie ou par inimitié contre elle, sera coupable de forfaiture, et puni de la dégradation civique.

§. V.

Des Abus d'autorité.

Ire. Classe.

Des Abus d'autorité contre les Particuliers.

184. Tout juge, tout procureur général ou impérial, tout substitut, tout administrateur ou tout autre officier de justice ou de police, qui se sera introduit dans le domicile d'un citoyen hors les cas prévus par la loi et sans les formalités qu'elle a prescrites, sera puni d'une amende de seize francs au moins et de deux cents francs au plus.

185. Tout juge ou tribunal, tout administrateur ou autorité administrative, qui, sous quelque prétexte que ce soit, même du silence ou de l'obscurité de la loi, aura dénié de rendre la justice qu'il doit aux parties, après en avoir été requis, et qui aura persévéré dans son déni, après avertissement ou in-

jonction de ses supérieurs, pourra être poursuivi, et sera puni d'une amende de deux cents francs au moins et de cinq cents francs au plus, et de l'interdiction de l'exercice des fonctions publiques depuis cinq ans jusqu'à vingt.

186. Lorsqu'un fonctionnaire ou un officier public, un administrateur, un agent ou un préposé du Gouvernement ou de la police, un exécuteur des mandats de justice ou jugemens, un commandant en chef ou en sous-ordre de la force publique, aura, sans motif légitime, usé ou fait user de violence envers les personnes, dans l'exercice ou à l'occasion de l'exercice de ses fonctions, il sera puni selon la nature et la gravité de ses violences, et en élevant la peine suivant la règle posée par l'article 198 ci-après.

187. Toute suppression, toute ouverture de lettres confiées à la poste, commise ou facilitée par un fonctionnaire ou un agent du Gouvernement ou de l'administration des postes, sera puni d'une amende de seize francs à trois cents francs. Le coupable sera, de plus, interdit de toute fonction ou emploi public pendant cinq ans au moins et dix ans au plus.

IIe. CLASSE.

Des Abus d'autorité contre la chose publique.

188. Tout fonctionnaire public, agent ou préposé du Gouvernement, de quelque état et grade qu'il soit, qui aura requis ou ordonné, fait réquérir ou ordonner l'action ou l'emploi de la force publique contre l'exécution d'une loi ou contre la perception d'une contribution légale, ou contre l'exécution soit d'une ordonnance ou mandat de justice, soit de tout autre ordre émané de l'autorité légitime, sera puni de la reclusion.

189. Si cette réquisition ou cet ordre ont été suivis de leur effet, la peine sera la déportation.

190. Les peines énoncées aux articles 188 et 189, ne cesseront d'être applicables aux fonctionnaires ou préposés qui auraient agi par ordre de leurs supérieurs, qu'autant que cet ordre aura été donné par ceux-ci pour des objets de leur ressort, et sur lesquels il leur était dû obéissance hiérarchique; dans ce cas, les peines portées ci-dessus ne seront appliquées qu'aux supérieurs qui les premiers auront donné cet ordre.

191. Si, par suite desdits ordres ou réquisitions, il survient d'autres crimes punissables de peines plus fortes que celles exprimées aux articles 188 et 189, ces peines plus fortes seront appliquées aux fonctionnaires, agens ou préposés coupables d'avoir donné lesdits ordres ou fait lesdites réquisitions.

§. VI.

De quelques Délits relatifs à la tenue des Actes de l'état civil.

192. Les officiers de l'état civil qui auront inscrit leurs actes sur de simples feuilles volantes, seront punis d'un emprisonnement d'un mois au moins et de trois mois au plus, et d'une amende de seize francs à deux cents francs.

193. Lorsque, pour la validité d'un mariage, la loi prescrit le consentement des pères, mères ou autres personnes, et que l'officier de l'état civil ne se sera point assuré de l'existence de ce consentement, il sera puni d'une amende de seize francs, à trois cents francs, et d'un emprisonnement de six mois au moins et d'un an au plus.

194. L'officier de l'état civil sera aussi puni de seize francs à trois cents francs d'amende, lorsqu'il

aura reçu, avant le terme prescrit par l'article 228 du Code Napoléon, l'acte de mariage d'une femme ayant déjà été mariée.

195. Les peines portées aux articles précédens contre les officiers de l'état civil, leur seront appliquées, lors même que la nullité de leurs actes n'aurait pas été demandée, ou aurait été couverte ; le tout sans préjudice des peines plus fortes prononcées en cas de collusion, et sans préjudice aussi des autres dispositions pénales du titre V du livre Ier. du Code Napoléon.

§. VII.

De l'exercice de l'autorité publique illégalement anticipé ou prolongé.

196. Tout fonctionnaire public qui sera entré en exercice de ses fonctions sans avoir prêté le serment, pourra être poursuivi, et sera puni d'une amende de seize francs à cent cinquante francs.

197. Tout fonctionnaire public révoqué, destitué, suspendu ou interdit légalement, qui, après en avoir eu la connaissance officielle, aura continué l'exercice de ses fonctions, ou qui, étant électif ou temporaire, les aura exercées après avoir été remplacé, sera puni d'un emprisonnement de six mois au moins et de deux ans au plus, et d'une amende de cent francs à cinq cents francs. Il sera interdit de l'exercice de toute fonction publique pour cinq ans au moins et dix ans au plus, à compter du jour où il aura subi sa peine : le tout sans préjudice des plus fortes peines portées contre les officiers ou les commandans militaires par l'article 93 du présent Code.

Disposition particulière.

198. Hors les cas où la loi règle spécialement les

peines encourues pour crimes ou délits commis par les fonctionnaires ou officiers publics, ceux d'entre eux qui auront participé à d'autres crimes ou délits qu'ils étaient chargés de surveiller ou de réprimer, seront punis comme il suit :

S'il s'agit d'un délit de police correctionnelle, ils subiront toujours le *maximum* de la peine attachée à l'espèce de délit ;

Et s'il s'agit de crimes emportant peine afflictive, ils seront condamnés, savoir,

A la reclusion, si le crime emporte contre tout autre coupable la peine du bannissement ou du carcan ;

Aux travaux forcés à temps, si le crime emporte contre tout autre coupable la peine de la reclusion ;

Et aux travaux forcés à perpétuité, lorsque le crime emportera contre tout autre coupable la peine de la déportation ou celle des travaux forcés à temps.

Au-delà des cas qui viennent d'être exprimés, la peine commune sera appliquée sans aggravation.

SECTION III.

Des troubles apportés à l'ordre public par les Ministres des cultes dans l'exercice de leur ministère.

§. Iᵉʳ.

Des Contraventions propres à compromettre l'état civil des Personnes.

199. Tout ministre d'un culte qui procédera aux cérémonies religieuses d'un mariage, sans qu'il lui ait été justifié d'un acte de mariage préalablement reçu par les officiers de l'état civil, sera, pour la

première fois, puni d'une amende de seize francs à
cent francs.

200. En cas de nouvelles contraventions de l'espèce exprimée en l'article précédent, le ministre de
culte qui les aura commises, sera puni, savoir,

Pour la première récidive, d'un emprisonnement
de deux à cinq ans ;

Et pour la seconde, 'e la déportation.

§. II.

*Des Critiques , Censures ou Provocations dirigées contre
l'Autorité publique dans un discours pastoral prononcé
publiquement.*

201. Les ministres des cultes qui prononceront,
dans l'exercice de leur ministère, et en assemblée
publique, un discours contenant la critique ou censure du Gouvernement, d'une loi, d'un décret impérial ou de tout autre acte de l'autorité publique,
seront punis d'un emprisonnement de trois mois à
deux ans.

202. Si le discours contient une provocation directe à la désobéissance aux lois ou autres actes de
l'autorité publique, ou s'il tend à soulever ou armer
une partie des citoyens contre les autres, le ministre
du culte qui l'aura prononcé sera puni d'un emprisonnement de deux à cinq ans, si la provocation n'a
été suivie d'aucun effet ; et du bannissement, si elle
a donné lieu à désobéissance , autre toutefois que
celle qui aurait dégénéré en sédition ou révolte.

203. Lorsque la provocation aura été suivie
d'une sédition ou révolte dont la nature donnera
lieu contre l'un ou plusieurs des coupables à une
peine plus forte que celle du bannissement, cette
peine, quelle qu'elle soit, sera appliquée au ministre coupable de la provocation.

§. III.

Des Critiques, Censures ou Provocations dirigées contre l'Autorité publique dans un écrit pastoral.

204. Tout écrit contenant des instructions pastorales, en quelque forme que ce soit, et dans lequel un ministre de culte se sera ingéré de critiquer ou censurer, soit le Gouvernement, soit tout acte de l'autorité publique, emportera la peine du bannissement contre le ministre qui l'aura publié.

205. Si l'écrit mentionné en l'article précédent contient une provocation directe à la désobéissance aux lois ou autres actes de l'autorité publique, ou s'il tend à soulever ou armer une partie des citoyens contre les autres, le ministre qui l'aura publié sera puni de la déportation.

206. Lorsque la provocation contenue dans l'écrit pastoral aura été suivie d'une sédition ou révolte dont la nature donnera lieu contre l'un ou plusieurs des coupables à une peine plus forte que celle de la déportation, cette peine, quelle qu'elle soit, sera appliquée au ministre coupable de la provocation.

§. IV.

De la Correspondance des Ministres des cultes avec des Cours ou Puissances étrangères, sur des matières de religion.

207. Tout ministre d'un culte qui aura, sur des questions ou matières religieuses, entretenu une correspondance avec une cour ou puissance étrangère, sans en avoir préalablement informé le ministre de l'Empereur, chargé de la surveillance des cultes, et sans avoir obtenu son autorisation, sera, pour ce seul fait, puni d'une amende de cent francs à cinq cents francs, d'un emprisonnement d'un mois à deux ans.

(56)

208. Si la correspondance mentionnée en l'article précédent a été accompagnée ou suivie d'autres faits contraires aux dispositions formelles d'une loi ou d'un décret de l'Empereur, le coupable sera puni du bannissement, à moins que la peine résultant de la nature de ces faits ne soit plus forte, auquel cas cette peine plus forte sera seule appliquée.

SECTION IV.

Résistance, Désobéissance et autres Manquemens envers l'Autorité publique.

—

§. Ier.

Rebellion.

209. Toute attaque, toute résistance avec violence et voies de fait envers les officiers ministériels, les gardes champêtres ou forestiers, la force publique, les préposés à la perception des taxes et des contributions, leurs porteurs de contraintes, les préposés des douanes, les séquestres, les officiers ou agens de la police administrative ou judiciaire, agissant pour l'exécution des lois, des ordres ou ordonnances de l'autorité publique, des mandats de justice ou jugemens, est qualifiée, selon les circonstances, crime ou délit de rebellion.

210. Si elle a été commise par plus de vingt personnes armées, les coupables seront punis des travaux forcés à temps ; et s'il n'y a pas eu port d'armes, ils seront punis de la reclusion.

211. Si la rebellion a été commise par une réunion armée de trois personnes ou plus jusqu'à vingt inclusivement, la peine sera la reclusion ; s'il n'y a pas eu port d'armes, la peine sera un em-

prisonnement de six mois au moins et deux ans au plus.

212. Si la rebellion n'a été commise que par une ou deux personnes, avec armes, elle sera punie d'un emprisonnement de six mois à deux ans; et si elle a eu lieu sans armes, d'un emprisonnement de six jours à six mois.

213. En cas de rebellion avec bande ou attroupement, l'article 100 du présent Code sera applicable aux rebelles sans fonctions ni emplois dans la bande, qui se seront retirés au premier avertissement de l'autorité publique, ou même depuis, s'ils n'ont été saisis que hors du lieu de la rebellion, et sans nouvelle résistance et sans armes.

214. Toute réunion d'individus pour un crime ou un délit, est réputée réunion armée, lorsque plus de deux personnes portent des armes ostensibles.

215. Les personnes qui se trouveraient munies d'armes cachées, et qui auraient fait partie d'une troupe ou réunion non réputée armée, seront individuellement punies comme si elles avaient fait partie d'une troupe ou réunion armée.

216. Les auteurs des crimes et délits commis pendant le cours et à l'occasion d'une rebellion, seront punis des peines prononcées contre chacun de ces crimes, si elles sont plus fortes que celles de la rebellion.

217. Sera puni comme coupable de la rebellion quiconque y aura provoqué, soit par des discours tenus dans des lieux ou réunions publics, soit par placards affichés, soit par écrits imprimés.

Dans le cas où la rebellion n'aurait pas eu lieu, le provocateur sera puni d'un emprisonnement de six jours au moins et d'un an au plus.

218. Dans tous les cas où il sera prononcé, pour

fait de rebellion, une simple peine d'emprisonnement, les coupables pourront être condamnés en
outre à une amende de seize francs à deux cents
francs.

219. Seront punies comme réunions de rebelles,
celles qui auront été formées avec ou sans armes,
et accompagnées de violences ou de menaces contre
l'autorité administrative, les officiers et les agens
de police, ou contre la force publique,

1°. Par les ouvriers ou journaliers, dans les ateliers publics ou manufactures ;

2°. Par les individus admis dans les hospices ;

3°. Par les prisonniers prévenus, accusés ou condamnés.

220. La peine appliquée pour rebellion à des
prisonniers prévenus, accusés ou condamnés relativement à d'autres crimes ou délits, sera par
eux subie, savoir,

Par ceux qui, à raison des crimes ou délits qui
ont causé leur détention, sont ou seraient condamnés à une peine non capitale ni perpétuelle,
immédiatement après l'expiration de cette peine ;

Et par les autres, immédiatement après l'arrêt
ou jugement en dernier ressort, qui les aura acquittés ou renvoyés absous du fait pour lequel ils
étaient détenus.

221. Les chefs d'une rebellion, et ceux qui l'auront provoquée, pourront être condamnés à rester, après l'expiration de leur peine, sous la surveillance spéciale de la haute police pendant cinq
ans au moins et dix ans au plus.

§. II.

Outrages et Violences envers les Dépositaires de l'auto-
rité et de la force publique.

222. Lorsqu'un ou plusieurs magistrats de l'ordre

administratif ou judiciaire auront reçu dans l'exercice de leurs fonctions, ou à l'occasion de cet exer-
cice, quelque outrage par paroles tendant à inculper leur honneur ou leur délicatesse, celui qui les
aura ainsi outragés sera puni d'un emprisonnement
d'un mois à deux ans.

Si l'outrage a eu lieu à l'audience d'une cour ou
d'un tribunal, l'emprisonnement sera de deux à
cinq ans.

223. L'outrage fait par gestes ou menaces à un
magistrat dans l'exercice ou à l'occasion de l'exercice de ses fonctions, sera puni d'un mois à six
mois d'emprisonnement; et si l'outrage a eu lieu à
l'audience d'une cour ou d'un tribunal, il sera
puni d'un emprisonnement d'un mois à deux ans.

224. L'outrage fait par paroles, gestes ou menaces à tout officier ministériel, ou agent dépositaire de la force publique, dans l'exercice ou à
l'occasion de l'exercice de ses fonctions, sera puni
d'une amende de seize francs à deux cents francs.

225. La peine sera de six jours à un mois d'emprisonnement, si l'outrage mentionné en l'article
précédent a été dirigé contre un commandant de
la force publique.

226. Dans le cas des articles 222, 223 et 225,
l'offenseur pourra être, outre l'emprisonnement,
condamné à faire réparation, soit à la première
audience, soit par écrit; et le temps de l'emprisonnement prononcé contre lui ne sera compté
qu'à dater du jour où la réparation aura eu lieu.

227. Dans le cas de l'article 224, l'offenseur
pourra de même, outre l'amende, être condamné
à faire réparation à l'offensé; et s'il retarde ou refuse, il y sera contraint par corps.

228. Tout individu qui, même sans armes, et
sans qu'il en soit résulté de blessures, aura frappé

un magistrat dans l'exercice de ses fonctions, ou à l'occasion de cet exercice, sera puni d'un emprisonnement de deux à cinq ans.

Si cette voie de fait a eu lieu à l'audience d'une cour ou d'un tribunal, le coupable sera puni du carcan.

229. Dans l'un et l'autre des cas exprimés en l'article précédent, le coupable pourra de plus être condamné à s'éloigner, pendant cinq à dix ans, du lieu où siége le magistrat, et d'un rayon de deux myriamètres.

Cette disposition aura son exécution à dater du jour où le condamné aura subi sa peine.

Si le condamné enfreint cet ordre avant l'expiration du temps fixé, il sera puni du bannissement.

230. Les violences de l'espèce exprimée en l'article 228, dirigées contre un officier ministériel, un agent de la force publique, ou un citoyen chargé d'un ministère de service public, si elles ont eu lieu pendant qu'ils exerçaient leur ministère ou à cette occasion, seront punies d'un emprisonnement d'un mois à six mois.

231. Si les violences exercées contre les fonctionnaires et agens désignés aux articles 228 et 230 ont été la cause d'effusion de sang, blessures ou maladie, la peine sera la reclusion ; si la mort s'en est suivie dans les quarante jours, le coupable sera puni de mort.

232. Dans le cas même où ces violences n'auraient pas causé d'effusion de sang, blessures ou maladie, les coups seront punis de la reclusion, s'ils ont été portés avec préméditation ou guet-apens.

233. Si les blessures sont du nombre de celles qui portent le caractère de meurtre, le coupable sera puni de mort.

§. III.

Refus d'un Service dû légalement.

234. Tout commandant, tout officier ou sous-officier de la force publique qui, après en avoir été légalement requis par l'autorité civile, aura refusé de faire agir la force à ses ordres, sera puni d'un emprisonnement d'un mois à trois mois, sans préjudice des réparations civiles qui pourraient être dues aux termes de l'article 11 du présent Code.

235. Les lois pénales et règlemens relatifs à la conscription militaire continueront de recevoir leur exécution.

236. Les témoins et jurés qui auront allégué une excuse reconnue fausse, seront condamnés, outre les amendes prononcées pour la non-comparution, à un emprisonnement de six jours à deux mois.

§. IV.

Évasion de détenus, Recèlement de criminels.

237. Toutes les fois qu'une évasion de détenus aura lieu, les huissiers, les commandans en chef ou en sous-ordre, soit de la gendarmerie, soit de la force armée servant d'escorte ou garnissant les postes, les concierges, gardiens, geôliers, et tous autres préposés à la conduite, au transport ou à la garde des détenus, seront punis ainsi qu'il suit.

238. Si l'évadé était prévenu de délits de police, ou de crimes simplement infamans, ou s'il était prisonnier de guerre, les préposés à sa garde ou conduite seront punis, en cas de négligence, d'un emprisonnement de six jours à deux mois; et en cas de connivence, d'un emprisonnement de six mois à deux ans.

Ceux qui, n'étant pas chargés de la garde ou de la conduite du détenu, auront procuré ou facilité son évasion, seront punis de six jours à trois mois d'emprisonnement.

239. Si les détenus évadés, ou l'un d'eux, étaient prévenus ou accusés d'un crime de nature à entraîner une peine afflictive à temps, ou condamnés pour l'un de ces crimes, la peine sera, contre les préposés à la garde ou conduite, en cas de négligence, un emprisonnement de deux mois à six mois ; en cas de connivence, la réclusion.

Les individus non chargés de la garde des détenus, qui auront procuré ou facilité l'évasion, seront punis d'un emprisonnement de trois mois à deux ans.

240. Si les évadés ou l'un d'eux sont prévenus ou accusés de crimes de nature à entraîner la peine de mort ou des peines perpétuelles, ou s'ils sont condamnés à l'une de ces peines, leurs conducteurs ou gardiens seront punis d'un an à deux ans d'emprisonnement, en cas de négligence ; et des travaux forcés à temps, en cas de connivence.

Les individus non chargés de la conduite ou de la garde qui auront facilité ou procuré l'évasion, seront punis d'un emprisonnement d'un an au moins et de cinq ans au plus.

241. Si l'évasion a eu lieu ou a été tentée avec violence ou bris de prison, les peines contre ceux qui l'auront favorisée en fournissant des instrumens propres à l'opérer, seront, au cas que l'évadé fût de la qualité exprimée en l'article 238, trois mois à deux ans d'emprisonnement ; au cas de l'article 239, deux à cinq ans d'emprisonnement ; et au cas de l'article 240, la réclusion.

242. Dans tous les cas ci-dessus, lorsque les tiers qui auront procuré ou facilité l'évasion, y seront

parvenus en corrompant les gardiens ou geôliers, ou de connivence avec eux, ils seront punis des mêmes peines que lesdits gardiens et geôliers.

243. Si l'évasion avec bris ou violence a été favorisée par transmission d'armes, les gardiens et conducteurs qui y auront participé seront punis des travaux forcés à perpétuité ; les autres personnes, des travaux forcés à temps.

244. Tous ceux qui auront connivé à l'évasion d'un détenu, seront solidairement condamnés, à titre de dommages-intérêts, à tout ce que la partie civile du détenu aurait eu droit d'obtenir contre lui.

245. A l'égard des détenus qui se seront évadés ou qui auront tenté de s'évader par bris de prison ou par violence, ils seront, pour ce seul fait, punis de six mois à un an d'emprisonnement, et subiront cette peine immédiatement après l'expiration de celle qu'ils auront encourue pour le crime ou délit à raison duquel ils étaient détenus, ou immédiate-ment après l'arrêt ou jugement qui les aura acquittés ou renvoyés absous dudit crime ou délit ; le tout sans préjudice de plus fortes peines qu'ils auraient pu encourir pour d'autres crimes qu'ils auraient commis dans leurs violences.

246. Quiconque sera condamné, pour avoir fa-vorisé une évasion ou des tentatives d'évasion, à un emprisonnement de plus de six mois, pourra, en outre, être mis sous la surveillance spéciale de la haute police, pour un intervalle de cinq à dix ans.

247. Les peines d'emprisonnement ci-dessus éta-blies contre les conducteurs ou les gardiens en cas de négligence seulement, cesseront lorsque les évadés seront repris ou représentés, pourvu que ce soit dans les quatre mois de l'évasion, et qu'ils

ne soient pas arrêtés pour d'autres crimes ou délits commis postérieurement.

248. Ceux qui auront recélé ou fait recéler des personnes qu'ils savaient avoir commis des crimes emportant peine afflictive, seront punis de trois mois d'emprisonnement au moins et de deux ans au plus.

Sont exceptés de la présente disposition les ascendans ou descendans, époux ou épouse même divorcés, frères ou sœurs des criminels recélés, ou leurs alliés au même degré.

§. V.

Bris de scellés et Enlèvement de pièces dans les Dépôts publics.

249. Lorsque des scellés apposés soit par ordre du Gouvernement, soit par suite d'une ordonnance de justice rendue en quelque matière que ce soit, auront été brisés, les gardiens seront punis, pour simple négligence, de six jours à six mois d'emprisonnement.

250. Si le bris de scellés s'applique à des papiers et effets d'un individu prévenu ou accusé d'un crime emportant la peine de mort, des travaux forcés à perpétuité, ou de la déportation, ou qui soit condamné à l'une de ces peines, le gardien négligent sera puni de six mois à deux ans d'emprisonnement.

251. Quiconque aura, à dessein, brisé des scellés apposés sur des papiers ou effets de la qualité énoncée en l'article précédent, ou participé au bris des scellés, sera puni de la reclusion ; et si c'est le gardien lui-même, il sera puni des travaux forcés à temps.

252. A l'égard de tous autres bris de scellés, les

coupables seront punis de six mois à deux ans d'emprisonnement ; et si c'est le gardien lui-même, il sera puni de deux à cinq ans de la même peine.

253. Tout vol commis à l'aide d'un bris de scellés, sera puni comme vol commis à l'aide d'effraction.

254. Quant aux soustractions, destructions et enlèvemens de pièces ou de procédures criminelles, ou d'autres papiers, registres, actes et effets, contenus dans des archives, greffes ou dépôts publics, ou remis à un dépositaire public en cette qualité, les peines seront, contre les greffiers, archivistes, notaires ou autres dépositaires négligens, de trois mois à un an d'emprisonnement, et d'une amende de cent francs à trois cents francs.

255. Quiconque se sera rendu coupable des soustractions, enlèvemens ou destructions mentionnés en l'article précédent, sera puni de la reclusion.

Si le crime est l'ouvrage du dépositaire lui-même, il sera puni des travaux forcés à temps.

256. Si le bris de scellés, les soustractions, enlèvemens ou destructions de pièces ont été commis avec violence envers les personnes, la peine sera, contre toute personne, celle des travaux forcés à temps ; sans préjudice de peines plus fortes, s'il y a lieu, d'après la nature des violences et des autres crimes qui y seraient joints.

§. VI.

Dégradation de monumens.

257. Quiconque aura détruit, abattu, mutilé ou dégradé des monumens, statues et autres objets destinés à l'utilité ou à la décoration publique, et élevés par l'autorité publique ou avec son autorisation, sera puni d'un emprisonnement d'un mois

à deux ans, et d'une amende de cent francs à cinq cents francs.

§. VII.

Usurpation de titres ou fonctions.

258. Quiconque, sans titre, se sera immiscé dans des fonctions publiques, civiles ou militaires, ou aura fait les actes d'une de ces fonctions, sera puni d'un emprisonnement de deux à cinq ans, sans préjudice de la peine de faux, si l'acte porte le caractère de ce crime.

259. Toute personne qui aura publiquement porté un costume, un uniforme ou une décoration qui ne lui appartenait pas, ou qui se sera attribué des titres impériaux qui ne lui auraient pas été légalement conférés, sera punie d'un emprisonnement de six mois à deux ans.

§. VIII.

Entraves au libre exercice des cultes.

260. Tout particulier qui, par des voies de fait ou des menaces, aura contraint ou empêché une ou plusieurs personnes d'exercer l'un des cultes autorisés, d'assister à l'exercice de ce culte, de célébrer certaines fêtes, d'observer certains jours de repos, et. en conséquence, d'ouvrir ou de fermer leurs ateliers, boutiques ou magasins, et de faire ou quitter certains travaux, sera puni, pour ce seul fait, d'une amende de seize francs à deux cents francs, et d'un emprisonnement de six jours à deux mois.

161. Ceux qui auront empêché, retardé ou interrompu les exercices d'un culte par des troubles ou désordres causés dans le temple ou autre lieu

destiné ou servant actuellement à ces exercices, seront punis d'une amende de seize francs à trois cents francs, et d'un emprisonnement de six jours à trois mois.

262. Toute personne qui aura, par paroles ou gestes, outragé les objets d'un culte dans les lieux destinés ou servant actuellement à son exercice, ou les ministres de ce culte dans leurs fonctions, sera punie d'une amende de seize francs à cinq cents francs, et d'un emprisonnement de quinze jours à six mois.

263. Quiconque aura frappé le ministre d'un culte dans ses fonctions, sera puni du carcan.

264. Les dispositions du présent paragraphe ne s'appliquent qu'aux troubles, outrages ou voies de fait dont la nature ou les circonstances ne donneront pas lieu à de plus fortes peines, d'après les autres dispositions du présent Code.

SECTION V.

Association de malfaiteurs, Vagabondage et Mendicité.

§. Ier.

Association de malfaiteurs.

265. Toute association de malfaiteurs envers les personnes ou les propriétés, est crime contre la paix publique.

266. Ce crime existe par le seul fait d'organisation de bande ou de correspondance entre elles et leurs chefs ou commandans, ou de conventions tendant à rendre compte ou à faire distribution ou partage du produit des méfaits.

267. Quand ce crime n'aurait été accompagné ni suivi d'aucun autre, les auteurs, directeurs de l'association, et les commandans en chef ou en sous-ordre de ces bandes, seront punis des travaux forcés à temps.

268. Seront punis de la reclusion tous autres individus chargés d'un service quelconque dans ces bandes, et ceux qui auront sciemment et volontairement fourni aux bandes ou à leurs divisions, des armes, munitions, instrumens de crime, logement, retraite ou lieu de réunion.

§. II.

Vagabondage.

269. Le vagabondage est un délit.

270. Les vagabonds ou gens sans aveu sont ceux qui n'ont ni domicile certain, ni moyens de subsistance, et qui n'exercent habituellement ni métier ni profession.

271. Les vagabonds ou gens sans aveu qui auront été légalement déclarés tels, seront, pour ce seul fait, punis de trois à six mois d'emprisonnement, et demeureront, après avoir subi leur peine, à la disposition du Gouvernement pendant le temps qu'il déterminera, eu égard à leur conduite.

272. Les individus déclarés vagabonds par jugement, pourront, s'ils sont étrangers, être conduits, par les ordres du Gouvernement, hors du territoire de l'Empire.

273. Les vagabonds nés en France pourront, après un jugement même passé en force de chose jugée, être réclamés par délibération du conseil municipal de la commune où ils sont nés, ou cautionnés par un citoyen solvable.

Si le Gouvernement accueille la réclamation ou agrée la caution, les individus ainsi réclamés ou cautionnés seront, par ses ordres, renvoyés ou conduits dans la commune qui les a réclamés, ou dans celle qui leur sera assignée pour résidence, sur la demande de la caution.

§. III.

Mendicité.

274. Toute personne qui aura été trouvée mendiant dans un lieu pour lequel il existera un établissement public organisé afin d'obvier à la mendicité, sera punie de trois à six mois d'emprisonnement, et sera, après l'expiration de sa peine, conduite au dépôt de mendicité.

275. Dans les lieux où il n'existe point encore de tels établissemens, les mendians d'habitude valides seront punis d'un mois à trois mois d'emprisonnement.

S'ils ont été arrêtés hors du canton de leur résidence, ils seront punis d'un emprisonnement de six mois à deux ans.

276. Tous mendians, même invalides, qui auront usé de menaces, ou seront entrés sans permission du propriétaire ou des personnes de sa maison, soit dans une habitation, soit dans un enclos en dépendant,

Ou qui feindront des plaies ou infirmités,

Ou qui mendieront en réunion, à moins que ce ne soient le mari et la femme, le père ou la mère et leurs jeunes enfans, l'aveugle et son conducteur,

Seront punis d'un emprisonnement de six mois à deux ans.

Dispositions communes aux Vagabonds et Mendians.

277. Tout mendiant ou vagabond qui aura été saisi travesti d'une manière quelconque,

Ou porteur d'armes, bien qu'il n'en ait usé ou menacé,

Ou muni de limes, crochets ou autres instrumens propres, soit à commettre des vols ou d'autres délits, soit à lui procurer les moyens de pénétrer dans les maisons,

Sera puni de deux à cinq ans d'emprisonnement.

278. Tout mendiant ou vagabond qui sera trouvé porteur d'un ou de plusieurs effets d'une valeur supérieure à cent francs et qui ne justifiera point d'où ils lui proviennent, sera puni de la peine portée en l'article 276.

279. Tout mendiant ou vagabond qui aura exercé quelque acte de violence que ce soit envers les personnes, sera puni de la reclusion, sans préjudice de peines plus fortes, s'il y a lieu, à raison du genre et des circonstances de la violence.

280. Tout vagabond ou mendiant qui aura commis un crime emportant la peine des travaux forcés à temps, sera en outre marqué.

281. Les peines établies par le présent Code contre les individus porteurs de faux certificats, faux passe-ports ou fausses feuilles de route, seront toujours, dans leur espèce, portées au *maximum* quand elles seront appliquées à des vagabonds ou mendians.

282. Les vagabonds ou mendians qui auront subi les peines portées par les articles précédens, demeureront, à la fin de ces peines, à la disposition du Gouvernement.

Section VI.

Délits commis par la voie d'Écrits, Images ou Gravures, distribués sans noms d'Auteur, Imprimeur ou Graveur.

283. Toute publication ou distribution d'ouvrages, écrits, avis, bulletins, affiches, journaux, feuilles périodiques ou autres imprimés, dans lesquels ne se trouvera pas l'indication vraie des noms, profession et demeure de l'auteur ou de l'imprimeur, sera, pour ce seul fait, punie d'un emprisonnement de six jours à six mois, contre toute personne qui aura sciemment contribué à la publication ou distribution.

284. Cette disposition sera réduite à des peines de simple police,

1°. A l'égard des crieurs, afficheurs, vendeurs ou distributeurs qui auront fait connaître la personne de laquelle ils tiennent l'écrit imprimé ;

2º. A l'égard de quiconque aura fait connaître l'imprimeur ;

2°. A l'égard même de l'imprimeur qui aura fait connaître l'auteur ;

285. Si l'écrit imprimé contient quelques provocations à des crimes ou délits, les crieurs, afficheurs, vendeurs et distributeurs seront punis comme complices des provocateurs, à moins qu'ils n'aient fait connaître ceux dont ils tiennent l'écrit contenant la provocation.

En cas de révélation, ils n'encourront qu'un emprisonnement de six jours à trois mois ; et la peine de complicité ne restera applicable qu'à ceux qui n'auront point fait connaître les personnes dont ils auront reçu l'écrit imprimé, et à l'imprimeur, s'il est connu.

286. Dans tous les cas ci-dessus, il y aura confiscation des exemplaires saisis.

287. Toute exposition ou distribution de chansons, pamphlets, figures ou images contraires aux bonnes mœurs, sera punie d'une amende de seize francs à cinq cents francs, d'un emprisonnement d'un mois à un an, et de la confiscation des planches et des exemplaires imprimés ou gravés, de chansons, figures ou autres objets du délit.

288. La peine d'emprisonnement et l'amende prononcées par l'article précédent, seront réduites à des peines de simple police,

1°. A l'égard des crieurs, vendeurs ou distributeurs qui auront fait connaître la personne qui leur a remis l'objet du délit ;

2°. A l'égard de quiconque aura fait connaître l'imprimeur ou le graveur ;

3°. A l'égard même de l'imprimeur ou du graveur qui auront fait connaître l'auteur ou la personne qui les aura chargés de l'impression ou de la gravure.

289. Dans tous les cas exprimés en la présente section, et où l'auteur sera connu, il subira le *maximum* de la peine attachée à l'espèce du délit.

Disposition particulière.

290. Tout individu qui, sans y avoir été autorisé par la police, fera le métier de crieur ou afficheur d'écrits imprimés, dessins ou gravures, même munis des noms d'auteur, imprimeur, dessinateur ou graveur, sera puni d'un emprisonnement de six jours à deux mois.

SECTION VII.

Des Associations ou Réunions illicites.

291. Nulle association de plus de vingt personnes,

dont le but sera de se réunir tous les jours ou à certains jours marqués pour s'occuper d'objets religieux, littéraires, politiques ou autres, ne pourra se former qu'avec l'agrément du Gouvernement, et sous les conditions qu'il plaira à l'autorité publique d'imposer à la société.

Dans le nombre de personnes indiqué par le présent article, ne sont pas comprises celles domiciliées dans la maison où l'association se réunit.

292. Toute association de la nature ci-dessus exprimée qui se sera formée sans autorisation, ou qui, après l'avoir obtenue, aura enfreint les conditions à elle imposées, sera dissoute.

Les chefs, directeurs ou administrateurs de l'association seront en outre punis d'une amende de seize francs à deux cents francs.

293. Si, par discours, exhortations, invocations, ou prières, en quelque langue que ce soit, ou par lecture, affiche, publication ou distribution d'écrits quelconques, il a été fait, dans ces assemblées, quelque provocation à des crimes ou à des délits, la peine sera de cent francs à trois cents francs d'amende, et de trois mois à deux ans d'emprisonnement, contre les chefs, directeurs et administrateurs de ces associations, sans préjudice des peines plus fortes qui seraient portées par la loi contre les individus personnellement coupables de la provocation, lesquels, en aucun cas, ne pourront être punis d'une peine moindre que celle infligée aux chefs, directeurs et administrateurs de l'association.

294. Tout individu qui, sans la permission de l'autorité municipale, aura accordé ou consenti l'usage de sa maison ou de son appartement, en tout ou en partie, pour la réunion des membres d'une association même autorisée, ou pour l'exercice d'un

culte, sera puni d'une amende de seize francs à deux cents francs.

Collationné à l'original, par nous président et secrétaires du Corps législatif. Paris, le 16 février 1810. *Signé* le Comte DE MONTESQUIOU, *président ;* B. DAUZAT, EMMERY, CHIAVARINA, *secrétaires.*

MANDONS et ordonnons que les présentes, revêtues des sceaux de l'État, insérées au Bulletin des lois, soient adressées aux Cours, aux Tribunaux et aux autorités administratives, pour qu'ils les inscrivent dans leurs registres, les observent et les fassent observer ; et notre Grand-Juge Ministre de la justice est chargé d'en surveiller la publication.

Donné en notre palais des Tuileries, le 26 Février de l'an 1810.

Signé **NAPOLÉON.**

Vu par nous Archichancelier de l'Empire,

Signé **CAMBACÉRÉS.**

Le Grand-Juge Ministre de la justice,

Signé DUC DE MASSA.

Par l'Empereur : *Le Ministre Secrétaire d'état,*

Signé H. B. DUC DE BASSANO.

(N°. 5.) *Loi contenant le premier Chapitre du Titre II du Livre III du Code pénal.*

Du 17 février 1810.

NAPOLÉON, par la grâce de Dieu et les constitutions, Empereur des Français, Roi d'Italie, Protecteur de la Confédération du Rhin, etc., etc., etc., à tous présens et à venir, SALUT.

Le Corps législatif a rendu, le 17 février 1810, le décret suivant, conformément à la proposition faite au nom de l'Empereur et Roi, et après avoir entendu les orateurs du Conseil d'état et le président de la commission de législation civile et criminelle.

DÉCRET.

LIVRE III.

DES CRIMES, DES DÉLITS ET DE LEUR PUNITION.

TITRE II.

CRIMES ET DÉLITS CONTRE LES PARTICULIERS.

CHAPITRE PREMIER.

CRIMES ET DÉLITS CONTRE LES PERSONNES.

SECTION Ire.

Meurtre et autres Crimes capitaux, Menaces d'attentats contre les personnes.

§. Ier.

Meurtre, Assassinat, Parricide, Infanticide, Empoisonnement.

ART. 295. L'homicide commis volontairement est qualifié meurtre.

296. Tout meurtre commis avec préméditation ou de guet-apens, est qualifié assassinat.

297. La préméditation consiste dans le dessein formé, avant l'action, d'attenter à la personne d'un individu déterminé, ou même de celui qui sera trouvé ou rencontré, quand même ce dessein serait dépendant de quelque circonstance ou de quelque condition.

298. Le guet-apens consiste à attendre plus ou moins de temps, dans un ou divers lieux, un individu, soit pour lui donner la mort, soit pour exercer sur lui des actes de violence.

299. Est qualifié parricide le meurtre des pères ou mères légitimes, naturels ou adoptifs, ou de tout autre ascendant légitime.

300. Est qualifié infanticide le meurtre d'un enfant nouveau-né.

301. Est qualifié empoisonnement tout attentat à la vie d'une personne, par l'effet de substances qui peuvent donner la mort plus ou moins promptement, de quelque manière que ces substances aient été employées ou administrées, et quelles qu'en aient été les suites.

302. Tout coupable d'assassinat, de parricide, d'infanticide et d'empoisonnement, sera puni de mort, sans préjudice de la disposition particulière contenue en l'article 13, relativement au parricide.

303. Seront punis comme coupables d'assassinat, tous malfaiteurs, quelle que soit leur dénomination, qui, pour l'exécution de leurs crimes, emploient des tortures ou commettent des actes de barbarie.

304. Le meurtre emportera la peine de mort, lorsqu'il aura précédé, accompagné ou suivi un autre crime ou délit.

En tout autre cas, le coupable de meurtre sera puni de la peine des travaux forcés à perpétuité.

§. I I.

Menaces.

305. Quiconque aura menacé, par écrit anonyme ou signé, d'assassinat, d'empoisonnement, ou de tout autre attentat contre les personnes qui serait punissable de la peine de mort, des travaux forcés à perpétuité, ou de la déportation, sera puni de la peine des travaux forcés à temps, dans le cas où la menace aurait été faite avec ordre de déposer une somme d'argent dans un lieu indiqué ou de remplir toute autre condition.

306. Si cette menace n'a été accompagnée d'aucun ordre ou condition, la peine sera d'un emprisonnement de deux ans au moins et de cinq ans au plus, et d'une amende de cent francs à six cents francs.

307. Si la menace faite avec ordre ou sous condition a été verbale, le coupable sera puni d'un emprisonnement de six mois à deux ans, et d'une amende de vingt-cinq francs à trois cents francs.

308. Dans les cas prévus par les deux précédens articles, le coupable pourra de plus être mis, par l'arrêt ou le jugement, sous la surveillance de la haute police pour cinq ans au moins et dix ans au plus.

SECTION II.

Blessures et Coups volontaires non qualifiés Meurtre, et autres Crimes et Délits volontaires.

309. Sera puni de la peine de la reclusion, tout

individu qui aura fait des blessures ou porté des coups, s'il est résulté de ces actes de violence une maladie ou incapacité de travail personnel pendant plus de vingt jours.

310. Si le crime mentionné au précédent article a été commis avec préméditation ou guet-apens, la peine sera celle des travaux forcés à temps.

311. Lorsque les blessures ou les coups n'auront occasionné aucune maladie ni incapacité de travail personnel de l'espèce mentionnée en l'article 309, le coupable sera puni d'un emprisonnement d'un mois à deux ans, et d'une amende de seize francs à deux cents francs.

S'il y a eu préméditation ou guet-apens, l'emprisonnement sera de deux ans à cinq ans, et l'amende de cinquante francs à cinq cents francs.

312. Dans les cas prévus par les articles 309, 310 et 311, si le coupable a commis le crime envers ses père ou mère légitimes, naturels ou adoptifs, ou autres ascendans légitimes, il sera puni ainsi qu'il suit :

Si l'article auquel le cas se référera prononce l'emprisonnement et l'amende, le coupable subira la peine de la reclusion ;

Si l'article prononce la peine de la reclusion, il subira celle des travaux forcés à temps ;

Si l'article prononce la peine des travaux forcés à temps, il subira celle des travaux forcés à perpétuité.

313. Les crimes et les délits prévus dans la présente section et dans la section précédente, s'ils sont commis en réunion séditieuse, avec rebellion ou pillage, sont imputables aux chefs, auteurs, instigateurs et provocateurs de ces réunions, rébellions ou pillages, qui seront punis comme coupables de ces crimes ou de ces délits, et condamnés aux

mêmes peines que ceux qui les auront personnellement commis.

514. Tout individu qui aura fabriqué ou débité
des stilets, tromblons ou quelque espèce que ce
soit d'armes prohibées par la loi ou par des réglemens d'administration publique, sera puni d'un emprisonnement de six jours à six mois.

Celui qui sera porteurs desdites armes, sera puni
d'une amende de seize francs à deux cents francs.

Dans l'un et l'autre cas, les armes seront confisquées.

Le tout sans préjudice de plus forte peine, s'il y
échet, en cas de complicité de crime.

315. Outre les peines correctionnelles mentionnées dans les articles précédens, les tribunaux pourront prononcer le renvoi sous la surveillance de la
haute police depuis deux ans jusqu'à dix ans.

316. Toute personne coupable du crime de castration, subira la peine des travaux forcés à perpétuité.

Si la mort en est résultée avant l'expiration des
quarante jours qui auront suivi le crime, le coupable subira la peine de mort.

317. Quiconque, par alimens, breuvages, médicamens, violences, ou par tout autre moyen,
aura procuré l'avortement d'une femme enceinte,
soit qu'elle y ait consenti ou non, sera puni de la
reclusion.

La même peine sera prononcée contre la femme
qui se sera procuré l'avortement à elle-même, ou
qui aura consenti à faire usage des moyens à elle
indiqués ou administrés à cet effet, si l'avortement
s'en est ensuivi.

Les médecins, chirurgiens et autres officiers de
santé, ainsi que les pharmaciens qui auront indiqué ou administré ces moyens, seront condamnés

à la peine des travaux forcés à temps, dans le cas où l'avortement aurait eu lieu.

318. Quiconque aura vendu ou débité des boissons falsifiées, contenant des mixtions nuisibles à la santé, sera puni d'un emprisonnement de six jours à deux ans, et d'une amende de seize francs à cinq cents francs.

Seront saisies et confisquées les boissons falsifiées trouvées appartenir au vendeur ou débitant.

Section III.

Homicide, Blessures et Coups involontaires; Crimes et Délits excusables, et Cas où ils ne peuvent être excusés ; Homicide, Blessures et Coups qui ne sont ni crimes ni délits.

§. 1er.

Homicide, Blessures et Coups involontaires.

319. Quiconque, par maladresse, imprudence, inattention, négligence ou inobservation des règlemens, aura commis involontairement un homicide, ou en aura involontairement été la cause, sera puni d'un emprisonnement de trois mois à deux ans, et d'une amende de cinquante francs à six cents francs.

320. S'il n'est résulté du défaut d'adresse ou de précaution que des blessures ou coups, l'emprisonnement sera de six jours à deux mois, et l'amende sera de seize francs à cent francs.

§. II.

Crimes et Delits excusables , et Cas où ils ne peuvent être excusés.

321. Le meurtre , ainsi que les blessures et les

De plus la confiscation générale demeure grevée de la prestation des alimens à qui il en est dû de droit. *Art.* 38.

L'Empereur pourra disposer des biens confisqués, en faveur, soit des père et mère ou autres ascendans, soit de la veuve, soit des enfans, ou autres descendans légitimes, naturels ou adoptifs, soit des autres parens du condamné. *Art.* 39 *idem.*

La confiscation réfléchit sur les enfans qui peuvent n'être pas complice du crime de leur père; mais lorsqu'un homme a consumé tout son patrimoine par des spéculations insensées ou par des voies souvent plus répréhensibles, ses enfans ne supportent-ils pas la peine de ses égaremens. Lorsque des réparations civiles, prononcées en faveur d'une victime du crime, absorbent toute la fortune du coupable, peut-on se récrier contre cette condamnation parce que la succession est ruinée ?

Or, la confiscation, qu'est-ce autre chose qu'une indemnité légitime prononcée pour des crimes qui ont pour but de renverser l'état, le gouvernement et la fortune publique? et elle ne sera prononcée que pour des crimes de cette nature.

L'art. 913 du Code Napoléon porte, les libéralités soit par acte entre-vifs, soit par testament, ne pourront excéder la moitié des biens du disposant, s'il ne laisse à son décès qu'un enfant légitime; le tiers, s'il laisse deux enfans; le quart, s'il en laisse trois, ou un plus grand nombre.

Donc, d'après l'article du Code pénal ci-dessus, si le condamné laisse un seul enfant, il aura le quart de ses biens; s'il en laisse deux, ils en auront le tiers; s'il en laisse trois ou plus, ils en auront trois huitièmes.

CONFISCATION (la) spéciale, soit du corps du délit quand la propriété en appartient au condamné, soit des choses produites par le délit, soit de celles qui ont servi, ou ont été destinées à le commettre, l'amende et le renvoi sous la surveillance spéciale de la haute police, sont des peines communes aux matières criminelles et correctionnelles. *Code pénal,* art. 11.

CONFISCATION de choses livrées par corrupteur ou de leur valeur, au profit de qui aura lieu. *V.* Quiconque aura contraint.

CONFISCATION des biens en matière criminelle, quand a lieu. *V.* Français qui aura porté les armes; Fonctionnaire public; Attentat ou complot; Ceux qui auront levé, etc.; Commandans; Individu qui aura incendié ou détruit; Quiconque soit pour envahir; Concert.

La confiscation, cette peine qui laisse de si tristes souvenirs, est, dans son application actuelle, facile à justifier. Elle ne fait pas revivre le système qui, s'appliquant à une foule de délits communs, semblait n'exister que pour l'avantage du fisc. C'est avec raison sans doute, que de...

graves écrivains ont censuré ce déplorable usage ; ils s'étonnaient justement que la législation punît les enfans du crime de leur père , et
que le fisc s'enrichît du malheur des familles: odieuse lorsqu'elle s'é-
tend à une foule de délits communs, la confiscation n'est plus que juste,
quand, restreinte comme dans la loi nouvelle, aux principaux crimes
d'état et à la fabrication de la fausse monnaie, et ne s'exerçant d'ailleurs qu'après de fortes et nombreuses déductions au profit des familles,
elle ne saurait plus être considérée que comme une faible et très insuffisante représentation de l'indemnité due à l'état , pour le vaste et
inappréciable dommage qu'il a souffert.

Ce n'est pas ici le cas d'objecter que la peine de la confiscation réfléchit sur des enfans, qui peuvent n'être pas coupables du crime de
leur père ; qui donc souffrira pour les fautes des pères, si ce ne sont les
enfans. Lorsqu'un père a consumé tout son patrimoine par des spéculations insensées ou par des voies souvent plus répréhensibles, ses enfans
ne supportent-ils pas la peine de ses égaremens? Lorsque des réparations civiles, prononcées en faveur d'une victime du crime, absorbent toute la fortune du coupable, peut-on se récrier contre la condamnation, sous le frivole prétexte que sa succession est ruinée?

Or, qu'est-ce que c'est que la confiscation, prononcée pour des crimes qui ont pour but de renverser l'état, le gouvernement et la fortune publique , (car la confiscation n'est prononcée que pour des crimes de cette nature). N'est-ce pas évidemment une indemnité toujours
trop faible pour la réparation du tort que l'on a fait, et qui ne couvre
presque jamais les dépenses qu'on a occasionnées. La confiscation qui
devait être odieuse quand on l'appliquait sans choix et sans discernement , n'a rien que de convenable, lorsqu'elle est appliquée avec mesure et discrétion.

D'ailleurs, en admettant dans des cas peu nombreux et très graves,
la peine de confiscation , la loi se garde bien d'en étendre les effets
au-delà des biens que le condamné possédait lors de sa condamnation,
et ne consacre point cette barbare fiction de la corruption du sang, qui
rend en Angleterre le fils d'un homme frappé de confiscation inhabile
à succéder à son aïeul.

Une telle disposition, évidemment dirigée contre les descendans du
coupable, ne pouvait trouver place dans notre législation, et nous ne
saurions admettre non plus cette loi romaine, qui vouait les enfans
des criminels d'état à un tel degré d'abjection et de pauvreté, que la
vie était pour eux un supplice et la mort un bienfait. Leur condition
est assez malheureuse pour ne point l'aggraver par un tel anathème.
On leur a laissé au contraire l'espoir de recouvrer comme un bienfait du
prince ce qu'ils auront perdu par le crime de leur père. Cette expecta-
tive consolante pour eux , deviendra un moyen de les rattacher par
la reconnaissance au gouvernement de leur pays.

CONFISCATION d'ouvrages, écrits, avis, bulletins,
affiches, journaux, feuilles périodiques et autres imprimés,
quand aura lieu. *V.* Publication.

CONTRAINTE par corps aura lieu pour exécution de
condamnations d'amende, de restitutions, de dommages-
intérêts et de frais prononcés contre un coupable. *Code
pénal*, art. 52.

Tous les individus condamnés pour un même crime, ou pour un même délit, sont tenus solidairement des amendes, des restitutions, des dommages-intérêts et des frais. *Art. 55 idem.*

CONTRAINTE (la) par corps a lieu pour paiement d'amende.

Néanmoins le condamné ne pourra être, pour cet objet, détenu plus de quinze jours, s'il justifie de son insolvabilité. *Code pénal*, art. 467.

CONSTRUCTIONS quelconques, édifices, ponts, digues ou chaussées qu'on savait appartenir à autrui, détruits ou renversés en tout ou en partie, par quelque moyen que ce soit, le coupable sera puni de la *réclusion* et d'une *amende* qui ne pourra excéder le quart des restitutions et indemnités, ni être au-dessous de cent francs.

S'il y a eu homicide ou blessures, le coupable sera, dans le premier cas, puni de la peine de *mort*, et dans le second, de la peine des *travaux forcés à temps. Code pénal*, art. 437.

CONTRAVENTION est toute infraction aux lois, qu'elles ne punissent que de simples peines de police. *Code pénal*, art. 1er.

CONTRAVENTIONS, délits et crimes *militaires*, les dispositions du Code pénal ne s'y appliquent pas. *Code pénal*, art. 5.

CONTRAVENTION (nulle), délit ou crime ne peuvent être punis de peines qui n'étaient pas prononcées par la loi avant qu'ils fussent commis. *Code pénal*, art. 4.

Cette disposition conserve une maxime qui doit être regardée comme la plus forte garantie de la tranquillité personnelle de chaque individu.

Aucun citoyen ne doit être puni que d'une peine légale, prononcée par la loi elle-même, relative à ce qu'elle a déclaré être contravention, délit ou crime. Il ne doit pas être laissé dans l'incertitude sur ce qui est ou n'est pas punissable; il ne peut être poursuivi pour un acte qu'il a pu de bonne foi supposer au moins indifférent, puisque la loi n'y avait attaché aucune peine.

Si le législateur s'est occupé efficacement de la recherche et de la poursuite des hommes qui se constituent en état de guerre avec la société, il n'a pas moins apporté de soin, pour ne pas troubler la sécurité du citoyen paisible qui ne transgresse les dispositions d'aucune loi.

CONTRAVENTIONS aux règlemens sur les maisons de jeu, les loteries et les maisons de prêt sur gage.

V. MAISON de jeu; LOTERIES. MAISON; de prêt sur gage.

CONTREFAÇON d'ouvrages imprimés, gravés ou peints.

Il est évident que ce délit offre un attentat à la propriété. On peut contrefaire des ouvrages gravés ou peints comme des ouvrages imprimés. Les règles d'après lesquelles la propriété d'un auteur est légalement reconnue, celles qui déterminent l'étendue et les bornes de cette propriété ne sont point l'objet du Code pénal. Il ne s'agit dans ce Code que des peines qui doivent être subies par les contrefacteurs. Ces peines sont une amende et la confiscation de la chose contrefaite ; mais cette confiscation et cette amende, comme en tout autre cas, ne tourneront au profit de l'état, qu'après que la partie lésée aura été entièrement indemnisée.

Il est à considérer que le délit de contrefaçon exige une surveillance d'autant plus sévère, que son effet ne se borne pas à porter préjudice au propriétaire légitime ; l'impunité d'un tel délit nuirait tout à la fois aux arts et au commerce, par le découragement qu'il apporterait parmi les auteurs et les éditeurs, puisqu'il n'en est aucun qui ne pût le craindre. Il y a plus, cette fraude rejaillirait sur l'état lui-même, qui tire son plus grand lustre de la prospérité des arts et du commerce.

CONTREFAÇON. Toute édition d'écrits, de composition musicale, de dessin, de peinture, ou de toute autre production imprimée ou gravée en entier ou en partie, au mépris des lois et règlemens relatifs à la propriété des auteurs, est une contrefaçon, et toute contrefaçon est un délit. *Code pénal*, art. 425.

Le débit d'ouvrages contrefaits, l'introduction sur le territoire français d'ouvrages qui, après avoir été imprimés en France, ont été contrefaits chez l'étranger, sont un délit de la même espèce. *Art.* 426 *idem.*

La peine contre le contrefacteur ou contre l'introducteur sera une *amende* de cent francs au moins et de deux mille francs au plus, et contre le débitant une *amende* de vingt-cinq francs au moins et de cinq cents francs au plus.

La confiscation de l'édition contrefaite sera prononcée, tant contre le contrefacteur que contre l'introducteur et le débitant.

Les planches, moules ou matrices des objets contrefaits seront aussi confisqués. *Art.* 427 *idem.*

Tout directeur ou entrepreneur de spectacle, toute association d'artistes, qui aura fait représenter sur son théâtre des ouvrages dramatiques, au mépris des lois et règlemens relatifs à la propriété des auteurs, sera puni d'une *amende* de cinquante francs au moins et de cinq cents-francs au plus, et de la *confiscation* des recettes. *Art.* 428 *idem.*

Dans les cas prévus par les quatre articles précédens, le produit des confiscations, ou les recettes confisquées, seront remis au propriétaire pour l'indemniser d'autant du préjudice qu'il aura souffert; le surplus de son indemnité, s'il n'y a eu ni vente d'objets confisqués, ni saisie de recettes, sera réglé par les voies ordinaires. *Art.* 429 *idem.*

CONTREFACTEUR des sceaux de l'état, des billets de banque, des effets publics, et des poinçons, timbres et marques. *V.* Ceux qui auront contrefait.

CONTREFACTEUR de monnaies. *V.* Quiconque aura contrefait.

CONTRÉFACTION de monnaie. *V.* Quiconque aura contrefait.

CONTREFACTION des sceaux de l'état, des billets de banque, des effets publics, et des poinçons, timbre et marques. *V.* Ceux qui auront contrefait.

CONVENTIONS tendant à rendre compte ou à faire distribution ou partage de produit de méfaits; existantes, il y a crime d'association de malfaiteurs. *V.* Association.

CORPS (les) des suppliciés seront délivrés à leurs familles, si elles les réclament, à la charge par elles de les faire inhumer sans aucun appareil. *Code pénal*, art. 14.

COUPABLES de contrefaction du sceau de l'état, ou d'avoir fait usage d'un sceau contrefait. *V.* Ceux qui auront contrefait.

COUPABLES condamnés au bannissement seront, de plein droit, sous la surveillance de la haute police de l'état, pendant un temps égal à la durée de la peine qu'ils auront subie. *Code pénal*, art. 48.

COUPABLES condamnés aux travaux forcés à temps et à la réclusion, seront de plein droit, après qu'ils auront subi leur peine, et pendant toute leur vie, sous la surveillance de la haute police de l'état. *Code pénal*, art. 47.

COUPABLE d'attentat ou de complot dont le but sera, soit d'exciter la guerre civile en armant ou en portant les citoyens ou habitans à s'armer les uns contre les autres,

Soit de porter la dévastation, le massacre et le pillage dans une ou plusieurs communes,

Seront punis de la peine de *mort* et *leurs biens seront confisqués. Code pénal*, art. 91.

Dans le cas où l'un ou plusieurs des crimes mentionnés en l'article 91, auront été exécutés ou simplement tentés par une bande, la peine de *mort* avec *confiscation des biens* sera appliquée, sans distinction de grades, à tous les individus faisant partie de la bande, et qui auront été saisis sur le lieu de la réunion séditieuse.

Sera puni des mêmes peines, quoique non saisi sur le lieu, quiconque aura dirigé la sédition, ou aura exercé dans la bande un emploi ou commandement quelconque. *Art.* 97 *idem. V.* au surplus, ATTENTAT ou COMPLOT.

Hors la classe des attentats ou complots dirigés d'une manière spéciale contre le chef de l'état, sa famille ou son autorité, il est d'autres crimes qui compromettent encore la sûreté intérieure.

Ici se présentent les complots tendant à exciter la guerre civile, le massacre ou le pillage, soit des propriétés publiques, soit de celles qui appartiendraient à une généralité de citoyens, les enrôlemens illicites, la rétention illégale du commandement de la force publique, l'emploi de cette force contre la levée des gens de guerre, la destruction des ports, arsenaux et autres établissemens de cette espèce; crimes qui sont tous bien dignes du dernier supplice.

Mais quand quelques-uns de ces crimes, ou d'autres de même nature seront commis ou tentés par des bandes séditieuses, il faudra infliger les peines avec la plus grande circonspection que commandent des affaires aussi complexes.

Dans cette multitude de coupables, tous ne le sont pas au même degré, et l'humanité gémirait si la peine capitale était indistinctement appliquée à tous, hors le cas où la sédition serait dirigée contre la personne ou l'autorité du prince, ou aurait pour objet quelque crime approchant de cette gravité.

Les chefs et directeurs de ces bandes, toujours plus influans et plus coupables, ne sauraient être trop punis; en déportant les autres individus saisis sur les lieux, on satisfera aux besoins de la société sans alarmer l'humanité.

L'on pourra même user d'une plus grande indulgence envers ceux qui n'auront été arrêtés que depuis, hors des lieux de la réunion séditieuse, sans résistance et sans armes.

La peine de la sédition sera sans inconvénient, remise à ceux qui se seront retirés au premier avertissement de l'autorité publique; ici la politique s'allie à la justice, car s'il convient de punir les séditieux, il n'importe pas moins de dissoudre la sédition.

A l'égard des provocateurs, quelque grave que soit la peine que leur inflige la loi, parce qu'elle les considère comme complice, quand la provocation a été suivie d'effets, ce n'est pas ce qui doit alarmer, car pour cela il faut que la provocation soit bien caractérisée, et elle ne pourra résulter que de discours tenus en lieux ou réunions publics, ou d'écrits placardés ou imprimés.

A ces premiers caractères il en faudra ajouter un autre. Quelques vœux insensés, ou quelques rêves criminels, couchés sur un papier manuscrit et non colporté, ne constitueront pas la provocation que la loi assimile au crime même, et s'ils sont découverts et de nature à appeler la surveillance de l'autorité publique, ce sera sans excéder les bornes posées par une sage prévoyance. Un gouvernement fort et juste ne relevera ni l'échafaud de *Sidney*, ni celui de ce malheureux Syracusain qui, ayant rêvé qu'il avait tué *Denis* le tyran, fut condamné à mort parce que ses juges trouvèrent, dans son rêve même, la preuve qu'il s'était occupé de cet objet pendant ses veilles. Une telle extension du droit de punir est trop loin de nos mœurs et de la justice.

COUPABLE (le) condamné à mort pour parricide, sera conduit sur le lieu de l'exécution en chemise, nu-pieds, et la tête couverte d'un voile noir.

Il sera exposé sur l'échafaud pendant qu'un huissier fera au peuple lecture de l'arrêt de condamnation ; il aura ensuite le poing coupé, et sera immédiatement exécuté à mort. *Code pénal*, art. 13.

COUPABLE d'avoir contrefait ou altéré des monnaies d'or, d'argent, billon ou cuivre ayant cours légal en France, ou d'avoir participé à l'émission, exposition ou introduction desdites monnaies, sera exempt des peines prononcées contre lui, si, avant la consommation de ces crimes et avant toutes poursuites, il en a donné connaissance et révélé les auteurs aux autorités constituées, ou si, même après les poursuites commencées, il a procuré l'arrestation des autres coupables.

Il pourra néanmoins être mis pour la vie, ou à temps, sous la surveillance spéciale de la haute police. *Code pénal*, art. 138. *V.* Dispositions communes aux faux.

CORPS DURS, pierres ou immondices jetés contre les maisons, édifices ou clôtures d'autrui, ou dans les jardins ou enclos, ou volontairement sur quelqu'un, les coupables de ce fait seront punis d'une *amende* de six francs jusqu'à dix francs inclusivement. *Code pénal*, art. 475.

Pourra, suivant les circonstances, être prononcé, outre l'amende portée en l'article précédent, l'emprisonnement pendant trois jours au plus, contre ceux, qui auraient jeté des corps durs ou des immondices. *Art.* 476 *idem.*

La peine de l'*emprisonnement* pendant cinq jours au plus, sera toujours prononcée en cas de récidive. *Art.* 478 *idem.*

Il y a récidive, lorsqu'il a été rendu contre le contrevenant, dans les douze mois précédens, un premier jugement pour contravention de police, commise dans le ressort du même tribunal. *Art.* 483 *idem.*

CORRESPONDANCE entretenue par tout ministre d'un culte sur des questions ou matières religieuses, avec une cour ou puissance étrangère, sans en avoir préalablement informé le ministre de l'Empereur, chargé de la surveillance des cultes, et sans en avoir obtenu son autorisation, comment sera puni. *V*. MINISTRE d'un culte.

CORRESPONDANCE d'entre chefs ou commandans de bande de malfaiteurs, quand constitue association et conséquemment crime. *V*. ASSOCIATION.

CORRESPONDANCE avec les sujets d'une puissance ennemie, ayant pour objet de leur fournir des instructions préjudiciables à l'état, de quelle peine sera punie. *V*. FRANCAIS qui aura porté les armes.

CORRUPTEUR de la jeunesse. Quiconque aura attenté aux mœurs, en excitant, favorisant ou facilitant habituellement la débauche ou la corruption de la jeunesse, de l'un et de l'autre sexe au-dessous de l'âge de vingt-un ans, sera puni d'un *emprisonnement* de six mois à deux ans, et d'une *amende* de cinquante francs à cinq cents francs.

Si la prostitution ou la corruption a été exécutée, favorisée ou facilitée par leurs pères, mères, tuteurs ou autres personnes chargées de leur surveillance, la peine sera de deux ans à cinq d'*emprisonnement*, et de trois cents francs à mille francs d'*amende. Code pénal*, art. 334.

Les coupables du délit mentionné au précédent article, seront interdits de toute tutelle ou curatelle, et de toute participation aux conseils de famille ; savoir, les individus auxquels s'applique le premier paragraphe de cet article pendant deux ans au moins et cinq ans au plus, et ceux, dont il est parlé au second paragraphe, pendant dix ans au moins et vingt ans au plus.

Si le délit a été commis par le père ou la mère, le coupable sera de plus privé des droits et avantages à lui accordés sur la personne et les biens de l'enfant, par le Code Napoléon, liv. 1ᵉʳ. tit. 9 de la puissance paternelle.

Dans tous les cas, les coupables pourront de plus être mis, par l'arrêt ou le jugement, sous la surveillance de la haute police, en observant pour la durée de la surveillance ce qui vient d'être établi pour la durée de l'interdiction mentionnée au précédent article. *Art.* *335 idem.*

CORRUPTEURS de médecin, chirurgien ou autre officier de santé qui, mus par dons ou promesses, auront, pour favoriser quelqu'un, certifié formellement des maladies ou infirmités propres à dispenser d'un service public, seront, comme lesdits médecins et autres, punis d'un *emprisonnement* de deux à cinq ans. *Code pénal,* art. 160. *V.* DISPOSITIONS communes aux faux.

CORRUPTEUR, *V.* QUICONQUE aura contraint.

CORRUPTION (de la) des fonctionnaires publics.

Le fonctionnaire public corrompu est celui qui met l'exercice de son autorité à prix, soit pour faire un acte de sa fonction non sujet à salaire, soit pour ne pas faire un acte qui entre dans l'ordre de ses devoirs.

De tels hommes sont de vrais fléaux, et la société serait bientôt dissoute s'ils étaient nombreux. La république romaine était bien près de sa ruine, quand Cicéron se plaignait de ce qu'il y était passé en maxime, qu'un homme riche, quelque coupable qu'il fût, ne pouvait être condamné.

Le crime de corruption isolé de toutes autres circonstances, ne sera jamais puni d'une peine moindre que le carcan, et d'une amende double des promesses agréées ou des présens reçus.

Mais si le fonctionnaire public, qui retire de ses fonctions un lucre illicite, devient criminel par ce seul fait, ce crime peut l'aggraver beaucoup, quand il est commis pour arriver à un autre, et que celui-ci a été suivi d'exécution.

C'est surtout dans les jugemens criminels que cette aggravation peut se faire remarquer ; l'on sent combien serait déplorable la corruption qui rendrait un criminel à la société, et combien serait énorme et atroce celle qui ferait succomber un innocent.

Jamais donc il ne sera pas, pour corruption pratiquée dans les jugemens criminels, appliqué une peine moindre que la réclusion ; mais si la corruption a eu pour résultat de faire condamner un innocent, elle sera soumise à une peine plus forte ; cette peine, quelle qu'elle puisse être, deviendra le juste châtiment du fonctionnaire corrompu. La loi du talion ne fut jamais plus équitable, ni plus exempte d'inconvéniens.

Dans tous les cas la même peine sera subie par le corrupteur et par le fonctionnaire qui se sera laissé corrompre, et jamais le prix honteux de la corruption ne deviendra l'objet d'une restitution ; la confiscation en sera prononcée au profit des hôpitaux. Ce qui était destiné à alimenter le crime tournera quelquefois du moins au soulagement de l'humanité.

CORRUPTION de la jeunesse. *V.* **CORRUPTEUR.**

COUPABLE (tout) d'assassinat sera puni de *mort*.

Le coupable de meurtre sera puni de la peine des *travaux forcés à perpétuité*.

Le meurtre emportera la peine de mort, lorsqu'il aura précédé, accompagné ou suivi un autre crime ou délit ; en tout autre cas, le coupable de meurtre sera puni de la peine des *travaux forcés à perpétuité. Code pénal*, art. 302, 304.

COUPABLE de meurtre sera puni de la peine de *mort*, lorsque le meurtre aura précédé, accompagné ou suivi un autre crime ou délit.

En tout autre cas, le coupable ne sera puni que de la peine des *travaux forcés à perpétuité. Code pénal*, art. 304.

COUPABLES d'avoir, par attroupement, voies de fait ou menaces, empêché un ou plusieurs citoyens d'exercer leurs droits civiques, seront punis d'un *emprisonnement* de six mois au moins et de deux ans au plus, et de l'interdiction du droit de voter et d'être éligible pendant cinq ans au moins et dix ans au plus. *Code pénal*, art. 109.

Si ce crime a été commis par suite d'un plan, concerté pour être exécuté soit dans tout l'empire, soit dans un ou plusieurs départemens, dans un ou plusieurs arrondissemens communaux, la peine sera le *bannissement. Art.* 110 *idem.*

COUPABLES de complots formés ou de crimes projetés contre la sûreté intérieure ou extérieure de l'état, qui avant toute exécution ou tentative, en auront les premiers donné connaissance, ou avant toutes poursuites commencées, aux autorités, ainsi que de leurs auteurs ou complices, ou qui même depuis le commencement des poursuites, auront procuré l'arrestation desdits auteurs ou complices, seront exemptés dés peines prononcées contre les auteurs de ces complots ou crimes.

Cependant ils pourront être condamnés à rester pour la

vie ou à temps sous la surveillance de la haute police. *Code pénal*, art. 108.

COUPABLES de s'être mis à la tête de bandes armées ou d'y avoir exercé une fonction ou commandement quelconque, soit pour envahir des domaines, propriétés ou deniers publics, places, villes, forteresses etc., sera puni de *mort* et ses *biens seront confisqués. Code pénal*, art. 96.

COUPABLES d'attentat ou complot contre la vie ou contre la personne de l'Empereur, est criminel de lèse majesté ; il sera puni comme *parricide* et ses *biens seront confisqués, Code pénal*, art. 86.

Il y a attentat dès qu'un acte est commis ou commencé pour parvenir à l'exécution de ces crimes, quoiqu'ils n'aient pas été consommés. *Art.* 88 *idem.*

Il y a complot dès que la résolution d'agir est concertée et arrêtée entre deux conspirateurs, ou un plus grand nombre, quoiqu'il n'y ait pas eu d'attentat. *Art.* 89 *idem.*

S'il n'y a pas eu de complot arrêté, mais une proposition faite et non agréée, d'en former un pour arriver au crime mentionné dans l'article 86 (ci-dessus), celui qui aura fait une telle proposition sera puni de la *réclusion. Art.* 90 *idem.*

COUPABLE d'attentat ou de complot contre la vie ou la personne des membres de la famille impériale, sera puni de la peine de *mort* et de la *confiscation de ses biens. Code pénal*, art. 87.

Il y a attentat dès qu'un acte est commis ou commencé pour parvenir à l'exécution de ces crimes, quoiqu'ils n'aient pas été consommés. *Art.* 88 *idem.*

Il y a complot dès que la résolution d'agir est concertée entre deux conspirateurs, ou un plus grand nombre, quoiqu'il n'y ait pas eu d'attentat. *Art.* 89 *idem.*

L'auteur de toute proposition non agréée, tendant à l'un des crimes énoncés dans l'article 87 (ci-dessus), sera puni du *bannissement. Art.* 90 *idem.*

COUPABLES d'avoir levé ou fait lever des troupes armées, engagé ou enrôlé, ou d'avoir fait engager ou enrôler des soldats, ou de leur avoir fourni ou procuré des armes ou munitions sans ordre ou autorisation du pouvoir légitime;

Ceux qui sans droit ou motif légitime, auront pris le commandement d'un corps d'armée, d'une troupe, d'une flotte, d'une escadre, d'un bâtiment de guerre, d'une place forte, d'un poste, d'un port, d'une ville;

Ceux qui auront retenu contre l'ordre du gouvernement, un commandement militaire quelconque, seront punis de la peine de *mort* et *leurs biens seront confisqués. Code pénal*, art. 92 et 93.

COUPABLE d'avoir sans droit ou motif légitime, pris le commandement d'un corps d'armée, d'une troupe, d'une flotte, d'une escadre, d'un bâtiment de guerre, d'une place forte, d'un poste, d'un port, d'une ville, sera puni de la peine de *mort* et *ses biens seront confisqués. Code pénal*, art. 93.

COUPABLE d'avoir incendié ou détruit par l'explosion d'une mine, des édifices, magasins, arsenaux, vaisseaux ou autres propriétés appartenant à l'état, sera puni de *mort* et *ses biens seront confisqués. Code pénal*, art. 95.

COUPABLES condamnés correctionnellement à un emprisonnement de plus d'une année, seront, en cas de nouveau délit, condamnés au *maximum* de la peine portée par la loi, et cette peine pourra être élevée jusqu'au double : ils seront de plus mis sous la surveillance spéciale du gouvernement pendant au moins cinq années et dix ans au plus. *Code pénal*, art. 58.

COUPABLE d'avoir retenu contre l'ordre du gouvernement, un commandement militaire quelconque, sera puni de la peine de *mort* et *ses biens seront confisqués. Code pénal*, art. 93.

COUPABLE d'infanticide est puni de *mort. Code pénal*, art. 302.

COUPABLES du crime de viol ou de tout autre attentat à la pudeur avec violence qui seront de la classe de ceux, qui ont autorité sur la personne envers laquelle ils auront commis l'attentat, ou coupable, quel qu'il soit, qui aura été aidé dans son complot, par une ou plusieurs personnes, sera puni des *travaux forcés à perpétuité. Code pénal*, art. 333.

COUPABLE de vol. *V.* VOLS.

COUPÉ de haies vives ou sèches. *V.* HAIES.

COUPS ou blessures résultant de maladresse, imprudence, inattention, négligence ou inobservation; ses négligences seront punies d'un *emprisonnement* de six jours à
deux, et d'une *amende* de seize francs à cent francs. *Code
pénal*, art. 320.

COUPS volontaires. *V.* BLESSURES.

COUPS et blessures non qualifiés crimes ni délits. *V.*
HOMICIDE.

COUPS, homicide et blessures ordonnés par la loi et
commandés par l'autorité légitime, ne constituent ni crime,
ni délit. *Code pénal*, art. 327.

Il n'y a ni crime, ni délit, lorsque l'homicide, les blessures et les coups étaient commandés par la nécessité actuelle de la légitime défense de soi-même ou d'autrui. *Art.*
328 *idem.*

Sont compris dans le cas de nécessité actuelle de défense, les deux cas suivans :

1°. Si l'homicide a été commis, si les blessures ont été
faites, si les coups ont été portés en repoussant, pendant
la nuit, l'escalade ou l'effraction des clôtures, murs ou
entrées d'une maison ou d'un appartement habité, ou de
ses dépendances;

2°. Si le fait a eu lieu en se défendant contre les auteurs
de vols ou de pillages exécutés avec violence. *Art.* 329 *idem.*

COUPS portés à un magistrat, un officier ministériel,
agent de la force publique, ou citoyen chargé d'un ministère
public dans l'exercice de leurs fonctions ou à l'occasion de
cet exercice. *V.* MAGISTRAT et CITOYEN.

COURTIERS et agens de change qui auront fait faillite,
seront punis de la peine des *travaux forcés à temps*; s'ils
sont convaincus de banqueroute frauduleuse, la peine sera
celle des *travaux forcés à perpétuité. Code pénal*, art. 404.

COURS et Tribunaux continueront d'observer et de faire
exécuter les dispositions des lois et des règlemens actuellement en vigueur, en tout ce qui n'a pas été réglé par le
présent Code en matière de crimes, délits et contraventions.
Code pénal, art. 484.

COUTRES de charrues, pinces, barres, barreaux ou
autres machines, instrumens ou armes dont puissent abuser les voleurs ou autres malfaiteurs, laissés dans les rues,

chemins, places, lieux publics, ou dans les champs; ceux qui les y auront laissés seront puni d'une *amende* d'un franc à cinq francs inclusivement. *Code pénal*, art. 471.

Les coutres, les instrumens et les armes mentionnés ci-dessus seront en outre confisqués. *Art.* 472 *idem.*

La peine d'*emprisonnement* contre toutes les personnes mentionnées en l'article 471 ci-dessus, aura toujours lieu en cas de récidive, pendant trois jours au plus. *Art.* 474 *idem.*

Il y a récidive lorsqu'il a été rendu contre le contrevenant, dans les douze mois précédens, un premier jugement pour contravention de police commise dans le ressort du même tribunal. *Art.* 485 *idem.*

CRIEURS, vendeurs et distributeurs, auteurs, imprimeurs ou graveurs de chansons, pamphlets, figures ou images contraires aux bonnes mœurs. *V.* Exposition.

CRIEUR d'écrits imprimés, dessins, gravures, même munis des noms d'auteurs, imprimeurs, dessinateurs ou graveurs, qui exercera ce métier sans y avoir été autorisé par la police, sera puni d'un *emprisonnement* de six jours à deux mois. *Code pénal*, art. 290.

CRIEURS, afficheurs, vendeurs, distributeurs d'ouvrages, écrits, avis, bulletins, affiches, journaux, feuilles périodiques et autres imprimés sans noms d'auteur ou imprimeur. *V.* Publication.

CRIMES (des) et délits, et de leur punition.

Dans les détails du Code pénal, le législateur n'a pas oublié que les lois qui statuent sur tout ce que les hommes ont de plus cher, la vie et l'honneur, ne doivent effrayer que les pervers, et que son but serait manqué, si elles imprimaient trop légèrement le caractère de crime à des actes qui ne sont pas essentiellement criminels.

Aussi a-t-il apporté la plus grande attention à n'omettre aucun délit, et à les bien préciser; car dans une société bien organisée, où les hommes sont placés sous l'égide de la loi, de telle sorte que nul ne peut être puni que des peines et pour les délits qui y sont exprimés, une juste inquiétude naîtrait dans l'âme de tous, si un seul pouvait être poursuivi pour des faits auxquels la loi n'aurait pas attaché ce caractère par une disposition formelle et non équivoque.

Dans l'état présent de notre législation, les crimes d'une part et les délits de l'autre sont classés séparément et placés dans deux Codes distincts. Il a semblé convenable de ne point diviser en plusieurs tableaux les crimes et délits qui s'appliquent à des faits de même catégorie, quoique d'une intensité différente; en effet, pourquoi le même titre n'embrasserait-il pas le faux commis dans un testament, comme celui commis dans un passe-port? Ce qui est important et juste, c'est qu'un délit ne soit pas aussi sévèrement puni qu'un crime ; mais ce qui est utile aussi, c'est que l'on puisse embrasser d'un même coup d'œil tous les crimes et délits qui s'appliquent à la même catégorie de faits.

Le nouveau Code divise les crimes et délits en deux classes principales ; les unes contre la chose *publique*, et les autres contre les particuliers. Cette division comprend toutes les infractions que l'imagination peut embrasser.

C'est en partant du même point que les lois romaines s'étaient bornées à la distinction des délits *publics*, pour lesquels le droit d'accusation était accordé à tout citoyen, et des délits *privés* dont la réparation ne pouvait être poursuivie que par les parties lésées.

Si le droit d'accusation est chez nous soumis à d'autres règles, et si notre classification des crimes diffère beaucoup dans les détails avec la classification romaine, la division principale en crimes et délits *publics* et *privés*, ou, ce qui est la même chose, en crimes et délits *contre la chose publique* et *contre les particuliers* n'en a semblé ni moins juste ni moins utile ; non, sans doute, qu'il n'existe entre l'état et ses membres une connexion intime et telle que ces membres souffrent, quand le corps de l'état est attaqué, et réciproquement. A Dieu ne plaise que la division proposée porte jamais à oublier ou à méconnaître un principe d'une si haute utilité ; cependant il est dans la nature des choses qu'une atteinte directe regarde principalement quelquefois la chose publique, et quelquefois les particuliers ; donc la définition ci-dessus a pu être prise pour base première de la division des crimes et délits.

Les crimes contre la chose publique, se subdivisent en *trois espèces* : ceux *contre la sûreté de l'état* ; ceux *contre les constitutions de l'empire* ; ceux *contre la paix publique*.

Les crimes ou délits *contre la sûreté de l'état*, sont eux-mêmes de deux sortes ; ils attaquent la sûreté extérieure ou compromettent la sûreté intérieure ; sous l'un ou l'autre rapport, ils sont d'une extrême gravité.

Les crimes contre la sûreté extérieure de l'état, sont de porter les armes contre sa patrie, d'entretenir des intelligences avec l'ennemi, de recéler les espions, de lui livrer soit des plans, soit le secret d'une négociation.

Toutefois, il convenait de bien caractériser les intelligences criminelles, pour qu'elles ne fussent point confondues avec des correspondances imprudentes. Il convenait aussi de tracer une ligne de démarcation entre les communications données par les dépositaires eux-mêmes ou par d'autres personnes ; c'est ce qui a été fait en punissant toujours, mais en punissant moins ceux qui sont coupables à un moindre degré.

Les crimes dirigés *contre la sûreté intérieure de l'état* sont d'abord celui de *lèse majesté*. On a abusé long-temps de ce mot. Plusieurs lois des empereurs romains déclaraient sacriléges, ceux qui avaient osé douter du mérite des personnes, appelées par le prince à quelqu'emploi, ceux qui attentaient contre les ministres ou officiers du prince, et même les fabricateurs de fausse monnaie.

L'on avait aussi admis le crime de lèse majesté divine, et l'on distinguait le crime de lèse majesté proprement dit, en plusieurs espèces, au premier ou au deuxième chef. Cette législation diminuait par de fausses applications l'horreur de ce crime. Ce crime est réduit par la loi à des termes simples ; celui-là seul en est coupable qui a eu part à un *atten-*

tat ou complot , *dirigé contre la vie ou la personne de l'Empéreur.*
Ce crime est le plus énorme de tous.

Les autres crimes contre la sûreté intérieure de l'état, sont tout attentat contre la personne ou la vie des membres de la famille impériale ;

Ceux tendant à troubler l'état par la guerre civile, l'emploi illégal de
la force armée, la dévastation et le pillage publics, la non révélation des
crimes qui compromettent la sûreté intérieure ou extérieure de l'état ;

Les crimes contre les constitutions de l'empire, sont ceux relatifs à
l'exercice des droits civiques, les attentats à la liberté, les coalitions
des fonctionnaires publics, l'empiétement des autorités administratives
et judiciaires l'une sur l'autre.

Les crimes *contre la paix publique* sont tous les *faux :*

La fausse monnaie, la contrefaction des sceaux de l'état, des billets
de banque, des effets publics, des poinçons, timbres et marques
publics ;

Les faux en écritures publiques ou authentiques, et de commerce ou
de banque ;

Le faux en écriture privée ;

Ceux commis dans les passe-ports, feuilles de route et certificats ;

Les forfaitures et crimes et délits des fonctionnaires publics dans
l'exercice de leurs fonctions ;

Les soustractions commises par les dépositaires publics ;

Les concussions des fonctionnaires publics ;

Les délits de ces fonctionnaires s'étant ingérés dans des affaires ou
commerce incompatibles avec leurs qualités ;

La corruption de ces mêmes fonctionnaires ;

Les abus d'autorité contre les particuliers ou la chose publique ;

Certains délits relatifs à la tenue des actes civils ;

L'exercice de l'autorité publique illégalement anticipé ou prolongé ;

Les critiques, ou censures ou provocations, dirigées contre l'autorité
publique dans un discours pastoral, prononcé publiquement, ou dans
un écrit pastoral ;

La correspondance des ministres des cultes avec des cours ou puissances étrangères, sur matières de religion ;

La résistance, désobéissance et autres manquemens envers l'autorité
publique, la rébellion ;

Les outrages et violences envers les dépositaires de l'autorité et de la
force publique ;

Le refus d'un service légalement dû ;

L'évasion des détenus, le recèlement des criminels ;

Le bris des scellés et enlèvement de pièces, dans les dépôts publics ;

Les dégradations de monumens ;

L'usurpation de titres ou de fonctions ;

Toute entrave au libre exercice des cultes ;

Les associations de malfaiteurs,

Le vagabondage,

La mendicité ;

Les délits commis par la voie d'écrits, d'images ou gravures, distribués sans nom d'auteurs, imprimeurs ou graveurs,

Les associations ou réunions illicites,

Enfin tous attentats contre les particuliers.

V. Ces mots.

premières circonstances prévues par le précédent article.

Si même la violence à l'aide de laquelle le vol a été commis, a laissé des traces de blessures ou de contusions, cette circonstance seule suffira pour que la peine des travaux forcés à perpétuité soit prononcée.

383. Les vols commis dans les chemins publics, emporteront également la peine des travaux forcés à perpétuité.

384. Sera puni de la peine des travaux forcés à temps, tout individu coupable de vol commis à l'aide d'un des moyens énoncés dans le n°. 4 de l'article 381, même quoique l'effraction, l'escalade et l'usage des fausses clefs aient eu lieu dans des édifices, parcs ou enclos non servant à l'habitation et non dépendans des maisons habitées, et lors même que l'effraction n'aurait été qu'intérieure.

385. Sera également puni de la peine des travaux forcés à temps, tout individu coupable de vol commis, soit avec violence, lorsqu'elle n'aura laissé aucune trace de blessure ou de contusion, et qu'elle ne sera accompagnée d'aucune autre circonstance, soit sans violence, mais avec la réunion des trois circonstances suivantes :

1°. Si le vol a été commis la nuit ;

2°. S'il a été commis par deux ou plusieurs personnes ;

3°. Si le coupable, ou l'un des coupables, était porteur d'armes apparentes ou cachées.

386. Sera puni de la peine de la reclusion, tout individu coupable de vol commis dans l'un des cas ci-après :

1°. Si le vol a été commis la nuit, et par deux ou plusieurs personnes, ou s'il a été commis avec une de ces deux circonstances seulement, mais en même temps dans un lieu habité ou servant à l'habitation ;

2°. Si le coupable, ou l'un des coupables, était porteur d'armes apparentes ou cachées, même quoique le lieu où le vol a été commis ne fût ni habité ni servant à l'habitation, et encore quoique le vol ait été commis le jour et par une seule personne ;

3°. Si le voleur est un domestique ou un homme de service à gages, même lorsqu'il aura commis le vol envers des personnes qu'il ne servait pas, mais qui se trouvaient soit dans la maison de son maître, soit dans celle où il l'accompagnait ; ou si c'est un ouvrier, compagnon ou apprenti, dans la maison, l'atelier ou le magasin de son maître, ou un individu travaillant habituellement dans l'habitation où il aura volé ;

4°. Si le vol a été commis par un aubergiste, un hôtelier, un voiturier, un batelier ou un de leurs préposés, lorsqu'ils auront volé tout ou partie des choses qui leur étaient confiées à ce titre ; ou enfin, si le coupable a commis le vol dans l'auberge ou l'hôtellerie dans laquelle il était reçu.

387. Les voituriers, bateliers ou leurs préposés, qui auront altéré des vins ou toute autre espèce de liquide ou de marchandises dont le transport leur avait été confié, et qui auront commis cette altération par le mélange de substances malfaisantes, seront punis de la peine portée au précédent article.

S'il n'y a pas eu mélange de substances malfaisantes, la peine sera un emprisonnement d'un mois à un an, et une amende de seize francs à cent francs.

388. Quiconque aura volé, dans les champs, des chevaux, ou bêtes de charge, de voiture ou de monture, gros et menus bestiaux, des instrumens d'agriculture, des récoltes ou meules de grains faisant partie de récoltes, sera puni de la reclusion.

Il en sera de même à l'égard des vols de bois dans

les ventes et de pierres dans les carrières, ainsi qu'à l'égard du vol de poisson en étang, vivier ou réservoir.

389. La même peine aura lieu, si pour commettre un vol il y a eu enlèvement ou déplacement de bornes servant de séparation aux propriétés.

390. Est réputé maison habitée, tout bâtiment, logement, loge, cabane même mobile, qui, sans être actuellement habité, est destiné à l'habitation, et tout ce qui en dépend, comme cours, basses-cours, granges, écuries, édifices qui y sont enfermés, quel qu'en soit l'usage, et quand même ils auraient une clôture particulière dans la clôture ou enceinte générale.

391. Est réputé *parc* ou *enclos*, tout terrain environné de fossés, de pieux, de claies, de planches, de haies vives ou sèches, ou de murs, de quelque espèce de matériaux que ce soit, quelles que soient la hauteur, la profondeur, la vétusté, la dégradation de ces diverses clôtures, quand il n'y aurait pas de porte fermant à clef ou autrement, ou quand la porte serait à claire-voie et ouverte habituellement.

392. Les parcs mobiles destinés à contenir du bétail dans la campagne, de quelque matière qu'ils soient faits, sont aussi réputés enclos; et lorsqu'ils tiennent aux cabanes mobiles ou autres abris destinés aux gardiens, ils sont réputés dépendans de maison habitée.

393. Est qualifié *effraction*, tout forcement, rupture, dégradation, démolition, enlèvement de murs, toits, planchers, portes, fenêtres, serrures, cadenas, ou autres ustensiles ou instrumens servant à fermer ou à empêcher le passage, et de toute espèce de clôture, quelle qu'elle soit.

394. Les effractions sont extérieures ou intérieures.

395. Les effractions extérieures sont celles à l'aide desquelles on peut s'introduire dans les maisons, cours, basses-cours, enclos ou dépendances, ou dans les appartemens ou logemens particuliers.

396. Les effractions intérieures sont celles qui, après l'introduction dans les lieux mentionnés en l'article précédent, sont faites aux portes ou clôtures du dedans, ainsi qu'aux armoires ou autres meubles fermés.

Est compris dans la classe des effractions intérieures, le simple enlèvement des caisses, boîtes, ballots sous toile et corde, et autres meubles fermés, qui contiennent des effets quelconques, bien que l'effraction n'ait pas été faite sur le lieu.

397. Est qualifiée *escalade*, toute entrée dans les maisons, bâtimens, cours, basses-cours, édifices quelconques, jardins, parcs et enclos, exécutée par dessus les murs, portes, toitures ou toute autre clôture.

L'entrée par une ouverture souterraine, autre que celle qui a été établie pour servir d'entrée, est une circonstance de même gravité que l'escalade.

398. Sont qualifiés *fausses clefs*, tous crochets, rossignols, passe-partout, clefs imitées, contrefaites, altérées, ou qui n'ont pas été destinées par le propriétaire, locataire, aubergiste ou logeur, aux serrures, cadenas, ou aux fermetures quelconques auxquelles le coupable les aura employées.

399. Quiconque aura contrefait ou altéré des clefs, sera condamné à un emprisonnement de trois mois à deux ans, et à une amende de vingt-cinq fr. à cent cinquante francs.

Si le coupable est un serrurier de profession, il sera puni de la reclusion.

Le tout sans préjudice de plus fortes peines, s'il y échet, en cas de complicité de crime.

400. Quiconque aura extorqué par force, violence ou contrainte, la signature ou la remise d'un
écrit, d'un acte, d'un titre, d'une pièce quelconque
contenant ou opérant obligation, disposition ou décharge, sera puni de la peine des travaux forcés à
temps.

401. Les autres vols non spécifiés dans la présente
section, les larcins et filouteries, ainsi que les tentatives de ces mêmes délits, seront punis d'un emprisonnement d'un an au moins et de cinq ans au
plus, et pourront même l'être d'une amende qui sera
de seize francs au moins et de cinq cents francs au
plus.

Les coupables pourront encore être interdits des
droits mentionnés en l'article 42 du présent Code,
pendant cinq ans au moins et dix ans au plus, à compter du jour où ils auront subi leur peine.

Ils pourront aussi être mis, par l'arrêt ou le jugement, sous la surveillance de la haute police pendant le même nombre d'années.

SECTION II.

Banqueroutes, Escroqueries, et autres espèces de Fraude.

§. I.er

Banqueroute et Escroquerie.

402. Ceux qui, dans les cas prévus par le Code
de commerce, seront déclarés coupables de banqueroute, seront punis ainsi qu'il suit :

Les banqueroutiers frauduleux seront punis de la
peine des travaux forcés à temps ;

Les banqueroutiers simples seront punis d'un emprisonnement d'un mois au moins et de deux ans au
plus.

403. Ceux qui, conformément au Code de commerce, seront déclarés complices de banqueroute frauduleuse, seront punis de la même peine que les banqueroutiers frauduleux.

404. Les agens de change et courtiers qui auront fait faillite, seront punis de la peine des travaux forcés à temps : s'ils sont convaincus de banqueroute frauduleuse, la peine sera celle des travaux forcés à perpétuité.

405. Quiconque, soit en faisant usage de faux noms ou de fausses qualités, soit en employant des manœuvres frauduleuses pour persuader l'existence de fausses entreprises, d'un pouvoir ou d'un crédit imaginaire, ou pour faire naître l'espérance ou la crainte d'un succès, d'un accident ou de tout autre événement chimérique, se sera fait remettre ou délivrer des fonds, des meubles ou des obligations, dispositions, billets, promesses, quittances ou décharges, et aura, par un de ces moyens, escroqué ou tenté d'escroquer la totalité ou partie de la fortune d'autrui, sera puni d'un emprisonnement d'un an au moins et de cinq ans au plus, et d'une amende de cinquante francs au moins et de trois mille francs au plus.

Le coupable pourra être, en outre, à compter du jour où il aura subi sa peine, interdit, pendant cinq ans au moins et dix ans au plus, des droits mentionnés en l'article 42 du présent Code ; le tout sauf les peines plus graves, s'il y a crime de faux.

§. II.

Abus de Confiance.

406. Quiconque aura abusé des besoins, des faiblesses ou des passions d'un mineur, pour lui faire souscrire, à son préjudice, des obligations, quit-

tances ou décharges, pour prêt d'argent ou de choses mobilières, ou d'effets de commerce, ou de tous autres effets obligatoires, sous quelque forme que cette négociation ait été faite ou déguisée, sera puni d'un emprisonnement de deux mois au moins, de deux ans au plus, et d'une amende qui ne pourra excéder le quart des restitutions et des dommages-intérêts qui seront dus aux parties lésées, ni être moindre de vingt-cinq francs.

La disposition portée au second paragraphe du précédent article, pourra de plus être appliquée.

407. Quiconque, abusant d'un blanc-seing qui lui aura été confié, aura frauduleusement écrit au-dessus une obligation ou décharge, ou tout autre acte pouvant compromettre la personne ou la fortune du signataire, sera puni des peines portées en l'article 405.

Dans le cas où le blanc-seing ne lui aurait pas été confié, il sera poursuivi comme faussaire et puni comme tel.

408. Quiconque aura détourné ou dissipé, au préjudice du propriétaire, possesseur ou détenteur, des effets, deniers, marchandises, billets, quittances ou tous autres écrits contenant ou opérant obligation ou décharge, qui ne lui auraient été remis qu'à titre de dépôt ou pour un travail salarié, à la charge de les rendre ou représenter, ou d'en faire un usage ou un emploi déterminé, sera puni des peines portées dans l'article 406.

Le tout sans préjudice de ce qui est dit aux articles 254, 255 et 256, relativement aux soustractions et enlèvemens de deniers, effets ou pièces, commis dans les dépôts publics.

409. Quiconque, après avoir produit, dans une contestation judiciaire, quelque titre, pièce ou mé-

moire, l'aura soustrait de quelque manière que ce soit, sera puni d'une amende de vingt-cinq francs à trois cents francs.

Cette peine sera prononcée par le tribunal saisi de la contestation.

§. III.

Contravention aux Règlemens sur les maisons de jeu, les loteries, et les maisons de prêt sur gages.

410. Ceux qui auront tenu une maison de jeux de hasard, et y auront admis le public, soit librement, soit sur la présentation des intéressés ou affiliés, les banquiers de cette maison, tous ceux qui auront établi ou tenu des loteries non autorisées par la loi, tous administrateurs, préposés ou agens de ces établissemens, seront punis d'un emprisonnement de deux mois au moins et de six mois au plus, et d'une amende de cent francs à six mille francs.

Les coupables pourront être de plus, à compter du jour où ils auront subi leur peine, interdits, pendant cinq ans au moins et dix ans au plus, des droits mentionnés en l'article 42 du présent Code.

Dans tous les cas, seront confisqués tous les fonds ou effets qui seront trouvés exposés au jeu ou mis à la loterie, les meubles, instrumens, ustensiles, appareils employés ou destinés au service des jeux ou des loteries, les meubles et les effets mobiliers dont les lieux seront garnis ou décorés.

411. Ceux qui auront établi ou tenu des maisons de prêt sur gages ou nantissement, sans autorisation légale, ou qui, ayant une autorisation, n'auront pas tenu un registre conforme aux règlemens, contenant de suite, sans aucun blanc ni interligne, les sommes ou les objets prêtés, les noms, domicile et profession des emprunteurs, la nature, la qualité,

la valeur des objets mis en nantissement, seront punis d'un emprisonnement de quinze jours au moins, de trois mois au plus, et d'une amende de cent francs à deux mille francs.

§. IV.

Entraves apportées à la liberté des Enchères.

412. Ceux qui, dans les adjudications de la propriété, de l'usufruit ou de la location des choses mobilières ou immobilières, d'une entreprise, d'une fourniture, d'une exploitation ou d'un service quelconque, auront entravé ou troublé la liberté des enchères ou des soumissions, par voies de fait, violences ou menaces, soit avant, soit pendant les enchères ou les soumissions, seront punis d'un emprisonnement de quinze jours au moins, de trois mois au plus, et d'une amende de cent francs au moins et de cinq mille francs au plus.

La même peine aura lieu contre ceux qui, par dons ou promesses, auront écarté les enchérisseurs.

§. V.

Violation des Règlemens relatifs aux manufactures, au commerce et aux arts.

413. Toute violation des règlemens d'administration publique, relatifs aux produits des manufactures françaises qui s'exporteront à l'étranger, et qui ont pour objet de garantir la bonne qualité, les dimensions et la nature de la fabrication, sera punie d'une amende de deux cents francs au moins, de trois mille francs au plus, et de la confiscation des marchandises. Ces deux peines pourront être prononcées cumulativement ou séparément, selon les circonstances.

414. Toute coalition entre ceux qui font travailler des ouvriers, tendant à forcer injustement et

abusivement l'abaissement des salaires, suivie d'une tentative ou d'un commencement d'exécution, sera punie d'un emprisonnement de six jours à un mois, et d'une amende de deux cents francs à trois mille francs.

415. Toute coalition de la part des ouvriers pour faire cesser en même temps de travailler, interdire le travail dans un atelier, empêcher de s'y rendre et d'y rester avant ou après de certaines heures, et en général pour suspendre, empêcher, enchérir les travaux, s'il y a eu tentative ou commencement d'exécution, sera punie d'un emprisonnement d'un mois au moins et de trois mois au plus.

Les chefs ou moteurs seront punis d'un emprisonnement de deux ans à cinq ans.

416. Seront aussi punis de la peine portée par l'article précédent et d'après les mêmes distinctions, les ouvriers qui auront prononcé des amendes, des défenses, des interdictions ou toutes proscriptions sous le nom de damnations et sous quelque qualification que ce puisse être, soit contre les directeurs d'ateliers et entrepreneurs d'ouvrages, soit les uns contre les autres.

Dans le cas du présent article et dans celui du précédent, les chefs ou moteurs du délit pourront, après l'expiration de leur peine, être mis sous la surveillance de la haute police pendant deux ans au moins et cinq ans au plus.

417. Quiconque, dans la vue de nuire à l'industrie française, aura fait passer en pays étranger des directeurs, commis ou des ouvriers d'un établissement, sera puni d'un emprisonnement de six mois à deux ans, et d'une amende de cinquante francs à trois cents francs.

418. Tout directeur, commis, ouvrier de fabrique, qui aura communiqué à des étrangers ou à des

Français résidant en pays étranger, des secrets de la fabrique où il est employé, sera puni de la reclusion, et d'une amende de cinq cents francs à vingt mille francs.

Si ces secrets ont été communiqués à des Français résidant en France, la peine sera d'un emprisonnement de trois mois à deux ans, et d'une amende de seize francs à deux cents francs.

419. Tous ceux qui, par des faits faux ou calomnieux semés à dessein dans le public, par des suroffres faites aux prix que demandaient les vendeurs eux-mêmes, par réunions ou coalitions entre les principaux détenteurs d'une même marchandise ou denrée, tendant à ne la pas vendre ou à ne la vendre qu'à un certain prix, ou qui par des voies ou moyens frauduleux quelconques auront opéré la hausse ou la baisse du prix des denrées ou marchandises ou des papiers et effets publics au-dessus ou au-dessous des prix qu'aurait déterminés la concurrence naturelle et libre du commerce, seront punis d'un emprisonnement d'un mois au moins, d'un an au plus, et d'une amende de cinq cents francs à dix mille francs. Les coupables pourront de plus être mis, par l'arrêt ou le jugement sous la surveillance de la haute police pendant deux ans au moins et cinq ans au plus.

420. La peine sera d'un emprisonnement de deux mois au moins et de deux ans au plus, et d'une amende de mille francs à vingt mille francs, si ces manœuvres ont été pratiquées sur grains, grenailles, farine, substances farineuses, pain, vin ou toute autre boisson.

La mise en surveillance qui pourra être prononcée, sera de cinq ans au moins et de dix ans au plus.

421. Les paris qui auront été faits sur la hausse ou la baisse des effets publics, seront punis des peines portées par l'article 419.

422. Sera réputée pari de ce genre, toute convention de vendre ou de livrer des effets publics qui ne seront pas prouvés par le vendeur avoir existé à sa disposition au temps de la convention, ou avoir dû s'y trouver au temps de la livraison.

423. Quiconque aura trompé l'acheteur sur le titre des matières d'or ou d'argent, sur la qualité d'une pierre fausse vendue pour fine, sur la nature de toutes marchandises; quiconque, par usage de faux poids ou de fausses mesures, aura trompé sur la quantité des choses vendues, sera puni de l'emprisonnement pendant trois mois au moins, un an au plus, et d'une amende qui ne pourra excéder le quart des restitutions et dommages-intérêts, ni être au-dessous de cinquante francs.

Les objets du délit, ou leur valeur, s'ils appartiennent encore au vendeur, seront confisqués : les faux poids et les fausses mesures seront aussi confisqués, et de plus seront brisés.

424. Si le vendeur et l'acheteur se sont servis dans leurs marchés, d'autres poids ou d'autres mesures que ceux qui ont été établis par les lois de l'État, l'acheteur sera privé de toute action contre le vendeur qui l'aura trompé par l'usage de poids ou de mesures prohibés; sans préjudice de l'action publique pour la punition tant de cette fraude que de l'emploi même des poids et des mesures prohibés.

La peine, en cas de fraude, sera celle portée par l'article précédent.

La peine, pour l'emploi des mesures et poids prohibés, sera déterminée par le livre IV du présent Code, contenant les peines de simple police.

425. Toute édition d'écrits, de composition musicale, de dessin, de peinture ou de toute autre production, imprimée ou gravée en entier ou en partie, au mépris des lois et règlemens relatifs à la pro-

priété des auteurs, est une contrefaçon ; et toute contrefaçon est un délit.

426. Le débit d'ouvrages contrefaits, l'introduction sur le territoire français d'ouvrages qui, après avoir été imprimés en France, ont été contrefaits chez l'étranger, sont un délit de la même espèce.

427. La peine contre le contrefacteur, ou contre l'introducteur, sera une amende de cent francs au moins et de deux mille francs au plus ; et contre le débitant, une amende de vingt-cinq francs au moins et de cinq cents francs au plus.

La confiscation de l'édition contrefaite sera prononcée tant contre le contrefacteur que contre l'introducteur et le débitant.

Les planches, moules ou matrices des objets contrefaits seront aussi confisqués.

428. Tout directeur, tout entrepreneur de spectacle, toute association d'artistes, qui aura fait représenter sur son théâtre des ouvrages dramatiques, au mépris des lois et règlemens relatifs à la propriété des auteurs, sera puni d'une amende de cinquante francs au moins, de cinq cents francs au plus, et de la confiscation des recettes.

429. Dans les cas prévus par les quatre articles précédens, le produit des confiscations, ou les recettes confisquées, seront remis au propriétaire pour l'indemniser d'autant du préjudice qu'il aura souffert ; le surplus de son indemnité, ou l'entière indemnité, s'il n'y a eu ni vente d'objets confisqués, ni saisie de recettes, sera réglé par les voies ordinaires.

§. VI.

Délits des Fournisseurs.

430. Tous individus chargés, comme membres de compagnie ou individuellement, de fournitures,

d'entreprises ou régies pour le compte des armées de terre et de mer, qui, sans y avoir été contraints par une force majeure, auront fait manquer le service dont ils sont chargés, seront punis de la peine de la reclusion, et d'une amende qui ne pourra excéder le quart des dommages-intérêts, ni être au-dessous de cinq cents francs ; le tout sans préjudice de peines plus fortes en cas d'intelligence avec l'ennemi.

451. Lorsque la cessation du service proviendra du fait des agens des fournisseurs, les agens seront condamnés aux peines portées par le précédent article.

Les fournisseurs et leurs agens seront également condamnés, lorsque les uns et les autres auront participé au crime.

452. Si des fonctionnaires publics ou des agens, préposés ou salariés du Gouvernement, ont aidé les coupables à faire manquer le service, ils seront punis de la peine des travaux forcés à temps ; sans préjudice de peines plus fortes en cas d'intelligence avec l'ennemi.

433. Quoique le service n'ait pas manqué, si, par négligence, les livraisons et les travaux ont été retardés, ou s'il y a eu fraude sur la nature, la qualité ou la quantité des travaux ou main-d'œuvres ou des choses fournies, les coupables seront punis d'un emprisonnement de six mois au moins et de cinq ans au plus, et d'une amende qui ne pourra excéder le quart des dommages-intérêts, ni être moindre de cent francs.

Dans les divers cas prévus par les articles composant le présent paragraphe, la poursuite ne pourra être faite que sur la dénonciation du gouvernement.

Section III.

Destructions , Dégradations , Dommages.

434. Quiconque aura volontairement mis le feu à des édifices, navires, bateaux, magasins, chantiers, forêts, bois taillis ou récoltes, soit sur pied, soit abattus, soit aussi que les bois soient en tas ou en cordes, et les récoltes en tas ou en meules, ou à des matières combustibles placées de manière à communiquer le feu à ces choses ou à l'une d'elles, sera puni de la peine de mort.

435. La peine sera la même contre ceux qui auront détruit, par l'effet d'une mine, des édifices, navires ou bateaux.

436. La menace d'incendier une habitation ou toute autre propriété, sera punie de la peine portée contre la menace d'assassinat, et d'après les distinctions établies par les articles 305, 306 et 307.

437. Quiconque aura volontairement détruit ou renversé, par quelque moyen que ce soit, en tout ou en partie, des édifices, des ponts, digues ou chaussées ou autres constructions qu'il savait appartenir à autrui, sera puni de la reclusion, et d'une amende qui ne pourra excéder le quart des restitutions et indemnités, ni être au-dessous de cent francs.

S'il y a eu homicide ou blessures, le coupable sera, dans le premier cas, puni de mort, et dans le second, puni de la peine des travaux forcés à temps.

438. Quiconque, par des voies de fait, se sera opposé à la confection de travaux autorisés par le gouvernement, sera puni d'un emprisonnement de trois mois à deux ans, et d'une amende qui ne pourra excéder le quart des dommages-intérêts, ni être au-dessous de seize francs.

Les moteurs subiront le *maximum* de la peine.

439. Quiconque aura volontairement brûlé ou détruit d'une manière quelconque, des registres, minutes ou actes originaux de l'autorité publique, des titres, billets, lettres de change, effets de commerce ou de banque, contenant ou opérant obligation, disposition ou décharge, sera puni ainsi qu'il suit :

Si les pièces détruites sont des actes de l'autorité publique, ou des effets de commerce ou de banque, la peine sera la reclusion ;

S'il s'agit de toute autre pièce, le coupable sera puni d'un emprisonnement de deux ans à cinq ans, et d'une amende de cent francs à trois cents francs.

440. Tout pillage, tout dégât de denrées ou marchandises, effets, propriétés mobilières, commis en réunion ou bande et à force ouverte, sera puni des travaux forcés à temps ; chacun des coupables sera de plus condamné à une amende de deux cents francs à cinq mille francs.

441. Néanmoins ceux qui prouveront avoir été entraînés par des provocations ou sollicitations à prendre part à ces violences, pourront n'être punis que de la peine de la reclusion.

442. Si les denrées pillées ou détruites sont des grains, grenailles ou farines, substances farineuses, pain, vin ou autre boisson, la peine que subiront les chefs, instigateurs ou provocateurs seulement, sera le *maximum* des travaux forcés à temps, et celui de l'amende prononcée par l'article 440.

443. Quiconque, à l'aide d'une liqueur corrosive ou par tout autre moyen, aura volontairement gâté des marchandises ou matières servant à fabrication, sera puni d'un emprisonnement d'un mois à deux ans, et d'une amende qui ne pourra excéder le quart des dommages-intérêts, ni être moindre de seize francs.

Si le délit a été commis par un ouvrier de la fabrique ou par un commis de la maison de commerce, l'emprisonnement sera de deux à cinq ans, sans préjudice de l'amende, ainsi qu'il vient d'être dit.

444. Quiconque aura dévasté des récoltes sur pied ou des plants venus naturellement ou faits de main d'homme, sera puni d'un emprisonnement de deux ans au moins, et de cinq ans au plus.

Les coupables pourront de plus être mis, par l'arrêt ou le jugement, sous la surveillance de la haute police pendant cinq ans au moins et dix ans au plus.

445. Quiconque aura abattu un ou plusieurs arbres qu'il savait appartenir à autrui, sera puni d'un emprisonnement qui ne sera pas au-dessous de six jours, ni au-dessus de six mois, à raison de chaque arbre, sans que la totalité puisse excéder cinq ans.

446. Les peines seront les mêmes à raison de chaque arbre mutilé, coupé ou écorcé de manière à le faire périr.

447. S'il y a eu destruction d'une ou de plusieurs greffes, l'emprisonnement sera de six jours à deux mois, à raison de chaque greffe, sans que la totalité puisse excéder deux ans.

448. Le *minimum* de la peine sera de vingt jours dans les cas prévus par les articles 445 et 446, et de dix jours dans le cas prévu par l'article 447, si les arbres étaient plantés sur les places, routes, chemins, rues ou voies publiques ou vicinales, ou de traverse.

449. Quiconque aura coupé des grains ou des fourrages qu'il savait appartenir à autrui, sera puni d'un emprisonnement qui ne sera pas au-dessous de six jours, ni au-dessus de deux mois.

45o. L'emprisonnement sera de vingt jours au moins et de quatre mois au plus, s'il a été coupé du grain en vert.

Dans les cas prévus par le présent article et les six précédens, si le fait a été commis en haine d'un fonctionnaire public et à raison de ses fonctions, le coupable sera puni du *maximum* de la peine établie par l'article auquel le cas se référera.

Il en sera de même, quoique cette circonstance n'existe point, si le fait a été commis pendant la nuit.

451. Toute rupture, toute destruction d'instrumens d'agriculture, de parcs de bestiaux, de cabanes de gardiens, sera punie d'un emprisonnement d'un mois au moins, d'un an au plus.

452. Quiconque aura empoisonné des chevaux ou autres bêtes de voiture, de monture ou de charge, des bestiaux à cornes, des moutons, chèvres ou porcs, ou des poissons dans des étangs, viviers ou réservoirs, sera puni d'un emprisonnement d'un an à cinq ans, et d'une amende de seize francs à trois cents francs. Les coupables pourront être mis, par l'arrêt ou le jugement, sous la surveillance de la haute police pendant deux ans au moins et cinq ans au plus.

453. Ceux qui, sans nécessité, auront tué l'un des animaux mentionnés au précédent article, seront punis ainsi qu'il suit :

Si le délit a été commis dans les bâtimens, enclos et dépendances, ou sur les terres dont le maître de l'animal tué était propriétaire, locataire, colon ou fermier, la peine sera un emprisonnement de deux mois à six mois.

S'il a été commis dans les lieux dont le coupable était propriétaire, locataire, colon ou fermier, l'emprisonnement sera de six jours à un mois.

S'il a été commis dans tout autre lieu, l'emprisonnement sera de quinze jours à six semaines.

Le *maximum* de la peine sera toujours prononcé en cas de violation de clôture.

454. Quiconque aura, sans nécessité, tué un animal domestique dans un lieu dont celui à qui cet animal appartient est propriétaire, locataire, colon ou fermier, sera puni d'un emprisonnement de six jours au moins et de six mois au plus.

S'il y a eu violation de clôture, le *maximum* de la peine sera prononcé.

455. Dans les cas prévus par les articles 444 et suivans jusqu'au précédent article inclusivement, il sera prononcé une amende qui ne pourra excéder le quart des restitutions et dommages-intérêts, ni être au-dessous de seize francs.

456. Quiconque aura, en tout ou en partie, comblé des fossés, détruit des clôtures, de quelques matériaux qu'elles soient faites, coupé ou arraché des haies vives ou sèches ; quiconque aura déplacé ou supprimé des bornes, ou pieds corniers, ou autres arbres plantés ou reconnus pour établir les limites entre différens héritages, sera puni d'un emprisonnement qui ne pourra pas être au-dessous d'un mois ni excéder une année, et d'une amende égale au quart des restitutions et des dommages-intérêts, qui, dans aucun cas, ne pourra être au-dessous de cinquante francs.

457. Seront punis d'une amende qui ne pourra excéder le quart des restitutions et des dommages-intérêts, ni être au-dessous de cinquante francs, les propriétaires ou fermiers, ou toute autre personne jouissant de moulins, usines ou étangs, qui, par l'élévation du déversoir de leurs eaux au-dessus de la hauteur déterminée par l'autorité compétente, auront inondé les chemins ou les propriétés d'autrui.

8 *

S'il est résulté du fait quelques dégradations, la peine sera, outre l'amende, un emprisonnement de six jours à un mois.

458. L'incendie des propriétés mobilières ou immobilières d'autrui, qui aura été causé par la vétusté ou le défaut soit de réparation, soit de nettoyage des fours, cheminées, forges, maisons ou usines prochaines, ou par des feux allumés dans les champs à moins de cent mètres des maisons, édifices, forêts, bruyères, bois, vergers, plantations, haies, meules, tas de grains, pailles, foins, fourrages, ou de tout autre dépôt de matières combustibles, ou par des feux ou lumières portés ou laissés sans précaution suffisante, ou par des pièces d'artifice allumées ou tirées par négligence ou imprudence, sera puni d'une amende de cinquante francs au moins, et de cinq cents francs au plus.

459. Tout détenteur ou gardien d'animaux ou de bestiaux soupçonnés d'être infectés de maladie contagieuse, qui n'aura pas averti sur-le-champ le maire de la commune où ils se trouvent, et qui même, avant que le maire ait répondu à l'avertissement, ne les aura pas tenus renfermés, sera puni d'un emprisonnement de six jours à deux mois, et d'une amende de seize francs à deux cents francs.

460. Seront également punis d'un emprisonnement de deux mois à six mois, et d'une amende de cent francs à cinq cents francs, ceux qui, au mépris des défenses de l'administration, auront laissé leurs animaux ou bestiaux infectés communiquer avec d'autres.

461. Si, de la communication mentionnée au précédent article, il est résulté une contagion parmi les autres animaux, ceux qui auront contrevenu aux défenses de l'autorité administrative seront punis d'un emprisonnement de deux ans à cinq ans, et

d'une amende de cent francs à mille francs ; le tout
sans préjudice de l'exécution des lois et règlemens
relatifs aux maladies épizootiques, et de l'application
tion des peines y portées.

462. Si les délits de police correctionnelle dont
il est parlé au présent chapitre ont été commis par
des gardes champêtres ou forestiers, ou des officiers de police, à quelque titre que ce soit, la peine
d'emprisonnement sera d'un mois au moins, et d'un
tiers au plus en sus de la peine la plus forte qui serait appliquée à un autre coupable du même délit.

Disposition générale.

463. Dans tous les cas où la peine d'emprisonnement est portée par le présent Code, si le préjudice causé n'excède pas vingt-cinq francs, et si
les circonstances paraissent atténuantes, les tribunaux sont autorisés à réduire l'emprisonnement,
même au-dessous de six jours, et l'amende, même
au-dessous de seize francs. Ils pourront aussi prononcer séparément l'une ou l'autre de ces peines,
sans qu'en aucun cas elle puisse être au-dessous des
peines de simple police.

Collationné à l'original, par nous président et secrétaires
du Corps législatif. Paris, le 19 février 1810. *Signé* le
Comte DE MONTESQUIOU, *président ;* B. DAUZAT, ÉM-
MERY, CHIAVARINA, CLAUSEL-COUSSERGUES, *secrétaires.*

MANDONS et ordonnons que les présentes, revêtues des sceaux de l'Etat, insérées au Bulletin
des lois, soient adressées aux Cours, aux Tribunaux et aux autorités administratives, pour qu'ils
les inscrivent dans leurs registres, les observent
et les fassent observer ; et notre Grand-Juge Ministre de la justice est chargé d'en surveiller la publication.

Donné en notre palais des Tuileries, le 1er. mars de l'an 1810.

Signé NAPOLÉON.

Vu par nous Archichancelier de l'Empire,

Signé CAMBACÉRÉS.

Le Grand Juge Ministre de la justice,

Signé Duc de Massa.

Par l'Empereur :
Le Ministre secrétaire d'état,

Signé H. B. Duc de Bassano.

(N°. 7.) *Loi contenant le IVe. Livre du Code pénal.*

Du 20 février 1810.

NAPOLÉON, par la grâce de Dieu et les constitutions, Empereur des Français, Roi d'Italie, Protecteur de la Confédération du Rhin, etc., etc., etc., à tous présens et à venir, SALUT.

Le Corps législatif a rendu, le 20 février 1810, le décret suivant, conformément à la proposition faite au nom de l'Empereur et Roi, et après avoir entendu les orateurs du Conseil d'état et le président de la commission de législation civile et criminelle.

DÉCRET.

LIVRE IV.

CONTRAVENTIONS DE POLICE ET PEINES.

CHAPITRE PREMIER.

DES PEINES.

ART. 464. Les peines de police sont,
L'emprisonnement,
L'amende,
Et la confiscation de certains objets saisis.

465. L'emprisonnement, pour contravention de police, ne pourra être moindre d'un jour, ni excéder cinq jours, selon les classes, distinctions et cas ci-après spécifiés.

Les jours d'emprisonnement sont des jours complets de vingt-quatre heures.

466. Les amendes pour contravention pourront être prononcées depuis un franc jusqu'à quinze francs inclusivement, selon les distinctions et classes ci-après spécifiées, et seront appliquées au profit de la commune où la contravention aura été commise.

467. La contrainte par corps a lieu pour le paiement de l'amende.

Néanmoins le condamné ne pourra être, pour cet objet, détenu plus de quinze jours, s'il justifie de son insolvabilité.

468. En cas d'insuffisance des biens, les restitutions et les indemnités dues à la partie lésée sont préférées à l'amende.

469. Les restitutions, indemnités et frais entraîneront la contrainte par corps, et le condamné gardera prison jusqu'à parfait paiement : néanmoins, si ces condamnations sont prononcées au profit de l'État, les condamnés pourront jouir de la faculté accordée par l'article 467, dans le cas d'insolvabilité prévu par cet article.

470. Les tribunaux de police pourront aussi, dans les cas déterminés par la loi, prononcer la confiscation, soit des choses saisies en contravention, soit des choses produites par la contravention, soit des matières ou des instrumens qui ont servi ou étaient destinés à la commettre.

CHAPITRE II.

CONTRAVENTIONS ET PEINES.

Section Ire.

Première Classe.

471. Seront punis d'amende, depuis un franc jusqu'à cinq francs inclusivement,

1°. Ceux qui auront négligé d'entretenir, réparer ou nettoyer les fours, cheminées ou usines où l'on fait usage du feu;

2°. Ceux qui auront violé la défense de tirer, en certains lieux, des pièces d'artifice;

3°. Les aubergistes et autres qui, obligés à l'éclairage, l'auront négligé; ceux qui auront négligé de nettoyer les rues ou passages, dans les communes où ce soin est laissé à la charge des habitans;

4°. Ceux qui auront embarrassé la voie publique, en y déposant ou y laissant, sans nécessité, des matériaux ou des choses quelconques qui empêchent ou diminuent la liberté ou la sûreté du passage; ceux qui, en contravention aux lois et règlemens, auront négligé d'éclairer les matériaux par eux entreposés ou les excavations par eux faites dans les rues et places;

5°. Ceux qui auront négligé ou refusé d'exécuter les règlemens ou arrêtés concernant la petite voirie, ou d'obéir à la sommation émanée de l'autorité administrative, de réparer ou démolir les édifices menaçant ruine;

6°. Ceux qui auront jeté ou exposé au-devant de leurs édifices, des choses de nature à nuire par leur chute ou par des exhalaisons insalubres;

7°. Ceux qui auront laissé dans les rues, chemins, places, lieux publics, ou dans les champs, des contres de charrue, pinces, barres, barreaux ou autres machines, ou instrumens ou armes dont puissent abuser les voleurs et autres malfaiteurs ;

8°. Ceux qui auront négligé d'écheniller dans les campagnes ou jardins où ce soin est prescrit par la loi ou les règlemens ;

9°. Ceux qui, sans autre circonstance prévue par les lois, auront cueilli ou mangé, sur le lieu même, des fruits appartenant à autrui ;

10°. Ceux qui, sans autre circonstance, auront glané, râtelé ou grapillé dans les champs non encore entièrement dépouillés et vidés de leurs récoltes, ou avant le moment du lever ou après celui du coucher du soleil ;

11°. Ceux qui, sans avoir été provoqués, auront proféré contre quelqu'un des injures, autres que celles prévues depuis l'article 367 jusques et compris l'article 378 ;

12°. Ceux qui imprudemment auront jeté des immondices sur quelque personne ;

13°. Ceux qui, n'étant ni propriétaires, ni usufruitiers, ni locataires, ni fermiers, ni jouissant d'un terrain ou d'un droit de passage, ou qui n'étant agens ni préposés d'aucune de ces personnes, seront entrés et auront passé sur ce terrain ou sur partie de ce terrain, s'il est préparé ou ensemencé ;

14°. Ceux qui auront laissé passer leurs bestiaux ou leurs bêtes de trait, de charge ou de monture, sur le terrain d'autrui, avant l'enlèvement de la récolte.

472. Seront, en outre, confisqués, les pièces d'artifice saisies dans le cas du n°. 2 de l'article 471, les coutres, les instrumens et les armes mentionnés dans le n°. 7 du même article.

473. La peine d'emprisonnement, pendant trois jours au plus, pourra de plus être prononcée, selon les circonstances, contre ceux qui auront tiré des

pièces d'artifice ; contre ceux qui auront glané, râtelé ou grapillé en contravention au n°. 10 de l'article 471.

474. La peine d'emprisonnement contre toutes les personnes mentionnées en l'article 471, aura toujours lieu, en cas de récidive, pendant trois jours au plus.

SECTION II.

Deuxième Classe.

475. Seront-punis d'amende, depuis six francs jusqu'à dix francs inclusivement,

1°. Ceux qui auront contrevenu aux bans de vendanges ou autres bans autorisés par les règlemens ;

2°. Les aubergistes, hôteliers, logeurs ou loueurs de maisons garnies, qui auront négligé d'inscrire de suite, et sans aucun blanc, sur un registre tenu régulièrement, les noms, qualités, domicile habituel, dates d'entrée et de sortie de toute personne qui aurait couché ou passé une nuit dans leurs maisons ; ceux d'entre eux qui auraient manqué à représenter ce registre aux époques déterminées par les règlemens, ou lorsqu'ils en auraient été requis, aux maires, adjoints, officiers ou commissaires de police, ou aux citoyens commis à cet effet : le tout sans préjudice des cas de responsabilité mentionnés en l'article 73 du présent Code, relativement aux crimes ou aux délits de ceux qui, ayant logé ou séjourné chez eux, n'auraient pas été régulièrement inscrits ;

3°. Les rouliers, charretiers, conducteurs de voitures quelconques ou de bêtes de charge, qui auraient contrevenu aux règlemens par lesquels ils sont obligés de se tenir constamment à portée de leurs chevaux, bêtes de trait ou de charge et de leurs voitures, et en état de les guider et conduire ;

d'occuper un seul côté des rues, chemins ou voies publiques ; de se détourner ou ranger devant toutes autres voitures, et, à leur approche, de leur laisser libre au moins la moitié des rues, chaussées, routes et chemins ;

4°. Ceux qui auront fait ou laissé courir les chevaux, bêtes de trait, de charge ou de monture, dans l'intérieur d'un lieu habité, ou violé les règlemens contre le chargement, la rapidité ou la mauvaise direction des voitures ;

5°. Ceux qui auront établi ou tenu dans les rues, chemins, places ou lieux publics, des jeux de loterie ou d'autres jeux de hasard ;

6°. Ceux qui auront vendu ou débité des boissons falsifiées, sans préjudice des peines plus sévères qui seront prononcées par les tribunaux de police correctionnelle, dans le cas où elles contiendraient des mixtions nuisibles à la santé ;

7°. Ceux qui auraient laissé divaguer des foux ou des furieux étant sous leur garde, ou des animaux malfaisans ou féroces ; ceux qui auront excité ou n'auront pas retenu leurs chiens lorsqu'ils attaquent ou poursuivent les passans, quand même il n'en serait résulté aucun mal ni dommage ;

8°. Ceux qui auraient jeté des pierres ou d'autres corps durs ou des immondices contre les maisons, édifices ou clôtures d'autrui, ou dans les jardins ou enclos, et ceux aussi qui auraient volontairement jeté des corps durs ou immondices sur quelqu'un ;

9°. Ceux qui, n'étant propriétaires, usufruitiers, ni jouissant d'un terrain ou d'un droit de passage, y sont entrés et y ont passé dans le temps où ce terrain était chargé de grains en tuyau, de raisins ou autres fruits mûrs ou voisins de la maturité ;

10°. Ceux qui auraient fait ou laissé passer des bestiaux, animaux de trait, de charge ou de monture, sur le terrain d'autrui, ensemencé ou chargé d'une récolte, en quelque saison que ce soit, ou dans un bois taillis appartenant à autrui;

11°. Ceux qui auraient refusé de recevoir les espèces et monnaies nationales, non fausses ni altérées, selon la valeur pour laquelle elles ont cours;

12°. Ceux qui, le pouvant, auront refusé ou négligé de faire les travaux, le service, ou de prêter le secours dont ils auront été requis, dans les circonstances d'accidens, tumulte, naufrage, inondation, incendie ou autres calamités, ainsi que dans les cas de brigandage, pillages, flagrant délit, clameur publique ou d'exécution judiciaire.

13°. Les personnes désignées aux articles 284 et 288 du présent Code.

476. Pourra, suivant les circonstances, être prononcé, outre l'amende portée en l'article précédent, l'emprisonnement pendant trois jours au plus, contre les rouliers, charretiers, voituriers et conducteurs en contravention; contre ceux qui auront contrevenu à la loi par la rapidité, la mauvaise direction ou le chargement des voitures ou des animaux; contre les vendeurs et débitans de boissons falsifiées; contre ceux qui auraient jeté des corps durs ou des immondices.

477. Seront saisis et confisqués, 1°. les tables, instrumens, appareils des jeux ou des loteries établis dans les rues, chemins et voies publiques, ainsi que les enjeux, les fonds, denrées, objets ou lots proposés aux joueurs, dans le cas de l'article 476; 2°. les boissons falsifiées, trouvées appartenir au vendeur et débitant : ces boissons seront repandues; 3°. les écrits ou gravures contraires aux mœurs : ces objets seront mis sous le pilon.

478. La peine de l'emprisonnement pendant cinq jours au plus, sera toujours prononcée, en cas de

récidive, contre toutes les personnes mentionnées dans l'article 475.

SECTION III.

Troisième Classe.

479. Seront punis d'une amende de onze à quinze francs inclusivement,

1°. Ceux qui, hors les cas prévus depuis l'article 434 jusques et compris l'article 462, auront volontairement causé du dommage aux propriétés mobiliaires d'autrui;

2°. Ceux qui auront occasionné la mort ou la blessure des animaux ou bestiaux appartenant à autrui, par l'effet de la divagation des foux ou furieux, ou d'animaux malfaisans ou féroces, ou par la rapidité ou la mauvaise direction ou le chargement excessif des voitures, chevaux, bêtes de trait, de charge ou de monture;

3°. Ceux qui auront occasionné les mêmes dommages par l'emploi ou l'usage d'armes sans précaution ou avec maladresse, ou par jet de pierres ou d'autres corps durs;

4°. Ceux qui auront causé les mêmes accidens par la vétusté, la dégradation, le défaut de réparation ou d'entretien des maisons ou édifices, ou par l'encombrement ou l'excavation, ou telles autres œuvres, dans ou près les rues, chemins, places ou voies publiques, sans les précautions ou signaux ordonnés ou d'usage;

5°. Ceux qui auront de faux poids ou de fausses mesures dans leurs magasins, boutiques, ateliers ou maisons de commerce, ou dans les halles, foires ou marchés, sans préjudice des peines qui seront prononcées par les tribunaux de police correctionnelle contre ceux qui auraient fait usage de ces faux poids ou de ces fausses mesures;

6°. Ceux qui emploieront des poids ou des mesures différens de ceux qui sont établis par les lois en vigueur ;

7°. Les gens qui font le métier de deviner et pronostiquer, ou d'expliquer les songes ;

8°. Les auteurs ou complices de bruits ou tapages injurieux ou nocturnes, troublant la tranquillité des habitans.

480. Pourra, selon les circonstances, être prononcée la peine d'emprisonnement pendant cinq jours au plus,

1°. Contre ceux qui auront occasionné la mort ou la blessure des animaux ou bestiaux appartenant à autrui, dans les cas prévus par le n°. 3 du précédent article ; 2°. contre les possesseurs de faux poids et de fausses mesures ; 3°. contre ceux qui emploient des poids ou des mesures différens de ceux que la loi en vigueur a établis ; 4°. contre les interprètes de songes ; 5°. contre les auteurs ou complices de bruits ou tapages injurieux ou nocturnes.

481. Seront, de plus, saisis et confisqués, 1°. les faux poids, les fausses mesures, ainsi que les poids et les mesures différens de ceux que la loi a établis ; 2°. les instrumens, ustensiles et costumes servant ou destinés à l'exercice du métier de devin, pronostiqueur, ou interprète de songes.

482. La peine d'emprisonnement pendant cinq jours aura toujours lieu, pour récidive, contre les personnes et dans les cas mentionnés en l'article 479.

Dispositions communes aux trois Sections ci-dessus.

483. Il y a récidive dans tous les cas prévus par le présent livre, lorsqu'il a été rendu contre le contrevenant, dans les douze mois précédens, un premier jugement pour contravention de police commise dans le ressort du même tribunal.

DISPOSITION GÉNÉRALE.

484. Dans toutes les matières qui n'ont pas été réglées par le présent Code et qui sont régies par des lois et réglemens particuliers, les cours et les tribunaux continueront de les observer.

Collationné à l'original, par nous vice-président et secrétaires du Corps législatif. Paris, le 20 février 1810. *Signé* Barrot, *vice-président* ; B. Dauzat, Chiavarina, Emmery, Clauzel-Coussergues, *secrétaires.*

Mandons et ordonnons que les présentes, revêtues des sceaux de l'État, insérées au Bulletin des lois, soient adressées aux Cours, aux Tribunaux et aux autorités administratives, pour qu'ils les inscrivent dans leurs registres, les observent et les fassent observer ; et notre Grand-Juge Ministre de la justice est chargé d'en surveiller la publication.

Donné en notre palais des Tuileries, le 2 Mars de l'an 1810.

Signé NAPOLÉON.

Vu par nous Archichancelier de l'Empire,

Signé CAMBACÉRÉS.

Le Grand-Juge Ministre de la justice,

Signé Duc de Massa.

Par l'Empereur :

Le Ministre Secrétaire d'état,

Signé H. B. Duc de Bassano.

Certifié conforme par nous

Grand-Juge Ministre de la justice :

LE DUC DE MASSA.

FIN.